保险集团财务风险控制问题研究

魏迎宁　主编

中国财政经济出版社

图书在版编目（CIP）数据

保险集团财务风险控制问题研究/魏迎宁主编．—北京：中国财政经济出版社，2010.3

ISBN 978－7－5095－1611－9

Ⅰ．保…　Ⅱ．魏…　Ⅲ．保险业－企业集团－财务管理：风险管理－研究报告－中国　Ⅳ．F842.3

中国版本图书馆 CIP 数据核字（2009）第 077888 号

责任编辑：宋学军等　　　　责任校对：李　丽

中国财政经济出版社 出版

URL：http：//ckfz.cfeph.cn

E－mail：ckfz@cfeph.cn

社址：北京市海淀区阜成路甲 28 号　邮政编码：100142

发行处电话：88190406　财经书店电话：64033436

北京富生印刷厂印刷　各地新华书店经销

787×1092 毫米　16 开　27 印张　550 000 字

2010 年 3 月第 1 版　2010 年 3 月北京第 1 次印刷

印数：1—6 500　定价：60.00 元

ISBN 978—7—5095—1611—9/F・1399

（图书出现印装问题，本社负责调换）

本社质量投诉电话：010—88190744

编　委　会

主　编： 魏迎宁

副主编： 王新棣

编　委： 赵宇龙　　郭　菁　　栗利玲

黄　洋　　任　笛　　祝春光

肖丹丹　　王　浩

课题组成员

主 持 人： 魏迎宁　中国保监会副主席

副主持人： 王新棣　中国保监会财务会计部（偿付能力监管部）主任

成　　员： 周树瑞　中国人民保险集团股份有限公司监事会主席

庄作瑾　中国人寿保险（集团）公司副总裁

张　泓　中国再保险（集团）股份有限公司副总裁

麦伟林　中国平安保险（集团）股份有限公司副首席财务官

汤大生　中国太平洋资产管理有限责任公司董事长

朱南军　北京大学经济学院副教授，保险系副系主任

赵宇龙　中国保监会财务会计部（偿付能力监管部）财务监管处处长

郭　菁　中国保监会财务会计部（偿付能力监管部）财务监管处副处长

王　证　中国保监会办公厅

任　笛　中国保监会财务会计部（偿付能力监管部）

杨家聪　中国平安保险（集团）股份有限公司财务企划中心税务管理室副经理

序

Foreword

十六大以来，随着我国金融市场和保险业的迅速发展，保险集团不断成长、壮大，逐渐成为我国保险业的中坚力量，在支持国民经济建设、保障人民生活、完善我国金融市场功能等方面发挥了积极作用。有效防范化解保险集团风险，对维护社会保障体系安全、国家经济金融安全以及经济社会平稳运行都具有重要意义。

此次金融危机表明，大型金融集团由于其巨大性、复杂性、高度关联性，已经成为导致系统性风险的重要因素。加强金融保险集团监管，积极解决金融机构“大而不能倒”的问题，更好地防范化解系统性风险，已经成为国际金融监管改革的共识。国际金融危机后，国际保险监督官协会建立“新重点”工作组，开始制定面向跨国保险集团的全球统一规则。随着我国保险业对外开放程度提高和金融市场的日益成熟，银行、保险、信托、房地产等领域的相互渗透不断加深，保险业集团化经营的系统性风险不断增加。保险集团公司经营范围较广、管理链条较长、股权关系较为复杂，容易产生不当关联交易、资本重复计算、风险交叉传递等问题，风险识别和管理的难度很大。因此，深入研究保险集团的风险控制问题具有重要的理论价值和现实意义。

由保监会魏迎宁副主席牵头，中国人民保险集团、中国人寿保险集团、中国再保险集团、平安保险集团、太平洋保险集团和北京大学共同编写的《保险集团财务风险控制问题研究》对保险集团财务风险控制有关问题进行了系统性研究，归纳、总结了近年来我国保险集团发展和管理的实践，从经营战略、预算管理、后援集中、内部业绩评价、偿付能力监管等不同角度剖析了保险集团财务风险控制问题，提出了有价值的管理建议和监管思路，对提高我国保险集团经营管理水平和改善监管有较高的参考价值。

世界保险发展历史表明，重视防范化解风险是保险业长期稳健经营的基础。对保险风险的识别、预警、防范和化解将是一项长期而艰巨的任务。保险业风险状况与宏观经济金融发展的关系十分密切。国际金融危机后，保险业发展的外部环境正在发生深刻变化，保险业面临的风险因素也将更加复杂和多变。如何在新形势下进一步提高中国保险业风险识别、防范和化解的能力，在国际金融体系动荡变革和中国金融业改革发展的进程中确保保险业不出现系统性风险，是中国保险业面临的一项重大课题。当前，保险业风险管理的基础性制度建设已经取得了阶段性的成果，但保险风险管理的理论仍需要在金融市场的演变中不断探索和发展，保险风险管理的内涵仍需要我们在服务实践的过程中不断检验和完善。希望本书的出版能够对推动我国保险业风险管理研究，加深保险行业对风险规律的认识和理解，提升保险业防范化解风险的理论和技术水平，促进我国保险业科学发展起到积极作用。

中国保监会主席 吴定富

2010 年 2 月

目 录

Contents

第一篇　我国保险集团发展的历史、现状和未来趋势

第二篇　保险企业集团化经营下的财务风险管理

第三篇　保险集团的预算管理

第四篇 保险集团内部业绩评价体系构建

第五篇 保险集团财务风险控制与后援集中

第六篇　再保险集团风险管理的国际比较

第七篇　保险集团偿付能力监管

第一篇

我国保险集团发展的历史、现状和未来趋势

摘　要

我国保险集团的发展历程，大致可以分为萌芽阶段、改革和探索阶段、扩张和加速发展阶段这样三个阶段。

从目前来看，我国保险市场上共有八家保险集团。这些保险集团基本由保险市场上几家最主要的保险公司所构成，它们已经发展成为我国保险市场的主体部分，并且都把财产保险和人身保险作为最基本的经营范围。就发展模式而言，我国的保险集团可以分为以下三种模式：第一种模式是以中保集团、平安为代表的金融控股公司模式；第二种模式是以中国人保、中国人寿为代表的发展多元保险业务的发展模式；第三种模式是以太保、阳光为代表的以产险和寿险为主要业务范围的发展模式。我国的保险集团还呈现出以下发展特征，包括：市场主导，政府推动；发起设立，高度控股；集团管控，专业经营；依托主业，拓展多元。

未来我国保险集团的发展将呈现以下四个趋势：一是数量不断增加，多元化、大型化趋势明显；二是保险集团在保险市场的地位进一步凸现，保险集团在国内保险市场的地位和作用不断提高；三是集团定位及发展战略将更加明确，更加强调资源整合的作用；四是将更加重视保险集团的风险管控，逐步完善内部治理结构、建立健全“防火墙”制度、完善内部风险管控体系。

引　言

近年来，随着平安、中国人寿、中国人保、太平洋、中再、中华联合和阳光保险等保险公司相继组建成立保险控股集团公司，保险公司的集团化发展已经成为我国保险业发展的一个重要旋律。随着保险集团的数量不断增多，保险集团所控制的资产总量和占据的市场份额等在我国保险业中的比重不断提高，已经成为我国保险业发展中的一个重要支柱力量。并且随着我国保险业的不断发展，保险公司集团化经营的经验积累，可以预见在未来一段时间内，仍然将有许多保险公司迈入集团化的行列，从而使集团化经营的保险公司的数量逐渐增多，成为市场发展中的一个主导力量。

保险公司实行集团化经营无论是对保险公司自身，还是对保险业长期发展而言都具有重要的意义。对保险公司而言，保险公司集团化经营有利于保险集团下的各个保险机构交叉利用销售渠道、网点，进行产品销售和售后服务提供，提高渠道和网点的利用效率，降低经营成本；有利于产品创新，提供多样化的产品与服务，提高保险公司产品和服务的市场竞争力；有利于业务多元化，分散经营风险；有利于利用信誉溢出效应，有效利用客户资源，提升保险公司的知名度和信誉度。对于保险业而言，保险公司集团化经营有利于提高我国保险公司的国际竞争力，在国内与国际保险市场的竞争中赢得更多的发展机遇；有利于优化我国保险市场的主体结构，促进保险市场的稳定；有利于更好地发挥保险业在经济和社会发展中的“风险管理”功能，促进经济发展和社会稳定；有利于提高我国保险业更充分的参与金融领域的竞争，提高保险业在金融领域的地位和作用。

但是，我们也应当认识到保险公司集团化经营是一把“双刃剑”，既有其潜在优势，也可能产生消极作用：一是在保险公司实行集团化经营的过程中，必然导致其精力的分散和管理控制难度的提高，很有可能导致其核心竞争力的下降；二是如果管理者的管理水平和能力有限、内部管理机制不完善、不健全，从而不能很好地协调各个机构之间的差异和利益冲突，将不可避免地导致集团内耗严重，导致管理效率低下甚至混乱，降低保险公司的经营管理效率；三是将可能面临利益冲突风险、财务杠杆风险、风险传递风险、风险集聚风险等多种风险，使保险公司面临的潜在风险加剧。因此，如果不能利用和发挥集团化经营的潜在优势，积极防范和控制集团化经营可能带来的风险和消极影响，将可能导致集团化经营的失败。

当前，在我国保险公司集团化经营的过程中，仍然存在集团化经营的目标不明确、保险集团内部治理结构和风险管控不完善、监管法律法规不健全等诸多问题，这些都将影响到我国保险公司集团化经营的成败，甚至影响到我国保险业未来的长期健康发展。因此，如何正确认识我国保险公司集团化经营过程中的问题并予以正确的处理，以促进我国保险集团的健康发展是我国保险业目前发展中面临的一个重要课题。

第一章　我国保险集团的发展历程

保险集团作为我国保险市场上一种相对高级的组织形式，它是保险公司发展到一定阶段的产物。我国保险集团的发展历程，大致可以分为以下三个阶段。

第一节　保险集团的萌芽阶段

改革开放以后，中国人民保险公司恢复了在全国范围内的保险业务并进入了一个快速发展的阶段。到20世纪90年代中期，中国人民保险公司已经形成了一个覆盖全国、辐射海外、门类齐全的机构网络，并拥有一支素质较高的专业技术队伍，在促进改革、保障经济、稳定社会方面发挥着重要的作用。然而，随着我国社会主义市场经济的发展、《保险法》对分业经营的要求以及保险市场主体多元化进程的加快，中国人民保险公司原有的机构体制受到了很大的挑战。为了适应新形势的需要，经国务院批准，中国人民保险（集团）公司于1996年7月23日正式成立。中国人民保险（集团）公司是改革开放后我国保险业的第一家保险集团公司，它是我国保险业发展史上的一个里程碑。

新成立的中国人民保险（集团）公司下设三个专业保险公司，即中保财产保险有限公司、中保人寿保险有限公司和中保再保险有限公司。它们分别是当时中国最大的专业产险公司和专业寿险公司以及国内第一家专业再保险公司。另外，中保集团原有的近80家海外保险机构仍将作为独立的经济实体直属于中保集团，其他非保险机构也作为中保集团的子公司继续存在。这样中保集团共由五大部分组成①。

然而，中国人民保险（集团）公司作为我国保险业改革过程中具有过渡性质的一种机构和体制安排，并不能适应我国保险业不断变化的新形势。为了促进我国的保险事业健康发展，1998年10月7日，国务院批准《撤销中国人民保险（集团）公司实施方案》，将原中保财产保险有限公司更名为中国人民保险公司；原中保人寿保险有限公司更名为中国人寿保险公司；原中保再保险有限公司更名为中国再保险公司；将中保集团所属的其他海外经营性机构全部划归香港中国保险（集团）有限公司管理。这样，中国人民保险（集团）公司“一分为四”，正式退出了历史

① 马永伟：“在中国人民保险（集团）公司成立大会上的讲话”，《中国保险》，1996年第9期。

舞台。

虽然中国人民保险（集团）公司已经不复存在，然而它却是改革开放后我国保险业第一家严格意义上的保险集团，并且中国人民保险（集团）公司的实践也为后来我国保险集团的改革与探索提供了宝贵的经验。

第二节　保险集团的改革与探索阶段

虽然中国人民保险（集团）公司在运行两年多的时间之后就被撤销，但是它却解决了国有产权保险中所存在的财产保险业务和人身保险业务“混业经营”的问题①，为后来我国国有保险公司更好地发展奠定了基础。然而，在当时我国的保险市场上，中国太平洋保险股份公司和中国平安保险股份公司两家股份制保险公司由于历史原因并没有实现产险和寿险的分业经营。为了遵照《保险法》对分业经营的规定，同时进一步推动我国股份制保险公司的经营机制改革、健全现代企业制度，经国务院和保监会的批准，太平洋保险公司和平安保险公司分别于2001年和2003年先后完成了分业重组，成立了中国太平洋保险（集团）股份公司和中国平安保险（集团）股份有限公司。重组后的中国太平洋保险（集团）股份公司全资控股太平洋财产保险股份有限公司和太平洋人寿保险股份有限公司，太保集团承接原中国太平洋保险公司在太平洋安泰人寿保险股份有限公司和境外机构的投资者权益，并作为投资人对太平洋安泰人寿保险股份有限公司及境外机构实施监督和管理。而重组后的中国平安保险（集团）股份有限公司除了控股中国平安人寿保险股份有限公司和中国平安财产保险股份有限公司之外，还继续拥有或承担集团原有的证券、信托、投资和海外业务，初步形成了金融多元化经营的组织架构。

太保和平安两家股份制保险公司分业重组的探索推动了国有保险公司的股份制改革。2003年下半年，按照国务院批准的方案，中国人民保险公司、中国人寿保险公司和中国再保险公司相继完成了重组和改制。其中，中国人民保险公司重组改制为中国人保控股公司，并发起成立中国人保财产保险股份有限公司和中国人保资产管理有限公司，而中国人保财产保险股份有限公司成功在香港挂牌上市。中国人寿保险公司重组改制为中国人寿保险（集团）公司，并发起设立中国人寿保险股份有限公司和中国人寿保险资产管理公司，而中国人寿保险股份有限公司也先后在美国和香港挂牌上市。中国再保险公司则重组改制为中国再保险（集团）公司，并发起设立中国财产再保险股份有限公司、中国人寿再保险股份有限公司和中国大地财产保险股份有限公司。通过重组和改制，三家国有保险公司变更为集团公司或控股公

① 这里所谓的“混业经营”，是指同时经营财产保险和人身保险业务的情形，而不是同时经营保险业务和其他金融业务的情形（也即“综合经营”）。

司，下设专业子公司，在保留各公司的整体规模优势的同时，进一步突出了子公司的专业经营。与此同时，三家国有保险公司还进一步充实了资本金，并使股权结构得到优化。

在这一阶段，太保和平安通过分业重组正式发展成为保险集团，而中国人民保险公司、中国人寿保险公司和中国再保险公司三家国有保险公司通过改制重组也形成了保险集团的架构。从这一阶段起，保险集团开始成为我国保险市场上的重要组织形式。

第三节　保险集团的扩张和加速发展阶段

自从三家国有保险公司组建保险集团以后，保险市场上集团化经营的趋势开始日益增强。一方面，随着我国保险公司数目的不断增加，市场竞争日趋激烈；另一方面，一些较大的保险公司在经过多年的快速发展之后，已经达到了相当的规模，而原有的组织形式已经不能很好的适应新形势下的需要，有必要进行调整。此外，集团化经营也是当前国际保险市场发展的一个重要特征。在这些因素的共同作用下，2005 年以来，我国的保险集团呈现出扩张和加速发展之势，具体表现在以下三个方面。

首先，中国人保、中国人寿、平安等保险集团在既有架构的基础上逐步扩张和升级，集团规模和实力不断增强。中国人保控股公司在原来人保产险和人保资产两家子公司的基础上又发展起人保健康、人保寿险、人保香港、中盛国际、中人经纪、中元经纪等六家子公司，集团经营范围也从单一的非寿险发展到非寿险、寿险、健康险、资产管理、保险经纪等多个领域。2007 年 6 月，中国人保控股公司又正式复名为中国人民保险集团公司，并明确提出发展成为国际一流的大型现代金融保险集团。中国人寿保险（集团）公司在原来的寿险和资产管理业务的基础上发展起非寿险、养老险、投资等业务，形成了“一拖六”的格局。中国再保险（集团）公司在原来的财产再保险、人寿再保险和财产保险的基础上发展起资产管理和保险经纪业务。2007 年 10 月，中国再保险（集团）公司又成功实现整体改制，由一家国有独资公司转变为股份制公司，股权结构得到优化，资本实力大大增强。中国平安保险（集团）公司作为国务院批准的三大综合金融集团之一，已经建立起“集团控股、分业经营、分业监管、整体上市”的组织架构，成为国内首家以保险为主业的跨行业金融控股集团，业务范围涵盖保险、证券、信托、银行等。此外，中国太平洋保险（集团）公司在原有的寿险和非寿险业务的基础上发展起资产管理业务。

其次，新的保险集团在我国保险市场上不断涌现。2006 年 6 月，由原中华联合财产保险公司整体改制设立的中华联合保险控股股份有限公司正式成立。改制后的中华联合控股保险公司承继了原中华联合财产保险公司的全部业务，下设中华联合财产保险股份有限公司和中华联合人寿保险股份有限公司，注册资本金也由原来的2亿元增加到15亿元。中华联合保险控股股份有限公司的成立标志着我国最后一家国有独资商业保险公司的股份制改造已告完成。2007年6月，成立才一年多的阳光财产保险公司以原有股东增资为基础，并引入战略投资者，发起设立阳光保险控股股份有限公司。而控股公司将作为主发起人将发起设立阳光人寿保险公司。2008年3月，“阳光保险控股”获准更名为“阳光保险集团”，其旗下子公司阳光人寿保险股份有限公司也正式开业。由此，阳光成为继人保、国寿、中再、平安、太保、中华联合和中保等之后国内第8家保险控股（集团）公司。

最后，保险市场上开始出现“准保险集团”或“类保险集团”。这些保险公司目前尚不是保险集团，但是它们都把保险集团作为未来的发展方向，并且也具备了组建保险集团的雏形。比如，华泰财产保险股份有限公司虽然以财产保险为主要业务范围，但是2005年以来，以华泰财产保险公司为投资主体的华泰资产管理公司和华泰人寿保险公司相继成立，集团化已具雏形。新华人寿保险公司和泰康人寿保险公司也在维持寿险业务的基础上，成立了自己的资产管理公司，泰康还成立了自己的养老保险公司。

第二章　我国保险集团的现状

第一节　我国保险集团的基本概况

从目前来看，我国保险市场上共有8家保险集团（控股）公司，包括人保、国寿、平安、太保、中再、（香港）中保、中华联合、阳光。另外，我国还有三家类保险集团，包括华泰、新华和泰康。

为了更清楚地反映我国的保险集团和类保险集团的现状，我们将它们的基本概况分别总结在表1－1和表1－2当中。

表1－1　　我国保险集团的基本概况（2007年12月）　　单位：亿元，%

名　称	业务范围	保费收入	赔付支出	总资产	所有者权益	净利润
人保	寿险、产险、资产管理、健康险、投资、经纪	957.95	500.87	1 471.40	305.30	22.06
国寿	产险、寿险、资产管理、养老险、投资	2 181.77	847.10	11 680.16	1 183.53	259.92
中再	再保险、产险、资产管理、经纪	266.03	122.18	785.37	397.94	11.66
中保	寿险、产险、资产管理、养老险、再保险、保险经纪、证券经纪、实业投资	—	—	—	—	—
平安	寿险、产险、资产管理、养老险、健康险、银行、证券、信托	1 008.14	265.83	5 257.84	1 079.72	148.70
太保	产险、寿险、资产管理	742.11	197.47	3 093.78	641.66	71.54
中华联合	产险、寿险	183.42	126.91	131.95	-53.54	-63.88
阳光	产险、寿险	41.61	12.83	109.68	26.70	0.96
合　计	……	5 381.03	2 073.19	22 530.18	3 581.31	450.96
行业占比	……	76.48%	91.52%	77.68%	84.87%	—

注：暂无中保集团的相关数据以及2007年保险业净利润的数据。

表 1－2　　我国类保险集团的基本概况（2007 年 12 月）　　单位：亿元，%

名　称	业务范围	保费收入	赔付支出	总资产	所有者权益	净利润
华泰	产险、寿险、资产管理	26.47	6.92	240.33	37.41	16.39
新华	寿险、资产管理	326.06	16.47	1 321.70	30.88	15.12
泰康	寿险、养老险、资产管理	342.37	41.21	1 372.88	78.66	28.61
合　计	……	694.9	64.6	2 934.91	146.95	60.12
行业占比	……	9.88%	2.85%	10.12%	3.48%	……

注：暂无 2007 年保险业净利润的数据。

依据表 1－1 和表 1－2 中的统计，我们可以看到：

首先，从保险集团的构成来看，目前我国的保险集团基本由保险市场上几家最主要的保险公司所构成。比如中国人保、中国人寿和中再分别是我国财产保险市场、人身保险市场和再保险市场上的最大公司；（香港）中国保险集团是目前我国业务种类最多、机构网络分布最广的中资金融保险集团之一，在海内外共有 20 家子公司；平安和太保则分别是人身保险市场和财产保险市场上的第二大公司；中华联合保险控股公司则是在原新疆兵团保险公司基础上改制而来的，2007 年保费收入位居产险业第四名。唯一例外的是阳光保险集团，这家公司成立于 2005 年，但是发展非常迅速，2007 年保费收入已在全国 40 余家财产保险公司中跃居第九。

其次，从保险集团的规模来看，目前保险集团已经发展成为我国保险市场的主体部分。2007 年，中国人保等 7 家保险集团（不包括中保）所实现的保费收入占全行业保费收入的 76.48%，赔付支出占全行业的 91.52%，总资产占全行业的 77.68%，所有者权益占全行业的 84.87%。显然，无论从任何一个指标来看，保险集团都占据着绝对的主导地位。特别是中国人寿、中国人保、平安和太保这四家保险集团，在多个指标上占据了全行业 60% 以上的份额，是保险市场上的“领跑者”和“第一集团”。

再次，从保险集团的经营范围来看，无论是像中国人保、中国人寿等老牌保险集团，还是像中华联合、阳光等新近成立的保险集团，都把财产保险和人身保险作为最基本的经营范围。然而比较而言，中国人保、中国人寿、中保、平安等老牌保险集团经营范围要更广，除了最基本的产、寿险之外，它们还在资产管理、健康险、养老险、保险经纪、投资等领域有所涉足。这里需要指出的是，各家保险集团在经营范围上所体现出的经营战略也有着很大的区别。以平安和太保为例。目前，平安在经营寿险、产险、养老险、健康险等保险业务之外，还同时经营资产管理、银行、证券、信托等其他金融业务，致力于构建多元化的金融控股公司，从未来的发展规划来看，平安寻求把银行业务以及资产管理业务作为保险业务之外的利润增长点。然而，相对于平安的“多元化”战略取向，太保更强调专注于保险主业，主攻保险，强调不断优化业务结构和稳固市场份额，并且不打算在未来数年里走多元化的金融集团路线①。

最后，从我国的类保险集团的发展情况来看，类保险集团已经成为我国保险市场上的重要组成部分。比如在经营范围上，它们已经涉足了多元保险业务；在发展规模上，2007 年华泰、新华和泰康三家公司的保费收入和总资产总额已经达到全行业 10% 左右，地位不容小觑。总之，虽然目前它们尚不是严格意义上的保险集团，但是已经具备了组建保险集团的基本条件，并且可以预期未来将发展成为保险集团。

第二节 我国保险集团的发展模式

结合我国保险市场发展的实践，我国的保险集团可以分为以下三种不同的发展模式。

第一种模式是以中保集团、平安为代表的同时涉足保险、证券等多元金融业务的发展模式，也即金融控股公司模式。金融控股公司模式是国际金融综合经营趋势日益增强背景下的一种重要组织形式，也是未来我国金融业发展的重要方向。这种模式以控股公司形式存在，其主要资产分布在银行、保险、证券两个以上（含两个）金融领域。中保集团和平安发展成为金融控股公司，有着特殊的历史原因。就中保集团而言，在 1998 年原中国人民保险公司的改制中，中保集团继承了原中国人民保险公司的众多海外机构，在香港相对宽松的法律环境里，适当开展证券等业务，形成控股结构，更有助于提升公司的竞争力。而对于平安而言，它在我国金融分业经营体制形成以前就发展了自己的信托业务和证券业务，虽然后来我国实施了金融分业经营，但是监管机构同意平安保留和发展非保险业务，而这也为使得平安在金融控股公司的道路上走在了前列。

第二种模式是以中国人保、中国人寿为代表的发展多元保险业务的发展模式。最典型的代表是以“主业特强，适当多元”作为发展思路的中国人寿。虽然这种模式同样选择多元化的发展取向，然而它与金融控股公司模式有着明显的区别。这表现在：金融控股公司模式下的多元化涉及到保险、银行、证券等多种金融业务，而本模式则仅仅是指在产险、寿险、养老险、健康险、保险经纪等多种保险业务上的多元化。从目前的情形来看，中国人保、中国人寿等集团的业务范围已经基本覆盖了各保险子领域，如果政策允许，它们将逐步拓展到银行、证券等其他金融领域。

第三种模式是以太保、中华联合、阳光为代表的以产险和寿险为主要业务范围的发展模式。与前面两种模式比较而言，这种模式在经营范围上更加狭窄，更强调发展保险主业。需要指出的是，采用这种模式的保险集团，或者有着特定的战略目

① 黄蕾：“主攻保险，太保未来 5 年不做多元化”，《上海证券报》，2007 年 12 月 8 日。

标，比如太保，强调优化业务结构和稳固市场份额；或者尚处于集团化发展初期，比如中华联合和阳光，其保险集团的架构尚未完全搭建或者刚刚起来。可以肯定，这种发展模式只是一种暂时的发展状态，它会随着保险集团的发展而进一步多元化。

第三节　中国保险集团的主要特征

总结我国保险集团的发展历程，我们发现我国的保险集团在发展背景、设立方式、集团管控、业务范围等方面分别存在着如下一些特征。

一、市场主导，政府推动

虽然我国保险集团的发展轨迹并非完全相同，然而它们却都是政府和市场共同作用的结果。具体来说，市场在我国保险集团的发展过程中起着主导作用，而政府则是重要的推动力量。

首先，蓬勃发展的保险市场是推动我国保险集团产生的主导力量，特别是日趋激烈的市场竞争直接催化了保险集团产生。自1980年我国恢复保险业之后，在很长的一段时间里，中国人民保险公司一直垄断着我国的保险市场。20世纪80年代末和90年代初，随着平安、太保等一批股份制商业保险公司纷纷成立之后，我国保险市场的竞争格局开始显现。市场竞争使得中国人民保险公司原有的经营管理体制受到了冲击，而这种市场冲击正是1996年组建中国人民保险（集团）公司的重要驱动力量。此后，随着我国保险市场竞争程度的进一步增加，专业化的经营方式开始受到市场推崇，而通过组建保险集团不仅能够实现分业经营，解决与《保险法》相关规定的不符问题，而且能够拓展多元业务，实现协同效应，增强市场竞争力。在这一认识下，太保、平安、三大国有保险公司以及后来的中华联合、阳光等都把保险集团（控股）作为自己的发展方向，并先后完成了集团（控股）的组建。从这个意义上讲，市场变革主导着我国保险集团的产生和发展。

其次，政府也积极推动着我国保险集团的发展。这不仅表现在政府对组建保险集团的引导和规划上，更表现在政府在中国人寿、中国人保、中再三家国有保险集团组建过程中所起到的直接推动作用。长期以来，虽然国有保险公司一直在我国保险市场上占据着主导地位，但是国有保险公司在经营过程中却暴露出产权不清、治理结构不完善、经营机制不灵活、管理水平较低等诸多问题。这些问题不仅严重影响着国有保险公司在国内保险市场上的竞争力，也影响着国有保险公司在国际保险市场上的竞争力以及保险行业在国民经济体系中的地位。因此，对保监会和其他相关主管机构而言，推进国有保险公司的体制改革，鼓励三家大型国有保险公司组建保险集团，不仅有利于增强国有保险公司自身的竞争力，而且能够起到较好的带头和示范作用，从长期来看将有利于增强整个保险行业的竞争力，把整个保险市场做大做强。

二、发起设立，高度控股

相比于国际上保险业的发展实践，我国保险集团在设立方式上也有着自己的特点，这主要表现在我国的保险集团都是通过发起设立子公司而组建的，基本没有通过兼并和收购这种方式来组建保险集团。而发起设立也使得各保险集团对旗下子公司都有着很高的控股比例。然而从国际保险业的实践来看，很多著名的国际保险集团似乎更热衷于通过兼并和收购等方式来进行资源整合。比如美国国际集团（AIG）、荷兰国际集团（ING）、德国安联集团（Allianz）、法国安盛集团（AXA）和荷兰全球人寿保险集团（AEGON）都是通过兼并和收购等方式组建成立了综合型的金融控股集团，从而迅速实现规模扩张和业务范围的扩大。

就一般而言，以上两种方式各有优缺点。比如，通过发起设立子公司来组建保险集团，特别是以设立子公司的方式进入重要的战略业务领域，能够牢牢掌握子公司的经营控制权，有利于构建集团的核心业务。但是其突出的缺点是时间成本和资金成本都比较高。而通过兼并和收购的方式组建保险集团，虽然可以较快的扩大公司规模以及实现业务多元化，但是也面临着不同公司文化融合的问题，同时也会受到政府干预的影响等。

然而，具体到现阶段我国的保险市场来说，对于经营时间较长、资本实力较强的大型保险公司特别是国有保险公司而言，选择通过设立子公司的方式组建保险集团无疑是合适的。这是因为我国的保险公司的个体规模比较小，业务范围非常有限，同时保险市场的整体水平也比较低。而通过设立子公司，不仅可以扩大保险公司的规模，实现集团经营的协同效应，同时还能够提高民族保险业的竞争力。这一点在几家国有保险集团身上表现最为明显。可以预见，随着我国保险市场的不断发展，通过兼并和收购的方式实现集团经营也将成为可能。

三、集团管控，专业经营

从一般意义上讲，金融控股公司有纯粹型控股公司和事业型（或经营型）控股公司之分。所谓纯粹型控股公司，是指控股母公司没有自己的业务领域，仅负责整个公司经营战略的管控。而事业型控股公司则是指控股母公司不仅承担着对子公司的全面战略管控，同时拥有自己的业务领域。从这一角度分析，目前我国的保险集团正在由事业型控股公司向纯粹型控股公司过渡。我国的一些保险集团比如中国人寿保险集团的母公司并不直接从事主体业务的经营活动，然而却继续承担着前身公司非主营业务、不良主营业务等的经营责任，这些业务与子公司经营的主体业务之间存在一定联系。因此集团公司出于非主体业务经营的需要，将对子公司业务经营的某些环节采取较为直接的管控方式。随着这些非主体业务的消化，保险集团将转化为纯粹型控股公司，并趋向采取战略管控方式①。从最新的发展来看，个别保险集团已经明确地提出把战略规划、资本运作、品牌增值、文化构建、风险控制、监督管理和组织协调等作为集团母公司的重要任务。

在母公司负责战略管控的基础上，各保险集团根据自身的资源优势、外部市场状况和政策条件适时以设立子公司的形式发展新业务或对原有业务进行“拆细”，从而达到专业化经营的目的。从目前我国的情况来看，除了新成立的中华控股和阳光控股外，其他保险集团都有着两家或两家以上专业子公司。各专业子公司负责具体业务的经营，并定期向集团汇报。

四、依托主业，拓展多元

在业务范围的拓展过程中，我国各保险集团基本都遵循着“依托主业，拓展多元”的发展思路。也即在立足原有优势业务的基础上，通过横向或纵向的发展战略，实现业务扩张。

所谓横向发展战略，是指保险集团同时跨多险种业务线，即涵盖产险、寿险、健康险、企业年金，甚至进一步涵盖多种金融业务如银行、证券、信托等业务的战略。目前我国的保险集团基本都把重心放在了横向发展战略上。然而，具体到拓展哪些横向业务，各保险集团的战略思路却并非完全相同。根据横向拓展业务范围的大小，目前我国的保险集团大致可以分为三种经营模式。第一种模式是在经营保险业务外，同时横跨银行、证券等金融业务的金融控股公司模式，主要代表集团为平安集团。第二种模式是在经营产险、寿险之外，同时还涉足养老险、健康险等多元保险业务的经营模式，主要代表集团有中国人保、中国人寿、中保集团。第三种模式是主要以产险和寿险为主要经营范围的经营模式，主要代表集团包括太平洋、中华控股、阳光控股。

所谓纵向发展战略，是指保险集团在保险业务线的基础上，沿保险产品价值链向上或向下拓展，例如保险公司基于提供风险保障产品的战略目的成立经纪代理、资产管理、再保险、老人安养、医疗保健、灾害防阻等机构。就目前而言，我国各保险集团在纵向发展战略上也都进行了不少探索和实践。比如中国人保、中国人寿、中再、中保集团、平安、太平洋等保险集团都成立了自己的资产管理公司，中国人保、中保集团等还有着自己的经纪公司和投资控股公司，中再、中保国际还同时经营直接保险业务和再保险业务②。

然而，不论是横向发展战略，还是纵向发展战略，大多数保险集团在拓展业务的过程中，仍然以原来经营的保险业务为主，比如中国人寿将寿险业、资产管理业作为当前的主业，中国人保将非寿险作为其主业，即便是已经形成金融控股公司架构的平安，目前也以保险业务作为其主要业务来源。

---

① 方军：“保险集团的管理与经营框架”，《保险研究》，2004 年第 5 期。

② 朱南军：“保险业综合经营：连横还是合纵?”，《中国保险报》，2007 年 12 月 5 日。

第三章　我国保险集团未来发展趋势

一、数量不断增加，多元化、大型化趋势明显

如前所述，我国保险市场存在跟风现象，保险公司集团化经营也不例外。目前，我国保险市场主要的大中型保险公司都已实现集团化，但是仍然有许多公司正在筹划跨入集团化的行列，这一方面是由于我国保险市场发展潜力还比较大，通过集团化发展，扩大公司规模、提高公司的市场竞争力，是实现公司跨越式发展的一种有效途径；另一方面，国内许多大型保险公司通过集团化发展已经显现出集团化的优势，为国内保险公司集团化提供了动力。在保险集团法律法规逐步健全、政策环境逐步宽松的条件下，可以预见我国保险集团的数量将进一步增多。

但是，保险公司集团化的方式将进一步多元化，而不是目前普遍的发起成立的方式，并购与合资等方式将逐步成为我国保险公司实现集团化或保险集团进一步实现规模扩张的有效手段。一方面，大中型保险公司利用资本优势，大量收购或兼并其他保险公司或保险集团，可以迅速实现规模扩张、扩大市场份额，提高自身的综合竞争力。特别是在国内保险市场主体不断增多、竞争日益激烈的条件下，不可避免地将有少量保险公司出现经营困难甚至破产的情况，在此情况下，由大中型保险公司收购或兼并这些处于经营困难或破产阶段的公司，既可以维护保险市场的稳定，也可以由大中型保险公司实现资源的有效整合，实现其规模扩张。在国际保险市场上，收购或兼并已成为保险集团实现规模扩张、迅速扩大市场份额的常用手段。例如，2006 年 6 月，瑞士再保险以 74 亿美元的总对价收购了通用电气（GE）旗下的安裕再保险公司，从而成为全球最大、业务最为多样化的再保险公司；2006 年 7 月，英国最大的保险公司英杰华集团（Aviva）出资 29 亿美元收购美国寿险企业 AmerUs Group Co，以增强其在美国的市场地位①。另一方面，由于受政策限制或经营环境的差异的影响，国际保险集团对我国保险市场不太熟悉，其可能通过合资的方式与国内中小型保险公司组建保险集团进入我国保险市场，利用品牌、技术、产品和服务等方面的优势迅速开拓国内保险市场，因而合资的方式也可能成为保险公司实现集团化经营的一种途径。

在保险集团数量不断增多的同时，我国保险市场将出现的一个重要趋势是部分保险集团将进一步实现规模扩张和业务多元化，通过并购或组建的方式成立金融控

① 蒲成毅："世界保险产业结构演化的特征及趋势分析"，《经济理论与经济管理》，2007 年第 7 期。

股集团，实现金融领域的综合经营。一方面，组建金融控股集团实现金融领域的综合经营，可以更好地获得规模经济和范围经济优势，全面提高保险集团的综合竞争力。例如，国际保险市场上资本规模排名前列的跨国保险集团美国国际集团（AIG）、荷兰国际集团（ING）、德国安联集团（Allianz）、法国安盛集团（AXA）和荷兰全球人寿保险集团（AEGON）都是通过了兼并和收购等方式组建成立了综合型的金融控股集团，从而迅速实现规模扩张和业务范围的扩大，获得国际金融和保险市场上的竞争优势，全面参与国际金融市场的竞争。另一方面，我国保险业经过二十多年的发展，国内许多大型保险集团都已具备了很强的资本实力，树立了良好的品牌和市场形象，具备了进一步实现规模和业务扩张的实力，组建成立金融集团将是大型保险集团未来发展的一个重要方向。

二、保险集团在保险市场的地位进一步凸现

从国际保险市场来看，国际保险市场的竞争日趋激烈与成熟，世界保险业的基本格局开始逐步成型，形成了“大、中、小公司并存；股份制、相互制、互助制公司并存；上市与非上市公司并存”等不同规模、不同组织形式的保险公司在市场并存的稳定局面。其中，另外一个与“大、中、小公司并存”现象相似的“并存现象”就是“集团化与非集团化公司并存”现象。目前，一部分大公司和中型公司都采取了集团化的形式，而小型公司则一般采取非集团化的形式，从而形成了保险集团在保险市场中占据主导地位，而非集团化的保险公司同样存在很大的生存空间；两者虽存在一定程度的相互竞争，但也有各自不同的目标市场，从而促使两者“和谐共处”，基本形成了“大型集团主导，大中小公司并存”的垄断竞争型市场结构。

在笔者统计分析的全部 8 239 家[①]保险公司中，保险集团数量总共为 1 037 家，占全部公司数量的 12.59%。从保险集团的类型分布来看，综合型、健康险、寿险、非寿险的保险集团数量分别为 249 家、12 家、255 家和 521 家，占相应类型保险公司的比重分别为 41.29%、12.63%、10.82%、10.12%。可见对于综合型保险公司而言，采取集团化经营的保险公司的数量占比最高；其他类型的保险公司中保险集团所占的比重相差不大，都在 10% 左右。虽然保险集团数量占比并不高，但是从资产规模、保费收入和利润等各项指标来看，保险集团在各种类型公司中所占的比重都相当高，已经占据了国际保险市场的主导地位。从资产占比情况来看，保险集团在综合型、寿险、非寿险、健康险公司中所占的比重分别为 90.47%、39.33%、41.76% 和 35.18%；从保费收入来看，保险集团在各类保险公司中所占的比重分别为 86.30%、27.68%、29.74% 和 69.66%；从利润情况来看，保险集团在各类公司

① 说明：这里的数据统计并不是全世界保险公司的数量，而是来自 BVD—ISIS 全球保险公司分析库的全部保险公司样本数。

中所占的比重分别为89.37%、47.89%、34.81%和82.06%。从整体情况来看，保险集团的资产规模、保费收入和利润占全部公司的比重分别为59.77%、46.68%和56.27%①。由此可见，保险集团在国际保险市场中占据了主导地位。

随着我国保险集团数量的不断增多，保险集团在市场份额、资产、保费等方面占据相当大的比例。此外，随着保险集团在经营效率、产品和业务创新、综合经营实力等方面优势的显现，保险集团在国内保险市场的竞争优势将不断凸现。这些都将促使保险集团在国内保险市场的地位和作用不断提高，逐步占据保险市场的主导地位。

三、集团定位将更加明确，更加强调资源整合

保险公司在集团化发展过程中能否树立集团化的正确理念、明确市场定位和自身发展战略关系到保险集团在发展过程中各项战略措施的选择，也直接影响到集团化经营的成败。如前所述，我国保险公司集团化存在着政策引导下盲目跟风的现象，没有全面衡量集团化带来的利弊和自身的条件，这将使保险集团在未来的发展过程中不可避免地出现或多或少的问题。保险集团未来是否能够实现规模经济和范围经济效应、显现出竞争优势、从而实现长期健康发展，主要取决于能否及时地明确和调整保险集团的发展战略及定位，实现集团内部资源的有效整合。

从国际保险市场来看，许多保险集团也经历过战略重大调整的过程。例如，2005年花旗集团将名下的旅行者人寿保险及几乎全部国际保险业务，以115亿美元出售给大都会人寿保险，从而实际上撤出了开发保险产品的业务；美国信诺保险集团（Cigna）通过逐步调整业务结构，最终目标是成为美国乃至世界最大、效益最好的侧重于员工福利业务的跨国金融集团；ING在欧洲的成功是基于银行保险相结合的运营模式，充分利用了银行的品牌、信誉、销售网络和客户群等，为保险产品的销售助力②。

随着我国保险集团发展经营理念的逐渐成熟和市场竞争环境的日益激烈，保险集团将会在未来的市场竞争和自身发展过程中，逐步明确自身的市场定位，适时进行战略调整，以有效整合集团资源，切实通过集团化来提高公司的综合竞争力。其中主要包括：（1）明确集团化经营的根本目的是寻求规模经济和范围经济，而不是简单的“数”和“量”上的规模扩张；集团化经营的“适度规模”和“适度多元化”取决于保险集团的资本实力、人才储备、产品开发能力、风险管控能力、内部管理水平和效率等多方面的因素，不能盲目地进行业务多元化和规模扩张。（2）明确保险集团的核心功能是资源整合，对集团内部资源进行有效配置，制定一致协调的集团发展战略，而不仅仅是“为控股而控股”、“为集团而集团”；保险集团发展

① 数据来源：笔者根据BVD—ISIS全球保险公司分析库数据整理获得，具体数据见附录。

② 徐为山、俞自由：“跨国保险集团战略管理研究”，《保险研究》，2002年第4期。

过程中要在不断强化核心竞争力的基础上，通过实现规模经济和范围经济来提高保险集团的综合竞争力。(3) 明确认识集团化经营是手段而不是目的。保险公司集团化并不是可以一劳永逸、坐享其成的事情，在保险公司选择集团化后要加强公司的内部管理和风险防范，有效利用集团化带来的各种有利条件，提高经营效率和市场竞争力，这样才能在激烈的市场竞争中赢得生存和发展①。

四、更加重视保险集团的风险管控

保险公司集团化经营的主要潜在消极影响是加剧保险公司面临的风险，在目前我国保险集团的内部治理结构、防火墙制度和风险管控体系都不太健全的情况下，很容易产生风险传递、风险集聚和利益冲突风险，给保险集团发展带来隐患。因此，风险管控将成为决定保险集团发展成败的一个重要关键因素，在我国保险集团的未来发展中，将更加重视保险集团的风险管控，建立更加完善的风险管控体系。

为了建立更加完善的风险管控体系，保险集团在未来发展过程中将：(1) 建立更加完善的内部治理结构。一方面，随着近年来许多公司由于公司治理结构的不完善而导致的破产事件的出现，人们开始对公司治理结构予以前所未有的关注，并逐渐意识到良好的公司治理结构是有效防范和控制公司风险的基本前提。另一方面，公司治理结构逐步成为我国保险监管中的重要内容之一。2005 年中国保监会主席吴定富在“中国保险国际论坛”提出保险业风险防范的“五道防线”，第一道防线就是保险公司的内控制度；同时，公司治理结构也成为偿付能力监管中的一个重要考虑因素。因此，注重完善内部治理结构将成为未来保险集团发展的一个重要内容。(2) 建立有效的“防火墙”制度。保险集团内部风险的风险传递和集聚是保险集团面临的一个重要风险，因此保险集团将注重建立“防火墙”制度，隔断集团内部各机构主体之间的利益关系链，使各个主体的利益相对独立防范和控制集团内部风险的传递和集聚。(3) 建立完善的内部风险管控体系。保险集团风险的防范和控制是一项复杂的系统工程，仅仅通过完善公司治理结构和建立防火墙制度是不够的，保险集团未来发展中还将注重建立一套完善的内部风险管控体系。具体来说主要包括：一是明确保险集团风险管理的目标和职责；二是要建立完善的风险识别、预警、控制和处理机制；三是要培养高素质的风险管理人才。

---

① 郑伟（2008）在分析金融综合经营背景下保险业发展就曾提出：“（1）保险企业在集团经营与综合经营方面的选择取决于交易成本与适度规模边界；（2）金融保险集团的核心功能是‘资源整合’，‘集团’不是简单的资本和行政纽带，不能为集团而集团；（3）应当正确认识保险业在经济社会中的角色定位，其更多地不是表现为‘金融话语权’，而是表现为‘风险管理话语权’，这是由其功能作用决定的”，这对于保险集团的发展同样具有重要的借鉴意义。

参考文献

[1] 迟晓英、朱军勇："综合经营趋势下国有保险集团金融控股公司化分析"，《保险研究》，2006年第9期。

[2] 翟毓民："中资保险控股集团风险管理体系建设研究"，《黑龙江社会科学》，2006年第1期。

[3] 方军："保险集团的管理与经营框架"，《保险研究》，2004年第5期。

[4] 江生忠：《中国保险业发展报告2006》，中国财政经济出版社。

[5] 刘京生："论综合经营环境下的集团风险管理"，《保险研究》，2005年第12期。

[6] 马永伟："在中国人民保险（集团）公司成立大会上的讲话"，《中国保险》，1996年第9期。

[7] 孟龙："论国际保险机构和保险集团跨国业务监管"，《保险研究》，2003年第6期。

[8] 唐雅慧："保险集团的金融控股优势及层次发展战略"，《保险研究》，2003年第1期。

[9] 徐为山、俞自由："跨国保险集团战略管理研究"，《保险研究》，2002年第4期。

[10] 郑伟："2007年中国保险业回眸与思考"，《中国保险报》，2008年1月9日。

[11] 北京大学中国保险与社会保险研究中心课题组：《金融综合经营背景下中国保险业的发展》课题研究报告，2007年。

附　录

表1-3　国际保险市场不同类型保险公司数量的占比情况①

公司类型		公司数量（家）	占比（%）
综合型②	一般③公司	351	4.26
	相互公司	3	0.04
	集团	249	3.02
健康险	一般公司	72	0.87
	相互公司	11	0.13
	集团	12	0.15

① 数据来源：笔者根据BVD—ISIS全球保险公司分析库中全部保险公司样本的数据整理获得，此部分各表的数据来源如无特别说明都与此相同，不再说明。

② Composite company，即兼营寿险与非寿险业务的保险公司，但不一定为集团形式。

③ 这里的"一般"是针对集团公司或相互制公司而言的，下同。

续表

公司类型		公司数量（家）	占比（%）
寿险	一般公司	2 047	24.85
	相互公司	54	0.66
	集团	255	3.10
非寿险	一般公司	4 301	52.20
	相互公司	324	3.93
	集团	521	6.32
其他		39	0.47
保险集团合计		1 037	12.59
合计		8 239	100.00

表1－4　　国际保险市场不同业务类型保险公司的占比情况及保险集团占比情况

公司类型	公司数量（家）	占比（%）	该类型中保险集团数量（家）	集团占该类型公司的比重（%）
综合型	603	7.32	249	41.29
健康险	95	1.15	12	12.63
寿险	2 356	28.60	255	10.82
非寿险	5 146	62.46	521	9.93
其他	39	0.47	0	0.00
合计	8 239	100.00	1 027	12.59

表1－5　　国际保险市场保险集团在各类保险公司中的资产、保费和利润占比情况

公司类型	公司数量占比（%）	资产占比（%）	保费收入占比（%）	利润占比（%）
综合型	41.29	90.47	86.30	89.37
寿险	12.63	39.33	27.68	47.89
非寿险	10.82	41.76	29.74	34.81
健康险	9.93	35.18	69.66	82.06
全部公司	12.59	59.77	46.68	56.27

第二篇

保险企业集团化经营下的财务风险管理

摘　要

当前，我国经济社会发展进入新的历史阶段，保险业改革发展也进入十分关键的时期。我们必须抓住难得的历史发展机遇，搞好集团化经营，提高资源整合能力，防范和化解风险，做大做强保险业，促进保险业健康持续快速发展。本课题在对保险企业的集团化经营以及集团化经营中的财务风险进行分析研究的基础上，构建一个立足我国保险企业集团化经营的实际且具有一定前瞻性的保险企业集团化经营下的财务风险管理框架，并提出若干完善保险集团财务风险监管的政策建议，以期对保险企业集团化经营下的财务风险管理理论和实践工作有一定的指导意义。具体来说，本课题研究了以下内容：

第一章，保险企业集团化经营概述。本章分析了保险企业集团化经营的动因和特点，选取了具有代表性的几大国际保险集团对其发展沿革、组织架构和风险管理架构等方面的经验进行研究，比照分析国内几大保险集团的发展状况，指出国内保险企业要顺应全球金融综合经营的需要，积极借鉴国际先进经验，立足我国保险业实际，探索合适的发展路径，迅速提升我国保险企业集团化经营程度和水平。

第二章，保险企业集团化经营的财务风险分析。由于保险经营业务的特殊性，在保险集团发展的过程中，需同时处理好快速发展与风险防范的问题。而财务风险是保险集团内部各类风险的集中体现（魏迎宁，2007）。本文认为保险企业集团化经营下的财务风险主要是包括关联交易、资本金重复计算、信息披露风险、双重财务杠杆风险、多级法人治理结构的财务风险在内的集团化架构产生的系统性财务风险，以及集团融资产生的财务风险、投资产生的财务风险、集团内部的业务经营产生的财务风险等。

第三章，保险企业集团化经营的财务风险管理框架。在前面两章研究的基础上，并以资产负债管理理论和全面风险管理理论为指导，本文构建了适合我国保险业现阶段发展状况与未来发展趋势的保险集团财务风险管理框架，然后从集团化下的系统性财务风险、融资风险、投资风险和业务风险等方面探讨保险集团财务风险管理的运作实务，从而实现对保险集团财务风险进行“全面、全程、深度”管理。

第四章，完善集团外部监管的政策建议。本文借鉴发达市场的监管实践，着重从外部监管的角度对财务风险提出监管建议：首先建议出台专门的、以保险集团为特定对象的监管法规，作为财务风险防范的政策基础；其次分别针对第二章中分析的四大类财务风险提出对应的措施；最后提出了一些保险集团监管创新的建议。

第一章　保险企业集团化经营

“企业集团”一词起源于日本，指的是以资本（产权关系）为主要纽带，通过持股、控股等方式紧密联结、协调行动的企业群体①。尽管法律上并没有一致的表述，但比较统一的认识是：企业集团是在经济、技术、生产经营上有联系的企业通过一定的方式结合而成的经济联合体。

本章第一节研究保险企业集团化经营的动因与特点，第二节通过对国际知名保险和金融企业集团化经营发展状况的剖析得出一些有益的启示，第三节分析我国几大保险企业集团化经营的状况，进而探讨我国保险企业集团化经营发展模式。

第一节　保险企业集团化经营的动因与特点

企业所以结成集团，一是适应经济环境变化的要求。在竞争的市场经济体制下，企业向集团化发展，可以增强企业抵御市场风险的能力，减少企业的经营风险。二是增强竞争力的需要。通过企业集团中各个企业协作，能够弥补单个企业的战略发展劣势，适应市场需求变化、技术革新、多元化经营的发展等，增强企业生存能力和竞争能力。三是参与国际竞争的需要。随着国际经济联系的紧密化、一体化，国际竞争日益加剧，企业集团作为市场经济和社会化大生产高度发展的产物，已成为发达国家经济发展的重要支柱。诸多理论和现实方面的动因，使集团化经营成为企业发展的必然趋势，保险企业也不例外。

一、保险企业集团化经营的动因

（一）获得规模经济

所谓规模经济是指产品单位生产成本随着生产规模的扩张而趋于下降的经济效应。导致规模经济的原因，一方面是因为随着生产数量的增加分摊到单位产品的固定成本的减少，另一方面是因为随着产量的增加使劳动效率得到提高，从而导致产品单位变动成本的减少。我们可以用金融集团所带来的平均成本变化来描述规模经

① 早在第二次世界大战之前就存在与企业集团类似的企业组织，如财团、财阀、康采恩等，而“企业集团”这一名称当时还没有提出，是第二次世界大战之后由日本提出而得以流行。

济：当平均成本随着产出的增加而下降时，可以实现规模经济。仅就企业规模而言，经济组织达到最合理的规模时，其边际收益等于边际成本；在边际收益大于边际成本的范围内，金融集团在规模经济；当金融集团引起边际收益小于边际成本时，则产生规模不经济。

对金融集团而言，它之所以能带来规模经济效益，是因为金融资产具有很大的通用性，金融集团通过对各子公司进行资本和其他资源的调配与协调，并通过制定各种长期发展规划来促进和实现各子公司间在资金、业务和技术方面的合作，从而实现资源的有效配置，达到降低成本，提高整体效益的目的。具体而言，金融集团通过产权控制关系或其他法律关系将不同的金融子公司整合在金融集团的框架下，将极大地提高整体金融资产的利用率和使用范围，变相地扩大各金融子公司的企业边界或企业规模。从而能够在保持原有企业规模的条件下极大地提高服务质量和产量，也能够在保持原来服务质量和产量的条件下大幅度减少分支机构、管理层次、管理人员或普通员工，实现规模经济效益。

对于保险类金融集团来说，主要通过保险公司、资产管理公司、商业银行、证券公司、基金公司以及信托公司，向客户提供一揽子金融服务，其提供特定金融服务组合的成本低于通过多家公司提供的类似服务的成本之和，以实现规模经济。金融集团这种规模经济的存在主要由于以下原因：第一，金融集团利用分支机构网络优势和其他渠道，以较低的边际成本销售产品。第二，固定成本分摊机制。如金融集团在创建金融品牌，开发高度细分化的产品和服务，建立与维护统一的信息技术平台，进行资产管理等方面存在一定的规模经济。第三，内部资金调度机制。金融集团通过建立内部资金市场，调整集团内部财务结构，适应金融产品和服务需求状况的变化。

（二）实现范围经济

范围经济的概念首先由美国学者 Teece（1980）、John Panzarn 和 RobertWilling（1981）等人提出，其原意指企业同时生产两种以上产品时能获得的比分别单独生产各个产品具有更大的经济利益。根据 Willing 的定义，范围经济指“在范围经济的条件下，由同一家企业生产两种产品的成本小于两家专业企业生产一种产品的联合成本。”所以说，企业只有扩展其规模，进行多元化经营才能获得范围经济。从范围经济的角度来看，企业集团正是实行经营边界拓展的有效的企业组织形式。

在金融服务领域，范围经济指金融机构通过进入多元化的金融服务市场，向更多的客户交叉销售金融产品和服务，实现成本的节约和收益的增加。因此，范围经济实际上可以从两个过程来实现：第一，内部的或节约成本的范围经济，体现在联合生产和联合营销中；第二，外部的或增加的收益范围经济，体现在消费中。

金融集团的范围经济来源于以下几个方面：

1. 节约固定成本。Steinherr. A and C. Huveneers（1990）认为，金融集团可以将管理客户的固定成本（包括人力和物力成本）摊薄到更广泛的产品中去。这些固定成本的节约包括共同的办公场所、计算机网络、业务处理系统等物力上的成本节约，也包括在人员、制度设计与建设维护等方面的成本节约。

2. 销售成本的节约。Llewellyn（1996）认为，从成本节约的角度看，金融集团可以利用银行已有的分支机构和其他销售渠道，以较低的边际成本销售其他金融附属产品，获得潜在的范围经济。例如，金融集团可以利用银行现有的强大销售渠道为保险、证券等一揽子金融产品提供销售服务。

3. 无形资产的共享。Rajan（1996）认为，金融集团在提供广泛的金融产品和服务的同时，金融集团不仅可以获得市场优势，而且还可以提高本机构的声誉和品牌价值。金融集团可以利用其在一种业务上的优势来强化在其他业务上的竞争力。

4. 稳定的收入流。分散的现金流可以确保现金流量的稳定。随着金融“脱媒”进程的深化，专业化的金融中介机构将面临越来越大的竞争压力，但对多元化金融集团的影响就比较小。在多元化金融集团内部，由于各金融业务之间所面临的市场环境、竞争因素并不是完全相关的，金融集团可以通过多元化的投资组合来实现收入的分散化，从而实现现金流的稳定。从这个意义上说，多元化经营可以获得比专业机构更稳定的收入流。

从收益范围经济看，对于企业客户和一般消费者而言，由于综合性金融机构提供服务的便利性，使顾客愿意与之建立长期关系，而金融机构与客户的这种长期关系，将有利于金融机构取得市场优势，进而获取稳定收入。

（三）追求协同效应

协同效应是指通过各种方式联合在一起的企业组织，其业绩比原有各家机构单独存在时预期的水平要高。协同效应通常被描绘成“1 + 1 > 2”效应。企业集团的成员企业，根据优势互补、利益分享、风险共担的原则，通过跨部门、跨行业、跨地区联合，或者在融资关系、人员互派、原材料供应、生产技术、市场营销等方面建立有紧密关系或协调行动，获得协同效应。同时企业集团根据集团的利益和需要，将涉及生产、流通、销售、仓储、包装、运输、进出口、金融服务等多方面的业务全面地协调起来，实行纵向一体化或多元化经营，从而使资金、技术、人员等生产要素的作用得到充分发挥。

总的说来，企业集团的协同效应主要体现在以下方面：

1. 管理协同效应。通过集团公司统一制定和实施战略规划，能够促进不同子公司的管理团队达成战略共识，实现管理整合与行动整合。如果不同公司不统一在同一企业集团旗下，各自的自主性较强，彼此合作的机会和达成行动共识就比较困难，而共识的一致性与行动效率和绩效之间的关系具有较强的正相关性。

管理协同还表现在管理效率差别上。如果某金融公司的管理资源短缺，经营管理队伍效率较低，将其并购成为集团的一员，能有效补充和调整原金融公司存在的管理缺陷。

2. 营销协同效应。通过加强企业集团内部子公司的营销整合和营销定位分工实现更大的市场占有率或市场份额。具体表现为联合营销、交叉销售、客户共享、梯度营销。

其中，联合营销也叫合作营销，是指两个以上的企业或品牌拥有不同的关键资源，而彼此的市场有某种程度的区分，为了彼此的利益，进行战略联盟，交换或联合彼此的资源，合作开展营销活动，以创造竞争优势。而交叉销售通常是发现一位现有顾客的多种需求，并通过满足其需求而实现销售多种相关的服务或产品的营销方式。梯度营销则是指运用整合营销传播手段，让自己的品牌在各级分销链中成为知名品牌，并运用促销、公关及服务策略提高品牌的忠诚度的营销方式。

3. 产品协同效应。这不仅表现在各子公司的产品可以相互供给、相互补充，共同搭建统一的产品供应平台，为整个企业集团的客户服务提供强有力的支撑。同时不同子公司之间可以共同开发产品，相互利用各自资源联手开发结合型产品和衍生产品，为产品创新带来源源不断的动力。从国际金融市场近 20 多年来的情况看，金融企业集团和金融跨业经营制度的放开，大大加快了金融服务和金融产品的创新步伐，重要的原因就在于金融企业集团具有产品创新的温床效应和催化机制。

4. 资本组合—多元化协同效应。由于市场环境是不确定的，为了降低和分散风险，企业通常采用综合经营的方式，实现多元化经营，通过多元化利益实现集团利润长期相对稳定，避免大起大落与收益的脆弱性。20 世纪 90 年代以来，随着核心竞争力、价值链等新管理理论的问世，越来越多的金融集团倾向于采用“集团化管理、专业化经营”的模式。因此金融业的组织架构采用集团跨业、子业专业的模式受到更多金融集团的效仿。

5. 税收与财务协同效应。企业集团可以基于法制规范，通过对集团内部各成员企业的融资、投资以及收益实现的进度、结构等的合理安排，尽可能减少不必要的纳税支出，以谋求最大的纳税利益，实现税后利润的最大化或税负最小化目的。例如，如果集团内一个子公司有累计税收亏损或可抵免税收优惠，另一个企业有盈利，可以采取合理手段将利润在子公司间转移，实现合法减轻税负。

财务协同效应就是指不同子公司现金流的汇合将使集团拥有更加稳定和充足的现金流，降低现金流的波动性和融资成本。例如，金融集团所辖子公司受经济周期的冲击是不同的，如资本市场不景气，证券公司的经营比较困难，但商业银行和保险公司经营状况可能比较好。另外，金融集团扩大到一定规模，在维持营运资金融资要求和筹集现金上可以产生显著的经济效益，还可以从有利的资金头寸中获利。

（四）分散风险

金融集团的多元化金融服务具有风险分散的效应，弥补了分业经营体制对金融机构的约束。一方面，在集团框架下的资本运作，可以迅速壮大规模、拓宽融资渠道、提高资本充足率，提高整体抗风险能力。另一方面，随着集团业务领域的不断拓宽，通过资产、业务、经营地域的多样化，能够有效地分散风险。并且，通过在各子公司业务之间设置防火墙，一个子公司的失误或风险难以波及到其他子公司和控股母公司，可以有效地控制和分散整个集团的风险，抵御金融危机的冲击。总体来讲，各种金融业务的结合有益于降低金融业务自身的风险，一种业务的收益下降，可以用另一种业务的收益来弥补，从而保障利润的稳定性。

二、保险企业集团化经营的特点

尽管保险集团在组织结构和业务领域上有所不同，但从国内外保险企业集团化经营的实践来看，保险企业集团化经营具有以下一般企业集团化经营的共性和保险企业集团自身经营的独特性。

（一）保险集团具有一般企业集团化经营的特点

保险集团作为各类企业集团的一种，具有一般企业集团化经营的特点：

1. 法人多元化的群体性。企业集团不是单一法人经济实体，而是由多个法人组成的联合体。组成企业集团的法人并不局限于企业，也可以是科研单位、基金会等，但企业集团本身并不是法人。作为企业集群，企业集团是由多个具有法人资格的企业组成的集合体。这些具有法人资格的企业包括作为企业集团核心的企业，以及具有法人地位的处于被核心企业所支配的成员企业。虽然法律上这些成员企业都是独立的企业，但企业集团核心企业可以通过股权关系或其他法律关系控制这些成员企业。相反，作为企业群的企业集团并不具备法人资格。一般情况下，企业集团核心层以下的层次均有多个企业或基本生产技术单位，因而形成了多法人、多单位的经济组织结构。

2. 组织结构的多层次性。企业集团都拥有一定数量的各自独立的成员企业，他们之间依靠一定的经济技术关系，形成了紧密程度不同的多层次结构。由此引发的企业集团的管理、控制和协调的多样化。企业集团管理是一种股权分立的管理，当企业集团内的某一部门不断扩展时，就会逐步使其独立，成为有法人地位的成员企业；或者企业集团的核心企业为了发展业务而投资（包括企业兼并）设立一个新的具有法人地位的成员企业。在企业集团内部的控制与协调关系方面，企业集团往往采取的是多层次的控制与协调。如果没有这种多层次的管理，企业集团的这种多企业或多生产技术单位的企业群（新的经济组织）充其量也只是一种由多家自主经营的企业或生产技术单位组成的企业联合体而已。一般来讲，企业集团内部的多层控制与协调关系可描述为：企业集团的核心企业与其他成员企业（包括主要成员企业、关联企业以及协作企业）之间在生产、经营和管理方面具有技术和法律关系。

3. 组织结构的稳定性。企业集团的成员企业之间具有多种联系纽带，如以资本为联结纽带，以契约为联结纽带，以行政权力为联结纽带。其中，资本联结是最基本、最主要的联结纽带，即企业集团的成员企业之间通过持股、控股、融通资金等方式联结在一起，它在一定程度上可以对其他联结方式起决定与影响作用。在此基础上，企业集团的成员企业之间也派生出了派遣人员、生产、销售、技术等方面的其他联结纽带，企业集团的成员企业之间形成了经营上共担风险，利益上共负盈亏的关系，因此企业集团具有长期、稳定的特征。

4. 经营方针的多元化。由于企业集团的成员企业为数众多，且广泛分布于各产业，因此，企业集团的产品与经营必然是多元化的。虽然企业集团的成员企业往往实行的是专业化经营，但企业集团作为一个整体，其经营方针体现出了多元化的特点。另外，在经济环境变动较大的时期，企业往往有采取多元化生产和经营的战略，这样企业通过多元化的生产和经营，可以避免处于单一行业领域中可能面临的巨大经营风险，因此生产与经营方针的多元化成为各企业集团普遍采用的经营战略。

5. 生产经营的国际化。随着市场竞争日趋激烈，企业集团一般并不局限于垄断国内市场，而是积极向外开拓。跨国公司的迅速发展成为战后发达国家企业集团发展的一个重要趋势。通过跨国经营，企业集团可以带动本国的商品输出，促进国际贸易，扩大商品市场，增强企业集团在世界市场中的竞争力。随着世界经济国际化程度的提高，企业集团也越来越具有明显的生产经营国际化的特点。对一个国家来讲，企业集团作为该国实力较强、优势比较明显的经济主体之一，是该国从事生产经营国际化的重要力量。

（二）保险企业集团化经营的独特特点

保险公司的特有业务属性和现有业务基础，使保险集团除具有企业集团的一般特点外，还具有因其行业特性而带来的自身特点。

1. 专业而集中的资本运作。保险集团的业务范围包括保险业务和资金运用业务，多元化业务特性使得保险集团可通过下设专门的资产管理子公司的方式，满足保险资金专业化运作的需要，而且能够在投资过程中及时准确地掌握保险业务的负债情况，进行良好的资产负债匹配管理。

同时，保险行业是一个很讲规模效应的行业，保险集团通过成功的资本运作发展壮大是其必然选择。一方面，在保险金融集团范围内，管理者往往拥有外部资本市场所不具备的信息和监督优势，可以通过兼并、重组及投资等资本运作手段，利用内部资本市场在子公司之间配置稀缺资源，大力提升集团的整体价值。另一方面，保险集团凭借其雄厚的资金实力和专业的资金运用能力，在金融业等相关行业进行收购与并购，不但可以突破原有的投资渠道，提高投资收益率，还可以大幅提高协同效应，增加综合优势。例如，中国人寿集团所属资产管理公司可运用资金已超过9 000亿元，占我国寿险业可运用资金的40%以上，是我国最大的机构投资者之一。中国人寿成功进行了入股中国银行、工商银行、招商银行、兴业银行、民生银行、广发银行、南方电网等一系列资本运作，使其成为广发银行的并列第一大股东，中行、工行IPO最大的机构投资者。因此，战略性的资产配置和大规模的资本运作是保险企业集团化经营的一个重要特点。

2. 互补而非竞争的业务分工。保险集团通过搭建具有互补性的业务结构，实现各业务单元的协调性和相互带动。保险集团协同效应的发挥，建立在内部子公司各自业务边界清楚的基础上，建立在集团公司与其子公司之间、集团内部各子公司之间业务上的非竞争关系，从而形成良好的业务结构和经营秩序。

从纵向看，可以以保险公司为中心，向前端——保险代理或保险经纪延伸设立子公司，也可以向后延伸设立保险资产管理公司、保险公估公司。保险代理公司主要是为保险公司销售产品；保险经纪公司的特长是风险管理服务和保险市场开发；保险资产管理公司是专业化的保险资金运用平台；保险公估公司则是客观中立的进行损失勘验、保险赔款理算的第三方。这些子公司业务分工明确，互相协作补充，在各自专业分工基础上较易形成核心竞争力，并由此形成各自利润源。

3. 共享的营销网络和技术支持。充分利用原有的营销机构网络，建立集团营销协作机制，在专业分工基础上进行合作，发挥营销机构网络的最大效能。

对保险公司来说，充分利用保险经纪公司的分支机构业务网络为客户提供现场服务，或者通过交叉销售产品，寿险、产险、健康险、养老险公司开展相互代理保险业务，是一种既经济又便捷的经营模式，可以为保险集团赢得更为广泛的客户群体。

保险集团通过发展业务经营创新和综合研究的能力，充分把握宏观政策、行业及市场综合信息，为子公司提供智力支持和咨询服务。

4. 统一的信息平台。集团公司通过构筑统一的信息技术平台，建立互通互联的业务运营系统、治理信息系统、客户信息系统，建设集团公司公共网络平台、办公与信息交换平台，支持各子公司公用数据共享和信息交换，以节约经营成本，实现资源共享。

在业务层面，保险集团通常建立全险种业务处理平台，对各子公司的销售渠道进行综合开拓，在产、寿险公司之间开展相互代理业务，推行交叉销售。随着综合开拓业务的发展，可以对客户资源进行专业信息分析，无论是对公司客户还是个人客户，都可以依靠内部业务网络体系，设计出满足不同客户、不同需求的个性定制化的金融产品组合。在资金管理层面，保险集团会利用统一的信息平台对集团内部资金情况及时跟踪，从而进行合理资金分配、运用和集中的资本运作。另外，在集团治理层面，保险集团一般通过统一的信息平台分析制定决策，完成对集团内各子公司的管控，并进行有效的风险控制。

5. 系统化的品牌策略。品牌是保险集团的重要资产，统一品牌对发挥集团整体优势、塑造整体形象具有重要意义。集团公司通过建立较强的品牌整合能力，对集团品牌形象与声誉进行系统开发和经营，通过深度挖掘品牌价值，集中开展市场推广，提高品牌强度。同时，集团公司帮助各子公司根据自身业务特点，对集团品牌进行一定的延伸，并保证集团主品牌与附属品牌之间在视觉与内涵上具有内在的一致性和系统性。因此，通过系统化品牌的整合，提升各子公司的市场影响力和竞争力，也是保险企业集团化经营的重要策略之一。

第二节　国际知名保险和金融企业集团化经营范例

按照2007年美国《财富》杂志根据营业收入的排名，全球前十大保险集团分别是：荷兰国际集团、法国安盛集团、德国安联集团、美国国际集团、意大利忠利保险、美国伯克希尔哈撒韦保险、英国英杰华集团、英国保诚集团、瑞士苏黎世金融服务集团和美国州立农业保险集团。其中，德国安联集团、美国伯克希尔哈撒韦保险、美国国际集团、瑞士苏黎世金融服务集团和美国州立农业保险的主业是非寿险业务，而其他保险集团的主营业务是人寿保险。下面我们以美国国际集团、德国安联集团和荷兰国际集团为例简要说明国际知名保险和金融企业集团化经营状况。

一、美国国际集团①

（一）集团简介

美国国际集团的前身是1919年在上海成立的美亚保险公司（American Asiatic Underwriters，AAU）。1921年，美亚保险公司创始人Cornelius Vander Starr创立了亚洲寿险公司（Asia Life Insurance Company，ALICO）。战后，美亚保险开始了其集团化历程。1948年，为规避美国国内法律，奠定集团基础的两位成员——美国国际海外保险公司（AIUO）和美国国际再保险公司（AIRCO）通过在外国（百慕大）注册而成立，经过20世纪50年代的快速扩张②和60年代的迅速发展③，1967年，美国国际再保险公司更名为美国国际集团（AIG），开始了建立其保险帝国的第一步，不久ALICO加入AIG；1969年，AIG股份化，成为公众公司；1970年，AAU及其全部分支机构变为AIG子公司；1976年，美国国际集团将其业务部门分为四部分，即海外普通保险部、国内普通保险代理部、国内普通保险经纪部和寿险业务部；自90年代以来，美国国际集团通过一系列的收购行为，巩固了其美国第一金融保险集团的地位，其中最大的两起是1999年以183亿美元收购SunAmerica公司，和2001年以230亿美元收购美国通用保险公司（American General Corporation），由于通用保险公司在人寿保险、退休储蓄和消费金融等市场领域占有重要地位，这一收购直接导致美国国际集团成为美国寿险市场的两大保险集团之一，寿险业务也由此在美国国际集团的业务中占据重要比例。

在保持保险主业地位的同时，美国国际集团同样关注金融服务和资产管理领域，

---

① 美国国际集团网站（www. aig. com）。

② 这一时期，AIG并购了Globe & Rutgers Insurance Company、Insurance Company of the State of Pennsylvania、American Home Assurance Company，并成立了American International Life Assurance Company of New York。

③ 这一时期，AIG并购了National Union Fire Insurance Company of Pittsburgh，Pennsylvania，New Hampshire Insurance Company。

1987 年，成立了金融服务集团（AIG's Financial Services Group），开始了 AIG 向其他金融领域扩展的步伐。80 年代，美国国际集团收购了一家中等规模的瑞士银行——Uberseebank，后改名为 AIG 私人银行有限公司（AIG Private Bank Ltd.），该银行迄今仅在日内瓦、香港、新加坡、上海和圣保罗等地开设了分行，主要面向高端个人客户和机构客户提供资产管理服务和投资咨询服务。1994 年，美国国际集团在伦敦设立了联合风险公司（AIG Combined Risks Ltd），该公司作为一家投资银行，从事机构财务、再保险和衍生工具的风险管理业务。1996 年，以 1 亿美元收购了从事消费者和商业金融业务的美国太平洋信贷公司（SPC Credit Ltd）。

经过上述一系列全方位收购扩张行为，截至 2006 年底，AIG 的普通保险业务，即非寿险业务收入占集团总收入的 45%，人寿保险和退休保险服务收入占集团总收入的 43%，资产管理收入占集团总收入的 10%，而其他金融服务仅占集团总收入的 2%。

如今，美国国际集团（AIG）已是世界保险和金融服务的领导者，也是全球首屈一指的国际性保险服务机构，业务遍及全球 130 多个国家及地区。AIG 有四个主要的经营业务领域（图 2－1）：非寿险服务、寿险及退休保障服务、金融服务、资产管理服务。各业务领域内的国内外子公司通过 AIG 庞大的保险、金融服务网络在全球展开产物保险、意外保险、水险、人寿保险、金融服务保险，以及一系列金融服务及投资管理业务。

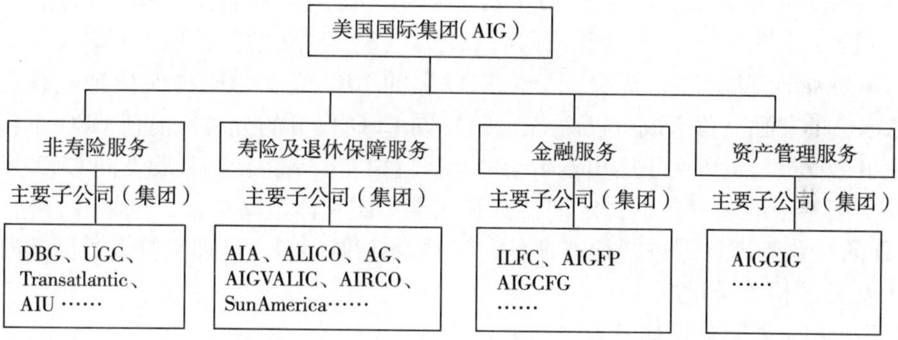

图 2－1　AIG 组织架构图

部分子公司解释：DBG：美国国内产物保险经纪集团；UGC：联合按揭保证公司；Transatlantic：大西洋保险公司（上市再保机构）；AIU：美亚保险公司（国外经营）；AIA：友邦保险公司（国外经营）；ALICO：美国人寿（国外经营）；AG：本土人寿公司；AIGVALIC：本土团体退休保险机构；AIRCO：国际再保公司（为 AIG 国外寿险、部分国内产、寿险业务及第三方提供再保险）；ILFC：国际租赁金融公司；AIGFP：金融商品公司；AIGCFG：消费金融公司；AIGGIG：全球投资公司。

（二）组织体系

董事会是AIG治理组织体系的核心。AIG董事会设如下委员会：审计委员会、薪酬委员会、财务委员会、提名及公司治理委员会、公共政策和社会责任委员会、监督、合规、法律委员会（图2－2）。

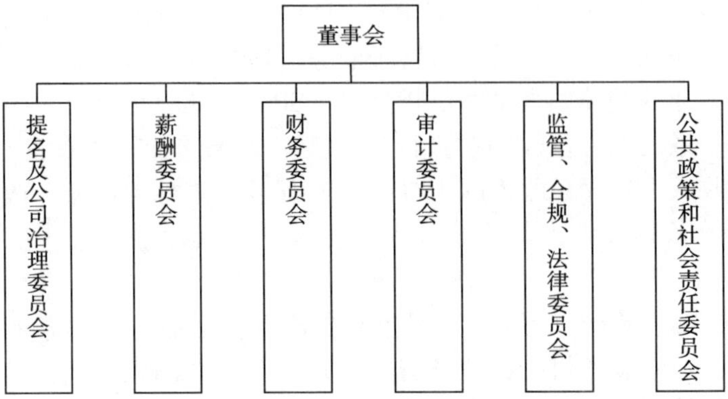

图2－2　AIG董事会常设委员会

AIG的董事会建设强调：（1）董事会成员规模。由于集团规模巨大，AIG的董事会成员在14到16人之间。（2）董事会成员的专业背景及经历。由于AIG经营业务的多样性，董事会成员要求经历丰富、知识广博、专业背景雄厚、来源于商业、金融、监管、国际事务、公共政策等各领域。（3）独立性。按照NYSE（New York Stock Exchange）的标准，至少三分之二以上的AIG董事会成员保持独立性。目前AIG董事会的非独立董事成员仅两名。（4）同CEO权责的分离：前任CEO不得担任AIG董事会成员，董事会主席由董事会的非执行独立委员担任，其职责同CEO分开。

AIG董事会的职责包括：定期检查和核准集团整体战略决策，选举及评估CEO，对CEO的经营管理计划进行检查评估，评估及核准CEO、经理主管人员的薪酬以及对重大交易的检查及批准。

（三）AIG风险管理体系

AIG全面风险管理体系见图2－3，AIG风险管理特点可归纳为：

1. 实行全面风险管理（ERM）。将各个业务领域所面临的各类风险纳入风险管理体系，按统一标准进行测量、汇总、控制与管理。设立专门的风险管理部门，由CRO领导风险管理。集团风险管理部门针对风险制定一般运作准则及政策，子公司风险控制部门在这些规则和指引下进行风险管理，并定期向集团相关风险管理部门进行汇报。

2. 进一步突出CRO的作用，强化CRO的地位，CRO同高管的关系从“汇报”转为“沟通”。CRO直接对审计委员会负责，同时目前在集团和各主要业务领域被赋予了更多的权力同高层管理执行人员紧密交流，以便更好的识别、评估、量化和管理风险。

3. 系统、规范的合规风险管理。重视合规风险管理，专设规则—合规—法律委员会对合规风险进行统一、规范的管理，在管理层中设 CCO、总法律顾问和首席规则官领导该领域风险管理。合规风险管理成为风险管理中的独立分支，同 CRO 领导的风险管理部门一起沟通、合作，强化集团全面风险管理。

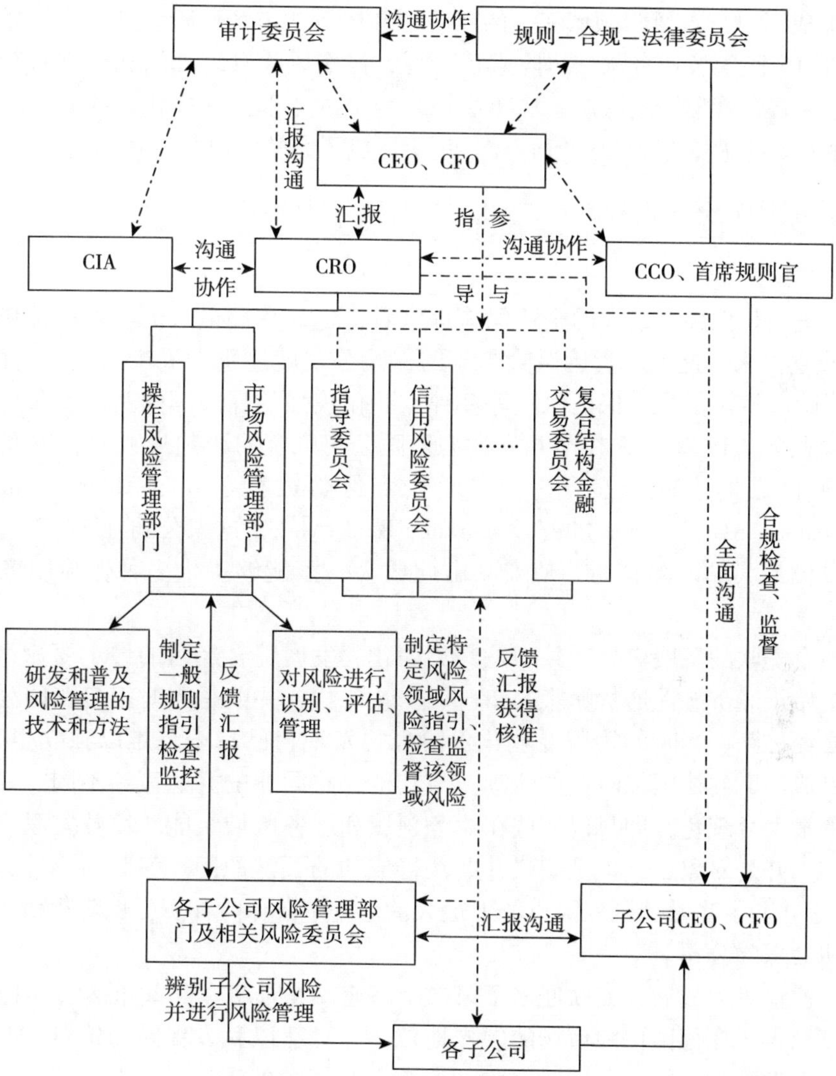

图 2－3　AIG 全面风险管理体系

4. 实施双重的管理和监督体系。董事会中设审计委员会、规则—合规—法律委员会，管理层中设 CRO、CCO、首席规则官，形成双层的风险管理领导和监督体系。

5. 对重点风险领域设立委员会进行检查和监督。如针对信用风险、复合结构金融交易风险等特别设立信用风险委员会、复合结构金融交易委员会等加强对风险的管理、检测、监督。

6. 突出对操作风险、声誉风险的管理控制。对于AIG这样的跨国航母级集团，操作、声誉风险将对集团造成致命的负面影响，2005年的财务丑闻事件便是极好的证明。因此，集团特别设立操作风险管理部门加强对操作、声誉等风险的管理。

7. 形成了对三大风险领域完整的风险管理体系。市场风险管理部门侧重对市场风险、信用风险等各业务领域风险进行管控，操作风险管理部门和合规管理部门重在对程序缺陷和管理制度漏洞、法律法规合规等内务部控制操作风险管控，审计部门则侧重对财务披露等风险进行管控。集团形成了完整的风险管理体系。

二、安联保险集团①

（一）集团简介

安联集团是世界上最大的企业保险提供者，也是欧洲最大的非寿险提供者。自1890年成立以来，这家以货运保险起家的保险公司就注重发展丰富其非寿险业务，如工程保险、汽车保险、保证保险等多种专业化较强的保险。同时，安联也坚定地开拓寿险业务。1922年，在与几家大型寿险公司联合的谈判失败后，安联在十天内组建了自己的寿险子公司——安联人寿保险银行公司（Allianz Lebensversicherungsbank - AG，Allianz Life - Assurance Bank AG），这家公司在1927年就成长为当时欧洲最大的寿险公司，使安联由此成为一家能够提供多种保险服务的保险集团。

从整个安联的发展史看，并购是其集团化、发展综合经营的最主要途径。安联的并购史始于经济恶性通货膨胀的20世纪20年代，并购是当时很多德国公司走向强大的必经之路，当时的德国专业化保险公司发现自己越来越难以独立生存下去，并购于是成为席卷德国保险业的浪潮。与其他保险同业的并购策略不同，安联注重于并购的最大合理化，即只以那些在业务领域和服务区域上能够填补安联空白的保险公司作为并购对象，这也是安联并购获得成功的关键原因。安联第一件大并购是在1927年并购了当时德国保险市场上最大的意外事故保险和责任保险提供者——斯图加特协会保险公司。

第二次世界大战后，安联迎来了第二个高速发展时期。自20世纪50年代开始，安联重新取得了在德国保险市场的领先地位，并且从以私人保险为绝对核心的策略开始向商业保险领域拓展。同时安联开始重新开拓海外市场。早在一战前，安联的海外保费收入就占到总保费收入的20%，但到了20世纪70年代，仅有3.2%的保费收入来自海外。从那时起，安联的管理者就认识到，仅关注国内业务的企业是不

① 安联集团网站（www.allianz.com）及安联2006年年报。

能适应日益增加的跨国经营的需要的。作为开拓海外市场的第一步，安联国际保险公司（Allianz International Insurance Company Ltd.）1975 年在伦敦成立，其后，同样的机构在西班牙、荷兰、法国和美国成立，拉开了安联进军海外的序幕。

1984 年，收购意大利第二大保险公司 RAS 使安联的全球金融网络得到了较大发展（完全并购发生于 2006 年 10 月 13 日）。1989 年 9 月，安联收购了法国的保险集团 VIA/Rhin et Moselle65% 的股份。同年，安联借东欧剧变之机进军东欧保险市场，先后收购了匈牙利和东德的垄断性保险企业。1990 年以 11 亿美元收购了当时美国第十四大产险公司——消防员基金保险公司（Firemen's Fund Insurance Company），使安联在美国的保费收入增长了 3 倍。这一系列收购行为的结果是使安联在 1989 年的海外保费收入增加到 318 亿马克，占其总保费收入的 40%。进入 90 年代，由于经营出现亏损，安联的收购转向欧洲的中型保险公司，如收购瑞士 Elvia 集团使安联成为瑞士第五大保险服务商，收购专业于汽车保险的意大利 Lloyd Adriatico 保险公司巩固了安联作为意大利第二大保险服务商的地位。1997 年，安联以 104 亿美元收购了法国 AGF 保险公司是其一系列海外保险公司收购的高潮。

空前的海外扩张使安联集团认识到旧的集团组织体系——安联集团既是保险提供者，又是控股公司，越来越不适应集团的海外收购行为、进军其他工商业，以及集团内部再保险公司发展的需要。因此，安联在 1985 年将安联集团的保险业务剥离出去，成立了安联保险公司，与安联人寿保险公司和其他海外分支机构一样成为安联的全资子公司，由此，安联在全能银行的法律制度下建立了纯粹型金融控股公司的发展模式。

在保险业的大规模并购显然不能满足安联建立国际金融服务提供商的战略。1998 年，安联集团通过安联资产管理公司的建立，开始将资产管理作为集团的核心业务之一。2000 年，安联以 33 亿美元的代价收购了美国太平洋人寿旗下的 PIMCO 投资咨询公司 70% 股份，该公司管理着 2 560 亿美元的资产，是美国最大的投资管理公司之一。这一收购使安联的新业务战略意图更加明显。同年，安联又收购了美国的一家货币管理公司——Nicholas – Applegate 资金管理公司，该公司管理着 6 040 亿美元的资金，这一收购使安联成为该领域的强者，而在两年前，安联在该业务领域还是一片空白。

2001 年 7 月，安联集团进行了历史上最大规模的收购和最大程度的转型。安联集团正式并购德累斯顿银行，并购完成后，累计持有德累斯顿银行股权达 96.4%。收购德累斯顿银行使安联集团成功取得了利用银行网络向富裕阶层销售其金融储蓄类产品的渠道，业务范围拓展到了资产管理和银行零售领域，成为集保险、投资银行和银行业务于一身的综合性金融集团。此次并购使安联集团的总资产突破 1 万亿欧元，资本市场价值超过 1 000 亿欧元，是德国最大银行——德意志银行的两倍，成为当时继花旗、美国国际和汇丰后的世界第 4 大集团。在 2007 年《财富》世界 500 强排名中，安联集团排名第 19 位，并以年营业收入 1 253.46 亿美元位居世界第

5 大金融集团（前四位依次是荷兰国际集团、花旗集团、安盛集团和法国农业信贷银行集团）。

并购之前，安联集团的管理层认为，未来银行业和保险业之间的界限会越来越模糊：银行机构将注入更多保险技能，保险代理机构则传入更多的银行业务技术。而时值德国正在进行大规模的养老金改革，安联希望为客户提供一份长期的储蓄计划。而并购德累斯顿银行，使安联可以顺利开拓德国个人和公司养老金业务以及资产管理业务等潜在市场。

但是事情的发展超出了安联管理层的控制，银行经营风险是一个全新课题，德累斯顿银行所借贷的许多小公司在当时不景气的国际环境下纷纷宣告破产，安联保险不得不用其自有资金去弥补银行经营中的亏损，从而导致自有资本金下降；同时 9. 11 之后，全球资本市场陷入萧条，安联的资本市场投资亏损严重，进一步恶化了其财务状况，信用等级随之被下调，这家欧洲巨型保险公司由此进入了自第二次世界大战以来最困难的时期。2002 年，安联公司共亏损 25 亿欧元，其中 9. 72 亿欧元来自德累斯顿银行，一系列的打击，最终导致了安联集团管理层重组和 2003 年的“3 + 1”改革。通过改革，安联集团完成了资源整合，并结合有利的市场时机，迅速恢复了生机。2006 年，集团总收入由 2003 年的 937. 4 亿欧元上升到 1 011 亿欧元，增长 7. 85%；经营利润由 39. 82 亿欧元上升到 103. 23 亿欧元，增长 161. 27%；净利润由 26. 91 亿欧元上升到 70. 21 亿欧元，增长 160. 91%；股东权益由 279. 93 亿欧元上升到 504. 81 亿欧元，增长 80. 33%。财产险、寿险、银行、资产管理四大核心业务领域都在集团的强劲发展中起到重要作用。其中，财产保险业务收入占 43%，人身险业务（含人寿和健康、意外伤害保险业务）收入占 47%，银行业务收入占 7%，资产管理业务收入占 3%。安联预计，在 2010 年之前，寿险、银行和资产管理将是增长最快的业务。

尽管在并购上有深刻的教训，安联集团坚持认为，如果有适当的机会，仍会考虑通过合并和购买等方式实现扩张，但合并要在安联能够掌控的范围之内。

2007 年，在美国次贷危机的打击下，美英等主要金融集团亏损严重，而安联集团前三个季度实现净利润 53. 8 亿欧元，第三季度净利润 19. 2 亿欧元，并有望实现 80 亿欧元的年度预定净利润目标。通过在周期低谷阶段的有效整合，安联集团获取了跨越周期的持续增长动力。

（二）组织结构

安联保险公司（安联 SE）是安联集团的管理公司，也是集团旗下各子公司的控股公司。它的组织体系由两个相互独立，但是又紧密结合的管理体系组成；分别是集团管理委员会和监事会。集团管理委员会下属三个委员会，分别为国际事务执行委员会、国际事务咨询委员会和集团联合咨询委员会。监事会下设四个机构，分别是审计委员会、常务委员会、人事委员会和仲裁委员会。公司设置治理机构如图 2 -4所示：

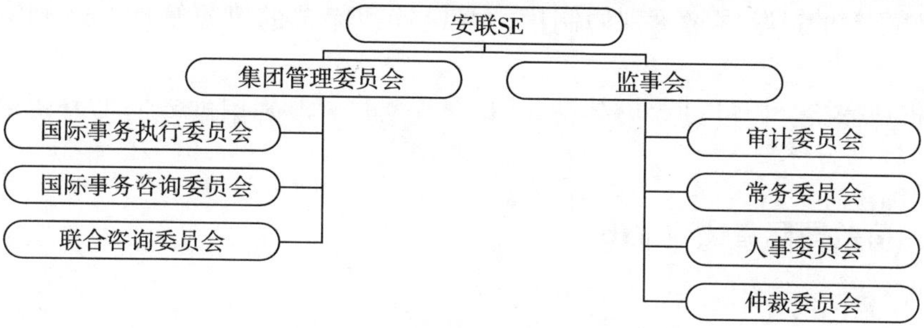

图 2-4 安联组织结构图

1. 集团管理委员会功能：安联 SE 的集团管理委员会现在由 11 个不同国籍的人组成，体现了安联的国际化定位。集团管理委员会的职责是管理安联 SE 和安联集团的日常事务。工作主要包括决定公司战略方向，管理集团工作，规划、建立和监督风险管理系统。管理委员会主席负责调整它的运作。集团管理委员会的工作与监事会的工作紧密结合，它有义务向监事会报告其工作，全面系统地报告公司的事业拓展、财务状况、目标的制定与达标状况以及战略方针和存在的风险。一些特殊的集团管理委员会决定需要征得监事会的同意。

2. 监事会功能：根据德国相关公司治理法规的规定，监事会由 20 名股东和员工代表组成，任期 5 年（上次选举在 2003 年）。监事会负责监督集团管理委员会的运营并提出建议。同时它还担负着提名集团管理委员会成员，设定集团管理委员会成员薪酬标准，审核安联 SE 和安联集团的年报、季报等工作。监事会下设 4 个委员会：审计委员会、常务委员会、职员事务委员会和仲裁委员会。

（三）风险管理体系

安联集团风险管理体系的特点有：

1. 机构化管理：集团设置各级风险治理机构，包括在集团级别设立风险委员会，下辖保险风险委员会；风险控制部（隶属 CFO），以及趋势评估委员会（Trend Assessment Committee）。在各地方经营单位，设立首席风险官（CRO）管理地方风险委员会以及地方风险控制部；地方财务委员会以及法律部。在对 EVA 方法①的推广应用和风险管控上实行一定程度的分权，各地方经营机构需判别自身能承受什么程度的风险，从而快速应对。集团管控各子公司汇总上来的累积风险，保障股东利益不受到损害。

2. 功能化管理：集团各风险治理机构，分别负责风险研究、风险分析、风险控制指导、制定风险管理方针、风险控制政策的具体实施等功能。

3. 制度化管理：集团实行了严格的公司治理结构的规划和建设，制定了各种

① EVA 即经济附加值，EVA 方法是基于税后营业净利润和产生这些利润所需资本投入总成本的一种企业绩效财务评价方法。

可能影响经营的风险因素鉴别的制度，并设计了完善的风险管理工具和风险控制流程。

4. 审计体系：通过设立内外部审计系统和审计报告制度，加强对集团风险的管理。

三、荷兰国际集团（ING）①

（一）集团简介

荷兰国际集团植根于荷兰，它的历史可以追溯到19世纪中叶，当时它的保险与银行业务对荷兰金融业的建立起到了举足轻重的作用。1991年3月4日，荷兰国际集团正式成立并在阿姆斯特丹股票交易市场上市，由两家大型荷兰公司——荷兰国民保险公司和NMB邮政银行集团合并而来。合并后集团被命名荷兰国际集团（Internationale Nederlanden Group）。而后，这个名字被简写为ING。通过自身的不断发展与积极并购，荷兰国际集团发展迅速。超过150年的金融市场运营经验给荷兰国际集团的发展打下了坚实的基础，自20世纪以来，许多知名的金融机构陆续归集荷兰国际集团旗下，ING集团的并购策略有以下特点：

1. 收购业绩表现突出的企业。无论在收益、成长或排名在某区域中表现突出的金融机构都可能成为ING集团的收购对象。1994年ING集团收购了波兰斯拉斯基银行（Polish Bank Slaski）25.9%的股权，这是它打入东欧金融市场战略的第一步。1996年，ING将股权扩增到53.2%，从而达到了对波兰斯拉斯基银行的控股。该银行是波兰最大的商业银行之一，大约拥有80个分行，6 000多名员工，其主要经营个人与法人的储蓄业务，以及对公司的贷款业务等。

1997年11月，ING集团以换股的方式，用90亿荷兰盾（约46.6亿美元）收购了比利时布鲁塞尔银行（BBL. Banque Bruxell Lambert）。BBL银行是比利时第三大银行，以零售业务见长，并且在国际投资、融资领域日趋活跃。此次收购之后，ING集团拥有BBL银行95.52%的控股权。

2000年7月，ING集团收购了美国安泰保险公司（Aetna Inc）旗下的美国金融服务和国际人寿保险业务部门，并将它们重组为ING集团的第一家人寿保险合资公司。安泰保险是美国最大的一家医疗保险公司。该项交易涉及的金额逾75亿美元，其中包括ING集团所承担的安泰保险的债务。

2. 利用并购对象既有的销售渠道，达到扩大营销的目的。1997年10月，ING以2.2亿美元的出价收购了美国罗瓦公平公司（Equitable of Lowa Companies）。该公司在美国保险市场中具有一定的竞争地位，其经营网点遍布美国，它不但经营着传统寿险业务，也开发了现代的养老金业务。收购该公司不仅使ING打入了美国的保险市场，也为ING的股票经纪业务与商业银行业务提供了新的经营渠道。

---

① ING集团网站及相关年度年报。

2000 年 5 月，ING 集团以 51 亿美元收购了美国保险业排名第八的 ReliaStar 保险公司，在美国市场跨越了一大步。该公司在欧洲和拉丁美洲拥有众多的分支机构及营销渠道。

3. 充分利用被收购金融机构稳定的客户群。1995 年 3 月 5 日，因金融衍生品交易导致破产的英国巴林兄弟商人银行被 ING 集团出资 6.6 亿英镑收购。巴林兄弟成了 ING 集团旗下的一家跨国投资银行，即 ING 巴林银行（ING Barings）。ING 集团收购巴林兄弟商人银行主要是看重其稳定的资产管理客户群。

1997 年 8 月 28 日，ING 集团以 6 亿美元的出价，收购了总部在美国纽约的投资银行——Furman Selz 公司。这一收购拓展了 ING 在美国资本市场中的投资银行、股票经纪、资产管理等业务。Furman Selz 公司的业务与 ING 巴林银行相关联：对于 ING 巴林来说，此次收购增加了它在美国的资产管理能力和全球的承销能力；同样，Furman Selz 公司也增加了其机构客户。

1998 年 9 月，ING 以 25 亿马克（约 14.5 亿美元）的出价收购了德国 BHF 银行 34.5% 的股权，加上原有的 4.5% 的股权，总共对 BHF 银行持股 39%。BHF 银行是德国第六大上市银行，总部设在法兰克福，拥有数百万稳定的优质客户，主要业务是为大中型企业、机构与个人客户提供高水平的金融服务。这次收购使 ING 集团与 BHF 银行之间建立了战略伙伴关系。

据 2007 年美国《财富》杂志统计，以营业收入计算，荷兰国际集团位居全球 500 家大企业的第 13 位。在提供综合性金融财经业务方面（银行与保险业务），居世界第一位。

（二）治理结构和组织架构

ING 集团具有与其他金融集团不同的治理结构。集团没有董事会，最高机构是监事会（Supervisiory Board），负责控制管理行为和向执行委员会建议，成员全部由独立董事组成。监事会下设执行委员会（Executive Board），负责集团日常管理和长期战略的制定。执委会下设 6 大部门（图 2－5），分别是保险欧洲部、保险亚太部、保险美洲部、批发银行业务部、零售银行业务部和 ING 直接管理部。其中保险欧洲部主要负责荷兰、比利时、西班牙、希腊和中欧的保险业务和资产管理业务；保险亚太部主要负责亚太地区的人寿保险和资产管理及财产管理业务；保险美洲部负责北美及智利、巴西、秘鲁等国的保险业务和资产管理业务；批发银行负责向企业和机构提供各种银行产品服务，细分为 5 个部门，即客户部、网络部、产品部、企业金融和股权市场部、金融市场部，主要服务地区是荷兰、比利时和卢森堡；零售银行业务部负责零售银行业务和某些市场的私人业务，主要服务地区是荷兰、比利时以及印度等一些亚洲国家；ING 直管部则负责储蓄、抵押及信用卡等银行业务，主要服务地区包括澳大利亚、加拿大、法国、德国、英国、美国、意大利、西班牙等国家。

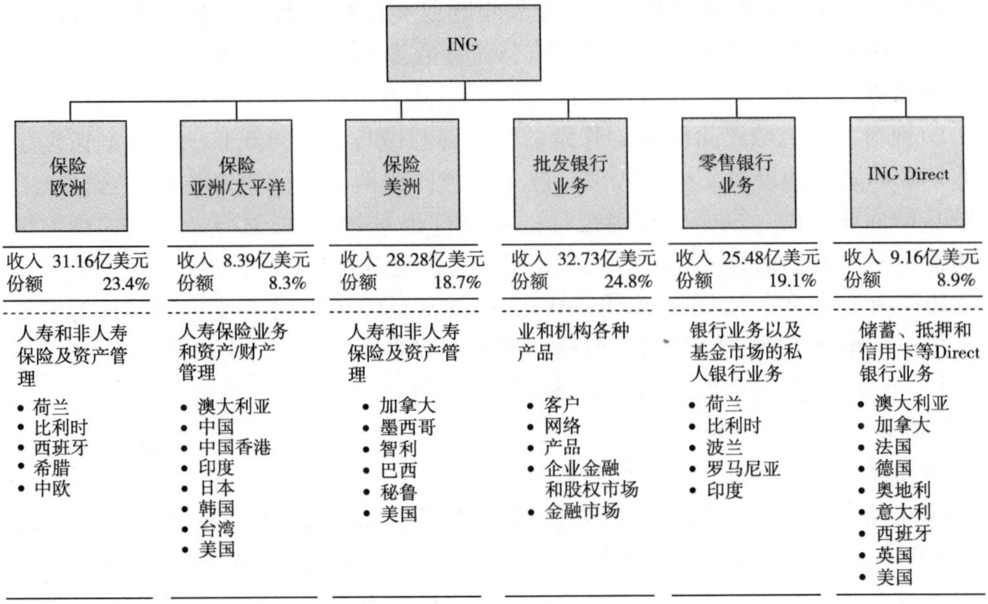

图 2－5　ING 组织架构图

（三）内控制度及风险管理

ING 执行委员会负责集团风险的全面管理，管理目标是在风险、收益和资本间取得平衡。首席风险官（CRO）承担集团首要风险管理职责，主管三个风险管理部门，即信用风险、市场风险和保险风险。在信用风险方面，ING 强调管理必须与不断扩大的服务地区、人群和机构相匹配，维持一个跨企业和产业的充分多元化的信贷和固定收益的投资组合；在市场风险方面，对于银行业务下的营运风险，ING 采用 VaR（Value at Risk）来衡量交易风险，同时还使用重点测试来监控极端市场变化下的市场风险。对于非营运风险，ING 采用 EaR（Earnings－at－Risk）来衡量利率风险。保险市场的风险管理则是由基于资产负债管理（ALM）的政策和程序与资产负债管理委员会架构的双重机制构成。ING 能够通过 1% 的利率变动来衡量一年期内预期保险运营收益的潜在变化；通过情景分析，ING 能够通过 10% 的股权增减来衡量 10 年内预期保险运营收益的潜在变化。

四、若干启示

综观国际上大型金融企业的发展历程，无论是通过业务的不断扩张，或是通过分别经营保险、银行、投资等企业的强强合并，还是通过多国上市、大规模收购和兼并，均得到迅速地扩张，使业务领域覆盖到了产险、寿险、银行、证券、资产管理以及其他金融服务等多个领域，形成规模较大的全球性金融服务集团。归纳起来，这些保险和金融集团的发展经验给我们以下启示：

（一）以客户为中心来整合产品线和划分业务模块（AIG 和 ING）

在保险和金融集团公司成立之初，特别是在分业经营环境下，均按产品线来整合业务资源，以便于管理和行业上的监管。但随着金融交叉的不断演化和金融工具的不断创新，对金融产品的分类成为一个动态的过程，必须不断地按新的市场需求和客户需求进行重新界定。如当前国际上成熟的保险和金融集团主要划分几大类产品线，即商业银行（经营零售银行和批发银行业务）、投资银行（经营投行与证券交易业务）、财富管理（经营公司财富管理、私人银行和资产管理业务）、保险（经营非寿险和寿险业务）。但是仅仅按照产品线进行业务整合是不足以满足市场竞争的需要的，因此有的金融集团公司已发展为以客户为中心来整合产品线。

（二）加强对子公司战略层面的管控

国际知名的保险和金融集团因为其业务范围涵盖各个金融服务领域和世界各地，所以其在经营模式的设计上或者由不同行业、不同地区的子公司分别经营；或者设立事业部或业务部，承担不同的业务功能。

在管控模式上，或采用水平式管理，集团控股公司作为唯一的管理型公司，同时管理多个子公司；或采用垂直式管理，管理职能从母公司到各行业的次级控股公司或事业部进行分配，母公司负责集团层面的政策，次级控股公司或事业部负责管理经营层面的职能；或采用矩阵式管理，同时实现水平式结构强调的纵向信息沟通和垂直式结构强调的横向信息流动。

（三）与复杂的金融业务相匹配的管理机构和运作机制

国外保险和金融集团在其发展过程中，均形成了完善的公司治理结构：一是所有权和控制权、经营权分离；二是以董事会为集团管理核心，董事会兼具有执行功能和监督功能，并聘请占董事会多数的外部董事或独立董事，以充分发挥其专业能力和制衡作用，同时下设包括执行委员会、风险委员会、财务委员会、薪酬委员会、审计委员会等等多个专业委员会，其中审计委员会负责集团内部监督（英美模式）。或者是以执行董事会和监事会双会为核心，执行董事会负责政策的制定和执行功能，监事会负责指导和监督董事会（德国模式）。

（四）构建全面的风险管理体系

国外金融集团公司根据集团发展战略，配合公司机构整合，结合自身业务特点，逐渐建立了集中、独立、全面的风险管理体系。

集团与子公司分别设立了与风险管理相关的委员会、风险管理官、风险管理部。集团董事会是风险管理的最高决策机构，制定风险管理总体政策、风险管理总体限额、进行资本分配；集团风险管理部门负责制定统一的风险管理标准，分配风险限额，确定子公司的风险承受水平；子公司根据集团制定的风险管理政策，制定本公司的风险管理政策、流程，监控并管理日常业务中的风险暴露，定期逐级向集团报告风险状况，风险统一管理、集中控制、分层负责。风险管理机构、人员独立于业务部门，业务经营、风险管理、审计监督相互独立、相互制约。公司所有风险都在控股和各子公司评估、监控、管理的范围内。此外，这些保险和金融集团在发展的过程中，还逐步设计并采用统一的风险分类、风险管理流程和方法。

总的来说，这些保险和金融集团依靠其多年的发展经验，开拓了多元化的业务领域，建立了完善的集团内公司治理架构和管控模式，形成了科学合理的组织架构，搭建了全面有效的风险管理体系。国际保险集团在这些方面的先进经验，对我国保险企业在集团化发展过程不断进行业务开拓和整合、完善治理结构、加强风险管理、保障集团快速稳健持续的发展，都有很多值得学习和借鉴的内容。

第三节　我国保险企业集团化经营的状况

中国保险企业的集团化经营源自中国保险业分业经营的强制性法律规定。从发生原因看，可分为两类，一类是传统上经营单一险种的公司为实现保险业综合经营，在原保险公司之上设立控股公司或集团公司，原保险公司成为集团子公司，如中国人保集团、中国人寿集团、中国再保险集团等都是因此而成立的；另一类是从事综合保险业务的公司为符合保险业分业经营的强制性规定，而在分离的产险公司和寿险公司上设立的集团公司或控股公司，如平安保险集团和中国太平洋保险集团都是以这种方式成立的。截至 2007 年底，中国共有 8 家保险集团。

一、我国主要保险集团概况

截至 2006 年年底，以保险市场占有率计算，在非寿险业务上，中国人保集团、中国太平洋保险集团、平安保险集团分别占据前三位，共拥有 75% 以上的市场份额；而在寿险市场上，中国人寿集团、平安保险集团和中国太平洋保险集团则分别占据前三位，共拥有 80% 以上的市场份额。而中国再保险集团则是世界第五大再保险公司。同时这五家保险集团也分别代表了国有单一保险公司向保险集团的发展模式和股份制综合性保险公司向保险集团的发展模式。

（一）中国人民保险集团①

中国人民保险集团公司（以下简称人保集团）的前身是 1949 年 10 月 20 日成立的中国人民保险公司。经国务院同意、中国保监会批准，2003 年 7 月重组改制后，更名为中国人保控股公司，并发起设立中国人民财产保险股份有限公司（以下简称人保财险）、中国人保资产管理股份有限公司（以下简称人保资产）。2007 年 6 月 26 日，为秉承中国人保的历史和品牌，公司复名为中国人民保险集团公司。目前，公司注册资本为 155 亿元人民币。

1. 集团架构。目前，中国人保集团旗下拥有人保财险、人保资产、中国人民健

① 中国人保网站（www. picc. com. cn）及相关年度年报。

康保险股份有限公司、中国人民人寿保险股份有限公司、中国人民保险（香港）有限公司、人保投资控股有限公司、中盛国际保险经纪有限公司、中人保险经纪有限公司、中元保险经纪有限公司等9家子公司（图2-6）。经过几年的发展，目前集团业务经营从单一的非寿险发展到寿险、健康险、资产管理、投资管理以及保险经纪等领域，完成了在保险领域的战略布局。

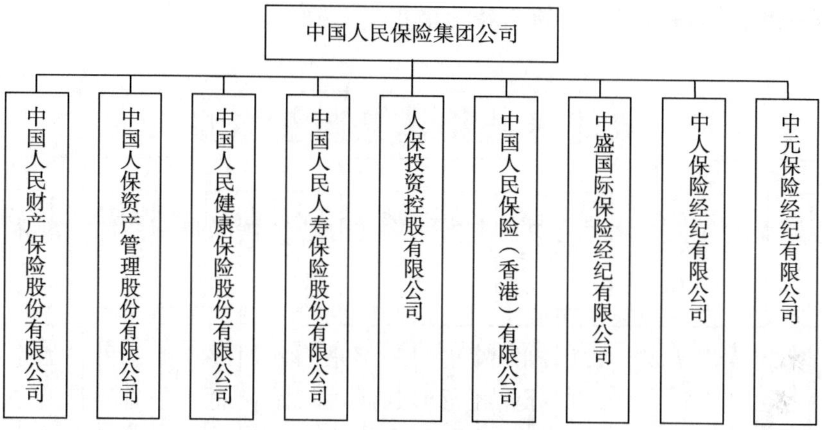

图2-6　中国人保组织架构图

2. 集团管控与公司治理。对于中国人保而言，推进集团化建设有利于进一步加强战略协同和资源共享，提高运营效率，实现集团整体竞争力处于行业领先水平。一是确立中国人保在保险金融竞争格局中的主导地位，巩固并加强非寿险的市场引领地位，快速提升寿险、健康险等业务领域的市场影响力必须走集团化发展道路；二是加强资产管理和战略性资产配置，加快金融领域的布局，形成保险金融综合经营格局，实现盈利来源多元化和多种业务协同经营必须走集团化发展道路；三是树立强势企业形象，提升中国人保的品牌价值，树立文化内涵深厚、充满创新活力和积极进取精神的企业形象必须走集团化发展道路；四是使客户得到更有效的服务、股东得到合理的回报、员工得到更好的发展，显著增强中国人保服务和谐社会的能力必须走集团化发展道路。

为适应集团化管理要求，中国人保集团公司不断完善公司治理结构。一是设立专业委员会，强化集团管理职能。集团公司成立了战略发展委员会、信息化建设委员会、预算管理委员会、人才建设委员会、品牌与文化建设委员会、风险控制委员会、营销资源管理委员会等7个专业委员会，建立了沟通协调工作会议制度，统一规划集团发展战略、开展股权管理和资本运作、强化对所属公司运营管控、推进集团人才队伍建设、加强集团文化与品牌建设、完善集团风险防范机制。二是调整组织架构，完善公司治理结构。为进一步规范、梳理集团公司总部职能，适应集团新的发展战略和目标的需要，加强集团管控职能，集团公司总部调整完善组织架构和岗位设置，增设了业务发展部、培训部等专业职能部门（图2－7），强化了相关战略和业务协同的职能。三是定期召开集团经营形势分析会，建立经营监测和预警制度。为及时发现经营工作中存在的问题，健全决策反应机制，集团公司每季度定期组织各子公司召开经营形势分析会，重点分析各子公司业务发展、险种结构和利润完成等主要经营指标，分析宏观经济形势和金融市场发展态势，分析竞争对手经营动态和竞争举措，查找剖析每季工作存在的不足和问题，以及时调整完善竞争举措、促进业务发展，提高集团的市场应对灵敏度。

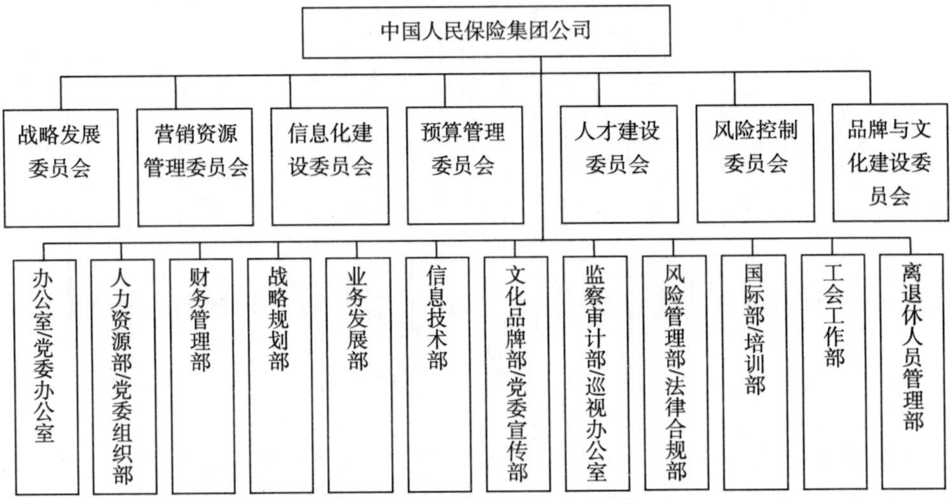

图2－7　人保集团公司组织架构

在中国人保实现集团化经营的过程中，中国人保制定了新时期的发展战略和目标：以科学发展观为统领，以巩固和加快发展传统主业为立业之本，以超常规发展人身保险业务为振兴之策，以开拓资产管理、资本运作等领域为跨越之道，发奋图强，开拓创新，力求在“十一五”期间实现中国人保新的创业和跨越式发展，把中国人保建设成为国际一流的大型现代金融保险集团。具体来说，中国人保是以依托非寿险业务发展起来的保险集团，人保财险是中国人保改革发展的主要依靠力量；寿险业务是集团现金流的重要来源，加快发展寿险业务是中国人保实现跨越式发展的重大选择；健康险业务是中国又好又快做大做强保险主业的重要支撑；以资金运用提升集团盈利能力，以资本运作推动综合经营突破，是中国人保业务发展方式、资产增长方式和盈利模式转变的重要途径。

（二）中国人寿保险集团[①]

1. 集团简介。中国人寿保险（集团）公司是国家大型金融保险企业，总部设在

① 中国人寿网站（www.chinalife.com.cn）。

北京。公司的前身是成立于 1949 年的中国人民保险公司和 1996 年分设的中保人寿保险有限公司以及 1999 年成立的中国人寿保险公司。2003 年，经国务院同意，中国保险监督管理委员会批准，原中国人寿保险公司进行重组改制，变更为中国人寿保险（集团）公司。集团公司下设中国人寿保险股份有限公司等多家子公司以及保险职业学院、成都保险学校等（图 2 –8）。

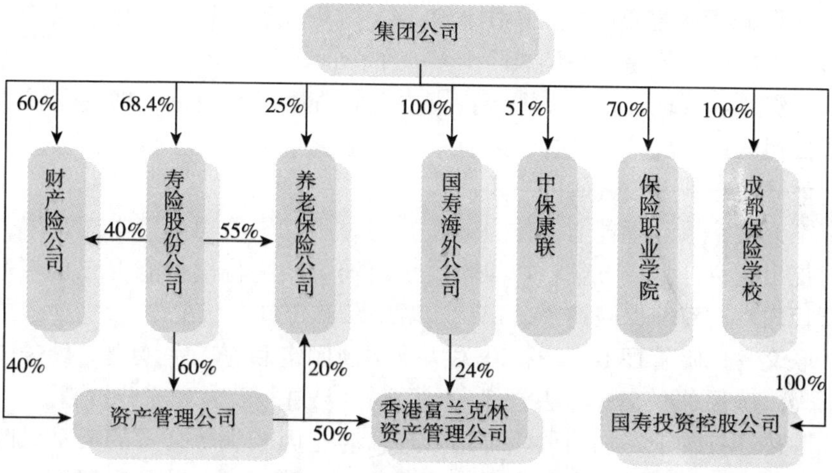

图 2 –8　中国人寿组织构架图

中国人寿确立了“主业特强、适度多元”的发展战略，致力于成为国际一流的寿险公司和国际顶级金融保险集团，在战略实施上将分三步走：第一步是以寿险作为核心主业，把资产管理作为非保险的核心主业。这一步骤已经实施到位，公司的投资价值已经获得国内外投资者的认可。第二步是将核心主业扩大到养老金公司和财产险公司，把中国人寿建设成为一个功能齐全的综合保险服务商。这一步骤目前正在实施，公司的投资价值将进一步体现。第三步是将核心主业通过多种渠道稳步扩大到银行、基金、证券、信托等相关业务，从而使公司的发展前景和投资价值得到更为广阔的提升。

2. 集团管控和治理。在对子公司的控股结构上，除寿险股份公司外，中国人寿集团旗下主要子公司股权均由国寿集团和寿险股份公司共同持有（资产管理公司也持股养老保险公司），以股权为纽带，实现集团公司直接或间接拥有子公司全部控制权。

在治理结构上，中国人寿进一步明确集团公司职能，确立了集团公司八大管控职能，即战略规划、资本运作、班子建设、品牌增值、文化构建、风险控制、监督管理和组织协调。切实加强战略规划管控，所有子公司的战略规划必须符合集团公司整体的战略规划。加强资源整合管理，并为此成立了专门机构——资源整合部，统筹协调集团内资源配置。

中国人寿集团直属单位均建立了董事会制度，目前，寿险股份公司董事会共有10名董事，其中，独立董事6名，占董事会席位60%以上；资产管理公司亦引入和建立了独立董事制度。所有直属单位均实行董事长与总裁分设，加强董事会专业委员会建设并充分发挥其职能。

3. 财务风险管理体系。

（1）风险管理的主要内容。中国人寿在投融资风险、资本充足率风险、关联交易风险和集团内风险传递等各类风险上实施了全面风险管理。

在投融资风险管理上，建立两级投资决策管理委员会机制，即集团投资决策委员会和各公司的投资决策委员会，所有重大投融资事项均应上报集团投资决策委员会审议，最终由总裁办公会研究决定。

在资本充足率风险管理上，重点关注并实时跟踪子公司的资本充足率，并根据情况及时提出增资计划或方案：对保险类子公司，始终将偿付能力充足率作为重点关注和管控内容；对非保险类子公司，实时跟踪其资本金状况。

在关联交易风险管理上，依据有关法律法规制定和完善关联交易管理制度；切实加强管理，确保关联交易合法合规；对关联交易进行及时和充分披露。

在风险传递管理上，加强风险传递管理，防止因个别子公司的某一风险事件引发集团的系统风险。目前，中国人寿在集团范围内建立了风险隔离制度，如组建国寿投资控股公司构筑不良资产与集团公司的“防火墙”等。

（2）财务风险管理基础。中国人寿在制度、系统和人员等三方面不断加强财务风险管理基础建设：在集团范围内统一财务、会计政策，奠定风险管理基础；全力推进新一代财务系统和预算管理系统建设；加强财务人员的教育工作，并拟逐步推行财务人员派驻制、对财务人员管理及职业生涯规划提出要求等。

（3）财务风险管理手段。中国人寿强化全面预算管理，实行“全要素参与、全过程控制、全方位考核”的管理模式。加强重大财务事项管理，有效控制财务风险，充分利用财务资源如统计信息含三级机构数据，加强分析与监控，集团公司正在逐步推行日报制，认真做好财务评价工作。

（三）中国再保险集团

1. 集团简介与架构。1996年，在中国人民保险公司再保部的基础上，中保再保险有限公司组建而成，填补了新中国保险史上只有再保险业务却没有再保险公司的空白。1999年3月18日，国家再保险公司——中国再保险公司成立，成功实现了向现代商业再保险公司的历史性转变。2003年12月22日，经过重组改制，中国再保险（集团）公司成立。中再集团在坚持再保险主业的同时实施多元化，作为主发起人和投资人，相继与多家国内外著名保险和非保险企业共同发起设立了中国财产再保险股份有限公司、中国人寿再保险股份有限公司、中国大地财产保险股份有限公司、中再资产管理股份有限公司、中国保险报业股份有限公司、华泰保险经纪有限公司。经营业务涉足再保、直保、投资、传媒、保险经纪、教育培训等多个领域，形成了多元化和专业化的集团经营架构与管理格局（图2－9）。

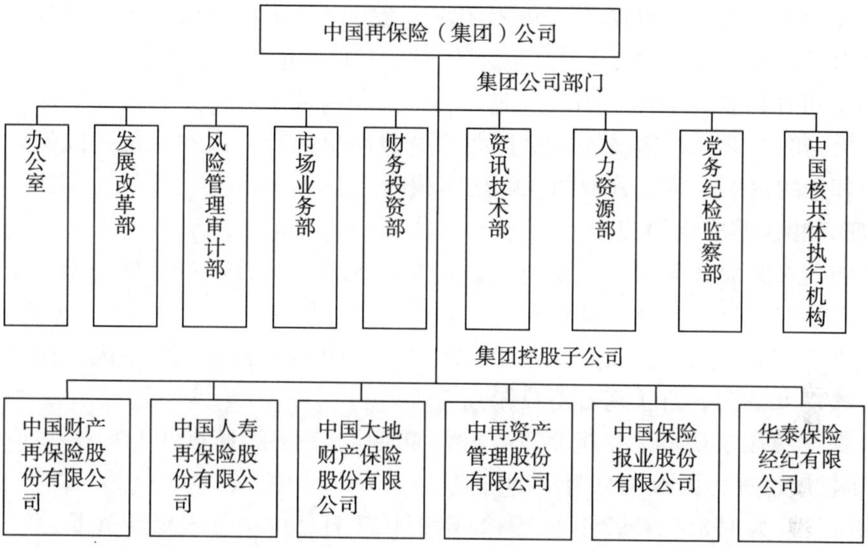

图2－9　中国再保险集团组织机构图

2. 风险管理体系。中再集团在集团化建设和企业文化形成过程中，通过集团文化活动以及规范指引等多种途径强化全员风险意识和“风险管理创造价值”的理念，不断建立健全风险管理体系：

（1）风险管理组织架构。中再集团风险管理组织体系分为集团公司董事会、管理层、职能部门、子公司职能部门及分支机构四个层级。具体为：集团董事会下设风险管理委员会；集团公司总裁室下设风险控制委员会、资产负债管理委员会、产品管理委员会等三个专业委员会；集团公司设立风险管理部门、法律合规部门；各子公司将成立风险管理部门和法律合规部门。

各机构依据界定的职责行使权力、承担责任。其中风险管理委员会总负责对集团风险战略和风险政策的制定、监督、评价以及董事会授权的职责；资产负债委员会负责制定资产负债风险管理目标，制定、实施、评价并向风险管理委员会报告流动性风险、市场风险管理的政策和流程。

（2）风险的识别、评估、应对和控制。中再集团将组织面临的主要风险概括为产品风险、流动性风险、市场风险、信用风险、操作风险等五大类，并组织专业队伍对每类风险分别进行风险界定、风险管理目标设定并制定了相应的风险管理流程、风险管理技术和手段的指南。

目前，中再集团已经分别业务单元、管理过程出台了包括风险管理制度、资产管理制度、精算工作制度、审计工作制度以及反舞弊工作制度在内的较为完备的制度体系。同时，启动风险管理指标体系建设，针对承保、投资等业务的模型开发，以期细化、量化各类风险，为分散风险、精细管理打好基础。

（3）信息化建设。中再集团把IT建设对风险管理体系的基础性作用作为信息与沟通比较的重要内容。2007年，集团圆满完成了ORACLE财务系统一期项目开发，建立了中再系统的集中财务系统，集团化财务管理职能得到提升。

（4）审计体系。中再集团通过建立健全集团内部审计体系、借助外部专业机构或审计机构的力量，对集团的风险管理、内部控制进行审计和评价，以保障集团风险管理理念的贯彻、风险管理制度的切实执行。

（四）中国平安保险集团

中国平安保险（集团）股份有限公司是以保险业为核心的，融证券、信托、银行、资产管理、企业年金等多元金融业务为一体的紧密、高效的综合金融服务集团。公司成立于1988年，总部位于深圳。2004年集团整体成功在香港联合交易所主板上市，2007年3月，在上海证券交易所上市①。

1. 集团化发展历程。中国平安保险（集团）股份有限公司从1988年成立至今的19年发展过程，大致可分为三个阶段。

第一阶段为1988～1997年。1988年5月27日，中国平安保险（集团）股份有限公司的前身平安保险公司成立，最初只经营财产保险业务。平安保险公司的出现打破了当时中国人民保险公司独家垄断中国保险市场的局面。90年代初平安收购工商银行珠江三角洲联合信托投资公司改组为全资平安信托投资公司。1991年8月平安保险公司证券业务部在深圳成立。1992年9月更名为中国平安保险公司。1994年，公司完成了极具战略意义的产、寿险分设，公司开始大规模介入人寿保险业务。同年，引入摩根和高盛战略投资者。1995年10月中国人民银行批准成立平安证券有限责任公司，平安信托投资公司持股61%，其余股份由平安保险的关联公司持有。1996年平安保险公司设立中国平安保险（海外）控股公司，同年平安保险业务收入首次突破百亿元大关，成为中国第二大保险公司。

第二阶段为1997～2004年。1997年1月，平安保险公司完成股份制改造，成为中国平安保险股份有限公司。2000年，公司总资产突破500亿元。2001年12月7日，中国保监会正式下发了《关于中国平安保险股份有限公司分业经营改革的通知》，确立平安按保险集团模式进行分业经营。2002年4月2日，中国保监会正式批准了《中国平安保险股份有限公司分业经营实施方案》，原中国平安保险股份公司更名为平安保险（集团）公司。同年，公司保费收入突破500亿元，总资产突破1 000亿元。当年还引入了汇丰集团（HSBC）战略投资者。

2003年2月，平安保险（集团）公司更名为"中国平安保险（集团）股份有限公司"，"一拖四"框架完全显现。集团控股设立中国平安人寿保险股份有限公

① 平安集团网站（www. pingan. com）。

司、中国平安财产保险股份有限公司、中国平安保险海外（控股）有限公司、平安信托投资有限责任公司、平安信托控股平安证券有限责任公司。2003 年 12 月，平安集团凭借平安信托，和香港上海汇丰银行有限公司联手收购了福建亚洲商业银行100% 股份（后平安取得控股权），更名为平安银行。至此平安集团已经彻底完成了金融控股公司的整体改造，旗下已拥有平安人寿、平安产险、平安海外、平安信托、平安证券、平安银行等金融机构。

第三阶段为 2004 年至今。2004 年 6 月，中国平安保险（集团）股份有限公司以集团整体形式在香港联合证券交易所成功上市，成为我国第一家境外上市的金融控股公司，筹得资金约 143 亿港元。2004 年 12 月 1 日，平安养老保险股份有限公司通过中国保监会的验收，核准开业，国内企业年金市场的首家专业机构诞生。2005 年 5 月 19 日，平安健康保险股份有限公司开业。2005 年 6 月 1 日，平安资产管理公司正式开业。这三个专业子公司的成立，使平安集团向着集团化和专业化的发展方向又迈出了一步。2006 年 8 月，平安集团收购深圳市商业银行 89 % 的股份，成为该行最大股东。2007 年 6 月，深圳市商业银行吸收合并原平安银行，并更名为深圳平安银行股份有限公司。至此平安集团已经成功地整合金融综合经营的平台，成为以保险业为核心的综合金融服务集团。

2. 集团化经营模式和管理架构（图 2 – 10）。平安集团在目前以保险为核心，覆盖投资及银行的多元化业务格局下，采用事业部制的管理架构，集团对下属专业子公司实行高比例控股，以股权为纽带，通过委派董事组成董事会对子公司及机构进行统筹管理和控制。

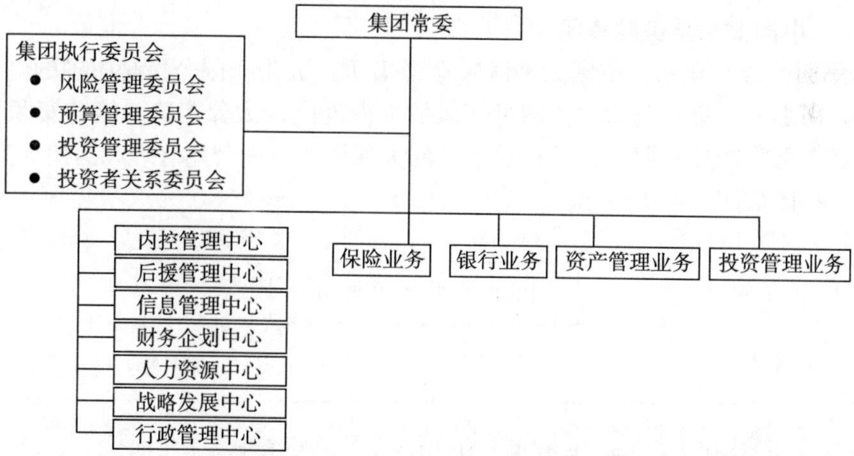

图 2 – 10 平安集团管理架构图

集团常委负责制定集团战略规划，领导集团的整体运作，在制定战略、分配关键的资本资源和人力资源上拥有最高权利；集团执行委员会管控全集团的核心经营和流程；在集团常委和执行委员会领导下的七大集团管理中心作为配合整体战略的相应职能性领导，一方面为业务制定清晰、透明的政策制度，推动和监控业务运营，确保集团日常业务符合战略目标，另一方面根据业务需求，提供具有规模效应和专业优势的集中服务，协助专业子公司达成战略目标；保险、银行及投资三大业务线实施专业化经营和差异化管理，协同互补，规避经济周期风险。在事业部制的基础上，平安对各专业子公司实施矩阵化管理，实现多向、多维度监控。

3. 风险管理体系。平安集团的风险管理架构，实行外部治理和内部管控的双重管理。外部治理接受国家及各监管部门对政策监督，内部管控以平安集团管理基本法为指导原则，实行风险管理委员会—内控管理中心（合规部、稽核部）—业务部门的内控岗的一条线管理。

平安通过对财务、资金、企划的集中化、一条线管理，全面管控全集团的财务风险。集团财务部通过推行财务考核，制定公平、透明的考核办法，促进专业公司的财务执行力不断提升；以月度例会形式保持与专业公司一对一的良性沟通，及时有效地解决专业公司的财务问题，实现事前预警、事中监督、事后追踪的全面管控；将重复性、操作性职能转移至后援管理中心，逐步推进费用集中审核、核算、支付，有效降低资金支付风险。集团资金部统筹调配集团资金、筹融资管理，实现业务柜台资金的零现金管理，提升可运用资金规模和效益，有效管控现金风险等资金风险。

平安集团在财务风险管理方面，建立健全相关的管理制度体系，出台如资金收付制度、收支两条线管理、重大财务事项报告制等制度，有效提高财务风险管控能力。与此同时关注内外部检查结果，定期组织稽核、财务、资金的现场检查和非现场检查。

（五）中国太平洋保险集团①

1. 集团简介与架构。中国太平洋保险（集团）股份有限公司是中国的综合性保险集团公司之一。集团公司主要通过下属的太保寿险、太保产险为客户提供全面的人寿及财产保险产品和服务，并通过下属的太保资产管理公司管理和运用保险资金，其组织架构图如图 2－11 所示。

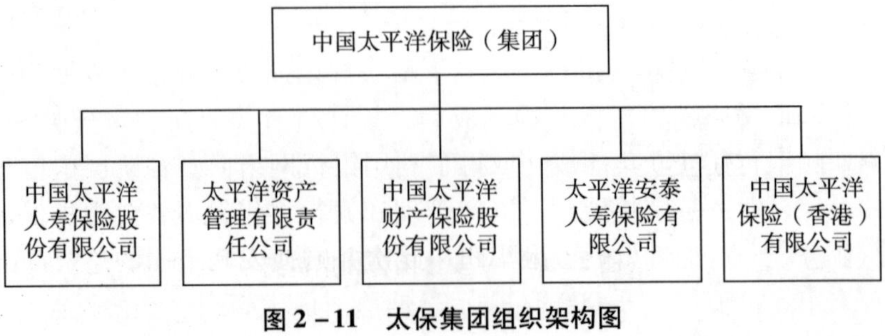

图 2－11　太保集团组织架构图

① 太平洋保险网站（www. cpic. com. cn）及其首次公开发行股票（A 股）招股意向书。

太保集团前身中国太平洋保险公司成立于1991年5月13日，是经中国人民银行批准设立的全国性股份制商业保险公司。2001年，根据国务院和保监会分业经营机构体制改革的批复，原中国太平洋保险公司按照《公司法》进行规范，并更名为中国太平洋保险（集团）股份有限公司。同时，太保集团发起设立太保寿险和太保产险，注册资本均为10亿元。至此，太保集团正式完成《保险法》以及政府监管部门所要求的人寿保险和财产保险业务的分业改革。此次分业改革之前，太保集团直接经营人寿保险和财产保险业务；分业改革之后，太保集团成立太保寿险和太保产险，由其分别直接经营人寿保险和财产保险业务，太保集团的业务变更为控股投资保险企业；监督管理控股投资保险企业的各种国内、国际再保险业务；监督管理控股投资保险企业的资金运用业务以及经批准参加国际保险活动。

2002年底，太保集团进行增资扩股，并与2003年对太保产险增资。2005年，太保集团对太保寿险增资，并引进凯雷旗下管理的基金所控制的投资实体Parallel Investors Holdings Limited及Carlyle Holdings Mauritius Limited作为境外投资者。2007年4月30日，太保集团完成向部分老股东及境外投资者新增发行股份24亿股，注册资本增加至67亿元，其中境外投资者占增资完成后总股份的19.90%；同时太保集团收购境外投资者在太保寿险的全部股份。2007年5月15日，太保集团分别向太保寿险和太保产险增资，太保寿险和太保产险的注册资本分别增至23亿元和26.88亿元。2007年12月3日，经中国证监会正式审核通过，太保集团于12月在上海证券交易所实现上市。

太保集团的目标是成为以保险业为主，具有国际竞争力的一流金融服务集团。公司将积极把握中国保险市场快速发展的契机，大力发展保险主业，实现寿险、产险和资产管理核心业务规模和价值的均衡快速增长，同时适度把握具有协同效应的其他金融业务机会，建设信誉卓著、品牌杰出、财务稳健、效益优良，具有国际竞争力的一流金融服务集团。公司将进一步优化业务结构，推动价值型增长；加快拓展市场，稳步提高产能；积极改善客户服务，提升市场竞争力；着力提高投资能力，实现资产管理与保险业务的协同发展；把握企业年金变革的机遇，加快年金业务的拓展；全面推进信息技术规划的实施，保障快速发展的业务需求；完善集团化管理架构，发挥集团协同优势。

2. 公司治理与风险管理架构。太保集团按照《公司法》、《证券法》等相关法律、法规的要求，建立了由股东大会、董事会、监事会和高级管理层组成的完善的公司治理体系，形成了权力机构、决策机构、监督机构和执行机构之间相互配合、相互协调、相互制衡的运行机制。董事会作为公司决策的制定者，共有董事15名，其中独立董事4名。下设战略委员会、审计委员会、提名薪酬委员会和风险管理委员会，分别对公司的战略制定与实施，财务审计，高级管理人员的选聘、绩效考核和薪酬政策以及风险控制与管理向董事会提出建议。监事会作为公司的监督机构，列席股东大会和董事会，对公司的决策和经营进行监督，提出意见与建议。公司高级管理层作为公司决策的执行者，根据授权，确保公司的决策得到充分的实施与执行。

同时，太保集团建设了有效的风险管理体系。通过在董事会层面设立风险管理委员会和审计委员会、整体负责公司的风险管理活动，在总经理室下设合规与风险管理工作委员会和审计工作委员会、负责风险管理的具体实施，在集团公司和主要子公司均设立风险管理部和审计部并在全国六大区域设立审计特派员办事处、负责风险管理和内部控制具体操作，搭建了完整的风险管理架构。

（六）简要评论

随着近年来中国保险业的迅速发展，建设大型金融保险集团已成为目前我国保险企业顺应金融综合发展趋势、增强自身竞争力的必然选择，众多大型保险企业都走上集团化经营的道路①，并根据其自身发展状况决定了各自的产生和演变过程，形成了各自的特点。

总地来说，我国保险集团的发展已经完成了由单一业务阶段向综合保险业务阶段的转变，并开始处于向综合金融业务阶段演进的过程中。在组织和管控模式上，目前我国的保险集团基本处于控股型和事业型之间，也就是保险集团自身不直接从事主体业务的经营活动，但继续承担着前身公司非主营业务、不良主营业务等的经营责任，这些业务与子公司经营的主体业务之间存在一定联系，因此集团公司出于非主体业务经营的需要，将对子公司业务经营的某些环节采取较为直接的管控方式；随着这些非主体业务的消化，保险集团将转化为纯粹型控股公司，并趋向采取间接的管控方式。在股份制改造和公司上市上，目前一些保险集团实现了主营业务的国内和海外上市，并且有些保险集团已经完成或正在积极筹划集团整体上市。

尽管我国几家大型保险集团稳居国内市场前列，但与一些外资保险机构相比，仍处于竞争劣势。我国保险企业的集团化程度跟国际知名保险企业集团相比还较低，在管理水平和内部规范上也缺乏足够的经验。但这并不意味着我们必须循规蹈矩地等待保险集团化程度的慢慢提升，而是要顺应全球金融综合经营的需要，积极借鉴国际先进金融保险集团发展的经验，立足我国保险业实际探索合适的发展路径，迅速提升金融保险集团化经营程度和水平。

二、我国保险企业集团化经营发展模式研究

随着经济全球化和一体化进程的快速发展，保险业出现了综合经营的趋势，包括寿险和非寿险之间的综合经营和保险、银行、证券等金融业务的综合经营。

（一）我国保险企业集团化经营是应对竞争压力和政策导向的必然结果

1. 外资保险集团在华扩张。由于我国保险监管机构对外资保险机构在华营业有

---

① 除上述四家保险集团外，目前国内还有中再集团、中保集团、中华联合和阳光控股等几家保险集团和控股公司，这些保险集团和控股公司的2006年总保费超过了5 000亿元，寿险和产险业务在中国内地的市场份额分别达到75%和85%以上。

比较高的要求，所以，目前在华营业的外资保险机构大多是经营历史悠久、资金实力雄厚、品牌影响广泛的国际性大型金融保险集团，他们在经营特点上的一个共性就是已经实现了集团化经营，因此，在中国业务的扩张上也呈现出明显的集团化经营趋势，不仅进入我国保险行业，同时也进入银行、资产管理、证券等行业。这种集团化的扩张已经渗透到我国金融行业的各个领域，其协作效应开始显现。外资保险集团综合经营体现出来的竞争力成为刺激我国大型保险企业尽早进行集团化扩张、扩大经营领域的重要外部原因。

2. 银行向保险行业的渗透。银行业正加速向保险领域渗透。中国银行和中国建设银行已经向保监会递交了设立寿险公司的申请，交通银行已明确表示正在筹备设立保险公司，工商银行也有意借道工商银行（亚洲）公司（简称“工银亚洲”）进入保险业。银行业获取经营保险业务的资格，销售网络方面的突出优势就会很快显现。目前，我国大型保险企业与银行的合作多是停留在销售代理协议层面，即使有投资也多是财务性投资，战略性投资非常少，这就决定了我国保险企业与银行业之间的合作稳定性不高。一旦银行设立自己的保险公司，出于业务上的考虑，与现有保险公司的合作关系将更加不稳固。这种合作关系上的压力也使得保险公司必须通过资本纽带等方式与银行建立起更加深层次的合作关系，或者直接进军银行业，维护销售网点的稳定。

3. 法律规定和政策导向。1998 年年底出台的《证券法》第 6 条明确规定“证券业和银行业、信托业、保险业分业经营、分业管理，证券公司与银行、信托、保险业务机构”分别设立。”2002 年《保险法》修正案颁布，规定保险公司资金可用于设立保险企业。在法律的许可下，保险公司可以通过组建控股（集团）公司，下设产险公司、寿险公司、资产管理公司、保险销售代理公司和保险经纪公司的方式来实现集团化经营。目前，我国金融行业的监管机构仍然是按照严格的“分业经营、分业监管”原则设立的。到 2003 年年底，证监会、保监会和银监会设立完成，中国金融业分业管制的法律体系和体制框架正式形成。在这种法律监管框架下，保险公司要实现集团化经营，从单一的寿险或非寿险保险领域发展到保险业综合经营，乃至实现跨越保险业的金融业综合经营，必须通过设立一个保险控股公司或集团公司来实现。

中国人民银行 2006 年发布的《中国金融稳定报告》明确指出，当前我国已经具备了金融业综合经营试点的条件，“母公司控股、子公司分业经营”的金融控股公司是适合我国国情的综合经营模式。该模式在资产配置、风险管理、客户信息资源共享等方面具有优势，并可以有效防止不同行业金融风险的传递和扩散，与我国金融监管体制现状相适应，是适合我国国情的综合经营模式。中国人保、中国人寿、中国平安在实质上都是以这一模式推进集团化经营的。

保监会作为我国保险行业的监管机构和主管机构，明确表示支持有条件的大型保险公司走集团化发展道路。2006 年 6 月 26 日出台的《国务院关于保险业改革发展的若干意见》中明确指出，“支持具备条件的保险公司通过重组、并购等方式，发展成为具有国际竞争力的保险集团公司。”2006年10月16日，保监会发布了《关于保险机构投资商业银行股权的通知》，对加快保险业综合经营，促进保险业与银行业深层次合作，将产生深远影响。这些措施无疑表明保险监管机构的政策趋向是大力支持保险企业向银行等其他金融领域发展。党的十七大报告中明确指出，“鼓励发展具有国际竞争力的大企业集团”，要“提高银行业、证券业、保险业竞争力”，因此可以预期的是，为贯彻落实十七大精神的要求，促进中国保险业又好又快的发展，未来国内保险企业会积极通过集团化战略、综合经营，努力做大做强、提高自身竞争力。

4. 规模经济和范围经济。当然，我国保险企业的集团化经营也有获得规模经济和范围经济的考虑。保险企业集团化发展过程中，规模会不断扩大，其金融产品的销售成本、开发成本等会在一定程度上摊薄，从而获得规模经济。同时，由于存在协同效应以及资源的整合，集团化发展会节省较多的品牌宣传推广、销售代理等成本，从而实现范围经济。

（二）我国保险企业集团化经营的特点

1. 基本上还处于构造业务体系的初期阶段。中国保险集团在多元化业务的开展中，以消费者类别为产品分类标准的较少，主要是试图开展银行、证券、保险等全面业务。保险公司组建控股公司的目的，是在为迟早的综合经营做准备，以便在激烈的竞争中脱颖而出。因此发展轨迹基本体现为：母公司进行股份制改造，改建成控股公司，海外或国内上市，时机成熟后，与综合经营的控股子公司整合，打造巨型金融集团。各大保险集团业务的整合以及运行能力的整合还没有得到充分体现，与跨国金融集团相比尚有很大差距。我国保险集团短期内还无法兼并较大的银行，并购目标也只能是区域性的商业银行，银行业务形成的利润短期内与保险业务以及资产管理业务形成的净利润在数量上还不具有可比性。

2. 以保险业务和资产管理为主业。我国保险集团仍以保险业务和资产管理为核心，主业和优势还是保险。保险集团首先要把保险这个主业做好，通过整合内部资源，发挥集团优势，成为主业突出、优势互补的以保险业为核心的金融控股集团。

资产管理业务将会逐步成为保险金融控股集团的主营业务。通过资产管理，带动保险业务增长和利润的持续增长。国外金融保险集团的核心业务板块也是保险业务和资产管理业务。随着承保利润率的走低，在保险资金投资股票市场实质性启动并获准进行基础设施投资之后，资产管理业务将发挥支撑作用。

3. 保险集团金融控股化，具有发展空间和政策支持优势。在已经形成的保险集团中，母公司本身不从事具体业务，属于纯粹型金融控股公司。相对母公司本身从事某一业务经营，该业务一般又是该公司的主要或重要业务的事业型母公司，具有相对明显的比较优势和专业优势。金融控股公司实行集团综合、经营分业的方式，各子公司之间存在有效的防火墙，金融控股公司模式能够有效阻断银行、证券和保险业的风险传递，维护保险体系的安全和稳健。

由于我国大多数保险集团是国有股东占控股地位，并且大多数国有股东并不是金融集团，因而保险公司金融集团控股化，不会与股东发生战略冲突和业务竞争。另外，从我国金融产业政策、促进保险业发展和运营安全的角度，国家也会鼓励和支持以保险业为核心的金融保险控股集团的发展。

（三）我国保险企业集团化经营的发展趋势

1. 在进入新业务领域上，由保险业务的综合经营向金融业务的综合经营发展。在业务领域上，走集团化道路的大型保险企业往往会选择首先在保险业务范围内实现综合经营，这主要是由于现有的大型保险企业对保险业务比较熟悉，率先进入这些领域，不存在较高的人才和技术壁垒。目前，进行集团化的我国大型保险企业已经基本完成了在保险业务范围内的综合经营，下一阶段将加强在非保险金融领域的综合经营。

2. 在扩张新业务领域的方式上，由自身发起设立新公司向资本并购发展。现阶段，我国保险集团扩张新业务领域的方式主要是发起设立。集团化初期采用发起设立扩展新业务领域的原因主要是：新拓展的业务均是大型保险企业首先选择进入的重要战略业务领域，尤其是相关的保险业务领域，发起设立能够牢牢掌握经营控制权。在集团化发展的下一阶段，往往会采取资本并购的方式扩张新业务领域。首先，可以充分利用财务杠杆作用减少进入成本；其次，对后进入领域尤其是非保险的金融领域，集团公司限于缺乏相关的经营经验往往不会选择直接经营，而是只取得控股权和部分经营决策权。

3. 在资源共享上，由简单的交叉销售向共享客户资源发展。资源共享是保险企业集团化经营的内在动因之一。在集团化发展的初期，集团资源共享主要集中在销售领域，表现形式主要是交叉销售，比如寿险个人代理人销售产险产品，产险销售人员销售团体寿险、年金产品等。这主要是由于保险集团下新设保险业务子公司在设立初期最迫切、最重要的经营目标是拓展市场、树立形象，短时间内建立专属自己的销售队伍很不现实，销售成本也比较高，在建设自己销售队伍和网络的同时，签订销售代理协议借用其他子公司成熟的销售队伍成为新设子公司的最优选择。将来保险集团资源共享的范围将会更广、层次将会更深。最重要的一个方面就是实现客户资源的共享，这就要求集团企业要建立统一的客户关系管理系统，完善客户信息管理制度，构建客户信息管理平台，使保险集团能够向每位客户提供包括寿险、产险、养老保险、资产管理、银行等产品为一体的综合金融服务。

我们应该看到，与发达国家相比，保险集团在我国仍是新兴事物，相关法律的缺失和其内在的运作机制使其存在一定程度的内部风险。主要体现在集团内部复杂的控股关系和关联交易。首先是保险集团的法人结构、管理结构的复杂性引起的信息不透明，给金融机构本身及监管部门的管理带来极大的困难，也为金融控股公司规避法律限制，从事各种套利、违法行为打下基础。其次是保险集团的内部关联交易，既可产生于集团成员之间的贷款、投资、担保、承诺和转移定价，也可产生于集团成员之间共享品牌与标识、集团统一的后台服务和管理以及集团成员流动性的集中统一管理，一旦集团内一个企业的经营困难或危机就可能会引起连锁反应，由于系统性风险无法分散或在集团这一层次进行控制，这些风险就会积累，积累到一定程度后就会集中爆发。而且保险集团的优势在于协同效应，但协同效应发挥不好，也可能带来不良的后果，出现风险的传播和风险的集中与转换，尤其是对子公司面临危机的救助可能导致整个集团陷入困境。因此，高度重视保险集团的风险防范是探索我国保险集团科学发展模式的重要一环。

第二章　保险企业集团化经营的财务风险分析

财务风险有狭义和广义之分。狭义财务风险也称融资风险，是指企业由于举债经营，不能按期偿还债务本息而陷入困境甚至走向破产的可能性。广义财务风险是指在企业财务活动（如融资、投资、经营、分配等）中，由于各种不确定性因素的影响，使企业实际财务状况与预期财务目标发生偏离，因而蒙受损失或获得超额收益的机会或可能性，一般而言包括融资风险、投资风险、资金运作风险及收益分配风险（杨雄胜，2004）。尽管对财务风险的构成范围及其构成划分存在着分歧，但这只是由于研究者的视角不同，而且列举法也不可能穷尽所有的情况。通常的集团公司则因为集团化经营和股权结构容易产生更为特殊的集团化风险，比如关联交易、资本运营等风险。

保险集团如何发挥好协调、服务和管控作用，财务风险管理是重要的一环。第一章已经对国内外的保险集团风险管理案例进行举例说明，包括风险管理架构的设置、相关治理结构等。本章立足国内保险集团发展现状对保险集团的财务风险进行分析，不仅包括集团架构下的财务风险，也关注保险业务所导致的特殊的行业风险。保险集团内部的各类风险，在积累并最终爆发的时候，都会最终在财务方面体现出来，也就是说，财务风险是保险集团内部各类风险的集中体现（魏迎宁，2007）。中国保险企业集团化经营正处于高速发展的时期，保险集团的不断涌现很好地顺应了国家关于保险业做大做强的发展要求。在保险集团发展的初期，很多风险容易被忽视和掩盖，而刚刚实现从单一公司转型或整合为综合经营的中国保险集团，更多的面临“快速发展”与“风险防范”两手抓的问题。如何识别和分析保险集团面临的财务风险，是对保险集团财务风险进行有效管理的基础。

本章结合国内保险集团现状，将保险企业集团化经营下的财务风险大致分为集团化架构下的系统性财务风险、融资产生的财务风险、投资产生的财务风险和业务经营中的财务风险四个小节分别阐述。这里需要明确的是，上述分类中可能存在一定的交叉，但本文主要是以产生财务风险的最相关根源进行划分，比如对集团公司的外部融资产生的财务风险划入融资产生的财务风险类别中，集团内部的融资（股权交叉、相互借贷等）风险则归入系统性财务风险下的关联交易类别；集团并购行为产生的财务风险归入投资行为风险中；其余分类以此类推，也为下文从集团和监管部门角度提出风险管理措施提供依据。

第一节 保险集团架构下的系统性财务风险

一、关联交易的财务风险

2006年12月7日，中国人民银行在发布《中国金融稳定报告》中就以德隆系为例警示，关联交易是金融混业应该预防的核心风险。同样，在“母公司混业，子公司分业”的模式下，关联交易也是保险集团传递财务风险的重要途径之一，这些关联交易常常伴随风险的转移与累积，从而形成整个集团重要的风险来源。保险集团关联交易的财务风险可以分为两个层面，一是子公司之间、母子公司之间的业务经营层面关联交易风险，二是涉及集团内部资源协调配置的关联交易，即集团内部资本市场引致的风险，包括利润分配、债权、股权等几类形式。

（一）保险集团业务经营层面关联风险交易

保险集团业务经营层面关联风险交易主要体现在相互的资金占用、交易价格的不公允和违规担保三个方面。比如关联方未能及时结算关联交易的资金，导致出资公司的资金被无偿占用；集团公司出于集团整体利益等考虑，在集团内部的全资或非全资的子公司之间通过转移价格等进行利润转移；或者是集团公司出于战略考虑，对旗下子公司的融资进行担保①等等。这一层面的财务风险主要来自母公司或子公司作为独立法人的偿债能力，以及在集团内部资金使用的约束规定。如果集团内部对资金使用有严格的规模和时效限制，包括对资金结算过程的规定，则可能较好地限制风险；反之，在以前A股市场上频繁出现的大股东掏空上市公司资源的现象也可能在保险集团内“死灰复燃”。同时，由于集团公司的利润来源较为单一，由集团公司出面向子公司提供担保从目前看确实是勉为其难，也没有行业内的规章制度可以遵循（包括财政部、保监会）。但从国外保险集团，包括国内上市公司的发展状况看，母公司为子公司融资提供担保的情况较多。对于保险集团公司，一旦面临子公司的担保需求时，唯一可以考虑的就是用子公司的股权进行质押担保。而这又需要较多的审批程序，结果也很可能不确定。

（二）涉及集团内部资源协调配置的关联交易

保险集团因多级法人、股权分离管理的特点可以构成一个“高效的微型资本市场”，这也是企业集团特有的一种优势所在，有“比企业间市场交易更为优越的资源配置机制”。广义的内部资本市场，不仅限于资金的融通，还可以通过其他交易形式来实现资源转移的目的，并且对成员单位的运营产生极大的影响。作为一种经

---

① 中国保监会在2002年10月出台《关于严禁保险公司以大额协议存款出质为他人提供担保的通知》（保监发［2002］110号），严禁为他人提供担保。但对于同一集团公司的下属企业是否属于他人没有界定。

济制度安排，内部资本市场又因为缺少外部监督和公允市场机制，在面对经济人的有限性和自利性时，也可能引致无效的资本分配、资本扭曲和代理问题等风险。

1. 成员单位中管理层的激励弱化和集团内部的寻租行为。集团公司对资金分配权力的集中必然使得子公司的经理层的控制权被削弱，经理层增加工作努力的激励将被削弱，特别是当集团公司从某子公司调出资金会严重影响到该子公司经理所控制的资源和绩效评定，造成子公司经理层的激励缺失。所以虽然内部资本市场有利于资金的优化配置，但容易抑制子公司经营者的努力动机。另一方面，内部资本市场中的资金分配不是通过市场行为进行的，而是一种在集团公司主导下的分层决策制度，这为内部寻租留下空间。子公司经理层为争取集团内部的“公共资源”而发生一些非生产性的寻租行为，对集团公司决策施加影响，传递错误讯号并扭曲资源分配。

2. 子公司之间的非效率交叉补贴。在内部资本市场中，子公司之间通过内部资本市场进行资源的再分配，一些子公司的资金被用来补贴其他子公司的资金需求，比如银行的贷款用于支付保险集团下其他子公司的亏损，或者用上市子公司的融资来弥补集团公司的亏损（如 HIH 挪用在香港上市的子公司资金还债）。这种子公司之间的资金融通被称为内部资本市场的交叉补贴。交叉补贴往往是缺乏效率的，一方面是集团总部的判断能力有限，对多元化子公司的产出率的预期估计不准确，另一方面对集团内部弱势子公司“过度保护”的心理，也与当初设立该子公司的初衷有一定的关联。随着集团公司多元化程度加大，跨行业跨地区的经营行为会更多，会使得内部资本市场的资本误分配情况变得更明显。

3. 交叉持股等复杂组织所引起的代理问题。集团内部的委托—代理问题缺陷容易加大内部资本市场的效率问题。比如母子公司之间相互持股，子公司之间交叉持股，由于内部资本市场交易的内部性和隐蔽性，缺少有效的外部监管，也对集团的核心控制力提出新的挑战。如果不能建立一个良好的监管体系，集团内部的委托—代理问题将使得内部资本市场容易成为特定利益团体进行利益掠夺的工具，某些资源分配受益较多的子公司将在一定程度上混乱集团内部的管治和风险控制体系，从而严重损害有关附属企业的价值和有关投资主体的利益。

4. 保险集团收益分配风险是由集团公司的盈余特点决定的。在内部资本市场的环境下，集团公司对外支付股息的能力取决于来自其内部经营性子公司的股息和其他支付，如果子公司经营欠佳，将直接影响到集团公司的利润来源和持续经营能力，同时股息的支付条件可能受到契约和其他限制的约束，这是内部资本市场规律也无法规避的，比如对债权人的优先义务等。集团公司获得股息的能力还可能受关联公司债务协议中各种约定的限制，同时子公司可能发生第三方负债，有关负债的条款可能限制集团公司从子公司获得资金的能力。

5. 内部资本市场下的风险传递风险。其实风险传递风险是集团公司难以避免的财务风险之一。在这里本文将风险传递风险置于内部资本市场产生的财务风险下，主要是出于对风险传递的传导机制的考虑。通常而言，集团内部的财务风险传导渠道，债权、股权等救助方式均符合这里我们对内部资本市场的定义。在保险集团的内部资本市场架构下，集团内的财务风险传递可能以两种形态存在：一是接触性风险传导。即因为保险集团成员财务相连、利益相关而确实产生的风险传导，如集团内一家子公司出现了财务问题，丧失偿付能力或丧失流动性，其他的金融机构（子公司）由于利益攸关而被迫救助①，这样就可能引发新的资金流动性困难，从而影响集团整体的流动性。二是风险的非接触性传导。由于社会公众对集团成员间关联性的认知心理，导致公众的信心危机，即便各子公司之间存在资金防火墙和信息防火墙的情况下，公众由于对其认识不清，也会对整个集团的信用能力产生质疑，使集团的形象和声誉受损，并可能导致集团出现流动性危机。

二、多级法人治理结构的财务风险

如果说前面的内部资本市场对交叉持股的法人治理结构从横向角度进行分析的话，那么对保险集团内的多级法人治理结构则是纵向的安排。在集团架构下，保险集团的资本运营将形成一个维度的多层结构，这一维度项下的层次可能因控股的子公司的再控股，形成股权控制的多层性和组织架构上的多层级。在多级法人治理结构下，集团内部由于存在纵向、横向和相互交叉持股的法人单位，母公司难以实施有效的监督和掌握下属各控股子公司的真实经营管理信息，可能导致集团投资、融资计划存在一定的盲目性，加大了企业集团内部的财务风险。

在完善的财务治理结构下，财务治理主要涉及出资人财务和经营者财务②两个层次。这是因为集团财务治理结构是由一个个相对独立且完整的不同主体层次的财务治理结构通过产权链组织在一起。企业集团内部母公司与子公司的利益取向可能在一定程度上不一致，子公司追求利益最大化的行为可能影响集团的整体利益，导致集团发展方向与各子公司具体经营运作的不一致。基本代理关系驱使经营者追求股东财富最大化，但是多层代理关系又促使经营者在各种利益冲突中寻找一种平衡。在多级法人治理结构下，不仅由于管理层次的重复设置导致高管理成本和低效率运营，而且由于母子公司之间信息不对称而形成了子公司管理层的“内部人利益”强化效应，从而加大了集团公司的财务风险。对于保险集团公司而言，经营者财务关系主要体现在存在股东身份的集团公司与保险子公司经营管理层的关系不顺。由于集团的结构和内部关联交易的复杂性使得投资者、债权人，甚至公司最高管理层都

---

① 尽管目前对关联企业的救助义务没有规定，但本文将在后面提到，现行法律法规可以适当考虑就集团经营下的救助模式予以补充和修正，见第四章。

② 出资者财务是指出资者为实现资本报酬最大化，对其投资、投资监督及投资结构调整行为及由此体现出来的财务关系进行管理的财务，其主要目的是在于形成一套对经营者进行约束与激励的财务治理结构；而经营者财务存在于母公司、子公司、孙公司等各个层次的财务治理结构中，受制于出资者财务，是由企业所有人和经营者最基本的委托代理关系所确定的受托责任决定的。

难以了解公司内部各个成员之间的授权关系和管理责任，从而很难准确判断和衡量集团的整体风险，给集团的有效管控带来困难。2005 年某国有保险集团旗下的子公司资金被经理层划入券商而未经《公司章程》规定的董事会和股东大会授权程序，资金因为券商出现问题导致较大的损失。这一问题反映出在集团架构下，尤其是部分国有保险集团的内部治理架构尚未完善的情况下，容易形成子公司经理层财权过大，不按照正常规定进行投融资和经营决策，而集团公司缺乏相应的控制手段和策略，风险很大。

对于出资人财务代理关系而言，由于保险公司的高负债性，集团公司作为大股东与保险公司债权人，尤其是被保险人之间的矛盾是委托代理关系最为突出的体现，主要是体现在风险转移和投资不足（risk shifting&underinvestment，Sudha Krishnaswami，2001）两个方面。在国内，这种关系主要是通过保险公司出现撤销、破产和倒闭等情形时法律对债权人和股东的权利义务规定予以区别，但尚未形成股东与债务人之间的直接对立。

三、信息披露风险

我国的《企业财务会计报告条例》第三十条指出："企业应当依照法律、行政法规和国家统一的会计制度有关财务会计报告提供规定，及时对外提供财务会计报告"。在《关于规范保险公司治理结构的指导意见（试行）》中也明确加强对信息披露管理。在我国现行的金融分业经营、分业监管的体制下，由于各监管部门缺乏有效的信息沟通渠道与明确的职责划分，使得我国保险集团信息披露目前几乎没有适当的规范可遵循。在信息披露中的权责规定过于简单，对利害关系人和潜在投资者了解披露的信息缺乏有效的保障机制，造成集团公司信息对股东和利益相关者不透明；同时，对于集团公司的消极披露或隐瞒披露缺乏有效的监督制约机制，难以做到全面、准确、及时地将公司信息送达所有相关者，这些都会降低公开信息的真实性，掩盖其真实风险。对于保险集团公司在信息披露中的风险主要从上市和非上市两种情况进行分析。

（一）非上市的保险集团公司

对于非上市的保险集团公司而言，由于不存在信息强制公开披露的义务，因此仅遵循一般的会计披露规定。这些规定的权责规定过于简单，对利害关系人和非确定性公众了解披露的信息缺乏有效的保障机制，造成保险集团公司信息对股东和利益相关者不透明，被认为容易出现消极披露或隐瞒披露，同时会计、统计制度基础薄弱以及信息系统的低标准使得集团公司经营业绩和风险评估缺乏科学性。目前国内还没有专门针对保险行业的财务评级制度，而且保险公司的发行的次级债也没有得到统一权威的评级，所以潜在的信息披露风险可能会在财务危机时起到推波助澜的作用。

（二）上市的保险集团公司

对于已经在境内外上市的保险集团公司（也包括保险公司）而言，信息披露较之以前有更为严格的限制，比如《香港联合交易所上市规则》就规定年度业绩报告（即业绩的初步公告）和中期业绩报告制度①。信息披露的及时性是上市公司经营的重要要求，尤其是作为上市公司面临公众投资者的关注，但从现状看，国内在港上市的保险公司对业绩预告制度并没有引起足够的重视。由于业绩报告的信息传递作用，使得市场可以提前消化关于上市公司经营状况的消息，减轻了市场各方的信息不对称，有效降低年报公布前的股价波动。因此不管其经营情况盈亏，业绩报告都有着其明显的信息披露效应和市场预期效应。由于信息不对称，若公司出了问题，可能产生两种严重后果：一是公众由于不了解信息而产生恐慌心理和过激行为，从而财务风险被人为放大并从一个部门传递、蔓延到其他部门；二是公众由于不掌握信息而意识不到问题的严重程度，从而使风险过度积累并成为未来更大规模的风险爆发和风险蔓延的“祸根”。风险蔓延表现为两种形态，一是宏观形态，即在保险行业各公司之间蔓延。二是微观形态，即在集团内部蔓延。从（内地）保险股业绩报告披露的日期看，中国人保产险、中国人寿、中国平安的总计八次业绩报告披露，其平均日期在4月20日左右，已经接近4个月的规定底线。而按照《上市规则》规定，如果不能及时披露业绩报告，应该在4个月期限届满前公告其原因，公告要求披露的内容比延期发布的业绩报告内容更多，也就是说，发行人要承担更高的违约披露成本。尽管目前保险股的信息披露基本达标，但毋庸置疑的是，从时效性上讲，内地赴港上市的保险公司与香港本地上市公司的信息披露工作相比尚有差距，也落后于在港上市的其他H股（李艳等，2007）。

四、资本金不足的风险

按照我国有关法律的规定，无论是独资公司、合资（合伙）公司、股份制公司，都必须拥有一定的注册资本或法定资本，方可设立开业。保险集团容易出现资本金不足风险，具体包括以下情况：

一是保险集团存在资本重复计算的问题。只要一个实体持有同一控股公司内的另一个实体的资本，而又允许提供者将该资本计入它自己的资产负债表，就会出现重复计算问题。以平安集团为例，平安集团通过投资1.5亿元，全资控股平安信托投资公司（占100%的股份），而平安信托投资公司又投资9 150万元人民币，控制了平安证券公司61%的股份。也就是说，从整个集团来看，母公司仅通过投资1.5亿元，就控制了一家资本金1.5亿元的信托投资公司和一家资本金1.5亿元的证券公司。母公司的资本储备是不充足的，其投资于证券公司的9 150万元已经计入信托公司的资本金，属于重复计算。

---

① 内地证监会目前暂时没有对业绩报告披露的明确规定，但有业绩预增预亏的规定。发布预增或预亏的规定。这最初见于《关于做好上市公司2001年年度报告工作的通知》，后在中国证监会《关于做好上市公司2002年第3季度季度报告工作的通知》等文件中再次提出，并被作为一个通则延续至今。

二是当保险集团内存在不受保险行业监管的子公司时，通过这个不受监管公司，母公司可能会规避金融监管部门对单个机构的最低资本要求。如，母公司投资一家银行子公司，子公司注册投资一个不受保险监管的子公司，该子公司又持有母公司股份，母公司与子公司间的资本就有重复计算之嫌，同样一笔资金被同时用于两个或更多的法人实体投资，资本不断被重复计算。

三是利用不同金融行业对资本要求的不同，通过保险集团内不同金融机构来规避各监管部门对最低资本的要求，造成资本金不足。银行、证券、保险各自服务领域不同，对整个金融体系的影响也不尽相同，监管机构对这些金融机构的资本构成的规定也不尽相同。监管部门之间在金融机构市场准入时的股权资金监管上缺乏协调，母公司、子公司、孙子公司之间互相持股，股权结构复杂，导致在金融机构资本充足问题上可能隐藏较大风险。

五、双重财务杠杆风险

由于股权控制的结果，保险集团公司通过层层控股，形成多层次的股权结构，产生资本放大器的效果，使其资本具有乘数效应，使原始资本数倍的放大，决定了其财务的杠杆效应比单一企业更为明显。如果利润率较高，放大的负债能力将获利能力放大，可以给集团公司带来额外收益；反之，财务的杠杆效应也能放大风险。由于资本金不足的问题，保险集团公司不得不求助外部融资渠道。而外部融资结果又将引发另一类财务风险，即双重财务杠杆风险。在保险集团内，控股公司通过发行债券或借款等举债方式筹集资金，向子公司进行权益性投资的方式将造成整个集团的财务杠杆①过高。如果集团内的银行机构也参与了上述资金融通运作，则风险更为显著，可能影响整个集团的财务安全。这时只要有一子公司经营稍有不慎，其风险即刻传播到母公司或其他子公司，产生“多米诺骨牌”效应。从股权方面来看，集团内的控股公司是一种以获得对本公司外的一家或多家公司控制权为目的的公司。对大多数现代公司而言，其所有权很分散，往往不需要掌握50%的股份就能够有效地对该公司进行控制。从积极方面来看，这种形式能够因股权分散而产生高的财务杠杆效应，提高负债的可能和资金利用率。但是另一方面，过高的财务杠杆也会加大保险集团亏损和不能偿还到期债务的风险。我国金融监管体系尚不健全，保险集团可能利用其内部不受监管的机构，或利用重复计算的资本金，或利用监管部门对资本计算口径的不同和对最大财务杠杆比率要求的不同，尽可能提高财务杠杆，财务风险很高。

---

① 财务杠杆反映的是普通股每股收益与息税前利润的关系，即债务对投资者收益的影响。

第二节　保险集团融资中的财务风险

保险集团的融资需要主要源于自身的经营需求，其目的是为了实现集团业务的增长、扩大集团的经营基础、进入新业务、或满足监管机构资本充足率或偿付能力额度的要求。集团公司获得更多资本的能力将受财务状况、经营业绩和现金流量等各种不确定性因素的影响，保险集团的融资行为必须考虑相关风险。

一、债权融资中的财务风险

从国外的保险集团经验看，债权融资主要包括直接借款、发行固定或浮动利率的票据，以及银行循环授信等，还有部分保险公司倾向于信用证、承诺贷款等①。面对时刻变化的市场利率，极少有保险公司发行期限和利率同时固定的债券或票据（保险集团的银行子公司和保险产品证券化除外），通常这些融资工具也都附加了较多的约束条件，以保证融资的成本和效率。债权融资同时受到政策监管的影响，比如对发行次级债规模和发行主体资格的限制等。国内纯粹控股的保险集团经营特性使得集团公司层面的融资显得较为困难，主要体现在政策风险和信用风险两个方面：

（一）政策风险

对于发行普通的金融债券、银行贷款方式，由于属于普通债权型融资，在程序上需要较多手续，因为像人民银行等主管部门对保险公司债权融资的审批仍然停留在对其偿付能力等行业现行监管指标的水平，而这恰恰是对保险集团公司监管的空缺，但集团公司却往往无法提供自身的偿付能力数据，形成债权融资的怪圈。尽管能够获得同业拆借资格，但短期资金的期限和规模限制仍然将在很大程度上约束集团公司的资金需求；同样道理，对于拟发行次级债的保险集团而言，偿付能力始终是无法解决的问题，包括中国保监会对发行次级债的先决条件和发行规模等的严格限制；目前比较可行的债权融资方式是与银行等金融机构协商办理循环授信方式，从保险集团签订的循环授信合同实践来看，尽管签订合同的甲方是保险集团公司，但并非集团公司能够享有所有的循环授信额度，而是不到一半的规模，其他授信额度则全部赋予集团内的子公司，这从一个侧面反映出贷款机构对集团公司盈利能力的谨慎预测。

目前按照国有保险公司重组改制形成的中国人民保险集团和中国人寿保险集团两大集团公司均留有自己的存续业务，而按照《保险法》进行分业经营的中国平安、中国太平洋两大保险集团，以及后来成立的中华联合保险集团公司总部等均不

① 严格意义上说，可转债和次级债应属于混合融资（hybrid bond）的一种渠道，但考虑到国内规模较小，并仍基本沿用普通债权的管理模式，在此仍划分在债权融资中合并分析。

涉及具体的保险业务，这些主要靠子公司分红收益来获取利润的保险集团公司总部难以获得银行的授信。2003 年 8 月 23 日，中国人民财产保险股份有限公司获得国家开发银行 100 亿元人民币 10 年期循环授信额度（每次贷款 1 年内偿还）；2003 年 10 月 10 日该公司又获得国家开发银行提供的次级贷款 20 亿元人民币，为期 20 年，年利率为长期贷款利率的 90%。相比之下，没有稳定的业务收入来源的集团公司的债权融资则存在一定的难度。

（二）信用风险

保险集团在融资中面临信用风险，即使用借入资金而形成的未来能否按期还本付息的不确定性。在国外发达市场，评级机构对保险集团的信用评级是衡量保险集团信用风险的重要指标，评级机构如标准普尔、穆迪等根据公司违约的可能性对保险集团及其发行的债券进行评级。从评级的对象来看，一类是对发行债务的公司进行评级，考察发行者全面信用风险和债务人履行债务的能力，包括与其合作公司的信用评级、公司本身信用评级和政治风险评级。另一类是对特定债券的信用评级，区分为长期信用评级和短期信用评级。评级过程包括定性分析和定量分析。定量分析主要是基于公司财务报告进行的财务分析，帮助确定其财务风险；定性分析考虑发行人业务涉及的风险，主要考察管理层的素质、公司在产业中的竞争力、产业的未来成长情况和对技术、监管、劳动力变化的适应能力。如果评级结果不理想，保险集团可能为此承担较为长期的融资成本，会加大集团公司经营压力，对此，国外的做法是以子公司的名义进行融资然后交由母公司运作，如英杰华保险集团（Aviva Group Plc.）。

二、股权融资中的财务风险

股权融资是保险集团融资的另外一种重要渠道。参考国外同行的股权融资需求来看，股权融资的风险主要体现在融资成本的控制上。通常情况下，除了正常的因为业务发展需要出现的股权融资需求外，以配股形式出现的大部分股权融资都是在紧急状况下的股权融资行为（表 2-1），这种情形下的股权融资风险特别明显。首先，融资主体无法控制资本市场的宏观态势，如果证券市场正好处于低谷期，则融资成本将非常巨大，因为折价率可能非常高①，甚至面临融资失败的风险。其次，除了融资规模影响外，股权融资的中介费用也将大幅提高。如皇家太阳联合 2003 年 9 月配股 9.6 亿英镑，以应付公司的石棉及其他案件赔付要求，美林、高盛和 Cazenovia 三家承销商收取的手续费就高达 3 500 万英镑，占比 3.65%；安联因为承担收购后子银行的亏损和证券投资业绩不佳在 2003 年出现二战后的首次亏损，不得不在评级机构的建议下考虑冒险进行配股，为此向高盛、德意志银行、UBS 和花旗银行支付的手续费比例突破了 3.8%，而通常这些比例仅为 2.6%。

① 例如，投行对安联配股的折价率一开始是确定为 54%。

表 2-1　　2002~2003 年欧洲保险和再保险公司的配股情况①

公司名称	配股时间	融资规模	目　　的
法通	2002 年 9 月	8 亿英镑	为业务增长提供资本支持
苏黎世金融服务	2002 年 9 月	37 亿瑞士法郎	因准备金增加而配股
Brit Insurance Holding	2002 年 10 月	2 亿英镑	收购 PRI 责任保险公司，并弥补资本金的缺口
SCOR	2002 年 12 月	4 亿欧元	因准备金增加而配股
瑞士人寿	2002 年 12 月	9 亿瑞士法郎	为某一类灾害赔付配股
安联	2003 年 4 月	44 亿欧元	紧急配股调整资产负债结构
汉诺威再保险	2003 年 4 月	5 亿欧元	调整资产负债结构

相比之下，国内保险集团的股权融资方式主要分为公开上市（IPO）和非上市场外转让两大类。

（一）IPO

国内的保险集团只有中国平安和中国太保两家集团整体上市。采用 IPO 进行融资面临的财务风险主要有三大类：

1. 较高的融资成本。一是信息披露成本，这包括中国证监会 2001 年 11 月 14 日《公开发行证券公司信息披露编报规则》第 3、4 号。其中要求在招股说明书中披露行业风险、自身风险、说明内部控制制度的完整性、合理性和有效性、披露公司概况、行业地位、最近三年、最近一期的财务会计信息、精算评估报告等，需要集团公司动用大量的人力、物力和财力进行编制。这一部分我们在信息披露风险一节中作了深入分析。二是较高的发行成本和维持成本。拟公开发行股票的保险集团应聘请有资格的证券公司担任其辅导机构，辅导期为 1 年。在股票发行过程中要聘用承销商等中介机构，支付承销费用、上网发行费、发行推介费、审计、验资费用、评估费用、律师费用、股票登记费、上市推荐费、发行审核费、发行推介费等。据不完全统计，这部分费用将占到上市公司发行总市值的 2% ~4%。另外还需定期和不定期向交易所缴纳的各种费用。通常而言，上市融资是成本最高的一种方式。

2. 长期稳健的经营方式容易受到影响。上市后保险集团面临较高的投资回报压力，尤其是在保险业务经营发生较大不确定性而导致业绩出现大幅波动时，会影响到投资者对保险公司的投资信心；其次由于股市短期投机气氛对保险公司短期投资回报率的期望会影响保险公司的稳健经营，证券市场比较缺乏对中长期发展潜力、获利能力进行评价的中长期指标，股市往往不注重上市公司长期发展潜力研究，对

① 上述案例摘自 HSBC2003 年发布的欧洲保险市场研究报告《Capital Regeneration》，文中指出 2002、2003 年中，欧洲大型保险集团公司中除法通和 BIH 外，其他公司的配股均属于市场预期之外。本文主要是基于 2003 年 3 月 20 日美英对伊开战大幅拉低欧美股指的背景而选择。

保险公司的短期盈利水平存在较高的期望，这与部分保险业务追求长期稳定经营的目标有较大的差异。

3. 股价波动的风险。股价除受到企业经营状况的影响外，还要受到其他外部因素影响。尤其是国内证券市场受市场消息影响程度较大时，非企业自身行为可能会对上市公司的市场价值产生较大影响，比如 2007 年 12 月因为港股直通车暂停，导致内地几只保险股受到重挫。另外，2008 年伊始中国平安传出融资 1 600 亿元，适逢中国 A 股市场因受美国次债危机牵连走低之时，中国平安的融资公告加剧了市场的波动，不仅拖累了自身的股价表现，也连累大盘一路下行，导致部分基金和散户质疑中国平安此次融资的动机，甚至有部分基金经理表示在 3 月 5 日的股东大会上对再融资投反对票。股价的剧烈波动会影响保险集团再融资、业务扩张和公司社会形象，并且影响到保单持有人和投资者的信心。

（二）非上市场外发行

非上市场外发行主要是股权转让，目前主要有两种方式。一种是两个市场主体之间按照相关规定进行，且通常有独立的第三方评估机构。比如中国再保险集团转让大地财产保险公司股权。这种股权转让行为主要是通过财政部的国有金融企业产权转让相关规定进行约束的，保险行业还没有专门的法律法规进行规范，只有《保险公司管理规定》对 5% 的股权转让有相关的审批规定，风险主要是定价是否合理。但是另外一种股权转让方式——股权信托计划值得关注。2003 年中国再保险集团旗下的中国财产再保险公司与中泰信托携手，由中泰信托投资有限责任公司推出的股权信托计划，将保险公司的股权以信托产品方式向机构、个人投资者发行，并由民生银行上海卢湾支行代理资金收付。该信托产品转让规模为 1.7 亿元，期限 2 年，第 1 年预期收益为 4.5%，第 2 年预期收益为 5%，信托利益每年分配 1 次，每份信托转让协议最低金额为 10 万元。股权信托计划将股权融资风险与信托公司紧密地联系在一起。由于信托发行是面向社会大众，因此像这类可界定为“一级半市场”的股权信托计划存在过户、监管等一系列风险。如果交易对手的信用出现问题，可能会使作为交易标的保险公司股权流向难以判断，从而在一定程度影响到保险公司的正常经营。

第三节 保险集团投资行为中的财务风险

投资风险分为资金运作和资本运营两个层面，而在不同层面面临的财务风险也是不同的。

一、资金运作中的财务风险

保险集团的资金运作风险主要是指保险集团内将保险资金集中委托保险资产管

理公司的投资风险。对于保险集团而言，在资本市场逐步转好，保险公司作为机构投资者的地位日渐显现的今天，除了保险集团出面进行的行业内外的收购以及作为财务投资者进行的行业内外参股入股行为外，以受托方身份出现的保险资产管理公司正在成为保险集团一个重要风险源。按照中国保监会的规定，保险资产管理公司接受来自集团内部的保险资金委托，并集中运用，扩大保险资金在资本市场的运作规模，因此也将资本市场的风险引入到集团内部。随着保险资产管理公司经营的成熟，接受集团外第三方委托资金运用也正在逐步体现，部分保险资产管理公司已经开始尝试接受集团外的保险类资金委托运用，而今后保险资产管理公司发展为综合类的资产管理公司，接受非保险类资产的委托运用将成为必然。保险集团的投资风险主要包括市场风险、交易对手风险，另外还有信用风险、流动性风险、操作风险、法律法规风险、道德风险等其他风险。

（一）金融市场风险

市场风险主要是指因宏观经济形势的变化或资本市场变化导致的资产价格波动产生的风险，包括利率风险、汇率风险、资本市场风险、衍生工具的风险等。

1. 利率风险。所谓利率风险是指由于利率水平的变化引起金融资产价格变动而可能带来的损失。广义的利率风险包括在期限范围内任意点上任何类型的利率风险暴露。对于金融机构来说，除关注其资产业务所投资的金融产品的风险外，出于稳健经营需要，还需关心其负债业务所提供的金融产品的风险，以避免出现偿付危机，其中寿险公司的资金来源与运用都对利率高度敏感，利率风险是其面对的首要风险。

2. 汇率风险。保险集团的汇率风险即由于汇率变动引起的财务成本的不确定性而带来的财务风险。随着保险业的发展，与外汇相关的业务渠道已经得到大大拓展，从最开始保险集团自有外汇资产的保值增值（资本金、卫星发射基金和再保业务等），外汇结构性存款，到2003年开始推行的留学生保险（外汇），再到2005年的境外机构设立，以及2007年7月份的《保险资金境外投资管理暂行办法》。而包括人保产险在内的多家保险公司已获得QDII资格，保险集团的外汇资产、资本运用已经放开。但在放开的同时，外汇风险也接踵而至。目前保险集团的外汇资产主要包括来自IPO发行的外汇融资，发行外汇产品的外汇保费收入以及为投资海外市场（包括QDII资格）购入的外汇资产。然而，人民币对美元的持续走强，已经使得以美元为主的保险业外汇资产面临日益缩水的尴尬境地。从2008年宏观发展趋势看，人民币的升势还将持续一段时间，使得保险公司更多地面临海外投资的压力。

3. 资本市场风险。

（1）国内资本市场风险。国内资本市场风险主要是提供的产品难以满足保险的期限匹配要求。资产与负债不匹配会造成风险（包括期限不匹配和数额不匹配）。在公司的资产负债表中，资产的主要形式有：银行存款、债券、国库券、抵押权及其他种类证券等，投资期限普遍较短，而寿险公司的负债具有很大的特殊性，其主要部分是责任准备金，几乎占全部负债的90%以上，同时还包括未决赔款、红利等。因此寿险类子公司寻求在尽可能的限度内以管理投资资产久期和其支持的保单责任平均久期的方式对利率风险进行管理。将资产与有关负债的久期匹配，能减少利率变化的风险，因为彼此的变化可以相互抵消。如果负债合同期无法与短期资产相匹配，从而导致保险公司的资产久期短于负债久期，产生较大的投资风险。此外，由于投资渠道狭窄，投资工具有限，而且，中国金融市场目前没有有效的方法使公司能够通过金融衍生产品对利率风险进行对冲，大量保险资金无法按照负债特点进行有计划、有效地投资，进一步加剧了投资风险。

由于保险公司所持有的投资资产大部分是中短期的固定收益证券，而负债方主要是“固定利率”的长期负债，因此保险公司的资产负债不匹配问题较国际水平更为显著，而中国金融保险市场缺少丰富的固定收益产品，更加剧了这一不匹配的状况。

（2）海外资本市场风险。随着国内监管部门对保险公司试水海外资本市场开闸放水，保险机构紧随基金公司进入 QDII 的行列，包括中国人保在内的多家保险机构已获得出海资格；中国平安和中国人寿还在香港设立专业资产管理公司。对于海外资本市场风险可以借助先期基金公司发行的 QDII 产品分析得出：从最近先期发行的基金看，QDII 在发行时获得多倍超额认购，最后不得不以比例配售的方式发行，证明国内闲散资金对投资海外市场的热情高涨，但在发行后的近 2 个月时间，受美国次债风波影响，产品净值一直处于 1 元发行面值以下，有力地证明了海外市场风险的现实性；除了纯粹的市场风险外，由于 QDII 资格仍属于监管审批事项，国内尚未开放全部资本项目下的自由兑换，导致保险资金的外汇投资规模仍然受到限制；其次由于外汇管制、监管法规等多方面原因，要进入“全球发展成熟的资本市场”需要的不仅是资金，还有政策协调等和技术环节等方面也将使得 QDII 的操作存在风险，比如上投摩根基金公司就指出，韩国和印度市场，外资机构直接投资当地股票需办理相关的资格准入，但上述资格的办理至今尚在进程中，尽管该基金公司发行的亚太基金目前用投资 ADR、GDR（全球存托凭证）的方法在一定程度上覆盖了上述市场，但有限的可选投资品种，大大限制了基金在上述市场的大规模投资。

4. 衍生工具的风险。衍生工具的使用是保险集团出于规避因汇率、利率和资产价格变化的考虑所采取的一种避险措施。国外的发展经验已经表明，除了成本较高、缺乏敏感性的资产负债表内交易外，通过远期、期货、互换和期权等衍生工具实现套期保值是比较理想的方式，这些工具的运用能够降低公司现金流的波动性。国内已经允许保险资产管理公司进入银行间衍生工具交易市场，同时随着保险产品与金融产品的逐渐融合，经营巨灾风险的衍生产品如巨灾债券也将出现。但衍生产品的计量技术复杂，对衍生产品的估值难度更大，衍生产品的价值波动更为频繁，并可能使得损失被放大从而影响到资产负债表的正常结构，这也使得保险公司的风险管理更为复杂。

（二）交易对手风险

交易对手风险主要是指因交易对手[①]不能及时交付证券或交付资金而产生的风险，如投资市场未实现券、款对付（DVP交易方式），投资者卖出的证券收不到资金，或投资者支付资金而收不到证券的风险等。从目前综合经营的发展趋势看，不同金融行业的风险已经开始相互传递。作为参与保险资金运用的金融机构，不管是托管人、金融产品供给方，均有义务积极防范资金运用风险。哪个环节出现风险，都有可能波及到整个资金运用链条，从而扩大损失[②]。

防范交易对手风险，首先应对交易对手的风险进行识别与分析。

1. 银行。交易中的银行主要有两个角色，一是资金划转流程中的托管方角色，二是提供资金拆借、银行间衍生市场产品、存款产品和自身股权、发行的次级债等作为保险资金的投资工具。托管方的风险主要是倒闭对受托资产的独立性保护问题，防止受托资产受到托管银行倒闭的冲击而发生损失；至于作为被投资方而言，由于目前并没有有效的信用评级制度，因此银行的财务状况和投资潜力没有权威的参考。

2. 证券公司。在推行第三方托管前，券商一直是保险机构参与投资的主要渠道。在专业保险资产管理公司出现之前，中国证监会于2001年发布《关于规范证券公司受托投资管理业务的通知》（证监机构字［2001］265号）对证券公司的受托业务进行规范，但从效果上看并不理想[③]，由于当时逐利的需求，以及保险公司自身管控等多方面原因，导致出现托管中的一些问题。在保险资产管理公司之后，保监会强化资金托管制度，证券公司的交易风险得到较好控制。目前主要是涉及到对证券公司股权的投资风险，中国证券投资者保护基金公司成立后，对证券公司倒闭的债权人损失已经转由该基金公司承担有限责任，对证券公司的股权投资只能按照市场化原则弥补完债权人的损失后才补偿股东出资，相比以前债权人损失由政府兜底的情况，股东损失的风险更大。

3. 基金公司。对基金公司的交易风险主要是基金公司的倒闭风险。在2001年至2002年间由于基金收益的大幅缩水，保险公司曾大幅赎回基金，并为此向托管银行支付较多手续费，一度引发业界对保险资金投资基金的质疑。如今，对基金公司的交易风险主要体现在基金产品的市场风险、入股基金公司的投资风险两个方面。随着保险资金的运用渠道不断拓宽，对基金公司的依赖将逐步减少。但对以前年度保险公司大量购入的封闭基金而言，也存在基金公司倒闭的风险。

4. 信托公司。信托公司作为金融行业四大支柱之一，正随着《信托法》等一系

---

① 所谓保险机构交易对手，指的是与保险资金存托管和投资有关的对象，包括银行、证券公司、基金公司、信托公司、其他保险机构及境外金融机构等。

② 对此，保险业有过深刻的教训，2004年前后连续发生“问题券商”被查出挪用保险公司账户资产，违规侵吞委托人资产的情况，给保险公司带来较大的经济损失。

③ 中国保监会曾于2000年出台《中国保险监督管理委员会关于暂不允许委托证券公司管理运用资产的通知》，但在后来的基金投资管理等规定中又开放了通过券商入市的说法。

列法规文件的出台和对信托机构的整顿，获得前所未有的机会，各种股权、实业类的信托产品大量进入市场。目前保险业与信托公司的交易风险包括：一是购买信托产品的市场风险，二是保险机构入股信托公司，三是信托公司入股保险公司或发行保险公司股权信托产品。在中国保监会出台《保险资金间接投资基础设施项目试点管理办法》后，信托正式成为一种投资渠道进入保险资金的投资视野。同时保险公司入股信托公司，以及信托公司通过股权产品入股保险公司均在一定程度上深化了金融行业的交叉投资的风险，不仅在监管上突破了分业监管的框架，也为金融业系统性风险的快速转移和放大提供途径。

（三）保险公司投资中的其他风险

保险公司资金运用中还面临较多其他风险，包括信用风险、流动性风险、操作风险、法律法规风险、结算风险和道德风险等。信用风险是指因证券发行人到期不能兑付证券或不能按时支付利息、股息等产生的风险。如因债券发行人的原因而导致投资者无法按时收回本息等。流动性风险是指因资产流动性不足而无法及时变现产生的风险。如外汇结构性产品因市场变化而产生的流动性风险等。操作风险是指在交易、保管、清算、核算等过程中，由于人为因素或系统差错而产生的风险。如资金清算出现错误或交易指令出现错误等。法律法规风险是指违反法律法规或委托人的要求而产生的风险。如管理人违反委托人的投资指引擅自扩大权益类投资规模或违反监管机构的规定，擅自扩大投资范围等。结算风险是指有价证券、资金在交易结算过程中产生的风险。道德风险是指因管理人和托管人（尤其是管理人）追求自身利益，损害委托人利益而产生的风险。如管理人故意隐瞒收入、违反协议向委托人收取不应收取的费用等。

二、保险集团资本运营中的财务风险

保险公司的资本运营行为主要体现为战略并购，这里面既包括了比例较少、不获得被投资企业控制权的战略投资或财务投资的情况，也包括为获得控制权的收购和合并行为。作为财务投资者参与投资入股的保险集团是目前保险资金运用政策的巨大突破，也是保险公司作为机构投资者的重要体现。财务风险主要是针对跨行业投资而言，比如中国人保收购大唐发电部分股权，中国人寿收购南方电网、广发银行部分股权等。总体来说，这两种运营方式只是在比例上存在差异，而面临的风险则基本相同，也必须要注意避免出现其他行业风险向保险业蔓延的情况。关于企业资本运营中的财务风险是指企业由于并购而涉及的各项财务活动引起的企业财务状况恶化或财务成果损失的不确定性。并购投资和融资决策共同影响着并购后的企业财务状况，因此，企业并购的财务风险应该包含更宽泛的内涵。集团化经营下的集团公司是保险业进行并购的良好平台。本文第一章分析了我国保险公司集团化经营的原因，并购是重要的一点，但并购不可避免地存在财务风险，包括企业价值评估、流动性和杠杆收购后的偿债风险等三大风险。

（一）企业价值评估风险

在确定目标企业后，并购双方最关心的问题莫过于合理地估算目标企业的价值，这是并购成功的基础。目标企业的估价取决于并购企业对其未来现金流量和时间的预测。对目标企业的价值评估可能因预测不当而不够准确，这就产生了估价风险，风险的大小取决于并购企业所用信息的质量，而信息的质量又取决于下列因素：目标企业是上市公司还是非上市公司、并购企业是善意收购还是恶意收购、准备并购的时间、目标企业审计距离并购时间的长短等。也就是说，目标企业价值评估风险根本上取决于信息不对称程度的大小。信息不对称使得并购企业对目标企业资产价值和赢利能力的判断难于做到非常准确，在定价中可能接受高于目标企业价值的收购价格，导致并购企业支付代价过大。

（二）流动性风险

流动性风险是指企业并购后由于债务负担过重，缺乏流动资金，导致出现支付困难的可能性。尽管保险集团公司属于现金流较为充裕的企业，但这是相对生产型企业而言。流动性风险主要体现在现金并购和杠杆收购中。现金并购是指并购企业在并购目标企业的过程中以现金为支付方式①。这种并购相对于其他并购方式的资金筹集压力也最大。如果并购方融资能力较差则流动比率会大幅度下降，这样就会给并购方带来流动性风险。杠杆收购是企业并购的一种特殊形式，是一种高度负债的收购方式，即收购者通过大量举债融资购得目标企业的全部股权或资产，然后以目标企业的现金流量偿还负债的收购方式。其风险体现在，通常情况下，杠杆并购企业向投资者发行高息的垃圾债券，约占收购金额的20%～40%。由于高息风险债券资金成本很高，而收购后目标企业未来资金流量具有不确定性，杠杆收购必须实现很高的回报率才能使收购者获益，否则，收购公司可能会因资本结构恶化、负债比例过高、付不起本息而破产倒闭。

（三）杠杆收购的偿债风险

杠杆收购是指并购企业通过举债获得目标企业的股权和资产，并用目标企业的现金流量偿还负债的方法。杠杆收购旨在通过借债解决收购中的资金问题，并期望在并够后获得财务杠杆利益。并购企业的自有资金只占很小的一部分，大部分是发行高息的风险债券。由于高息风险债券的资金成本很高，而收购后目标企业未来现金流量具有不确定性，杠杆收购必须实现很高的回报才能使收购者获益，否则，并购企业可能会因资本结构恶化，负债比例过高，付不起本息而破产倒闭。因此，杠杆收购的偿债风险很大程度上取决于整合后的目标企业是否有稳定足额的现金流量。

---

① 另一种常见并购支付方式是股票，是指并购企业将本企业的股票作为价款付给目标企业股东，即股票并购。它区别于现金并购的主要特点是，不需要支付大量的现金，因而不会影响并购企业的现金流动状况。但是股票并购也有其自身的风险，即目标企业的股东如果拥有了控制股权，就可能反客为主成为并购公司的控制者。这种情况被称为反向收购，这样将对原有股东的利益产生很大的影响。

在这方面国外大型保险公司的教训值得我们借鉴。如安联集团由于收购德累斯顿银行耗资220亿欧元，并承担其22亿欧元的不良债务，加上集团2002年在股票市场上蒙受了55亿欧元的损失，因此当年集团净损失达到12亿欧元（2001年净利润16亿欧元），出现自二战以来的首次亏损。又如澳大利亚著名的HIH保险集团，在1999年通过大量借贷融资3亿澳元来收购储备金同样严重不足的FAI公司，截至2000年9月，HIH因收购FAI导致的总损失共计4.05亿澳元，已超过了购买FAI的价格。HIH收购FAI的主要目的是为了对其资产负债表进行修饰，可结果却使HIH的财务状况更加恶化，加之增长过快导致准备金不足，最后导致HIH倒闭。国内的保险集团正处于发展初期，收购行为也将逐步展开，如果并购出现亏损，尤其是对不熟悉行业的介入，可能加大整个集团的财务风险。

第四节　保险集团业务经营中的财务风险

目前保险集团的基本业务已经从原有的保险经营转型到持有并管理子公司的股份为主，因此对保险集团的业务经营中隐含的财务风险主要是针对各类子公司的业务经营而言。当然，作为保险集团公司，主要子公司还是分业经营财产保险和人寿保险业务，以及保险资产管理公司，另外还包括与保险业务相关的保险中介机构，以及与保险业无关的银行、证券、信托金融类子公司，与金融毫无相关的物业管理公司、投资公司等。鉴于目前对保险公司的财务风险管理的资料较多地集中在对保险业务流程、保险公司财务管理等微观层面，不是本课题阐述的重点，因此在这里仅就保险集团下的各类子公司的行业风险进行大致介绍，具体内容见本章专题一《保险业务经营中的财务风险》和专题二《非保险业务经营中的财务风险》。

保险集团内部的业务按照对营业收入的贡献比例看划分为保险业务产生的财务风险和非保险业务产生的财务风险。很明显，对保险集团而言就是主营和非主营的概念。保险集团旗下无一例外存在经营保险业务的子公司，这也是保险集团区别于其他金融集团的重要特征，而针对保险公司风险管理的研究，也大多着眼于此。由于在现行的监管制度架构下，产寿险仍然实行的是集团化模式下的分业经营，具体保险业务流程中产生的风险虽然直接体现在保险公司的业务经营层面上，但最终会体现为财务风险。因此，分析产、寿险公司的业务风险在很大程度上也就是保险集团面临的业务风险，比如产品定价风险、理赔风险等；由于保险业务的特殊性，在流程和产品环节的风险外，还存在准备金不足风险，财产险业务成长性资本缺口、再保险风险、洗钱风险和业务波动风险等。另外在保险业务之外，保险集团的合并报表中还有其他业务体现，比如纳入合并报表的银行、证券类子公司，作为战略投资或财务投资体现的长期股权投资或可供出售资产类资产。这些非主营业务正在逐步扩大其在集团内部的占比，从而在增加利润贡献的同时扩大自身风险对集团的稳定经营的影响程度，也是非常值得集团重视的。从国内现行的监管框架看，金融类的子公司基本上已经建立了专门的分行业救助机制（保险资产管理公司和保险中介机构除外，银行的存款保险制度即将出台），财务风险在受到行业监管的同时有一定的外部财务救助机制，相对而言在出现财务危机时，这部分非保险类子公司对集团的冲击较未建立救助机制的子公司小。

专题2－1：保险业务经营中的财务风险

保险集团业务经营包括集团内保险业务经营和非保险业务经营两块，对保险集团业务经营中的财务风险分析也将从这两块分别阐述。保险业务经营中的财务风险包括：

一、产品定价的财务风险

保险费率制定的高低很大程度上决定保险公司的盈利水平，从而直接影响保险子公司和集团公司的财务状况。由于保险业务本身就是经营风险，因此保险产品定价也很大程度上取决于承保标的的风险状况。下面按照产寿险分别分析。

（一）人寿保险定价的财务风险

对于人寿保险而言，死亡率、费用率、退保率和预定利率是决定寿险产品费率的四大要素：

1. 利率风险。寿险产品的预定利率是决定产品定价的关键因素。由于投资回报通常以复利计算，承保当时的实际利率与预定利率之间可能存在的很小的差别，经过一二十年的利滚利之后就会产生很大差别。通常保期越长，保费越高，付费期越短，则利率风险影响越大。利率会随着以下一个或几个因素变化：时间、资产类别、资产质量、信用风险等。由于费率制定没有更多考虑保险期限内“平滑”投资收益率而盲目追求短期的保费规模，因此保险产品费率受短期利率影响较大，利差倒挂情况比较严重①。

2. 死亡率风险。当寿险保单的实际死亡率比预期要高，或年金的死亡率较预期还低时，都会产生死差损。通常寿险公司会为男性与女性、吸烟者与非吸烟者建立各自的生命表。在这些风险类别中死亡率随投保年龄与保单年度的模式的不同有显著区别。死亡率一般可以表示为基本生命表的某个乘数或其他的简单的修正，针对不同群体的保单，其死亡率的假设对被保险人公平与否和公司的盈利都相当重要，因此在产品的定价中尤其要充分考量统计数据的可靠性。

---

① 寿险产品的定价风险实际隐含了利率风险因素，利率的下降直接降低了保险产品的厘定利率的基础水平，如不及时调整新产品的利率，保险公司不仅要承诺旧产品成本相对上升的损失，还要应付大量新进资金的流入。

3. 退保率风险。退保率随以下几个因素改变：投保年龄、保费支付频率、保单规模、保单类型、销售方法、市场付款方式。对于终身寿险，首年的失效率通常要高于续保年的失效率。定期险与年金险经常会由于产品设计的不同而有一个“跳跃的”失效率。对于那些使用不同利率情景的现金流测试或选择权定价，退保率通常会随不同利率情景的变化而变化。

4. 费差损风险。费差损主要源于通货膨胀，通常要将所计算的费用率根据保户投保时的通货膨胀率或其他因素的变化而进行调整，而且通货膨胀情况要通过包含通货膨胀率的利率假设反映在保单维持费用中。

（二）非寿险定价的财务风险

对于非寿险而言，赔付率、费用率是决定产险产品费率的重要因素。在非寿险中，由于造成损失的因素很多，索赔方式多样，因此，对期望赔付额进行预测极其重要，经典的做法是利用大量的资料，拟合统计分布，或建立时间序列预测模型，但这些方法要求大量样本，有较好的分布规律，自变量与因变量之间呈线性关系且相互独立。但大样本数据在很多场合难以获得，而且也不一定典型。同时，非寿险市场的残酷竞争使得产品实际费率与厘定费率出现很大差异，尤其是在占非寿险业务主要部分的车险、企财险等领域。

二、业务流程中存在的财务风险

（一）承保流程

目前保险公司承保风险的主要表现是重业务发展轻业务质量，重规模轻效益，业务员普遍缺乏风险意识和效益观念；同时，保险子公司的核保制度不健全，核保管理不完善，投保人或被保险人欺骗或隐瞒已存在的某种风险或故意编造保险事故的现象时常发生。由于市场竞争激烈，产险市场面临低价竞争销售的格局，同时大量保费被各类掌握客户资源的中介机构吞噬，并衍生出保险公司为不良中介的非法行为承担承保责任的行为，严重影响保险公司的财务状况；在寿险市场，保险子公司对保费规模的渴求，使得部分保险产品被误导销售，比如曾经引起退保风波的投连险产品。

（二）理赔流程

目前保险业的理赔存在风险意识淡薄，保险公司过度关注业务收入指标和市场份额，忽视理赔和经济效益指标，公司内部缺乏一套严格、科学的理赔约束机制和具体的量化考核指标，保险公司缺乏专业的理赔人员，理赔服务缺乏标准，而法律环境变化和条款不严谨等发生的诉讼或仲裁也加大了理赔的管理成本。另外，在理赔流程中，除欺诈风险外还应重点防范高风险业务的巨额损失。在国外，因为长尾业务、巨灾风险等高风险导致的保险公司破产、被出售的案例比比皆是。比如美国北卡罗莱纳州专营航空保险业务的 Fortress 保险公司、日本大成海上火灾保险公司均因面临“9·11”的巨额赔付要求而申请破产。英国皇家太阳联合保险集团公司

2003 年就不得不采取一系列措施来应付高风险案件①。

（三）银行保险中的财务风险

从目前看来，银行保险应属于营销渠道的一种（股权渗透的分析已经在资本运作中得以体现）。银行保险主要存在三个层次的风险：第一层级是行业环境风险，影响此项业务的是法律风险、市场风险；第二层级来源于业务合作者双方；第三层级来自于子公司内部操作风险。

市场风险：是指银行子公司与保险子公司的合作中，可能遇到有关销售流程、销售费用、资金清算等方面的潜在法律纠纷的损失。目前代理手续费的标准和入账方式已经是最为显著的市场风险。按照财政部的规定，代理业务手续费率不得超过8%，但由于同业竞争激烈，市场上同行的费率往往高于这一比例；而且代理手续费的支付只能以支票转账形式不得支付现金。由于市场主体的违规造成的风险损失，应通过建立健全引导机制、强化同业协会作用、加强合作双方的制度约束来进行规避。

代理风险：根据《保险兼业代理管理暂行办法》规定："保险兼业代理人在保险人授权范围内代理保险业务的行为所产生的法律责任，由保险人承担"。商业银行作为保险兼业代理人，仅负责保险产品的前期销售，对于保险后续服务，如核赔、理赔、保全等环节，应由保险公司承担。但对于在银行投保的投保人而言，往往忽略保险产品的实际设计者和管理者，所有的后续服务都向销售银行追索。尤其在保险公司拒赔的情形下，更对银行的信誉产生质疑。代理风险需要银行柜面销售人员，向投保人传递正确的营销信息，并在投保单、收据、正式保单上详细注明各自的业务范围。

信誉风险是指在保险产品代理销售过程中，由于保险公司无意或故意宣传误导，给商业银行造成的直接经济损失和间接信誉损失风险。由于目前银行代理的主要是分红型寿险产品，产品周期短，保障功能低，同银行自营储蓄产品趋同，且各保险公司之间产品趋同，所以为了追求业务规模和市场份额，保险公司在宣传时往往存在误导。表现为：将保险产品表述为储蓄产品，混淆保险利益与储蓄、国债收益的计算基础；含混银行代理保险产品的经营主体是保险公司；未按保险条款对重要事项进行如实告知等。目前信誉风险是银行代理业务面临的最大风险，需要在选择保险公司及代理险种时慎而又慎，同时通过签署规范的代理协议，约束保险公司的不合规行为，将信誉风险值降低到最低。

操作风险是指保险代理销售过程中，由于银行前台或后台人员的操作失误，给投保人或被代理保险公司带来的损失，从而引发商业银行的赔偿或名誉损失。由于业务操作不规范带来的隐性风险，需要商业银行建立完善的内控机制和稽核监督体

---

① 由于在美国市场经营的石棉和环境风险业务赔付需求不断加大，同时为减少美国地区未来可能面临的巨灾风险，皇家太阳联合只能将美国的个险业务续保权和大部分商业保险业务出售给旅行者财产保险公司，将特殊风险业务出售给 Alleghany 保险公司，并紧急配股融资 9.6 亿英镑（手续费比例突破 3.6%）。

制，从制度上约束不规范行为的发生。

业务风险是国内商业银行为了增加中间业务收入，在保险代理销售中往往承担了较大的压力，利用非市场化手段，如给分行或员工下达指标、任务来完成销售，造成了银行保险代理业务的虚假繁荣，数量泡沫和行业风险增加。避免这类风险需要代理银行总分机构上下联动、信息通畅，保证业务发展的规范和真实性。

技术系统风险是指在利用新型流程销售保险产品时，由于连接保险公司和银行业务的“银保通”系统出现故障时，影响了投保人的投保或撤保交易，被保险人因保险事故发生造成的损失，作为代销银行不得不承担给付赔偿责任。由于新的业务系统尚未大规模推行，故技术系统风险还不具有普遍性，但需要代理银行在系统开发和数据传输方面特别注意。

三、提取准备金不足的风险

保险公司的未决赔款准备金水平是根据最终须用于支付在财务报表日期前发生的已报告及未报告的赔偿的估计金额计算。但是相对而言，保险公司的估计未决赔款准备金则基于公司设立准备金时已知的事实及情况，包括过往赔款模式、业内统计数据、行业趋势估计及其他因素计算。准备金的估计金额可因外部及内部变化（如通货膨胀）受到影响。该等变化很多不能直接量化，特别是以预测为基准的变化。因此，尽管运用精算分析计算准备金，但实际索赔付款与准备金估算之间可能有所不同。如果保险公司的准备金不足，该项准备金的调整将在利润表的收入中冲抵。另外，保险公司编制及提供外聘精算师以精算分析法计算未决赔款准备金所指定格式的数据能力有限，因此数据的使用具有一定的局限性。

四、财产保险业务发展中的成长性缺口

对于旗下经营财产保险业务子公司的保险集团而言，财产保险业务的发展将会带来资本金的压力。根据《保险法》第九十九条的规定，经营财产保险业务的保险公司当年自留保险费，不得超过其实有资本金加公积金总和的 4 倍。以上一年度资本金和公积金作为比较基数，随着业务快速发展，保费收入增长对资本金和公积金的比值将有扩大的趋势。如果来自当期利润的公积金数量减少，不考虑增资的前提下，保费收入 ÷（资本金 + 公积金）的比例超过 4 倍的情况更有可能出现。财产保险业保费收入增长情况为每年 10% 以上，如果按照《保险法》的规定，对自留保费的规模不得超过资本金和公积金之和的 4 倍规定，那么通过下面的例子我们可以看到每年财产保险行业的资本金缺口：以《中国保险年鉴》和已公开的信息数据推导，2002 年财产保险保费收入 778. 3 亿元，2003 年为 869 亿元，2004 年保费收入为 1 124. 55 亿元，2005 年保费收入 1 281 亿元，2006 年 1 580 亿元，2007 年乐观预计 1 900 亿元，平均增速超过 20% 。假设法定公积均来自税后净利润的提取，资本公积没有其他会计事项的变动，按照 15% 计算分保比例，不考虑分入保费的情况，则

自留保费为 1 900 × （1 －15%） =1 615（亿元）。设自留保费带来税后净利润的比例为 5%（据 2003 年人保、太平洋、平安三家数据，保费收入按 20% 进行分保，将投资损益等影响利润的因素完全体现在报表“利润总额”中，三家数据合并计算的税后净利 ÷ 自留保费为 3.5%，太保招股说明书显示在 2007 年上半年产险分部报告中，这个比例为 4.4%，以前年度则均未超过 2%），2007 年净利润乐观预计为1 615 ×5% =80.75（亿元），提取的公积金比例为 20%（不可能每年均发生公积金转增资本的现象），即 16.5 亿元，也就是不考虑新增财产险公司、上市或股东增资的前提下资本金和公积金的增长为 16.5 亿元；而保险费至少增长 300 亿元，要求对应的资本金和公积金保障的增长额至少应为自留保费的 1/4，即 75 亿元，差额不言而喻。由于比例是估计数，实际的缺口可能更大。事实上，由于市场竞争日益激烈，财产保险行业的资本金缺口风险在分支机构体现得更为明显。从某种意义上讲，财产保险业务的资本金缺口使得风险由保险公司和保险集团共同承担。

目前值得关注的一个问题是随着分支机构的快速铺设、管理幅度迅速扩大、业务快速发展，需要保险集团与子公司共同正视多分支机构的有效财务管控，需要建立相关的制度来应对特殊发展时期的财务风险。因为新公司的设立完成，迅速铺设机构、扩大业务成为当前部分子公司发展的首要目标，需要各级机构在控制财务风险方面重点关注，防止开办费的无度使用，盲目扩张业务。比如在寿险业务中对留存代理人员的底薪标准设置、对部分中介渠道的手续费支付方式等，需要在内部控制上下功夫。

五、再保险产生的财务风险

再保险业务的特殊经营标的决定了再保险收支的不确定性，再保险公司的信誉、承保能力、再保业务当地的监管政策和外汇管理政策对分保计划影响很大，“9·11”事件对百慕大地区的再保险行业的重新洗牌很好地说明了这一点。随着国内国有的再保险公司——中国再保险集团法定分保业务的取消，慕尼黑再保险和瑞士再保险进入中国市场，以及国内保险公司走向海外，再保险市场竞争将更为激烈。通常而言，国外的保险集团对再保险公司的选择都有自己内部一套完整的选择标准，以避免出现无法摊回赔款、延迟赔付等情况。安排分入保险业务的再保险公司违约，则可能对保险子公司的财务状况和经营业绩产生重大不利影响。虽然再保险安排使再保险公司就所转移的风险向本公司负责，但并没有解除本公司对本公司保户承担的责任。以国内最大的财产险公司——人保产险为例，公司向境内外 400 余家再保险公司购买非法定再保险以进一步减少风险，而公司能否从再保险公司收回赔款则必须承受信用风险，如果现有再保险安排项下一个或多个再保险公司违约，则可能增加保险子公司由于承保风险而承受的财务损失，进而可能降低集团公司整体的盈利能力，并可能对资金流动性产生不利影响。再如，太保集团旗下的保险子公司在与国际再保险公司达成寿险合约和财产保险再保险安排时，要求这些国际再保险公司均应获得标准·普尔公司不低于 A－级的信用评级，尽管如此，也无法保证这些再保险公司将能够及时履行其在现有再保险安排项下的各种义务，或者他们也可能根本就不会履行自己的义务，另外也不能保证这些保险公司将能够在再保险协议有效期内维持自己不低于标准·普尔公司 A－级的信用评级。

六、保险公司卷入洗钱风险

洗钱已在全球范围内引起了广泛关注。尤其是在“9·11”事件后，各国相继出台法律[①]或者携手共同打击洗钱行为。打击洗钱的著名组织 FATF 就颁布了 40 条准则作为反洗钱的最低标准并要求成员国遵守，同时实行黑名单制度公布反洗钱不力的国家。保险业洗钱的途径如图 2－12 所示。

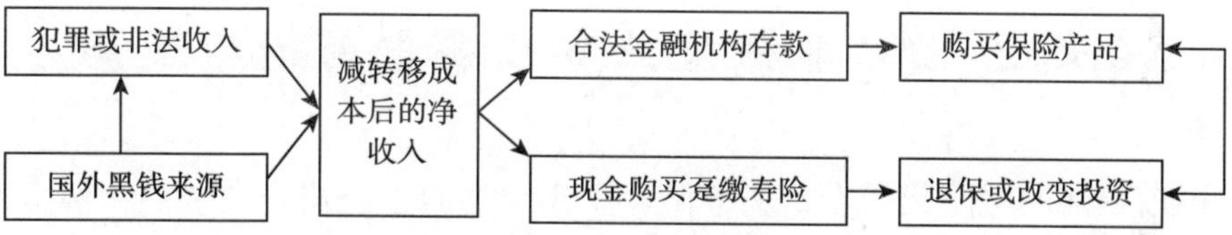

图 2－12　保险业洗钱的途径

我国已经加入了制止向恐怖主义提供资助的国际公约。中国人民银行颁布《人民币大额和可疑支付交易报告管理办法》对银行系统（包括邮政储汇机构在内）的洗钱行为建立报告和监管制度；中国保监会也在 1999 年和 2000 年专门下发通知规范人身保险经营行为的有关问题，就团体寿险的养老金、退保金、满期生存给付金作了规范，严厉查处保险“洗钱”行为，并正在整合行业力量，在借鉴国际保险业反洗钱实务操作规程及有关案例的基础上，结合中国国情研究制订《保险机构反洗钱指引》，规范整个行业的反洗钱操作标准。加入 WTO 为国际游资进入我国提供了更多的便利，已经开办的外汇保险业务也带来了进一步的风险。对于经营保险业务的子公司而言，卷入洗钱的风险已经扩大。在我国 1999 年平安保险公司北京分公司与世都百货签订保费高达 250 万元的“团体新世纪增值养老保险”的案件就是一例。一旦被卷入洗钱风波，将承担巨大的调查成本，而且正常业务的开展也要将受到严格监控，并且将受到社会舆论对交易合法性的质疑考验。

七、业务波动中的财务风险

国内保险市场正处于快速发展时期，保险集团应当积极关注保险业务波动所带来的财务风险。比如对有的子公司制定快速扩张战略，需要子公司自身对短期内大额的开办费用有足够的财务实力予以支持，并且面临严峻的业务压力；同时，作为

① 如美国《爱国者法令》。

市场的后入者，需要在很多方面实现超越，以争夺客户，这就需要保险公司开出更具优惠的条件、设计更好的产品，比如银行保险产品的收益率等，一旦达不到可能面临市场的质疑和冲击；从近两年看，受资本市场的影响，寿险保费受到较大冲击已经迫使一些保险公司考虑业务结构的转型，比如设计更适应市场需求的投资连结产品，这可能进一步加大保险公司业务的稳定经营；股东，尤其是民营股东对利润要求的回报又要求保险公司尽快实现利润，可能会导致保险子公司难以制定稳定长期的业务发展战略。保险业务收入的大起大落，对于保险公司的管理费用控制和资产负债管理都是一种严峻挑战，尤其是对经营长期业务的寿险公司而言，国际经验表明短期内难以获得盈利，而业务波动的加剧可能会导致集团整体的财务报表受到影响。

专题 2-2：非保险业务经营中的财务风险

从国内目前的保险集团看，从事保险业务经营的子公司正在按照中国保监会的偿付能力监管体系建立风险管理制度，并通过分保和投资积极化解风险。而非保险类子公司，有的可能限于行业自身风险管控能力的不足会产生较大财务风险，应着重关注。非保险业务主要是指保险集团内部由集团公司自身或设立专门子公司从事的银行业务、证券业务、信托业务①，也包括国有保险集团公司特有的存续资产管理业务。

一、银行、证券、信托、期货等非保险业务经营中的财务风险

保险集团进入这些行业主要是完成金融控股的布局。1997 年欧洲兴起的银行保险是金融行业融合的导火索，同时 1999 年放松监管（deregulation）的国际大环境也不断向国内当时的分业经营坚冰提出挑战。选取与保险行业相关的银行业进入，是银行保险理论在中国的发展，提升了保险业务的分销效率，为集团内部的其他子公司融资提供了便利；而对证券、信托子公司的控制，则可较好地为集团内部的保险资金规模运用提供便利。值得关注的一个现象是，中国平安保险集团公司于 2006 年在百慕大群岛设立了 3 个进行权益投资的子公司，意图效仿国际大型保险公司进军收益丰厚的权益投资市场，这不仅对集团公司内部的管理提出更高的挑战，而且也要求掌握国际投资、外汇的监管法律法规。子公司财务风险的内涵被进一步扩大。

由于处于不同行业，对熟悉保险监管的保险集团提出新的挑战，因为要面对陌

---

① 这里有两点需要说明，第一，将集团内接受其他公司委托进行专业保险资金运作的资产管理公司面临的财务风险划归集团的投资风险内。第二，对于进入非保险领域是属于集团的财务投资还是战略投资，按照集团公司的战略需求来确定，在这里我们仍按照实际控制权来进行确认。对拥有实际控制权、纳入合并范围的子公司纳入到非保险业务经营范围中。

生领域的财务风险监管事宜，比如银行面临挤兑风险，证券公司面临客户资金被挪用等。除此之外，这些非保险金融机构由于高负债经营的特性，在倒闭时如何维护股东权益也是非常关键的。由于不同金融行业的救助模式并不相同（彭思源，2007），保险、证券和期货均有明确的基金或类基金制救助细则，而银行在存款保险制度建立之前只有财政部关于个人和机构债权收购的规定。尽管如此，这些政策规定主要出自各自的行业监管，还没有考虑到集团模式下，经营这些金融业务的子公司发生倒闭时集团公司在中间扮演什么角色，在现行的法律法规中没有明确（《公司法》仅就股东的最后财产索取权有规定）。然而这类非保险类的子公司在监管弱化情况下出现倒闭风险时，必然对集团公司的财务产生很大的影响，这需要集团在防火墙体系下构建财务救助机制。

二、存续资产经营中的财务风险

存续资产主要是指国有保险企业在进行股份制改造过程中与保险主业剥离的资产，主要包括在1995年前各类投资形成的实物类资产、债权类投资、权益类投资（含经济实体）和应收款项等，这部分资产有相当部分已经符合不良资产的界定范围，实物类资产缺乏相关权属证明，但在账面上均以历史成本计量，面临政府收回、债权人无法核实、账外负债引发诉讼等风险，盘活、保值的难度很大。对保险集团而言，这部分资产的损失意味着资产项的减少，直接影响到所有者权益。同时，根据财政部等主管部门的相关规定，如《金融企业呆账准备提取及呆账核销管理办法》等，要核销这部分资产，必须取得一系列证明文件，而由于历史原因，要严格按照规定备齐所有文件进行核销几乎是不可能的。另外由于几家国有保险公司的历史渊源，因存续资产管理和账外负债引发争议时有发生。在金融机构处置不良资产的三种模式[①]中，由于多方面因素，国有保险公司并未能获得与国有银行同样的“待遇”（李艳等，2007），因此在当时未考虑集团上市的情况下，国有保险集团基本采取剥离的方式，将与保险业务相关的资产等发起设立“干净”的专业子公司经营，集团公司保留存续资产的管理职能。从这个角度考虑，这部分资产的经营风险实际上集中到集团公司，一定程度上影响到集团公司管理职能的发挥，并且成为集团公司整体上市的很大障碍，而且以账外负债为主的潜在因素也使得预计负债的计提和未来财务风险的管理显得更为艰难。

① 即公司留存、靠自身努力消化、股东承担和剥离。

第三章 保险企业集团化经营的财务风险管理框架

保险集团因其组织架构的特点，可以提升经营效率，享受综合经营之便利，更能适应金融市场竞争环境的变化需求，其兴起乃大势所趋。然而，如本文第二章的分析，保险集团因为其特殊经营，面临的财务风险也非常巨大。但目前我国保险集团风险管理是较为薄弱的，与发达国家保险集团相比，还存在较大的差距，这将影响保险集团所具有的规模经济、范围经济和协同效应等方面优势的有效发挥，降低其经营效率。因此，保险集团急需加强自身集团化经营下的财务风险管理工作。

本章在前面两章研究的基础上，以资产负债管理理论和全面风险管理理论为指导，构建适合我国保险业目前状况和未来发展趋势的保险集团财务风险管理框架，以期对实践有一定指导价值。本章第一节阐述了作为保险集团财务风险管理理论基础的资产负债管理理论和全面风险管理理论。第二节从保险集团的治理结构、风险管理文化、风险管理组织架构和风险管理信息系统等方面论述保险集团财务风险管理的实施基础。第三节从财务风险管理的基本内容、基本原则、控制措施三方面，建立健全保险集团完善的财务风险管理制度。第四节至第七节分别对照第二章，从保险集团架构下的系统性财务风险管理、融资风险管理、投资风险管理、业务经营中财务风险管理四方面探索保险集团财务风险管理运作实务，以期实现对保险集团财务风险的“全面、全程、深度”管理。

第一节 搭建保险企业集团化经营财务风险管理框架的理论基础

关于财务风险管理，存在技术与制度两种视角。技术视角偏重于各种风险识别、衡量、评价、预警技术及应对策略，注重运用数学和统计方法来建立技术指标或模型，指导风险管理实践，在保险业财务风险管理领域主要就是资产负债管理理论。制度视角则注重于风险管理的制度建设层面，强调通过各种内控制度的建立健全和有效执行来管理风险，典型代表是如 COSO、中国的内部控制标准委员会等一些内部控制与风险管理研究团体的研究成果。技术视角的研究使风险管理的某些技术难题得以解决，使风险管理的一些理念有可操作性；制度视角的研究则使风险管理的全貌展现在人们面前，它告诉人们风险管理应当如何嵌入组织过程之中，应如何从制度和业务操作层面来管理风险。因此，二者是相辅相成的。

资产负债管理狭义的理解是指金融机构（包括保险企业）因市场利率变化对企业现金流造成冲击而对资产、负债进行协调管理的行为，是以利率风险为研究对象的资产负债匹配管理。从金融业未来发展趋势看，广义的资产负债管理是一个复杂的系统工程，通过对金融机构（包括保险企业）表内外资产负债的类型、数量、期限、风险进行选择和控制，从总量和结构两个方面实施动态的最优化管理，实现企业价值的最大化。它是企业金融风险管理、资本管理以及战略业务管理的高度整合。关于保险业资产负债管理理论的演进历程请见本章专题一。

在风险管理实践中人们逐渐认识到，一个企业内部不同部门或不同业务的风险，有的相互叠加放大，有的相互抵消减少。因此，企业不能仅仅从某项业务、某个部门的角度考虑风险，必须根据风险组合的观点，从贯穿整个企业的角度看风险，即要实行全面风险管理（Enterprise Risk Management，简称 ERM）。“全面”意指打破职能、部门或文化间的壁垒，采取一种真正全面的、整合的、前瞻的、以管理流程为导向的方法，来管理一切重大的风险和机会。企业全面风险管理的基本流程一般包括构建实施风险管理的基础环境、建立风险管理目标、风险分析和进行风险管理等，目的在于评估并管理公司在创造价值时面对的不确定性，最终目标是实现企业价值最大化。COSO、我国的企业内部控制标准委员会等内部控制与风险管理研究团体在全面风险管理方面作出了重要贡献，具体内容请本章专题二。

第二节　保险企业集团化经营财务风险管理的实施基础

COSO 委员会的《内部控制——整合框架》认为内部控制由控制环境、风险评估、控制活动、信息与沟通、监控这五个相互关联的要素构成。保险集团的财务风险管理体系是一个开放的系统，其在一定的环境中存在和发展，必然使它与环境间相互作用，必然会收到多种因素的影响，这些因素构成了控制环境。COSO 委员会将控制环境界定为非正式规则的文化环境的范畴，强调诚信与伦理价值观、道德规范、管理层的经营理念和运作风格、内部控制的文化氛围，人力资源的管理等。而对处于转轨经济中的中国保险集团来说，集团法人治理结构作为重要的制度因素，也是集团控制环境的重要组成部分。要顺利实现对保险集团财务风险的管理，必须借助于某种“机制”来适时、快速、有效地调动集团风险管理系统中的一切风险管理资源。这种调动的机制就是组织架构。为了在保险集团庞大复杂的组织架构中实现全面有效的风险管理，还需要在集团内部构建风险管理信息系统。信息技术平台依托于保险集团自身已有的计算机系统和网络技术，将风险管理、财务活动、业务运作、信息技术有机的结合在一起。本节从保险集团法人治理结构、风险管理文化、风险管理组织架构和风险管理信息系统四方面论述保险集团财务风险管理的实施基础。

一、完善保险集团治理结构

目前我国保险集团治理结构已经通过国有保险企业的股份制改造和多元化的引资战略得到较大的完善，而监管部门也通过逐步出台新的政策予以不断引导。但总地说来，保险集团的治理结构仍存在一些有待改进的方面：一是国有保险集团仍然为国有独资企业，现代公司治理结构还没有建立起来；二是国有控股的股份制保险公司股权高度集中，仍带有较浓的行政色彩，缺乏有效的决策协调机制；三是股份制保险公司股东资金实力弱，行为尚需规范；四是国有保险集团的保险公司董事会制度不健全，监事会制度作用发挥不充分；五是外部治理机制的作用发挥有限；六是公司治理中风险控制意识较差，内控制度建设所关注的重点多在业务层面，公司治理大多从提高公司经营效益的角度来进行。因此，在保险集团面临诸多风险时，需要首先完善保险集团的治理结构，从内部本源上下功夫。可以说，完善的保险集团治理结构是财务风险管理的首要实施基础。

一是防范风险是保险集团治理的重要目标，这是由保险集团经营目标的特殊性、经营产品的特殊性、资本结构的特殊性决定的。保险集团的治理结构正是应对风险管理的战略反应，其职责核心就是确保保险集团稳健经营，有效抵御风险。由保险集团治理决定的集团目标、决策及收益的分配都围绕着风险展开，风险管理直接影响集团目标的实现，是保险集团治理不可或缺的内容。

二是保险集团风险管理必须依靠公司治理作为保障。全面风险管理必须由管理层来推动，因此，保险集团做好风险管理关键取决于集团公司管理层的意愿和风险偏好，而在这种意愿和风险偏好下作出的决策是否符合公司股东及其他相关利益者的最大利益，则取决于是否存在一套科学的决策制衡机制，这必然取决于集团的治理结构是否完善。此外，保险集团自身风险的加大和性质的变化也对保险集团治理提出了更严格的要求。

三是完善的公司治理能有效促进保险集团的风险管理。首先，完善的集团治理通过合理的制度设计，弱化集团公司管理层从事高风险项目的激励，并强化对其行为的约束，从而有利于公司自上而下的全面风险管理的实施。其次，完善的公司治理结构有利于加强内控，实现运营安全。再次，完善公司治理结构有利于保险集团募集资本，达到资本充足的目标，从而有效降低风险。

四是股权多元化给保险业带来了新的风险。在我国，随着外资和民营资本进入保险业，投资主体多元化已成为保险市场发展的重要趋势之一。有的新进资本可能注重短期投资回报，再加上目前金融运行体制和监管制度的不健全，保险经营中巨大现金流的诱惑，极有可能引致这部分短期资本的行为越轨，从而触发保险业乃至整体金融业的风险。只有进一步完善保险集团治理结构，才能提高保险集团竞争力和防范化解风险的能力，促进保险业持续快速健康协调发展。

五是综合经营对保险集团治理和风险防范产生了重大影响。随着金融控股公司的发展和投资主体多元化时代的到来，保险集团的股权结构将变得更为复杂，保险集团的风险也变得更为复杂。因此，必须抓住公司治理这个关键环节，才能防范资本融合的风险。

二、培育保险集团全面风险管理文化

保险集团各级管理层必须树立“风险管理是公司发展战略的重要组成部分”这一基本理念。保险集团的财务风险管理既包括对母公司和各子公司的个体财务风险管理，更包括对保险集团的整体财务风险管理。考虑到各种风险之间的相关性，风险管理要覆盖全面的风险，要从保险集团整体的角度对风险进行全面的汇总和整合，对集团各个层次、各个种类的风险进行通盘管理，将市场风险、信用风险、利率风险及各种风险以及包含这些风险的各种资产和负债、承担这些风险的各个业务经营单位纳入到统一的体系中，对风险进行整体控制和管理。

三、构建保险集团风险管理组织架构

保险集团风险管理组织架构可分为松散型、局部专业型、集约型三种。松散型是指公司内部没有专门的风险管理部门和人员，风险管理的任务分散在集团公司层面的具体业务部门，以及各子公司的业务流程之中。集约型是指集团公司和子公司分别成立专门的风险管理部门，直接隶属于各自公司的总裁或副总裁，并与各级机构的业务、财务等部门紧密合作，覆盖集团所有业务、财务的各个部门和环节，对集团整体风险进行全面有效的管理和控制。局部专业型介于前两者之间，由专业的风险管理人员对集团业务面临的主要风险如投资风险和资产负债匹配风险集中管理。不同的保险集团因运作方式、运营规模、发展水平和企业文化等差异，可选用不同的风险管理组织架构。鉴于目前我国保险集团的发展现状，可从松散型为主积极向局部专业型过渡，对于条件具备的大型保险集团应积极构建集约型风险管理架构。

保险集团的集约型风险管理系统由三个层级构成。每个层级都要建立并完善授权制度，确定从集团董事会到各子公司的、具有明确的风险管理职责的责任制度。

第一层级为集团公司董事会、风险管理委员会及其下设的风险管理部门和集团公司审计监察部。集团董事会是保险集团风险管理系统层级最高的机构。集团风险管理委员会负责行使风险管理的责任，如制订整个集团风险管理目标，拟定风险管理战略和各种风险管理的标准和程序，批准各下级层次的风险限额。风险管理部是风险管理系统的常设机构，负责对风险进行评估、测量和监控；对集团的战略实施风险情况进行评估并制定相应的风险控制措施。集团公司各职能部门和子公司负责风险管理政策的具体执行，并定期与风险管理部门联系和沟通信息。可以考虑将集团公司审计监察部作为集团公司风险管理委员会的咨询专设机构，其职责为：审核集团各职能部门和各子公司的风险评估报告及财务报告，对公司风险管理和内部控制的有效性进行总体评价并提出改进建议。

第二层级为子公司风险管理委员会及其下设的风险管理部门。子公司风险管理委员会负责根据集团风险管理战略拟定出子公司风险管理的具体政策。子公司风险管理部门受子公司董事会和子公司风险管理委员会的监控，负责制定本公司风险管理的各项制度，对本公司日常的各类风险进行动态的测量和监督，提出针对风险来源的具体控制措施和风险管理的改进办法，并及时向集团风险管理总部和子公司风险管理委员会报告。

第三层级为子公司职能部门风险管理岗位。保险专业子公司在基层分公司的业务部门和财务部门设立专职的风险管理岗，负责对各部门面临的各类风险进行日常监测、评估、管理和报告，把风险管理与内控作为一个要素融入到每个部门。

保险集团应当保证本公司风险管理组织架构的独立性，建立集团内部各风险管理机构层级之间、集团和子公司与其股东、债权人之间关于风险信息沟通和风险政策的联系制度。培育风险管理专业人才队伍，做好员工的风险管理培训。将各层级的绩效评价与风险管理的效果进行挂钩，建立违规处罚标准并严格执行，从而使整个风险管理组织架构具有激励约束相容性，在保险集团内部形成令行禁止、统一高效、管理有序的组织体系。

四、建立保险集团风险管理信息系统

全面风险管理要求建立一个集团全方位的风险管理信息系统，研究风险因素的变化、风险因素的相关性和风险因素对集团的影响。实现业务发展与风险管理同步进行，逐步做到按产品、地区、业务来识别风险；运用先进的风险计量技术，对风险进行客观测量；确定各级机构相应的产品、地区、业务的风险管理授权，分支机构须在授权范围内，对风险进行控制。建立集团集中的信息处理中心，收集、整理分散在各部门、各子公司及其分公司的历史数据，整合数据资源，实现集团业务数据和管理信息的集中；建立起综合的数据库，存储包括汇率、收益曲线、股价等市场数据和公司内部业务财务数据等历史数据。在信息处理中心的基础上建立风险集成管理程序，建立模拟集合，集中各种保险产品的定价模型和投资产品的定价模型；建立计算分析中枢，根据业务数据选用适当的模型，计算分析公司各种产品在给定市场数据下的价格；建立模拟预测中枢，根据风险情景进行动态预测。设定信息技术平台的关键链接，通过建立通用的客户标识使公司的风险管理委员会、风险管理部门及风险岗人员都快速获得有关客户的信息资料。定制集团与子公司的风险管理分析报告，风险管理人员在对风险信息进行计算，分析和归纳，为各层级提供最新的风险管理建议，形成不同级别的风险信息报告，并通过该信息系统快速传达。

第三节　建立完善的保险集团财务风险管理制度

保险集团的财务风险管理涉及集团公司及各子公司财务活动及业务经营的各个层面，是一项巨大的复杂的系统工程。保险集团的财务风险管理能否成功，除了本章第二节所述的控制环境和组织架构外，科学的风险管理制度的建立也至关重要。全面地把握保险集团财务风险管理的基本内容，严格地坚持财务风险管理的基本原则，科学地运用财务风险管理的各项措施，是建立健全完善的财务风险管理制度的三个支柱。本节从以上三个方面探讨如何建立健全适合我国保险集团自身发展的财务风险管理制度。

一、保险集团财务风险管理的基本内容

在保险集团充分认识其所面临的财务风险的基础上，采取各种科学、有效的手段和方法，对各类财务风险加以预测、识别、预防、控制和处理。财务风险管理的关键在于集团公司在组织、指导内部的财务活动时，应充分认识、考量客观存在的风险，采取行之有效的防范措施，以最小成本获得最大安全保障。第二章也是在集团经营活动的基础上进行的分析，针对几个大类下的财务风险进行列明，课题将在本小节对整体的财务风险管理基本内容予以阐述，并在第四至七小节分项阐述。

财务风险管理活动贯穿于整个财务活动过程中，从内容来看主要表现为融资风险、投资风险和业务经营带来的财务风险，而从集团化经营架构下的特殊模式看，还存在与经营具体业务有很大差异的特殊风险。因此在整体的风险管理过程中，集团公司层面与子公司层面的风险管理还是有差异的。在完善的治理结构下，通过在集团公司指引下的构建的风险管理组织架构，应该由集团公司对全集团的财务风险进行整体掌控，这不仅包括子公司的财务风险，还有集团的和关联交易引发的。

（一）集团架构下的财务风险管理

由于集团公司在集团中的核心地位，要保证集团化架构下的财务风险管理顺利进行，必须充分识别集团化下的财务风险，主要是关联交易和资本重复计算带来的。关联交易是集团化经营的特色之一，但也是最容易蕴含财务风险的经济行为，其中包括内部资本市场在内的、涉及资本交易的关联交易。这些关联交易可能为经济风险的传导提供便利途径，同时导致内部效率低下，达不到公平有效配置集团财务资源的目的。

（二）融资风险管理

在集团架构下，子公司的融资行为应在资产负债和风险管理的基础上向集团公司提供资本预算需求，集团公司根据整体框架考虑，主要从融资成本、融资方式和

集团内部的财务支持角度予以指导和建议，从而保证集团内部的财务杠杆不致过高从而诱发财务风险。

（三）投资风险管理

同融资风险一样，集团的投资风险在子公司层面主要体现在具体的资金运用层面，比如现在的保险资金委托运用中的风险管理；在集团公司安排下参与的重大投资项目。集团公司本级的投资风险则体现在资本运营层面的财务风险。对这些风险的管理主要是平抑市场利率、汇率等因素带来的收益波动，对交易行为进行监控，并在并购行为中采取适当方式降低成本，控制损失。

（四）业务经营中的财务风险管理

这主要是针对子公司层面的业务经营而言。在完善的公司治理架构下，集团公司难以、也不可能做到对子公司经营的全程监控，只能通过集团公司通过预警指标、建立企业风险管理文化和组织架构等措施对子公司面临的财务风险进行管控。相比对集团自身的风险管理力度而言，对子公司的财务风险管理是间接的，是通过法人治理机制进行传导的，子公司的财务风险也是通过风险管理统计信息系统反映的。

二、保险集团财务风险管理的原则

在明确了财务风险管理的基本内容后，保险集团的财务风险体系还需要指导整个风险管理流程的具体原则，集团内母子公司各级的财务风险管理需要围绕这些原则展开，以便更有效率地整合集团内部的财务资源，达到防范风险、降低损失的目的。

（一）统筹协调原则

统筹协调原则要求集团内部的财务风险管理工作应在母公司的统一指挥和协调下进行，应该围绕集团公司制定的总体财务风险管理目标开展。在前面的制度视角中的全面预算管理就是很好的体现。当然为达到统筹协调，需要母子公司之间在事前做好充分的沟通，对财务风险管理目标的制定全面交流，并从不同的角度予以论证，紧密配合；在事中阶段及时按照内部授权等管理权限履行报批手续，集团公司及时根据战略发展和调整的需要与监管部门做好汇报和沟通工作，积极为子公司服务；事后阶段集团公司要及时跟踪经济事项的发展，及时观察财务体系中的状况，及时发现问题并沟通、解决。

（二）集团公司利益最大化原则

作为集团内部处于核心地位的集团公司而言，是集团开展财务风险管理的中枢和大脑，所有子公司的经营活动都应服从于和服务于集团公司的战略目标，比如子公司的增资（融资）计划、近期的财务（业务经营）计划等都应在集团公司的指导下进行。根据现行的监管规定，集团公司派驻各子公司的董事、股东代表应该在子公司的董事会、股东大会等机构表决时充分代表集团公司利益进行投票，而最近中国保监会拟推出的“首席财务官一票否决”制度也给集团公司的财务管理提出了更高层次的要求。只有保证集团公司利益最大化，才能保证在统一有效的前提下实施财务风险管理，从而提高效率。

（三）市场化原则

市场化原则主要是指在实施财务风险管理过程中应绕开关联关系的约束，完全按照市场化原则办理。集团公司应制定集团内部的关联交易管理办法，约束母子、子子公司之间的关联交易价格，规避利用关联交易转移利润的行为；同时对内部资本市场进行管理，以金融产品和服务内容为主线在市场化原则的前提下整合资源，避免出现道德风险；对于发生财务危机的子公司，应该按照市场化原则进行救助成本和效益的比较，避免“建设性的模棱两可”和非市场化的操作，从而避免对整个集团造成不良影响。

（四）效率原则

效率原则实际上是前面第一、二两条原则的必然产物。在第一章已经明确，集团化经营的优势就在于资源整合后经营效率的提升。为此，在财务风险的防范和管理中，应在时间和成本上坚持效率原则。集团内部关联关系的优势是效率产生的根源，而以集团公司利益最大化为宗旨的统筹协调基本为子公司的财务风险管理铺好了框架。在此基础下，集团的管理效率并不是体现在所有的子公司的业务经营监管上，面面俱到，而是通过设立在事前安排全面预算、在事中进行财务预警、在事后进行总结并改善内部管理来实现的，并通过制度和指标在子公司层面的层层分解，达到有效控制的目的。

三、保险集团财务风险管理的技术和制度措施

保险集团财务风险管理的措施从类型上可分为技术措施和制度措施两种。技术措施包括投资组合、资产负债匹配管理等，制度性措施包括岗位职责分离、授权管理、风险考核、审计稽核等。从时间角度分类，风险管理可分为事前管理、事中管理和事后管理。事中、事后管理是在风险发生时和风险发生后及时采取适当措施加以控制或补救，事前管理则以预防为主，利用一套完整的预警体系，防患于未然。

（一）采用先进的资产负债管理技术

资产负债管理是银行、养老基金以及保险公司等金融机构多年来一直关注的问题，它产生于利率自由化之后因利率波动而引发的利率风险问题。现今，西方规模较大的保险公司为了达到资产负债相匹配的管理目标，不再把追求投资收益最大化作为保险资金运用的唯一目标，而是把资金运用同产品开发、定价、销售紧密结合起来。我国保险业在经营过程中所出现的诸如利差损等问题不仅是市场利率波动的原因，也是由于在投资决策中没有做好资产负债匹配等工作造成的，因此迫切需要保险集团积极实行有效的资产负债管理，以高负债性质的金融业务为依托，根据企业的资产负债结构制定对应的匹配策略，以达到资产保障风险的目的。实际上这也

在一定程度上与欧洲的偿付能力Ⅱ相对应。

保险企业资产负债管理技术主要可分为表内资产负债管理技术和资产负债管理的证券化技术。后者需要种类齐全的金融衍生工具和较发达的金融市场以及相关的法律环境。目前，我国保险集团主要运用表内资产负债管理技术，并积极准备和研究保险证券化技术。集团公司的财务风险实施过程中，需要资产负债管理技术对财务风险的化解提供支持，尤其是占集团资产主要比例的寿险资金的投资运作。而对于具体技术的分析，请见本章专题三。

（二）运用科学的财务风险管理的制度型措施

通过设计保险集团的财务预警体系、推行全面预算管理、创新内部审计制度，从制度措施上保障保险集团财务风险的全流程管理。

1. 实施保险集团财务风险预警管理。风险预警是指在保险企业经营管理过程中，发现、识别各种风险，进而估计、衡量和预先警示，并寻求最佳的预控对策，以最小的成本来达到控制风险的最大效益，从而减轻其损失的负担，获得整体安全保障的管理方法。财务风险预警是从财务角度对企业进行预警，它架构在企业预警理论之上，通过对企业财务报表和相关经营资料的分析，预先告知企业所面临的危险情况，同时分析企业发生财务危机的原因，发现财务运营体系隐藏的问题，以提早做好防范工作并将危机消灭于起步阶段，是防范企业发生财务危机的有效方法。

保险集团内财务危机存在内部传导现象，母子公司之间的产权链既是权利链，也是风险链，一个子公司的财务风险可能经过传递放大，引起整个集团的危机。因此，财务预警管理对于保险集团具有重要的意义。下面介绍一下我国保险集团财务风险预警系统的设计思路。

风险预警系统是指利用保险企业经营管理过程中诸多风险因素的活动规律，以价值创造为目标，将组成其经营管理的诸要素有机、科学地组织起来的运行系统。风险预警系统收集和整理与风险构成相互联系的各种信息并进行加工处理。预警系统的关键在于预警方法和预警指标的选择。

（1）预警方法的选择。财务风险基本的预警方法主要包括指数预警、统计预警、模型分析三种方法。指数预警是运用数学方法，合成为一组警情指数，并将它们作为测定和分析经济波动的综合尺度，利用先行指数预测经济周期波动的转折点。利用统计上的指数方法把警兆指标的变化综合成指数，依据指数大小进行预测。财务监测统计预警指标体系是一系列相互联系、相互依存的监测预警指标所构成的指标群，指标体系具有科学性、实用性和可行性的特征，统计指标预警方法既可以反映各指标的综合结果，监控整体财务活动的波动，还可以监控每一个指标的波动，并明确指出调控的目标和方向。模型法是金融预警分析中使用最广泛的一种方法。其基本思路是：从经济学原理出发，利用经济计量学方法，以警情指标为因变量，以警兆指标为自变量建立警情预测模型。完善的财务预警系统的主要特征是建立风险评测模型，对各类财务风险进行有效的分析、预警和预测。我国保险集团应组织力量利用金融工程方法和统计分析法、人工智能技术、神经网络技术等研究和建立财务风险预警模型，有效实施财务预警。

本文选用统计指标体系预警方法作为财务预警体系设计的基础，提出建立保险集团财务预警体系的方法和思路。

首先，设计财务预警统计指标。保险集团面临的经营风险最终都体现为集团财务状况的恶化和经营成果的降低，关键性的财务比率是评价保险集团经营和财务状况的重要依据，可以通过对关键性财务比率的分析，来衡量保险集团风险的变化或累积，判断风险发生的概率及损失的严重程度。因此，选用关键的财务指标作为财务预警指标。本文将根据产险公司、寿险公司等经营特点，分别设立其财务监测预警指标体系。

其次，确定各项财务预警指标的临界值。临界值可以采用国内同行业平均水平、企业历史平均水平、企业预算值为衡量的依据。不同的指标有不同的临界值，有的指标为区间性指标，即在某一个区间为最佳值，这一区间之外，无论是大于还是小于这一区间，都会产生警情。

再次，测度各项财务监测指标的实际指标值。

最后，根据各项财务指标的预警临界值和实际指标值，测量其差异，并预报警度。警度可为无警、有警和重警三级，分别用绿色、黄色、红色代表。根据实际警度，采取不同排警措施，预防财务风险和财务危机的发生。

（2）预警指标的选择。财务风险最终可能演化为财务危机，财务危机表现为支付困难或破产两种情况，每一种情况都是一个逐渐显现、恶化的过程，每个过程都具有一定的特征，这些特征一般会通过公司的财务指标加以反映，故可选择其中一些比较敏感的财务指标对财务风险进行预警分析。

预警指标的选择应遵循以下原则：第一，综合性。所设计的监测预警指标必须能够综合地、准确地反映复杂的风险，具有高度的系统性与概括性。第二，灵敏性。所设计的指标能准确地通过指标细微的变动直接反映瞬息万变的风险的发展与变化，具有高度的灵敏性。第三，可操作性。所选指标要简明、适用，便于各级监测部门对风险的监测与识别。这就需要在能够对各类风险综合反映的基础上，尽可能简化，与有关监管机构所使用的一些管理指标尽可能涵义一致，要求一致。第四，规范性。指标体系中的各项指标选择应尽量避免随意性，力求规范化，必须尽量符合国际惯例，以便于比较、交流。

根据上述原则设立的以偿付能力指标为核心的保险集团预警指标体系如表2－2、2－3、2－4 所示。

表2－2　财产保险公司财务风险预警指标体系

	财务比率	计算公式
充足性指标（偿付能力指标）	偿付能力充足率	实际偿付能力额度/最低偿付能力额度
	资产负债率	资产/负债
	认可资产负债率	认可资产/认可负债
	速动比率	速动资产/认可负债
	未决赔款准备金占保费收入比	未决赔款准备金/保费收入
	未决赔款准备金占赔付支出比	未决赔款准备金净额/赔付成本
资产质量指标	资产认可率	资产净认可价值/资产账面价值
	不良资产率	不良资产余额/总资产余额
	投资资产比率	本期投资资产平均余额/总资产平均余额
	固定资产比率	固定资产总额/资产总额
	应收保费率	应收保费/前12个月保费收入之和
盈利性指标	净资产收益率	净利润/平均净资产
	综合成本率	费用率＋赔付率
	资金运用收益率	资金运用实现收益/资金运用平均余额
	承保利润率	承保利润/保费收入
稳健性指标	保费增长率	（本年保费收入－上年保费收入）/上年保费收入
	实收保费同比增长率	（本年实收保费－上年实收保费）/上年实收保费
现金流量比率	现金流量结构比率	现金流入量/现金流出量
	经营现金流量比率	经营活动现金流入/经营活动现金流出
	净利润影响率	净利润/经营活动净现金流量

表2－3　人寿保险公司财务风险预警指标体系

	财务比率	计算公式
充足性指标（偿付能力指标）	偿付能力充足率	实际偿付能力额度/最低偿付能力额度
	资产负债率	资产/负债
	认可资产负债率	认可资产/认可负债
	投资收益充足率	资金运用净收益/有效寿险和长期健康险业务准备金要求的投资收益
	资产负债持有期缺口率	（资产平均持有期－负债平均持有期）/负债平均持有期
	退保率	退保金/（上年年末长期责任准备金＋本年长期险保费收入）

续表

财务比率		计算公式
资产质量指标	资产认可率	资产净认可价值/资产账面价值
	不良资产率	不良资产余额/总资产余额
	投资资产比率	本期投资资产平均余额/总资产平均余额
	固定资产比率	固定资产总额/资产总额
盈利性指标	净资产收益率	净利润/平均净资产
	资金运用收益率	资金运用实现收益/资金运用平均余额
	短期险两年赔付率	[本年和上年的赔款支出（减摊回赔款支出）之和+本年和上年的分保赔款支出之和+本年和上年的未决赔款准备金提转差之和-本年和上年的追偿款收入之和]/（本年和上年的短期险自留保费之和-本年和上年的短期险未到期责任准备金提转差之和）
	综合费用率	综合费用/保费收入
稳健性指标	长期险保费增长率	（本年长期险保费收入-上年长期险保费收入）/上年长期险保费收入
	短期险自留保费增长率	（本年短期险自留保费-上年短期险自留保费）/上年短期险自留保费
现金流量比率	现金流量结构比率	现金流入量/现金流出量
	经营现金流量比率	经营活动现金流入/经营活动现金流出
	净利润影响率	净利润/经营活动净现金流量

表2-4　　资产管理公司财务风险预警指标体系

财务比率		计算公式
盈利性指标	资产收益率	投资收益/委托投资资产
	股权收益率	净利润/所有者权益
	权益类投资收益率	权益类投资收益/权益类投资资产总额
	固定收益资产收益率	固定收益资产投资收益/固定收益投资资产总额
安全性指标	投资呆坏账率	呆坏账/投资资产
	久期匹配	
	违规操作率	违规操作资金/委托资金总额
成本性指标	资产管理费率	资产管理费/委托资产
偿付能力指标	资产负债率	总负债/总资产

2. 推行保险集团全面预算管理。全面预算管理在集团管控中具有重要作用。第一，全面预算管理是一种集系统化、战略化、人本化理念为一体的现代企业管理模式。它通过业务、资金、信息的整合，明确、适度的分权、授权和战略驱动的业绩

评价等，来实现资源管理配置、作业高度协同、战略有效贯彻、经营持续改善和价值稳步增加等目标。第二，全面预算管理细化了公司整体发展战略和年度经营目标，通过分配企业的财务、实物及人力等资源，以实现企业既定的战略目标。企业可以通过预算来监控战略目标的实施进度。有助于控制开支，并预测企业的现金流量与利润。第三，全面预算管理是一种公司整体规划和动态控制的管理方法，是对企业所有经营活动的一系列量化的计划安排。它将集团公司的整体目标在各子公司之间有规则地进行分解，实现对集团全过程的管理，提高经济效益和管理水平。第四，全面预算管理涉及所有分、子公司和部门以及各项经营活动，其有效推行为各分、子公司和部门确定了具体可行的努力目标，同时建立了它们必须共同遵守的行为规范。预算是各分、子公司和部门绩效考核的参照和比较对象。

（1）完善的预算管理制度是控制财务风险的有效措施。全面预算管理作为保险集团风险管理的重要手段，它将事前预测、事中控制、事后分析相结合，实时控制着集团公司的财务风险。在全面预算管理过程中，预算的编制是通过分析控股公司和各子公司以前的业绩同时综合考虑目前的实际情况，对各项财务指标进行合理预期，将集团的目标进行量化。在预算执行过程中，通过对预算指标的执行情况的监督，利用全面预算管理的信息反馈机制，可以及时发现偏离财务预算的现象，并采用相应的措施来纠正偏差，防止偏差扩大而增加集团的财务风险。在预算执行后，通过对预算结果的跟踪调查，认真分析差异原因，进行事后控制，发现预算执行中的问题，并为下一年度财务预算的制定提供信息，从而不断完善全面预算管理制度，有效防范财务风险。

保险集团全面预算管理是对保险公司整体作出的经营规划和控制，通过预算指标的层层分解，使各子公司和分公司的经营目标与控股公司和总公司保持一致。各分支机构必须在总体预算框架内完成预算指标，在给定的费用预算下完成保险费收入指标，可以改变以前重保费、轻效益的经营状况，有效控制分支机构的经营风险。同时，通过对公司各业务部门业绩的差异分析和考核，加强个人责任感，使得风险控制观念深入人心，风险控制变被动为主动。

（2）我国保险集团全面预算管理的组织和实施。

①全面预算管理的模式选择。保险集团应根据自身的发展战略、保险市场的发展程度、各责任中心的不同特点，来选择不同的预算管理模式。对于集团公司新设立的专业保险子公司，在创业阶段为了迅速扩大市场份额，获得规模经济优势，可以采用以销售为起点的全面预算管理模式。对于专业保险和投资子公司可采用以利润为起点的全面预算管理模式，以提高经济效益和经营管理水平。对于集团公司人力资源部等各职能部门等费用中心，其预算管理模式应以费用为核心；各保险子公司的分支机构和业务职能部门为利润中心，其预算管理模式应以利润为核心。

②全面预算管理的组织体系。保险集团层面的预算组织主要包括预算管理委员会和预算管理工作组，其中预算管理委员会是集团的预算决策层，由集团公司总经

理任主任，由集团公司副总经理和有关部门组成，主要负责审批预算管理制度、审批年度预算、实施年度预算考评、重大例外事项进行调整和审批、以及预算仲裁等工作。预算管理工作小组是预算的执行层，由集团公司财务部门牵头，集团公司各职能部门组成，主要负责组织预算的编制工作，并组织各子公司和部门执行预算及相应的预算跟踪、调整与考核工作。

子公司的预算组织和集团公司的预算组织是垂直设置的，也包括预算管理委员会和预算工作组，其组成和职责和集团相似。由子公司的人员组成，只负责本公司范围内的预算决策和执行，并接受集团公司预算机构的指导。其中，子公司预算管理委员会是子公司预算管理的最高权力机构，由子公司总经理任主任，成员由子公司副总经理、有关部门组成，主要负责制定预算政策、预算目标、预算程序和考核标准、审批年度预算、实施年度预算考评、重大例外事项向集团公司申请进行调整和审批、仲裁职能部门或分公司之间的预算冲突、一般例外事项进行调整和审批、考核分支机构的预算执行情况等。子公司预算管理工作小组由子公司财务部门牵头并由职能部门组成，主要负责组织预算的编制工作，并组织各子公司和各部门执行预算及相应预算跟踪、信息反馈、预算调整与考核等工作。

集团预算组织要对子公司预算组织进行有效管理，集团预算组织与子公司预算组织的领导是一一对应的关系，集团公司的预算管理委员会和预算管理工作小组分别对应指导、检查和考核子公司的预算管理委员会和预算管理工作小组，而子公司预算机构要相应地进行信息反馈和汇报，子公司预算管理委员会在集团公司预算管理委员会指导下，采用统一预算导向、统一预算规则编制预算。集团公司职能部门对子公司对口职能部门的预算编制进行指导和审核子公司职能部门预算执行情况要向上一级职能部门进行信息反馈。

在各分、支公司设立全面预算管理委员会，保证预算的权威性与可行性，职责是收集预算信息，向上级递交预算提案，下达上级预算任务，组织实施，考核本级部门和下级部门的预算执行情况，协调本级部门以及下级机构之间的预算冲突。

③全面预算管理的实施与控制。根据集团公司、所属公司、各部门等预算单位，围绕集团确定的发展战略目标，通过预算编制、执行、控制、考评与激励等一系列活动，全面提高各预算单位的经营效率和管理水平，实现集团企业价值最大化、加快推进集团的发展。

首先，按照“上下结合，分级编制，逐级汇总”的程序进行预算编制。各预算单位在编制年度预算时，应根据各自实际情况，按照不同的预算项目选用固定预算、弹性预算、滚动预算、零基预算、概率预算等方法编制并形成预算编制报告。整个预算编制按照年度预算的编报及审批按照下发指引、编制报送、审核平衡、审议批准、下达执行等程序进行。预算管理委员会负责汇总各预算单位的年度预算编制报告，在合规性、全面性、科学性和准确性等方面进行初审，提出综合平衡的建议，与各预算单位进行充分地沟通和协调，并在此基础上形成集团公司的年度预算编制报告。保险集团预算编制的内容应包括经营预算、资本支出预算和财务预算。其中，经营预算是为规划和控制预算年度的经营业务和与此相关的各项收入和成本而编制的预算，一般包括保费收入预算、资产管理费收入预算、保险经纪收入预算、赔付支出预算和营业费用预算等。资本支出预算是反映公司资本性支出及其实施效果的预算，一般包括固定资产购置预算、无形资产购置预算和长期股权投资预算等。财务预算是为规划资金的筹集和分配而编制的反映有关预计现金收支、经营成果和财务状况的预算，主要以现金预算、预计利润表和预计资产负债表等形式反映。具体如下，现金预算是所有有关现金收支预算的汇总，通常包括现金收入、现金支出、现金多余或现金不足，以及资金的筹集与应用等四个部分；预计利润表反映的是未来的盈利情况，在经营预算的基础上，按照权责发生制的原则进行编制；预计资产负债表反映的是预算期末各账户的预计余额，根据经营预算、资本支出预算和现金预算的有关结果，对有关项目进行调整后编制而成。

其次，各预算执行单位和部门必须对集团公司下达的预算认真组织实施，将预算指标层层分解，从横向和纵向落实到各部门和岗位，以形成全方位的全面预算执行责任体系。各级公司应当强化现金流入、流出的预算管理，控制支付风险，对于预算内的资金拨付按照授权审批程序执行，而对于预算外的项目支付程序应严格上报审批。集团公司的经营策略在预算执行过程中予以落实，必须围绕实现公司预算，提高预算的控制力和约束力。预算一经确定，在公司内部即具有强制效力，各级公司、各部门展业营销及相关的各项活动中都应严格执行，切实围绕预算开展，预算执行机构"以月保季，以季保年"的原则，编制季、月度滚动预算。

在预算执行过程中发现的偏差和由于环境因素变化所造成的不恰当的预算标准可以进行预算调整。预算管理委员会召开季度或月度会议，讨论市场及经营环境的变化，如有必要，对年度预算作出适当的调整。

集团公司及各子公司财务部门负责监控各单位的预算执行情况，建立全面预算报告制度。公司财务管理部门应当利用财务报表监控各项预算执行情况，及时收集各分支机构的预算执行信息，分类汇总，撰写分析报告，以便及时对不合理的预算作出修改以及对分支机构的不当行为提出整改措施，特别是不合理的超预算行为；及时向预算执行单位、全面预算委员会提供预算的执行进度、执行差异以及对公司预算目标的影响，促进公司完善预算目标。

最后，在预算期末，各责任中心提交责任业绩报告，并对实际业绩和预算指标作出比较，对影响差异的重要因素及变量进行分析。还应联系集团的整体战略目标，制定各责任中心的财务业绩考核指标，对各责任中心预算执行结果进行考核。投资中心考核指标主要是投资收益率，利润中心核心成果指标主要有保费完成率、保费费用率、责任准备金充足率，费用中心考核指标主要有责任费用节约率、人均责任费用节约率等。

3. 创新保险集团内部审计制度。国际内部审计师协会在《内部审计实务标准》

中全面阐述了内部审计的定义："内部审计是一种独立客观的保证与咨询活动，它的目的是为机构增加价值并提高机构的运作效率。它采取一种系统化、规范化的方法来对风险管理、控制及监管过程进行评价进而提高它们的效率，帮助机构实现它的目标"。可见，内部审计的宗旨不但要为组织增加价值，而且要促进组织目标的实现，内部审计作为保险集团防范和化解风险的一道屏障，责任重大。

（1）转变内部审计的职能，建立集中、垂直的内部审计体制。保险集团内部审计必须以有效控制风险为核心，实现从监督型向服务型的转变，建立起监督、建议、评价一体化的职能体系，将审计监督寓于管理和服务之中，发挥内部审计防范风险、创造价值的作用。对于集团审计而言，应坚持改革与创新，建立以增加公司价值为目的、以内部控制为基础，以风险为导向、以法规遵循为依据的集中式价值型集团公司内部审计模式。集团公司内部审计机构应当对董事会负责、接受监事会指导、为管理层服务；集团公司内部审计部门在系统审计体制内部应当履行"三个中心"职能。一是"人力资源管理中心"。集团公司内部审计部门负责各子公司总公司内部审计部门负责人等的资格审定和任免核准职权。负责系统审计人员上岗任职资格的确认和颁发。二是"标准规范研发创新中心"。集团公司内部审计部门是集团审计系统审计标准和规范的制订中心，是集团审计工作不断创新的发动机，在系统审计内具有绝对权威。三是"重大项目攻坚中心"。集团公司内部审计部门必须具备一流的审计工作能力和技术储备。根据集团公司监督控制和经营管理的需要，直接负责对系统各子公司经营班子和重点省公司的审计工作。在各专业子公司公司治理结构内，内部审计机构也应当对董事会负责、接受监事会指导、为管理层服务；在各省级和计划单列市分公司设独立审计部门，直接向专业子公司总公司内部审计部门报告工作；地市级分公司设专职审计员，向各子公司总公司审计部门和省公司审计部门报告工作。

（2）强化内部控制审计。稳定、健康、有持续发展力和竞争力的企业集团，都应建立一套健全、完善、有效的内控机制和风险防范措施。保险集团应当构建以业务发展为指导、以提高市场竞争力和风险防范能力为目的的内控体系，应充分发挥内部审计在集团公司内部控制中的监控作用，提高保险集团防范风险的能力和水平，有效防范和化解综合经营风险，不断增强抵御风险能力。集团公司和各子公司应针对其自身经营的情况，从查找财务、业务等控制活动中的关键内控风险点入手，对现有内控制度和内控流程进行梳理，健全公司内控机制。审计部门应对各级公司的财务活动、业务经营和风险控制情况进行定期和不定期检查，对内部控制体系进行测试和评价，建立内控评级制度并与经营管理层的经营绩效挂钩，有效地发现集团经营和管理过程中的薄弱环节，并提出建设性的改进建议，以协助集团有效的管理和控制各项活动，促使集团高效运营。

（3）探索战略审计。随着我国保险集团综合经营的发展，保险集团的发展战略决定着保险集团在市场环境中的位置和生存状态。预测保险、金融行业发展的前景，作出科学的战略决策是保险集团发展中面临的挑战。保险集团的经营活动日益综合化、国际化，战略决策面临的不确定因素更多，决策风险更大，而战略决策一旦失误，给集团带来的损失是灾难性的。集团公司内部审计不能仅体现在公司运营层面，而应提升到集团整体决策层面，探索实施战略审计，为集团的战略决策提供可靠的信息和有价值的建议，为实现集团决策的科学性、可行性及周全性服务，并对集团的决策执行情况进行检查，及时反馈给决策层，以实现内部审计增加企业价值、促进集团战略目标实现的宗旨。

（4）建立全程监控的内部审计模式。创新审计工作方式，建立全程监控的内部审计模式，有效防范和控制风险。将传统的事后审计转变到事前预防、事中监督和事后审计相结合的全程监控审计模式。既要对集团及各子公司的重大经营决策、重大投资项目及资金数额巨大的资本运作、业务经营实行事前审计，又要对项目实施过程实行有效的监督检查，及时发现和纠正失误，将风险、隐患和损失消灭在萌芽状态。保险集团审计应从原有的以经济责任审计为工作重心向全面审计转变，积极实施效益审计、内控审计及各种专项审计。加强后续审计，促进审计意见和建议的落实，防止“屡查屡犯”的现象。除了运用计算机审计系统进行非现场审计外，还要利用先进的信息技术对审计信息进行搜集和处理，通过预警系统对审计信息进行分析，提示审计人员关注并提醒各分支机构对此类风险的防范。真正将内部审计融入到集团的风险管理，增强集团抵御风险的能力，提高集团经济效益，增强集团整体竞争力，实现集团战略发展目标。

第四节　保险集团架构下的系统性财务风险管理

在第二章中我们已经分析了保险集团架构下的系统性财务风险，涵盖了较多的方面，包括关联交易、多级法人治理、信息披露、资本金不足和双重财务杠杆风险等。在这里我们可以运用制度和技术风险控制措施进行管理。

一、关联交易的财务风险管理

在进行综合经营的保险集团中，一家子公司的风险很容易通过关联交易传递到集团内从事其他行业的子公司，导致风险的跨行业、跨市场传递。因此，控制关联交易是防范金融业综合经营风险的核心问题。保险集团应按照关联交易的不同类别分门别类的逐步建立关联交易风险管理制度和措施，考虑到内部资本市场对集团公司的两面性影响，集团公司应合理引导、规范集团内各公司之间的关联交易，严格控制关联交易风险在集团内部传播，在风险可控的前提下追求协同效应。

（一）保险集团公司统筹规范关联交易

保险集团内各专业子公司主要关注和控制个体经营中的业务和财务风险，集团的关联交易及其风险则必须由保险集团公司来规范和统筹管理。保险集团公司应充分认识关联交易风险对集团经营和发展的巨大影响并对其重点关注，研究制定集团关联交易相关制度。另外，保险集团公司作为子公司的控股股东，自身也应自觉履行诚信义务，杜绝滥用控制权进行显失公平的关联交易行为。

（二）建立市场化的集团关联交易制度并严格执行

从关联交易的操作流程上，规定关联交易必须履行一定的程序，如关联交易的内部审批程序、关联交易的内部协商制度；从关联交易的内容上，制定资本有序流动的投融资政策；设定关联交易的额度，防止因为不当担保行为承担过多责任；完善定价机制，母公司与子公司之间不得利用显失公平的交易来调节利润。通过对某些关联交易采取限制措施来防止内部交易风险传播。加强对关联交易中竞业禁止的规范，公司董事、经理不得自营或者为他人经营与其所任职公司同类的营业活动。建立重大关联交易股东大会核准制和关联交易回避表决制度，加强对控股股东控制权的制衡。建立损失赔偿制度，控股股东的行为对子公司和其他关系人造成损害时承担赔偿责任。建设独立董事和内部审计对关联交易监督的制度，规范控股股东行为。通过一系列关联交易制度的建立，使关联交易有章可循，控制关联交易风险。

（三）设立有效的防火墙制度

在金融综合经营中，防火墙制度通过对持股、业务、管理人员等方面的限制，在母公司与子公司之间以及子公司相互之间设置屏障，旨在割断各种业务之间的风险传递，防止风险在保险集团内的传递。建立有效的防火墙制度是保险集团控制关联交易风险的重要措施。

防火墙制度按照运行机制分类，一般可分为法人防火墙与一般防火墙。法人防火墙是指利用法人有限责任的规定，设置独立法人实体从事不同金融业务的经营，以区隔各自风险传递的法律制度。我国保险集团模式应该是每个子公司都是独立法人，有自己独立的资本金、从事不同种类的金融业务，具有相对独立的经济利益并独立承担民事责任。一般防火墙是指从事不同金融业务的关联机构之间的信息流通、人事安排、业务联营以及资金融通的禁止或限制性制度。有信息防火墙、人事防火墙、业务防火墙、资金防火墙等。我国保险集团在“母公司控股、子公司分业经营的”模式下，基本都存在法人防火墙。但在一般防火墙的设计上由于缺乏制度性规定存在大量问题。保险集团应建立并实施一般防火墙制度。

1. 信息防火墙。保险金融集团组织结构为各子公司披露彼此客户的信息提供了便利，这一方面有害于客户隐私权的保障，另一方面可能导致不正当交易行为，例如银行子公司将存贷业务中获悉的对于客户证券价格具有重大影响的信息传递给证券子公司，使之凭借信息优势进行内幕交易，实现不当利益。因此，必须建立信息防火墙，阻断重要内幕信息的不正当传递，防止利益侵占和不公平竞争。

2. 人事防火墙。人事防火墙是对董事、高级管理人员和其他职员在从事不同金融业务的关联机构之间兼职加以禁止或限制性规范。考虑到兼职的董事、高级管理人员和其他职员对于从事不同金融业务的机构组织在忠诚上以及谋求利益上客观存在的矛盾与冲突，应在人事制度的安排上予以限制。同时对集团各子公司尤其是控股子公司高级管理人员进行资格审查和行为控制。

3. 业务防火墙。业务防火墙是对保险金融集团内各子公司之间共同业务推广、共用营业设备或营业场所等联合经营行为进行禁止或限制性规范，例如保险公司利用银行子公司的分支机构等销售渠道以较低的边际成本分销保险产品，在实现综合经营效益的同时，也可能在公众中形成保险公司与银行一体化的印象，导致经营风险的相互传染，因此在联合行销中，应明确区分经营场所和人员，向客户充分披露提供的金融产品或服务的内容、风险和背景等信息。

4. 资金防火墙。资金防火墙是对经营不同金融业务的关联机构之间资金流动加以禁止或限制性的规范。以关联交易的形式在集团内调配资金要遵循一定的交易规则，限制资金在集团内的任意流动。资金防火墙，通常区别授信交易和授信以外交易而予以规制。

（1）授信。保险集团的银行子公司及保险子公司对下列关系人办理业务，不得进行无担保授信：该集团的负责人及大股东；该集团的负责人及大股东的独资、合伙经营的事业，或担任负责人的企业，或为代表人的团体；有半数以上董事与集团公司或其子公司相同的公司；该集团的子公司与该子公司负责人及股东。

（2）授信以外的交易。集团公司及其子公司与以下所列对象进行授信以外的交易时，其条件不得优于其他同类对象，并应经公司三分之二以上董事出席及出席董事四分之三以上通过的决议后方可：该集团公司与其负责人及大股东；该集团公司之负责人及大股东的独资、合伙经营之事业，或担任负责人的企业，或为代表人的团体；该集团的银行子公司、保险子公司、证券子公司及该子公司负责人。所谓授信以外的交易，指下列各款交易行为之一：投资或购买前项对象为发行人的有价证券；购买前项各款对象的不动产或其他资产；出售有价证券、不动产或其他资产给前项各款对象；与前项各款对象签订给付金钱或提供劳务的契约；前项各款对象担任集团公司或其子公司的代理人、经纪人或提供其他收取佣金或费用的服务行为。

（四）内部资本市场的风险管理

前面的分析已经说到，内部资本市场具有两面性，一方面是资源易于配置，一方面是缺乏外部监管容易产生资本分配不公等问题。因此从集团公司角度出发，内部资本市场也是母子公司利益博弈的一个过程。如何有效率的通过内部资本市场配置资源又避免出现资本扭曲，可以从以下几个方面着手：

1. 对内部资金融通的有效管理。探索建立保险集团资金结算中心，对各子公司的流动资金余缺进行调剂，集中集团的资金优势，发挥集团财力的整体效应。内部资金融通方式可采用半市场化方式，即对母公司和各子公司之间按照当期市场行情进行资金有偿拆借，由母公司对资金调剂的数量和时间进行统一的规划和安排。

2. 加强收益分配风险管理。保险集团内，子公司的利润分配为母公司的股权投资收益，利润分配作为集团内部融资方式，其管理很大程度是融资管理的补充；但它又有主动性，因为当集团公司的分配政策有利于协调各子公司的经营时，集团公司壮大的速度就快。因此，集团的分配战略不只是单一股利分配政策的确定，而是母公司对各子公司的利益关系的协调。保险集团母公司应严格管理子公司的重大资产支出，合理确定收益分配政策，完善国有资本收益管理。母公司应综合考虑子公司的实际盈利情况和塑造投资者信心等方面，协调子公司的收益分配政策。如果子公司盈余是稳定的，则可以发放较高的股利，否则只能发放较低股利，这样可以减少子公司因盈余下降无法支付股利、股价急剧下降的风险，还可以留存更多收益，提高权益资本在总资本中的比例，减少财务风险。收益分配不当或者频繁变动，会对子公司造成不利影响，公司应采取稳定的股利发放政策，向投资者传达正面有利的市场信息，树立良好的公司形象，以利于公司价值的提高和再融资。

二、多级法人治理风险的管理

多级法人治理架构下的财务风险根源于集团公司的治理结构不够完善，尤其是对于经过多次业务剥离后，以单一保险业务转型为保险集团公司的国有保险公司而言更是如此。集团化下的纵向安排可能导致集团投资、融资计划存在一定的盲目性，而委托—代理模式下的道德风险又使得集团公司与子公司经营层面可能产生分歧。根据统筹安排和集团公司利益最大化的实施原则，在集团内部迅速建立和完善现代企业制度，通过完善保险集团公司、各级子公司的法人治理结构是正确的途径。

（一）以完善公司治理结构为中心，推进国有保险集团体制改革

集团化重组和整体上市是我国保险集团实现发展战略的重要步骤，是基本建成综合性、多元化国际金融集团的重要标志，是业务发展能力、市场竞争能力、整体盈利能力跨越到新高度的体现。将具备条件的保险集团进行股份制改革，实现投资主体多元化，优化股权结构，公司治理结构，才能有效行使股东职能，切实履行出资人职责，实现国有保险资产的保值增值。

（二）明确母公司与子公司的功能与关系，构建保险集团整体治理链条

保险集团应保持在子公司的控股地位，统一经营战略、统一业务标准、统一企业文化，构建各个层级股东大会、董事会、经理层、监事会的公司治理机制，发挥母公司特有的功能，通过建立资本、人事、技术、组织等纽带，保持对子公司的控制力，对子公司的重大财务决策和经营方向进行有效协调，防止子公司出现“内部人控制”，损害母公司作为控股股东的应有利益。

明确母子公司的功能与关系，正确处理财务管理集权和分权的关系。集权和分权的关系是集团组织体制的关键问题。母公司是向子公司、参股公司出资并行使出资人职能、具有资本运营等多种职能的公司制企业。母公司不是子公司的行政管理机构，与子公司不是上下级的行政隶属关系，母公司不能直接干预子公司的经营活动。应根据集团发展的不同阶段和环境作出动态的调整，既要保证集团内各子公司的相互独立性，又要在适当的时候进行协调，使集团充分发挥协同效应。

（三）加强董事会、监事会建设，规范管理层运作

按照保监会《关于规范保险公司治理结构的指导意见》的要求，完善保险集团各子公司的治理结构。一是加强董事会建设。切实履行法律法规和公司章程所赋予的职责，进一步完善董事会各专业委员会建设，健全独立董事制度。二是加强监事会建设。规范监事选任标准，明确监事职责，确保监事审慎勤勉的履行职责；制定和完善公司监事会工作规则，支持监事会依法依章积极有效地开展工作。三是完善经营管理层的激励约束机制。将竞争机制引入经营管理层的选聘，建立对经营管理层的问责机制。完善对经营管理层的激励机制，将高管人员报酬与其对公司价值增长的贡献直接挂钩。

（四）强化内控执行力建设，健全内控体系

应进一步增强集团公司内各级领导干部和全体员工的内控意识和自觉性，提高对内控工作的认识水平。坚持把防范风险作为集团公司快速发展的生命线，进一步巩固以加强内部控制为基础，以优化内控环境、加强运营管控、完善制度体系、强化执行力建设为核心，以加强保险业务、资金管理、投资管理、信息技术的内部控制工作为重点的多重风险防线。构建以业务发展为指导、以提高市场竞争力和风险防范能力为目的、以完善的公司治理和先进的内控文化为基础，以健全的内控制度和有效的制度执行为核心，以完备的信息系统和严格的监督检查为保障的内控体系。大力推进风险防范技术创新，不断适应内外部环境变化，充分利用现代信息技术，建立内控、稽核、监察等多管齐下的风险管控机制，提高我国保险集团防范风险的能力和水平，有效防范和化解综合经营风险，不断增强抵御系统性风险能力。

保险集团及各子公司、各级分公司要以建立集团化风险管理平台为契机，全面梳理和整合包括财务制度在内的现有规章制度，根据内外部环境的变化修订或组织研究制定新制度。要落实相关责任，强化内控制度的执行力度，确保制度得以有效贯彻落实，强化制度的严肃性、权威性。要加强对各子公司和部门管理规章制度执行情况的检查、监督力度；通过采取现场和非现场检查相结合的方式，对集团内各级公司的业务运营和风险控制情况进行定期和不定期检查；强化财务、业务、投资、信息、审计等重点领域内控工作的考核力度，把内控执行情况纳入对子公司和部门管理层的考核体系。

（五）充分发挥外部治理机制的作用

一是产品市场，规范和竞争的产品市场是评判公司经营成果和经理人员管理业绩的基本标准，优胜劣汰的市场机制能起到激励和鞭策经理人员的作用；二是经理市场，功能完善的经理市场能根据经理人员的前期表现而对其人力资本估价，因而能激励经理人员努力工作；三是并购市场，从公司治理的角度而言，活跃的控制权市场作为公司治理的外部机制有独特的作用，适度的接管压力也是合理的公司治理结构的重要组成部分；四是市场中的独立审计评价机制，依靠市场中立机构客观、公正的评判和信息发布形成对经理人员的制约机制。

三、完善信息披露机制

保险集团应完善信息披露机制，按会计准则和监管要求及时向外部披露关联交易相关信息，如集团内各子公司股权结构及其变动、组织结构及其变动、关联交易金额、财务报告等，杜绝内幕交易和暗箱操作，使关联交易操作透明化，信息公开化，实现监管当局和外部相关利益者对关联交易的风险监控作用。透明和规范的关联交易信息可以充分发挥信息显示机制的作用，避免信誉风险在各子公司相互转移，减少因集团公司内某一公司的危机对其他公司带来的公众信任危机。

同时对于已经上市的保险集团，应按照交易所的有关规定积极做好投资者关系管理。不管是在境内的深圳、上海证券交易所还是香港证券交易所，出于对投资者利益的保护，对投资者关系管理都有非常严格的规定。这需要新近上市的保险集团改变观念，建立内部的投资者关系管理规定，积极树立市场形象，也为扩大的保险机构评级做好准备。

四、资本金不足风险的管理

资本金不足的矛盾主要来自于集团架构下资本重复计算的特点和母子公司业务扩展的冲动。为此，应该遵循统筹安排的原则，服从母公司的统一安排部署，做好弥补资本金头寸的问题。这中间主要是由集团公司获得子公司的财务报表，偿付能力报表，做到事前的资本金分析；同时，根据子公司的发展计划，尤其是资产负债技术的运用，在集团全面预算框架内的资本预算中统筹安排子公司未来的资本金计划，实现被动满足子公司增资需求到主动为子公司配置资源，并合理地为子公司利润、资本公积等转增资本提供指导，从而实现集团内部的资源合理配置。这需要集团公司在合理的法人治理架构下，依法合规的为子公司提出财务计划指导，同时在与子公司沟通的基础上反馈子公司的资本需求，并在全集团的资本预算中予以分析。

五、双重财务杠杆风险的管理

双重财务杠杆容易在集团内部放大单个子公司的财务风险，对集团而言，对此风险的管理措施主要是针对集团公司的财务杠杆控制和对子公司的财务杠杆的控制。对于以高负债经营为特征的保险集团公司，最重要的是控制好财务杠杆和融资规模，以及在杠杆收购中集团公司对收购前后的财务状况控制。根据财务风险管理的原则，统筹安排和集团核心控制力将是这部分风险控制的关键；其次，要根据集团建立的财务风险预警指标，由子公司总部财务人员与集团公司财务人员共同履行监督职责，对于发现的财务杠杆过高的情况（主要是融资行为引发）及时沟通，并在集团内部拟定相关的措施进行改善。一个比较现实的例子就是资产管理公司债券融资回购，很容易将市场风险放大，而当委托资金运用风险都集中到资产管理公司一点上，这样的风险更容易迅速扩散。

第五节　保险集团融资风险管理

如何发挥集团的聚合能力，不断拓展或创造更多的融资渠道，并借助集团的复合优势，在有效的控制财务成本的同时，为母公司及子公司的投资或经营提供强有力的融资支持，是集团公司融资风险管理的目标。保险集团融资风险管理应该在集团公司的统筹安排下，通过建立科学的融资战略（资本预算），选择适宜的融资方式，达到优化资本结构、支持业务发展的目的。

一、建立科学的融资战略

首先需要保险集团从整个集团的角度来统筹安排融资活动，将保险集团各成员公司资金的筹措纳入集团公司统一管理、统一安排，实现这一途径的渠道就是全面预算管理。在后面的专题中我们会分析，全面预算管理中最重要的预算是资本预算，这是区别于子公司具体业务经营的重要特征，也是子公司与集团公司实现股权联系纽带的唯一途径。集团公司应以其长远规划为基础，根据投资计划制定融资方案，凭借其对子公司股权的控制对子公司的融资决策加以引导，使之与母公司本身的发展战略相协调，与母公司的财务决策相适应。集团公司内部战略性的融资权，如上市发行股票、发行债券等，必须由母公司决策；对金额小、时间短和日常性的融资决策可由子公司自行作出，但应确保与集团战略性融资决策相一致。结合资本总量、质量、成本、对股权集中度的影响等因素，协调运用各种资本筹集渠道和方式。

二、选择适宜的资本筹措方式

保险集团及其子公司应基于以下几个因素考虑选择股票融资还是债券融资方式。一是不同融资方式的资本成本。融资前应对不同融资方式的资本成本进行合理测算、比较，以便采取适当方法，达到用尽可能低的成本筹集到稳定的资金。二是考虑市场环境的变化，分析投资者对不同资本形式的需求。不同投资者的投资需求是不同的，必须对不同资本形式的需求有合理的预期，这是保险公司资本筹措方式得以顺利实施的前提。三是公司对今后进一步追加资本的灵活性。如利用股票方式筹措资本，有利于扩大保险公司的社会影响，提高公司的知名度，增加资本充足率，提高偿付能力，降低财务风险。但如果公司股息红利支付状况不尽如人意，或者公司经营不稳定，则会造成今后新股发行困难。保险公司发行公司债、可转换债券方式融资可能对今后追加资本带来障碍，因为过高的负债率会使保险公司信誉受到不利影响。四是不同资本形式的财务效果，即各种融资方式对权益资本收益率的影响。保险公司如果获利能力强，具有较强的偿债能力，可发行债券融资以充分利用财务杠杆效应，提高权益资本的收益率，而发行普通股对每股盈利有稀释作用，可能会降低权益资本收益率。五是改变传统的单一融资观念，实行股权、债权的不同时期、不同规模的组合融资方式，对于因为利率波动导致的高成本融资行为，可以在未来年度利率降低时予以提前偿付，或者将发行次级债获得的资金偿还高成本的债权，降低财务杠杆，或者发行永久性的次级债偿还有期限的次级债。从这个意义上说，集团的融资渠道和融资方式将是集团和监管部门需要共同研究的重要课题。

三、加强股票融资力度，推进保险集团经营机制的转变

对于尚未实现整体上市的保险集团，应积极争取国家政策支持，进行保险集团公司的股份制改革与重组，并适时在海内外资本市场整体上市，以充分利用国际国内资本市场，募集权益资本，一方面解决业务规模扩张产生的资金缺口，调整资本结构，壮大资本实力；另一方面促进保险集团现代治理结构的形成，转变经营管理体制，强化内控机制和外部监督，提高经营管理的透明度，增强风险控制能力。

四、适量发行次级债，增强偿付能力

保险公司发行的次级债是公司资本金的相对补充，保险公司可以通过发行次级债来提高自身的实际偿付能力额度，进而提高偿付能力充足率。对于集团公司而言，虽然没有直接针对集团公司偿付能力的标准，但是出于对子公司偿付能力风险的防范和对财务资源自上而下集中使用的目的，集团公司发行次级债较单个子公司发行更有效率优势。

但是，发行次级债可能使保险公司所有者权益的期望收益发生较大波动，使公司处于不稳定的经营状态中，这样保险公司将面临着提高期望权益回报和可能出现经营风险扩大的矛盾，为此保险公司必须要对 ROIC（有偿资本的税后收益水平）的期望值与风险进行测算，这主要包括：（1）投资组合的期望收益与风险测定。公司可充分利用目前可使用的金融市场工具，通过资本资产定价模型等，构建有效的投资组合，争取获得更高的投资收益，并达到控制投资风险的目的。（2）保险活动本身的经营稳定性测算。如对保险产品定价、核保、保费收入、赔付支出、费用支出等的测定，以防止保险公司的超常行为的发生，保持公司稳健经营。（3）次级债融资的比率控制。保险公司次级债的融资比率受公司净资产所限，其最大比例为 1。

次级债融资可以提高公司的期望收益，在一定程度上也可以缓解保险公司资本金不足，改善保险公司的实际偿付能力水平，但随着次级债期限的临近，其改善的程度将逐渐降低，同时次级债融资比率受公司净资产等条件约束，不能无限发行，为此保险公司必须有效控制融资数量，保持公司次级债的发行、已发行和偿还的比例适度，使融资活动与公司业务发展达到良性循环，才能更好地为公司的持续健康发展提供保障。

另外，保险集团的融资风险还需要与前面提到的双重杠杆风险一并结合考虑。因为融资风险源于资本结构中负债因素的存在，集团公司在负债上的杠杆效应在层

层控股的模式下放大，如果公司利润率较高，放大的负债能力将获利能力放大，可以给集团带来额外收益，但负债能力放大的同时财务风险也放大了，当收益率低时，会使偿债能力下降，给整个集团造成负面影响。保险集团应从集团整体来考虑资本结构，对自身能力、市场环境、政策环境、经济环境进行正确预测，在环境有利时采用积极的融资策略，以获得杠杠效应的巨额回报，在不利的情况下以保守的融资组合来防范风险。一方面，在母公司必须确立一个良好的资本结构，在负债总额、期限结构、资本成本等方面必须依托有效的现金支付能力，协调现金流入和流出的匹配；另一方面，子公司也应当保持一个良好的资本结构，保持现金流入和流出的匹配关系。

第六节　保险集团投资风险管理

一、保险资金委托运用的财务风险管理

我国保险集团大都采取了通过专业化保险资产管理公司的资产委托管理模式对保险资金进行经营管理和运作，保险集团和产险公司、寿险公司、健康险公司等专业子公司作为委托人，专业的资产管理公司作为资产管理人，由商业银行进行托管。三方运作模式是确保受托资金安全的根本性制度安排。委托人通过投资监督，防范资产管理过程中可能产生的各类风险。委托人监督管理人和托管人的同时，托管人也要对委托人和管理人的行为进行监督。根据政府监督机构的要求，如果发现委托人、管理人违反了相关规定，托管人还要上报监管机构。为加强保险集团保险资金委托运用的财务风险管理，应当继续推广委托、受托和托管三方的运作模式（图2-13），确保投资管理的安全性，建立制度层面的公信力，清晰地划分委托人、受托人和托管人的权利义务边界，在实体和法律上消除投资管理人挪用资金的可能，有效地实现不同角色的相互监督、相互制衡，确保保险资产的绝对安全和高效运营。

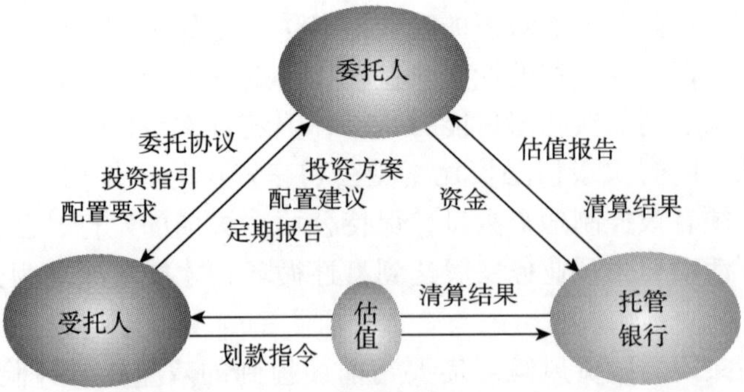

图2-13　委托、受托和托管三方的运作模式

下面以中国人保对保险资产委托管理的实践经验为基础，主要从委托人对管理人的投资风险监控和资产管理公司内部风险管理体系两个层面，论述保险集团投资风险管理，然后针对每一种保险投资渠道提出财务风险管理措施。

（一）委托人对委托资产的投资风险管理

在资产委托管理模式下，全部投资管理活动由委托人、管理人和托管人共同完成，委托人、管理人和托管人因职责分工不同，承担了不同的风险。委托人委托资产的投资监督不仅仅是对管理投资操作行为的监督，更是对投资管理全过程的监督。通过投资监督，委托人要防范资产管理过程中可能产生的各类风险。因此，投资监督的过程就是委托人风险管理的过程。

保险委托资产管理过程中各类风险形成不尽相同，危害程度差异很大，委托人采取的防范和化解措施也不尽相同。随着保险投资渠道的拓宽，资本市场的风险逐步传导到保险行业内，形成了系统性风险，对此类风险，委托人无法化解，只能密切关注资本市场的态势，督促管理人采取适当措施来规避风险，要求托管人及时发现问题，及时报告。道德风险是资产委托管理模式存在的制度性风险，委托人可以采取严格的监督防范措施，制定科学的激励约束机制，特别情况下甚至可以更换管理人和托管人，但这个问题的根本解决还有赖于管理人、托管人，尤其是管理人的诚信建设。对于市场风险、信用风险、流动性风险、结算风险、法律法规风险等，委托人应采取严密的监督防范措施，并要求管理人和托管人采取切实的风险控制措施，共同化解风险。

1. 委托人对管理人投资监督的内容。管理人的主要工作是根据委托人的要求进行投资操作，在有效控制风险的前提下，实现良好的投资收益。因此，委托人对管理人进行监督的侧重点是防范和化解法律法规风险、市场风险、信用风险、流动性风险、结算风险和道德风险等。

（1）法律法规风险。委托人应依据监管机构的法律法规和投资指引等有关内容，从投资组合层面和单个证券层面对委托资产进行监督。例如，委托资产的投资范围是否超出了监管机构的规定和委托人的要求，各资产类别的投资比例是否超出了监管机构和委托人的规定，债券资产的久期与委托的要求是否相符，购买的股票是否违反了监管机构的规定。合规性监督是托管人监督的主要内容，委托人可充分利用托管人的监督结果，也可根据需要自行开展监督工作。

（2）市场风险、信用风险和流动性风险。因市场的不确定性而形成的市场风险、信用风险和流动性风险等是管理人投资操作中时刻面临的风险，一旦处理不慎，将会造成重大损失，这也是委托人关注的重要内容。

一方面，委托人应对宏观经济、资本市场和证券品等进行深入研究和分析，及时掌握管理人的交易情况，定期与管理人进行沟通交流，探讨市场发展态势和投资策略，了解管理人的操作思路，根据管理人的投资情况，适时地进行风险提示等；委托人还应建立通畅的信息渠道，广泛搜集和获取市场信息，站在行业的角度和高度，在综合比较分析各资产管理机构投资操作的基础上，对管理人的投资活动进行监督和评价。

另一方面，委托人要求管理人树立风险管理理念，强化风险管理意识，建立严密的风险管理体系和自我约束的管理体制。对管理人来说，一是可引入风险预算管理，对投资组合的各种风险因素进行分解和度量，并根据预算的风险对整个投资过程进行全程监测。通过动态监控，调整各组合类资产的风险值、止损额和比例限制等，保证各项投资业务所面临的市场风险在可承受范围内。二是采取严格的信用评级，通过交易对手集中授信、限制信用暴露等手段对信用风险进行管理。三是做好备付流动性管理，确保各投资组合资产达到委托人要求的流动性目标。四是对交易对手的结算敞口的限额实行动态监控管理，交易对手的结算敞口限额必须符合管理人对其评级授信所限定的额度，未评级的交易对手只能采取有利于委托方的结算形式，并加强事后稽核检查，以控制结算风险。五是规范业务操作流程，加强事后稽核检查，发挥交易系统风险管理功能，动态跟踪监控交易的执行情况。六是逐步完善风险控制的方法和手段，建立健全风险控制系统，借鉴和使用数量分析模型，通过信息技术手段严控风险，提高风险控制的技术含量和专业水准。总之，投资风险涵盖研究、决策、执行、交易、结算等各个环节，委托人应要求管理人建立全方位的事前、事中和事后的风险管理制度和工作流程，进而有效控制投资风险。

（3）道德风险。委托人可通过监控管理人的收支行为（尤其是手续费、佣金等），对管理人是否侵害委托人的利益、是否公平对待所有的委托人等作出判断，以防范和化解管理人的道德风险。委托人可充分借鉴托管人的投资监督成果，也可以自行开展有关工作。

（4）对管理人资产管理能力的综合评价。管理人的投资业绩是建立在公司完善的法人治理结构、规范的投资决策程序、严谨的业务操作流程的基础上的，在选择投资管理人的过程中，委托人已对投资管理人的组织架构、决策程序、工作流程等有了一定的了解，在投资监督过程中，委托人还需要对下述情况进行深入的了解：一是管理人的投资决策机制和决策过程，包括投资决策的形成过程、审批程序、风险控制委员会在投资决策中的作用等。二是管理人的投资研究过程，包括投资研究（宏观经济研究、行业研究、品种研究等）的研究理念、研究方法、研究特点、研究流程、信息来源，研究人员的职责分工、从业经验，研究部门与投资部门的沟通协作等。三是管理人的投资管理过程，包括投资管理的基本理念、资产配置方法、投资品种的选择和挖掘、投资时机的判断和选择、使用的定量分析工具、投资的操作流程、组合调整方法、投资管理的授权机制等。四是管理人的操作情况，包括管理人的操作理念、投资风格、市场的判断能力、投资品种的选择能力、擅长的投资品种等，并对管理人的资产管理能力作出综合和全面的定性评价，为更好地充分发挥管理人的管理能力或更换管理人提供参考和依据。

2. 投资监督的前提条件。委托人对管理人进行投资监督的前提条件是管理人定期、及时的信息披露。委托人可要求管理人定期提供相关业务资料，主要包括以下几个方面：

（1）日常交易信息。管理人应将日常的买卖情况及时通知委托人。

（2）资产配置方案和年度投资策略。管理人应于上年年末或当年年初制定出本年度的投资计划，与委托人充分沟通，根据委托人的投资指引进行适当调整，如遭遇市场情况发生重大变化，还要与委托人及时协商，进而对计划进行及时调整。

（3）业务分析报告。业务分析报告应包括宏观经济与证券市场的总体分析判断、一级资产配置方案和定期的资产管理报告等。报告的主要内容是上期市场回顾（包括国家重大投资政策的变化等）、上期操作情况回顾（包括市场判断回顾及策略执行情况回顾，执行情况的差异及原因）、现有投资组合分析（包括收益情况分析及风险分析等）、当期市场判断和投资策略（包括对各投资品种的价值判断及时机的选择等）、当期投资安排（包括投资额度、一级市场投资量、二级市场投资量、新增投资收益预测等）。管理人应定期（包括月、季、半年、年底等）向委托人提供各类分析报告。

（4）新增投资品种的具体操作方案。在委托资产投资新品种前，管理人应向委托人提供新品种的投资方案（包括新品种的详细情况、风险控制措施和业务操作情况等），并与委托人就新投资品种进行沟通和磋商，获得委托人的允许后，方可进行投资操作。

（5）风险管理报告。管理人应定期对委托资产的投资风险进行揭示，提出化解风险的具体措施，并将有关情况报告委托人。

委托人也应密切关注和研究市场，提高对市场的分析判断能力。为了进行投资监督，委托人必须密切关注和研究市场。委托人可通过晨会，进行撰写投资监控周报、月报等连续性的工作，及时掌握市场的变化情况和委托资产的操作情况，不断提高对市场的分析判断能力，合理听取和采纳管理人的意见和建议，根据自身的投资需求和风险承受能力进行投资决策。

3. 投资监督的依据和形式。投资监督的主要依据是委托人与管理人之间签署的资产委托管理协议、投资指引以及各种相关的投资规定等。

投资监督应该将日常监督与定期检查相结合。日常监督是委托人的主要工作之一。委托人可通过阅读管理人的报告、登录管理人及托管人的网站、收发电子邮件、电话交流和沟通、面对面的交流与沟通等多种方式从管理人和托管人处获取委托资产的有关信息，并对委托资产的投资管理情况进行监督。

投资监督还应该将定量分析与定性分析相结合。对于可量化的投资风险，委托人可借助管理人或托管人提供的，或自行开发的投资监督管理系统进行，对于不易量化的问题，委托人则需要通过日常监督和专项检查来实现。

4. 委托人投资监督过程中需要注意的问题。在投资监督问题上，委托人和管理人首先要解决好双方的角色定位问题。委托人应充分尊重管理人的投资决策，不要干预管理人的正常操作。在资产委托管理模式下，委托人、管理人和托管人的经营活动构成了投资活动的全过程。在委托人进行战略配置后，具体的投资操作由管理人来进行，委托人应充分信任管理人、尊重管理人的投资决策权，不干预管理人正常的操作行为。管理人要认同委托人的投资理念，接受委托人的合理监督。管理人根据委托人的投资理念和投资风格进行资产的战术配置，并制定投资策略，不能以其自身的投资理念和投资风格来取代委托人的投资要求。同时，应主动、积极地向委托人提供投资信息，自觉地接受委托人投资监督。

（二）资产管理公司的投资风险管理

1. 坚持价值投资理念。由于保险资金的特点，保险集团应当奉行审慎和稳健的投资理念，形成以长期投资和价值投资为主要特色的稳健投资风格，满足投资收益目标和风险容忍度、现金流、法规限制以及税收等方面的要求，有效控制投资风险。在投资决策管理中，在确保集团最低偿付能力要求的前提下，构建满足负债特性要求的资产组合，注重资产多元化和分散化，重视资产配置和组合管理的作用，重视行业和投资品种的选择，注重相对均衡的资产配置和存续期管理。在投资过程中保持适当的灵活性，在保证资产安全性的前提下，兼顾流动性，追求适当和稳定的投资回报，实现最大风险调整收益率。

2. 建立高效专业的投资管理流程和管理模式。

（1）建立投资经理制为核心的业务管理制度。为适应投资经理制，需要在部门内部建立完善的授权和绩效评估体系。授权体系是指根据各个投资品种的收益风险特征、各类委托账户的投资规模以及各级投资经理的能力现状，设定每人每天每种品种的最大累积交易规模，超过该规模的交易需要上报部门负责人甚至更高级领导审批，在此规模之内的无需审批，只要符合风险管理要求即可。

绩效评估体系是指部门内部设立针对二级资产操作的绩效评估机制。每天交易完成后，由绩效评估人员将当日的交易情况、投资计划的完成情况、投资操作对组合的影响、投资操作的绩效评估等内容独立提交给部门负责人，以及有需求的其他人员。如果出现问题，部门负责人可以及时沟通或干预，从而确保投资计划的顺利执行。

上述两个机制的建立可以使投资操作形成一个“闭环”，既能够避免过分干预投资经理的具体行为，又可以使投资经理投资行为置于及时的监督之下。

（2）建立专业化的投资业务管理流程。投资业务是一个贯穿整个公司的管理流程，不只投资部门参与，而是融合了风险管理、集中交易、财务会计和信息技术等多方面的力量。建立业务过程的专业化分工，将投资业务管理流程分解为专业化的环节（图2－14）。

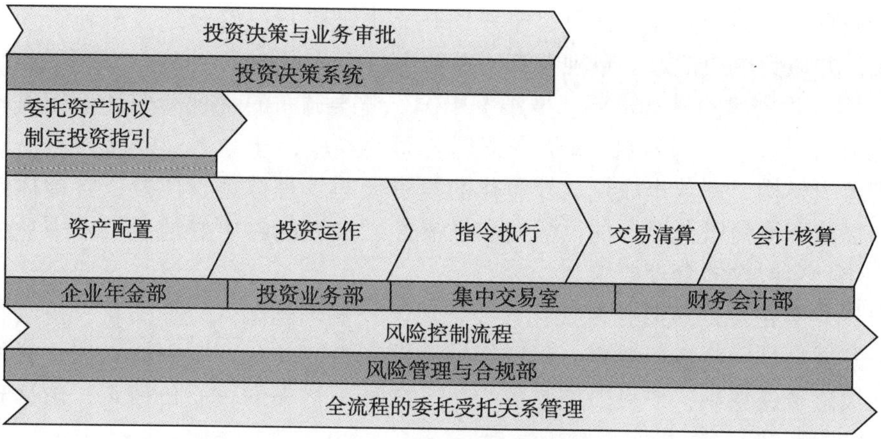

图2－14　投资业务管理流程

公司层面负责决策一级资产配置、部门层面负责决策二级资产配置、部门投资经理负责选择具体时机和品种交易要素、集中交易室负责执行交易、财务会计部负责清算交割。风险管理贯穿在上述流程中的各个环节里。资产管理公司在与委托人充分沟通的情况下，采取投资决策委员会等形式进行一级资产配置，包括大类资产的阶段性配置方案，以及中长期的时机选择，由投资品种部门在一级资产配置的基础上，会商组合管理部门，决定二级资产配置，包括二级资产的阶段性配置方案和中期的时机选择，由投资品种部门的投资经理具体执行。在交易和清算环节方面，加大集中交易室的人力投入，强化其在交易环节中的作用，全面负责交易环节的各项事务，包括发起交易系统维护、督促对手方发送指令、确认成交和应急处理等等；加大财务会计部的人力投入，强化其在清算环节中的作用，全面负责清算环节的各项事务，包括及时发布每日头寸、确保我方及时付券、督促对方券款及时到账以及发起结算系统维护等等。这样不但能提高交易执行流程的效率，也能通过专业化分工减少操作风险，促使业务部门集中精力于市场分析、定价判断、拓展业务等。

（3）建立独立账户管理体系。不同的专业保险公司产品不同，通过产品形成的负债特性也就不同，对其资金运用就会有特定的要求并产生一定的制约。资产管理公司必须按照受委托的资金来源性质，分设账户，按产品区隔进行投资管理，确定资产管理的最佳组合。资产管理公司应当建立独立账户管理体系，对不同客户、同一客户的不同性质资金实行严格的分账户管理。在组合管理方面，实行组合经理负责制，根据账户的投资指引和资金特性，独立进行资产配置管理，对账户的整体收益负责。制定公平对待委托人的管理制度和实施细则，确保均享投资机会。在投资业务上，各主要业务部门设置账户责任人，配合组合经理跟踪管理账户中的投资品种，形成矩阵式的双层责任保障机制。在交易管理上，实行独立的集中交易制度，投资指令由集中交易室完成，采用价格优先、时间优先、公平分配等原则，公平对待每个账户。在会计核算上，每个账户均开立单独账户，资金划拨单独管理、收支两条线，并做到单独记账、单独核算、单独出具会计报告。

3. 完善投资风险管理体系。要根据中国保监会颁布的《保险资金运用风险控制投资指引》，借鉴国外先进保险资产管理公司的经验，建立专业、高效、灵活的投资管理组织架构，完善集成化、专业化的投资风险管理体系，使投资管理体系日趋科学和规范，增强服务平台的灵活性和扩展性，从而能够更好地适应未来业务发展和多元化、多层次的管理要求。

（1）培育浓厚的风险控制文化。要把风险控制理念融入企业文化，持续在全体员工中开展全员风险意识教育，积极倡导诚信和自律文化，牢固树立依法合规经营观念和风险责任意识，使风险控制成为每一名员工恪守的核心价值观，渗透到公司业务的各个环节。

（2）建立全面的风险责任体系（图 2－15）。公司的风险责任体系由董事会（审计委员会）、监事会、经营管理层、风险控制委员会、风险管理部门、各业务部门以及业务流程控制等层次组成。

	管理委员会	风险控制委员会	风险管理部	所有部门	内部审计官	合规官
风险战略、目标	负责					
风险授权	负责					
风险政策	指导	负责	协助			
风险识别			协助/负责	负责	协助	协助
分析评估			协助/负责	负责		
风险制约与调整		指导	协助/负责	负责		
风险监控		指导				
部门内部流程			负责/协助	负责		
跨部门流程			负责/协助	协助		
独立稽核					负责	
独立合规监控						负责
风险处置		负责	负责/协助	负责/协助	协助	协助
绩效分析			负责	协助		
风险沟通		指导	负责	负责	协助	协助
风险文件与记录			负责	负责		

图 2－15　中国人保资产管理股份有限公司风险责任体系

（3）完善风险控制流程（图 2－16）。业务流程控制是风险管理体系的重要环节。业务流程是由各业务部门和风险管理与合规部共同制定，各部门负责人是落实企业各项风险管理制度、负责相关业务风险管理的第一责任人。各部门风险控制情况与绩效考核挂钩。各业务部门按既定业务流程操作，风险管理与合规部定期不定期进行事中和事后检查。

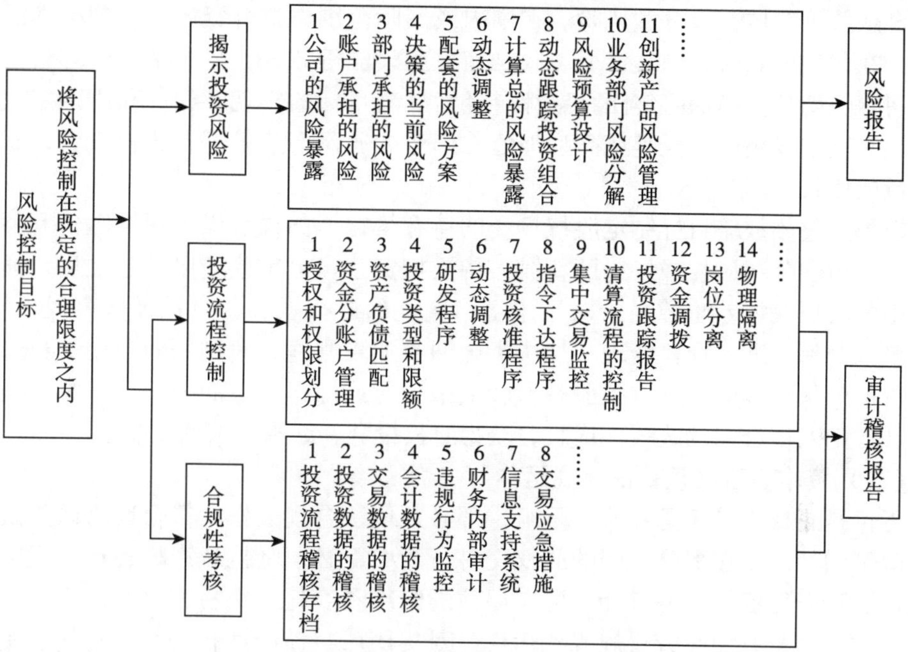

图 2-16 中国人保集团资产管理风险控制流程示意图

另外，针对不同的投资品种还应该制定专门的财务风险管理措施，请见本章专题四《不同投资渠道的风险管理措施》。

二、保险集团资本运营中的财务风险管理

随着中国金融综合经营的步伐加快，不同金融行业之间的产业渗透、产品替代性在不断增强。面对来自金融行业的功能性竞争、一体化服务，保险集团必须研究整个金融产业的价值链，通过综合经营实现在大金融格局、大金融产业上的不同环节的战略布局。资本经营是保险集团实现保险主业做大做强及金融综合经营战略的关键路径，其概念已远远超出传统意义上的保险资金运用，它能够使保险集团通过资本扩张，增强核心竞争能力，实现保险集团的跨越式发展。要加强对资本运营中的财务风险管理，保险集团需要做好以下几个方面的工作。

（一）审慎选择资本运营的方式

资本运营有多种方式，比如以获得控股权为目的的战略收购或者纯粹的财务投资等。资本运营应以实现保险集团价值最大化为目标，选择合适的运作方式。目前，可以先选择一些与保险主业相关的领域进行战略性股权投资，逐步完成资产在保险

各专业领域的战略布局，实现资产规模的扩张。资本实力雄厚的保险集团在政策条件允许的情况下，可收购兼并具有一定技术优势、销售能力和管理水平的境内外保险金融机构，优先考虑进入与保险业相关度较大、能够与现有业务产生最大协同效应的金融服务领域，以分散风险、在国内或国际范围内整合资源，达到资本的最佳配置。在条件成熟时，通过参股、收购或发起设立等方式，控股基金管理公司、证券公司等，稳步推进保险集团金融综合经营战略目标的实现。积极利用国家政策的支持，对基础设施产业及具有高附加值的产业如通讯产业等进行股权投资，获得资金收益的增长。

根据本集团战略目标制定股权投资的持有策略。如果想谋求短期溢价利益，可投资将上市的公司股权或发行的新股，待被投资公司上市或新股流通之后，通过抛售手中的股票获得差价收益；对于未上市企业的股权投资，应积极研究退出机制，加大股权交易力度，择机变现，加快资金回收实现利润，滚动发展。注重长远战略投资价值的保险集团，则可控股、参股上市公司或即将上市的公司，并参与其经营管理，伴随上市公司的改革、成长，获得股权投资、红利等长期收益。

（二）资本运营必须依法合规运作

无论是股权交易还是并购、重组，都必须依法合规运作，符合监管政策及国家有关政策的规定。在保险集团的股权交易行为中，必须坚持从产权转让方案的论证和制定、清产核资、财务审计、资产评估的组织和委托、交易方式的确定等各个环节严格按照国家有关政策法规规范运作。对集团所有涉及产权交易、划转、重组的项目均应委托具有相关资质的中介机构进行财务审计与资产评估；审计与评估结果上报国家有关部门进行核准、备案；交易的最终价格依据评估结果合理确定。无论是投资商业银行股权还是基础设施建设等，保险投资的比例都应控制在国家监管政策范围内。

（三）探索建立科学的资本经营战略①

对于集团化过程中的保险公司而言，资本经营是实现资本增值和股东价值最大化的内在要求，是提高集团核心能力，实现可持续发展的客观选择，更重要的是，资本经营为保险集团提供了高效率的战略管理框架，在资本经营框架下，集团可以评价各种业务对资本投资的吸引力，调整各种业务的投资量，控制实际资本运用量，监控资本回报，并在实际绩效严重偏离期望值时采取及时有效的措施。在综合经营背景下，保险集团面临的风险因素将更为复杂多变，构建科学的资本经营战略成为关系到保险集团能否在竞争日益激烈的市场环境中生存并不断壮大的重大问题。

科学的资本经营战略应包括以下五个方面：（1）树立经济资本意识，逐步采用

① 资本经营战略是指保险集团对自身所面临的风险经常性全面评估，以此为基础在各个业务单元间进行资本配置，并对资本投入进行绩效评估，计算整个集团所需的经济资本，对评估发现所需的经济资本与自有资本的差距采取及时的措施处理。

基于市场价值的经济资本管理模型，建立经济资本框架，以资本的多寡确定资产规模的大小，以资本的价值取向决定资产结构的组合，更加准确地衡量并管理各种风险，反映出潜在的债务，设定最低的资本要求。（2）建立功能矩阵式风险管理架构，完善全方位的风险管理流程，准确地估算风险暴露状况，进行积极的风险管理，并有效地执行资本配置程序。（3）研发科学的资本配置技术，包括监管性风险资本、资本资产定价模型、VaR 方法、偿付力卖权以及边际资本配置法。（4）建立合理的绩效考核机制。金融机构运用资本以创造获利的同时，也面临着亏损的风险，这意味着绩效评估指标必须加入风险因素的考虑，才能正确反映经营绩效的优劣。因此，用风险调整后资本报酬率（RAROC）、股东附加价值等风险调整的业绩指标进行绩效考核，衡量各业务单元的业绩。（5）建立多元化的资本持续补充机制，包括资本生成机制和资本组合机制，增强资本实力，丰富资本结构，优化资产结构，减轻内涵价值不高的业务对资本的压力。目前，对于我国保险集团来说，资本经营战略还是一个缺乏研究的领域。随着保险集团综合经营步伐的加快，如何借鉴国外的研究成果和实践经验构建科学的资本经营战略是我国保险集团面临的一个重大课题。

（四）保险集团并购中的财务风险管理

保险集团并购中的财务风险管理主要包括以下几个方面。

1. 选择适当的支付方式。企业并购的支付方式多种多样，常见的支付方式有现金支付、股票支付、混合支付等。并购支付方式选择，除了考虑有关制度规定的限制外，应考虑如下几个因素：（1）集团公司当前的财务状况。支付方式的选择受到集团公司当前财务状况的影响，包括资产中长期的流动性和短期的流动性、股权结构、杠杆比率、资本成本、当前股价与股利水平等等。如果集团即期付现能力差，则不宜采用现金的支付方式，至少不宜采用一次性支付方式；如果必须采用就要考虑能否迅速筹集到资金。当集团无法满足支付方式的需要时，并购活动也可能因此而流产。集团可以结合自身能获得的流动性资源、每股权益的稀释、股价的不确定性、股权结构的变动等情况，对并购支付方式进行结构设计，将支付方式安排成现金、债务与股权方式的各种组合，以满足收购双方需要来取长补短。（2）集团公司税收筹划的要求。集团公司不同的并购方式会导致截然不同的税收结果，同时由于税法中对不同类型的资产和收益规定的税率有很大差别，这便为公司合理避税提供了途径。因此，集团公司在选择支付方式的时候还应当熟悉我国相应的法律法规，实现集团公司的利益最大化。

2. 选择适当的融资方式。集团公司的融资方式及数额的大小与其采用的支付方式有关。根据相应支付方式的要求并结合集团公司自身各种融资方式的可能性，在综合平衡融资风险与成本考虑下，选择最适宜的融资方式，长期资金和短期资金、自有资本与债务资金的投入比例应适当搭配。如果集团公司进行并购是暂时持有，待适当改造后重新出售，这就需要投入相当数量的短期资金才可达到目的，可以选择资本成本相对较低的短期借款方式。如果集团公司是为了长期拥有目标企业，就要根据目标企业的资本结构及其持续经营的需要，来确定收购资金的具体筹集方式。集团公司应针对并购对象负债偿还期限的长短，维持正常营运资金的多少，来做好投资回收期与种类的配合，合理安排资本结构。如用短期融资来维持目标公司正常营运的流动性资金需要，用长期负债和股东权益来筹措购买该企业所需的其他资金投入，在并购企业不会出现融资危机的前提下，尽量降低资金成本，力求资本结构合理性。

3. 调整资产负债匹配关系，建立流动性资产组合。集团公司可通过分析资产负债的期限结构，将未来的现金流入与流出按期限进行组合，调整自身的资产负债结构来防范流动性风险。由于债务的偿还日是固定的，而未来的现金流入却具有不确定性，集团公司很难做到资产负债的期限结构完全匹配。解决方法之一是建立流动性资产组合，将一部分资金运用到信用度高，流动性好的有价证券资产组合中，尽管这类资产名义期限相对较长，但其变现力强，可以弥补目标企业和集团自身债务到期的资金需求。

4. 对集团财务状况的深入分析与对目标企业价值的评估。为减少集团在并购因目标企业估价过高带来的财务风险，集团首先应对自身的财务状况进行分析，合理地预测和评估集团现有的经营、财务、管理方面的能力，其次要获取目标企业的真实信息，可以聘用律师和会计师等中介机构对目标企业进行调查、审计，运用科学的估价方法评估目标企业的价值，最后是要选用具有高超谈判技能的人员，在与目标企业谈判的博弈过程中，确定目标企业的价格。

第七节　保险集团经营业务中的财务风险管理

保险集团的经营业务的财务风险管理目前的理论分析结论很多，主要是资产负债管理技术角度分析。由于目前的保险集团内部业务除保险主业外，也包括银行等金融业务。这些非保险类业务同样存在高负债的特征，也存在资产负债匹配的动机；同时作为财务管理的主要监管对象，除前面章节论述的投融资和集团化特殊风险外，子公司和母公司的常规财务管理活动也是经营业务财务风险管理的对象。因此，对于保险集团业务经营中面临的财务风险而言，包括产品定价、业务管理中的财务风险、准备金不足、业务波动风险等，也需要根据集团的统筹安排管理。

一、积极采用资产负债管理技术

对于经营不同业务的子公司而言，保险集团公司应引导其采用不同方式的资产负债管理模式，以着重应对影响子公司和集团偿付能力的产品定价、准备金不足、业务波动等业务风险，对于银行类非金融机构，参考银行业监管指标制定的资本充足率指标是非常有必要的。比如，寿险公司的资产负债管理，就是要考虑险种差异、定价利率假设以及市场利率变化时保险客户执行嵌入选择权对现金流量的影响，从资产方面考虑市场利率、经济环境变化对金融产品价格的影响，核心内容是管理由利率风险导致的资产与负债现金流不匹配的可能性。因为寿险产品的存续期限比较长，流动性要求较高，利率敏感性较强，且必须保证具有充分的到期给付和退保给付能力，而在现有资产中，寿险公司的固定收益资产又占绝大多数，其市场价值变动的性质与负债不一致，这就要求寿险公司的资产负债管理要做到总量匹配、期限匹配、速度匹配、资产性质匹配。而对于财产保险公司而言，由于经营范围决定了财产保险公司负债以短期负债为主，资产必须具备较高的流动性。因此，在配置时要根据负债特点配置其投资的久期，充分分析公司的业务结构，根据不同产品的风险状况、出险频率配置投资资产，并根据公司不同发展阶段对偿付能力的要求选择不同认可率的资产投资组合。对于其他非保险类的金融子公司，如银行，资产负债管理同样不可或缺，同时又有别于保险类公司。集团公司应统筹考虑，对不同子公司的经营业务水平进行分析，同时综合考虑不同子公司的资产占比情况，并纳入内部财务预警指标体系中。

二、完善核保、核赔等规章制度，防范业务经营风险

对于涉及到具体业务经营的财务风险，从集团公司角度，按照效率原则，不宜对子公司经营管理进行干预。集团公司应制定原则意见，要求保险子公司从完善核保、理赔制度的角度出发控制经营风险；集团公司通过调整考核指标的方式，逐步调整对子公司的利润和规模的考核指标，把这些指标作为经营者业绩考核的重要依据；同时，子公司总部也应坚持规模与效益并重，展业与管理同步的经营思想，加强业务质量考核，制定与利润相关的考核指标，并完善两核制度，加强两核管理，科学设定权限；提高两核人员素质，实行资格考核；提高两核技术，提升电子化、信息化、网络化工作水平。

三、加强对子公司的业务检查，建立有效的信息沟通报告制度

除了常规性的财务信息沟通报告制度外，集团内部应建立良好的经营信息沟通渠道，而不仅仅限于强制性的财务信息报告。有效的沟通包括信息在主体中的向下、平行和向上的流动。集团内部不同部门、不同职级的风险管理职责不同，各部门职责也有交叉，任何一个单位不可能单独完成某一风险的管理。因此，在集团整体的财务风险管理中，需要建立包括投资、精算、财务等各部门紧密合作的体系结构，同时，要有完善的信息系统和信息沟通规则。沟通方式可以采取备忘录、电子邮件、公告板、网络，等等，在沟通过程中还应该注重信息的即时性以及信息的质量。另一方面，公司内部与公司外部也应该建立起有效的沟通，例如与客户之间，与同类公司以及投资者之间。

四、制定相关规定，规避洗钱风险

对于正高速发展的保险业而言，易受到洗钱势力的关注。对此，中国人民银行、中国保监会、中国银监会等机构多次下文，对洗钱等犯罪行为进行公示，对金融机构参与洗钱进行严格的禁止。2006 年保监会还在《保险公司合规管理指导意见（草案）》中明确将反洗钱作为保险公司内设合规管理部门的职能。从集团监管而言，应该重视并避免子公司出现为片面追求规模而忽视反洗钱危害的风险，并在内部制定反洗钱的相关规定，指导从业人员合法合规地开展业务，规避风险。

专题 2－3：保险业资产负债管理理论演进历程

保险业资产负债管理经过了以下四个发展阶段：

第一阶段是传统的资产负债管理。传统的资产负债管理认为，保险企业传统上是一个以销售保险产品为主的负债型企业，资产投资只是为了保证企业实现偿付承诺，保持财务稳定性的一个必要工具。从这个角度看，保险企业所实现的承保业务是由市场需求所决定的。在特定的经营期间，承保业务的结构是固定的和难以调整的，或者说，保险业务对于保险企业来说是一种被动性的负债；相反地，资产投资业务虽然是从属于承保业务的，但资产投资的结构则是保险企业能够较为主动掌握的，而且可以根据负债的特征随时加以调整。因此，资产负债管理通常将负债方（承保业务）看成是固定的或是现有的前提，通过对资产方（投资业务）结构的调整和控制，来实现作为负债方的承保业务的偿付资金需求。这种做法实际上只是在负债方数据基础上的对资产方的单方面管理和控制，即负债主导型的资产负债管理。

传统的资产负债管理可以从微观和宏观两个层面来理解。微观的资产负债管理，是从保险企业的保险产品组合中的单个分支出发，即某个单一的险种或产品类型，分别考虑这种单一分支下保险资金的投资，从而形成针对特定负债分支的特定的投资控制，并实现这一分支的盈利。微观层面的资产负债管理首先是将保险负债按产品线进行分组，将数量等于各组产品的法定准备金账面价值的资金始终保持在各个分组的账户中。然后，再根据各个分组产品的特性以及法定允许的保险资金投资品种，对各组资产进行优化管理。因此，微观层面的资产负债管理实际上是将负债和资产加以分解，实现按产品线的各自独立。实践中，匹配策略或免疫策略是传统的微观层面资产负债管理中经常使用的方法，并且在寿险业得到广泛重视。宏观层面的资产负债管理则是指战略上的资产配置，也就是说，对于主要的投资工具，如银行存款、债券、基金、股票或不动产等，其投资比例的决策是在考虑了保险负债的总体特征后作出。不同级别的投资工具的配置所要达到的目标是，投资能够满足负债方的偿付要求。在宏观层面资产负债管理的实际操作中，资产组合理论及其派生出的工具和方法被得到广泛的应用。

第二阶段是并行的资产负债管理。并行的资产负债管理是保险公司集成化管理的一个子系统，它包括投资组合和保险产品组合两个方面的相互协调。与传统的资产负债管理只从资产方单方面考虑投资组合不同，并行资产负债管理强调了保险负债和资产投资之间的交互作用，其目标也不再仅仅是满足负债方的偿付要求，还包括了有关公司整体的成本收益方面的目标。也就是说，并行资产负债管理不仅从安全性和流动性方面追求财务的稳定性，要求最小化偿付不足的风险，而且从盈利性方面进一步追求收益的最大化。而风险最小化和收益最大化之间往往是相互冲突的，这就需要通过对资产和负债结构的调整，在这两个目标之间寻找均衡点。

在并行的资产负债管理思想指导下，保险公司为了自身资产负债管理目标的实现，必须严格围绕公司总体目标，确立好保险产品、资产投资的战略，两者之间不可偏颇。承保业务和投资业务之间并不只是单向的关系，不仅投资结构需要考虑承保业务的特征，承保业务的发展和扩大同样也需要考虑资产方的特征，承保业务的发展并不是无限制的，它受到资产的规模和特征的制约。因此，从长远来看，资产负债管理的这两个方面是相互牵制、相互依赖的。资产负债的平衡是一个时间上连续的且两个方面同时进行决策的过程。并行的资产负债管理尤其在财产保险公司（包括直保和再保公司）的集成化组合管理中得到广泛使用，主要是根据风险和收益的目标，同时确定最优的保险产品组合和投资组合的结构。

第三阶段是针对全面金融风险的资产负债管理。匹配理论发展到 20 世纪 90 年代后，人们发现影响保险企业的风险远不止利率风险。因此，有必要全面考虑企业资产和负债所面临的风险，并且应当同时考虑风险对资产和负债以及盈余造成何种影响。资产负债管理的观念从财务上追求稳定性和收益性，转移到从保险企业整体的风险控制上，将资产负债管理的职能与保险企业内部其他职能紧密结合起来，综合考虑企业的整体风险和收益。这一阶段资产负债管理特征体现为全面的金融风险管理，它强调资产负债管理是保险企业为实现既定目标对利率风险、汇率风险、流动性风险、承保风险等诸多风险进行动态管理的过程，其目标是实现“安全性、流动性、收益性”三者的动态平衡。具体的管理行为是基于整体的风险暴露而对资产和负债进行整合匹配，同时强调资产负债管理具有独立的决策和管理职能。针对全面金融风险的资产负债管理拓展了风险管理的对象，也暗示了各风险因素之间存在的内在关联性，以及它们对保险企业价值的影响。

第四阶段是高度整合的资产负债管理。它以股东财富价值最大化为目标，将资产负债管理视为一个复杂的系统工程，通过对金融机构（包括保险公司）表内外资产负债的类型、数量、期限、风险进行选择和控制，从总量和结构两个方面实施动态的最优化管理。它既是企业金融风险管理、资本管理以及战略业务管理的综合结果，同时也强调了利用资本市场上各种资产和负债工具进行调节和控制的必要性。

在此基础上将资产负债管理确定为企业经营管理的核心地位。其主要特征是：制定了连续一致的资产负债管理框架，密切协调财务管理、金融风险管理和战略管理，从战略、战术上对企业整体风险头寸进行独立、全面的管理。

高度整合的资产负债管理具有以下特点：一是资产负债管理内容的全面性和功能的集成性。从宏观的角度看，资产负债管理系统是保险公司人力、物力、财力以及信息的高度综合。它就像保险公司的“大脑”，支配着企业内部的物质、能量和信息有序流动，处于保险公司的核心地位。不仅涉及保险公司的全面风险管理，还涉及企业的最优资本结构、企业战略等决策问题；从微观的角度看，它是对影响保险公司盈余价值的各种金融风险的高度集中，同时也是对传统资产管理、负债管理以及资产负债匹配管理的高度集成。二是资产负债管理技术的先进性。高度整合的资产负债管理是全面风险管理、财务管理以及战略管理的高度整合，这一整合是经济学原理与系统控制理论相结合的产物。系统思想、控制理论和信息论最优化思想以及风险控制技术是高度整合的资产负债管理的技术保障，贯穿其始终。目前，许多保险公司采用了静态技术与动态技术相结合的混合管理模式，并逐渐将传统金融资产配置手段与现代金融工程技术相结合。三是资产负债管理理念的创新性和实际可操作性。高度整合的资产负债管理以现代金融理论中的套期保值和风险套利为指导思想，在综合考虑风险的基础上，以企业价值或股东财富最大化为最终目标，对资产/负债进行协调管理，突破了传统职能分工理念下资产与负债的分割管理，将系统的整合性和杠杆控制原理运用于业务管理中；此外，资产/负债的调解与控制是以新型的组织结构和流程管理为物质保障，具有较强的可操作性。实施高度整合的资产负债管理将是未来保险企业和保险集团的必然发展趋势。

专题 2－4：COSO 和我国有关机构关于全面风险管理的探索

内部控制实质上是一种制度与操作层面的风险管理。COSO（Committee of Sponsoring Organization，简称 COSO）是美国专门致力于研究内部控制问题的民间专业团体。COSO 1992 年发布了其研究成果《内部控制——整合框架》（COSO，1992），并于 1994 年进行了增补。《内部控制——整合框架》将内部控制定义为由企业的管理层和一般员工共同参与的为实现既定的内控目标提供合理保证的过程。它提出的内控目标有三个：（1）保证财务报告的可靠性；（2）提升经营的效果和效率；（3）保证对法律法规的遵循。它认为内部控制由控制环境、风险评估、控制活动、信息与沟通、监控这五个相互关联的要素构成。由于 1992 年《内部控制——整合框架》存在包括没有从企业全局与战略的高度来关注企业风险等局限，加之美国 2002

年颁布的萨班斯法案也要求上市公司关注并加强全面风险管理，促成了《企业风险管理——整合框架》的发布。

尽管很多企业意识到全面风险管理，但是对全面风险管理有清晰理解的却不多，已经实施了全面风险管理的企业则更少。为了改变这种状况，COSO 从 2001 年起开始进行这方面的研究，于 2004 年正式发布了《企业风险管理——整合框架》（COSO，2004），该框架的核心就是倡导企业全面风险管理。

《企业风险管理——整合框架》将企业风险管理定义为：企业风险管理是一个由企业董事会、管理层和其他员工共同参与的，应用于企业战略制定和企业内部各个层次与部门的，用于识别可能对企业造成潜在影响的事项并在其风险偏好范围内进行多层面、流程化的风险管理过程，它为企业目标实现提供合理保证。《企业风险管理——整合框架》是具有三个维度的有机整体，三个维度是目标、要素和企业层级。风险管理目标有四个：战略目标、经营目标、报告目标和合规目标。要素有八个：内部环境、目标设定、事件识别、风险评估、风险对策、控制活动、信息和交流、监控。企业层级包括整个企业、各职能部门、各条业务线及下属各子公司。三个维度的关系是：八个要素都是为企业的四个目标服务的；企业各个层级都要坚持同样的四个目标；每个层次都必须从以上八个要素入手进行风险管理。《企业风险管理——整合框架》的八大风险管理要素含义分别是：（1）内部环境——包含组织的基调，它为主体内的人员如何认识和对待风险设定了基础，包括风险管理理念和风险容量、诚信和道德价值观，以及他们所处的经营环境。（2）目标设定——为管理当局识别影响目标实现的潜在事项提供前提，确保所选定的目标支持和切合该主体的使命，并且与它的风险容量相符。（3）事项识别——识别影响主体目标实现的内部和外部事项，区分风险和机会。（4）风险评估——通过考虑风险的可能性和影响来对其加以分析，并以此作为决定如何进行管理的依据。（5）风险应对——管理当局选择风险应对策略，即回避、承受、降低或者分担风险，采取一系列行动以便把风险控制在主体的风险容限和风险容量以内。（6）控制活动——确保风险应对措施得以有效落实而制定和执行的政策和程序。（7）信息与沟通——使员工能履行其职责的方式和时机去识别、获取和沟通相关信息，包括信息在主体中的向上、平行和向下流动。（8）监督——进行全面监督，必要时加以修改。监督可以通过持续的管理活动来完成，也可以借助个别评价，或者两者兼而有之。从《企业风险管理——整合框架》的风险管理要素来看，风险管理基本流程包括构建实施风险管理的基础环境、建立风险管理目标、风险分析、风险管理等。

2006 年 7 月 15 日，我国财政部、国资委、证监会、审计署、银监会、保监会联合发起成立了企业内部控制标准委员会，许多监管部门、大型企业、行业组织、中介机构、科研院所的领导和专家学者积极参与其中。2007 年 3 月，财政部发布了企业内部控制标准委员会在短短半年内的丰硕研究成果——《企业内部控制规范——基本规范》和 17 项具体规范（征求意见稿）。国资委也在 2006 年发布了

《中央企业全面风险管理指引》①，全面借鉴了COSO－ERM的精髓，将内部控制从理念到实务提升到全面风险管理高度，对企业实践有重要的指导意义。

专题2－5：资产负债管理技术在财务风险管理中的应用

保险企业资产负债管理技术主要可分为表内资产负债管理技术和资产负债管理的证券化技术。后者需要种类齐全的金融衍生工具和较发达的金融市场以及相关的法律环境。目前，我国保险集团主要运用表内资产负债管理技术，并积极准备和研究保险证券化技术。

一、表内资产负债管理技术

表内资产负债管理技术，主要包括现金流量测试、现金流量匹配、免疫法以及动态财务分析法。

（一）现金流量测试（Cash Flow Testing）

现金流量测试是在某一确定评估日、在一系列假设情况下，通过预测和比较资产与负债在未来某时间段内可能的现金流量的时间、数额，分析保险公司的财务状况，以确认保险公司是否能提取充足的责任准备金，使得准备金与资产现金流之和能够满足负债所要求的现金流。美国纽约州保险署在保险公司资产负债监管领域内走在众多监管机构的前列，它早在1986年就颁布了专门的监管法规，要求纽约州内所有销售年金和保证收入合同（Guaranteed Income Contract，简称GIC）的保险公司每年进行“现金流量测试”的资产负债分析，并提交精算报告，那些没有进行现金流量测试的保险公司则被要求提存高额的准备金。到1993年，美国保险监督官协会也采纳了标准估值法案（Standard Valuation Law），该法案要求所有保险公司执行现金流量测试以确保其持有充足的准备金。测试的具体规则必须依照精算标准委员会的规定，考虑利率变化对保险公司负债（比如退保率、附加保费支付等情况）和资产（如贷款抵押证券、政府债券等）的各种影响。这种检测由精算师评估在七种利率模拟情况下（表2－5）的潜在影响。

表2－5　　现金流量测试的七种利率模拟情况

情景模拟1	水平	同现行利率没有偏差
情景模拟2	上升	十年内每年上升0.5%，然后保持不变
情景模拟3	帽形	五年内每年上升1%，然后五年内每年下降1%，最后保持不变

① http：//www.sasac.gov.cn/gzjg/qygg/200606200105.htm.

续表

情景模拟4	突然上升	利率突然上升3%，然后保持不变
情景模拟5	下降	十年内每年下降0.5%，然后保持不变
情景模拟6	梯形	五年内每年下降1%，然后五年内每年上升1%，最后保持不变
情景模拟7	突然下降	利率突然下降3%，然后保持不变

现金流量测试要求在每种情形下采用利润表来预测利率发生变化后总收入和总支出的变化，并据此计算出净现金流的变化。尽管现金流量测试是ALM的一种非常有用的检测工具，但它仍然有很大的局限性。它没有考虑到一家经营状况良好的公司新业务的销售额，未能考虑其他类型的风险，比如，一般经营风险、货币兑换波动和股票价格的波动。

（二）现金流量匹配（Cash Flow Matching）

保险公司可以使其资产和负债的现金流量在时点和金额上达成一致，从而消除利率风险的影响，这样的过程被称为现金流量匹配。保险资金现金流量匹配通常使用线性规划法，使资产和负债现金流之间的不平衡达到最小。如可以购买一个政府债券的组合，使其到期日与公司债务的到期日完全一致。尽管现金流量匹配理论上可以完全消除利率风险，但在实务中却难于操作，其主要原因有：现金流的不确定性，主要障碍是负债期限的不确定性，当负债现金流到期延长，与之相匹配的资产在市场上若不存在，则不可能完全匹配；匹配会降低弹性，即使在现金流量匹配可行的情况下，它也会给公司带来太多的限制，容易造成利润损失。要使资产和负债的现金流量精确对应，保险公司所接受的债券收益就可能会低于有轻微不匹配情况下的收益。

（三）免疫法（Immunization）

替代现金流量匹配的一种更富有弹性的方法是将资产和负债的利率敏感程度相匹配，这称为“免疫法”，其主要目的是防止或免除利率变化带来的损失。免疫法的理论基础是，免疫的投资策略能够抵抗利率的不利变动，即如果利率发生不利于投资活动的变动时，整个投资策略仍然能够在目标时刻点实现预定的价值。这可以通过构造资产组合来实现，这样利率变化对负债价值的影响会抵消利率变化对资产价值的相应影响。免疫策略的首要原则是将资产和负债的久期相匹配，确保两者相等。现金流量的久期可以被看作是现金流量实现的平均时间，比如8年期的无息债券的久期是8年，到期价值和到期收益相同的6年期和10年期无息债券的投资组合的久期也是8年。付息债券久期的计算比较复杂，例如，假设某30年期的债券，面值为1万美元，利息率为6%，债券持有者在30年中每半年收到300美元的支付，最后收回本金，其久期的计算应先计算每笔支付的现在贴现值以及占债券总价值的百分比，然后利用百分比计算收到所有支付所需要的加权平均时间，按这一过程就可以计算出该债券的久期为14.2年（表2-6）。

表 2-6　　30 年债券久期的计算过程

(1) 支付序号	(2) 未来支付时间 (年)	(3) 金额 (USD)	(4) 贴现值 (USD)	(5) 占总价值的百分比%	(2) × (5)
1	0.5	300	291.26	2.91	0.015
2	1.0	300	282.78	2.83	0.028
3	1.5	300	274.54	2.75	0.041
4	2.0	300	266.55	2.67	0.053
5	2.5	300	258.78	2.59	0.065
……	……	……	……	……	……
59	29.5	300	52.45	0.52	0.155
60	30.0	300	50.92	0.51	0.153
本金	30.0	10 000	1 697.33	16.97	5.092
			100 000	100	14.235

久期可以通过 Microsoft Excel 或其他软件迅速计算。资产和负债的久期是他们的价值对于利率变化的敏感度的一个很好的近似。例如，上述 14.2 年久期的债券表明利率上升一个百分点会使其价值下降 14.2 个百分点（利率与债券价格成反方向变动）。保险公司计算出资产和负债的久期后，必须确保两者相等。由于久期随利率波动而变化，久期匹配法仅能应付基本的利率风险，但却不是一个彻底的解决办法。即使最初资产和负债有相同的久期，它们的久期也可能由于利率的变动而变化。为处理这个问题，保险公司也可以控制资产和负债的凸性。凸性衡量的是久期随利率变化的速度。通过资产和负债的久期和凸性的匹配，保险公司可以更精确地规避利率风险。尽管久期和凸性匹配的免疫法很有用，但这种方法有其根本的局限性。许多负债和资产的现金流量十分不确定，这使得很难计算它们的久期。久期分析也不适用于长、短期债券收益差异变化的情况，所以，保险公司应当将久期匹配作为更复杂的 ALM 方法的一种有效补充。

（四）动态偿付能力检测（Dynamic Solvency Testing）

动态偿付能力检测有时被称为财务状况的动态分析或动态财务状况分析，即运用模拟模型，用资产、负债和所有者权益来预测未来一段时间内保险公司的现存业务和未来业务。动态偿付能力测试也属于利率敏感型现金流量分析，其特点在于功能比较广泛。它不仅仅静态地考察资产负债表中的某个项目，而是在较广泛的区间内监控保险公司的整体财务状况，并在不确定和变化的市场环境下考察保险公司的财务状况。与静态资本充足率测试相比，动态偿付能力测试具有更强的预警性，能预测保险公司对未来不利状况影响的承受力。同时，能促使精算师认真分析各种因素，并确定针对某一具体保险公司的偿付能力状况各种因素的相对重要程度，然后根据公司自身的风险结构确定重点测试的对象。同时，动态偿付能力测试还测试在利率、退保率、投资策略等因素变化时已生效业务和新业务的现金流量的变化，从而检测保险公司的准备金、资本和盈余的充足性，以识别威胁偿付能力的因素。动态偿付能力测试通常先假设资产大于负债，即承认公司拥有资本和盈余，然后在多种利率假设和其他假设下预测未来的现金流。所要考虑的风险要素包括资产风险、负债风险、承保风险和投资风险，并认定这四个风险要素之间是相互关联和交织的，比如，利率的提高会降低债券价值但提高了其他投资收益，同时伴随了通货膨胀。通货膨胀与恶化的经济环境直接相关，可能影响损失的概率分布，理赔成本可能增加。因此，损失准备金的提取和利润都会受到影响。

动态偿付能力测试的典型方法是风险资本法（Risk Based Capital，简称 RBC）。风险资本法是一种非常有效的偿付能力管理的方法，也是目前资产负债管理中最为有效和复杂的测试方法。风险资本概念是在每家保险公司自身的风险状况下，评价该保险公司的资本和盈余是否充足。其基本理念是：保险公司的违约风险主要取决于现金流的风险（变异程度），而现金流与公司的资产和负债紧密相关；最低风险资本标准对应设定了能够承受无偿付能力的最大概率；风险资本标准系统的相关目标是为了使监管者能够在损失程度扩大之前，根据早期预测结果进行干预，以减少公司丧失偿付能力后的实际成本；风险资本标准通过适当的方式，将保险公司各类资产、负债及其他风险的风险成本加总，得到一个总数，即为公司所需的资本数额；监管者根据规定的资本和盈余计算公式来评估保险公司报告的法定资本和盈余，从而识别资本和盈余水平不足的公司。

考虑到资产负债管理的各种方法的适用性及其实现的难易程度，我国保险公司可对自身的资产负债情况进行梳理，结合已有的管理基础和运用目的，选择资产负债管理技术。可以从现金流量测试、现金流量匹配等相对简单的方法入手，根据公司的实际情况进行细化并实施。随着资产负债管理工作的深入展开，逐步引入动态财务分析模型。也可以采取外包的方式，与国际专业机构合作，逐步培育我国保险集团的风险管理专业人才，提高保险集团的风险管理能力。

二、资产负债管理的证券化技术

保险证券化是指保险业中创造出的、由一组资产或负债的现金流量支持的证券。保险证券化能为保险公司增加资产负债的流动性，并提供新的资金来源。保险证券化技术分为保险资产证券化和保险负债证券化。保险资产证券化主要指保单抵押贷款证券化和保费收入证券化，保险负债证券化则以巨灾风险证券化和保险产品证券化为主要形式。

资产负债管理的证券化技术对增强保险公司核心竞争力，提高保险公司抵御风险的能力，实现保险资源的有效分配，拓展多元化的融资渠道，化解和防范金融风险等具有重大意义。因此，我国应积极推进保险证券化的实施。

保险集团下属的产险公司和寿险公司经营具有不同的特点，保险证券化的对象重点也有所不同。寿险公司的业务具有长期性，利率因素以及由利率变动引发的保单持有人行为变化可能会使寿险公司出现大量现金流出，从而对偿付能力产生较为严重的影响，寿险公司主要运用资产证券化技术，保单抵押贷款和保费收入都具有证券化资产的条件，可以通过证券化帮助寿险公司获得资金，从缓解现金压力的角度舒缓偿付能力风险。

（一）保险资产证券化

1. 保单抵押贷款证券化。寿险保单一般都给保单持有人提供一个贷款期权，保单持有人可以选择以保单的现金价值作为抵押，向保险公司申请贷款，而不必解除保单。如果市场利率上升，可能促进保单贷款权利被保单持有人短期大量使用，出现流动性风险，导致公司陷入偿付能力困境。为解决保单贷款的流动性问题及规避利率风险，保险公司可将保单贷款组合证券化。其具体运作程序为：将保单贷款进行组合打包，将期限类别相近的保单贷款结合起来，其次成立一家特殊目的组织（SPV），它只从事单一业务：购买证券化资产并以此为担保发行证券；最后设计和销售证券，将来以保单贷款本金和利息产生的现金流支付证券投资者。

2. 保费收入证券化。保险公司的年金业务有效期长，如果采取期缴均衡保费的话，保单首年度保费远不能应付首年度佣金支出以及其他相关经营费用的需要，最初几个经营年度的费用缺口较大。因此，公司业务发展越快，其对现金的需要就越多，尤其是新公司就更是如此，这样传统的融资方式，如留存盈余、银行贷款、再保险等，就可能不能满足保险公司最初几个经营年度的资金需求，证券化可以提供新的融资渠道，以支持业务的快速发展。

保险公司可以将某一时期的年金业务从其他时期的业务中分离出来，在扣除再保险费后，将这些业务以后某一时期的保费收入要求权卖给 SPV，获得现金收入。而 SPV 以此为基础，向投资者发行债券，债券的利息来自于 SPV 对于发行收入的运用和对来自年金保险合同的投保人所缴纳的保费的运用。

虽然国外一些寿险公司已经开展了保险资产证券化的创新尝试，但这种交易还不成熟，证券化的成本较高，目前尚未得到广泛运用，我国目前还不具备开展保险证券化的条件。但保单贷款证券化和保费收入证券化仍给保险公司资产负债管理和偿付能力管理提供了有益的启示。首先，我国寿险公司普遍经营时间较短，多数公司的开业正处于利率下降时期，保单持有人使用贷款权利主要出于资金短缺而不是利差投机，保单贷款十分有限，并未对寿险公司构成“挤兑”压力。随着 2004 年以来进入升息周期，我国寿险公司不应忽视保单贷款对现金的冲击，保单抵押贷款证券化是一个应对措施。其次，保费收入证券化给高利率保单的处理提供了一个创新技术。我国高利率保单多为长期性缴纳保费的养老金业务，由于具有较高的“消费者剩余”，保单持有人一般不会轻易终止保单，保费收入现金流较为稳定，具有较好的证券化资产的特点。若能将 1996 ~ 1997 年期间的高利率保单证券化，由 SPV 操作并进行保费运作，在国际上成熟资本市场中，这些高利率保单保费汇集的资金就可能获得较为理想的投资收益，满足预定利率要求。我国保险公司由此就可以将高利率保单业务从资产负债表上转移，消除偿付能力隐患。

（二）保险负债证券化

1. 保险产品证券化，是保险产品在传统保障功能的基础上，逐步增加储蓄和投资功能的演化过程。保险产品可以视为一种广义的证券，保险公司通过发行这类特殊设计的证券，在满足客户需求的前提下为保险筹集大量资金。客户在要求保险提供风险保障之外，对保险产品提出了保值增值的需求，我国保险公司应加快发展新型产品以满足社会不同群体的需求。我国加入世界贸易组织以后，伴随大量外资保险公司的进入，它们带来了大量成熟保险产品，我国保险集团必须在切实防范保险资金风险的前提下，加大保险产品创新力度，提高核心竞争力。我国保险产品的开发要注重研究分析市场需求，扩大保险产品的渗透力和覆盖面，增强保险市场的层次性：第一，大力发展投资连结产品等储蓄替代产品。加快推出与利率、汇率、股价指数和债市指数相连结的新产品。第二，通过应用信息技术，开发具有基于风险因素、业务特征、市场、营销渠道数据的浮动费率的产品。第三，加强银保合作，探索复合型产品。可通过产品开发、销售、服务、信用体系建设等方面的银保合作，进一步满足消费者复合型、多样化的金融消费需求。第四，加强行业合作研究。建立行业内信息共享、合作研究的企业间组织，在互利原则下，共享研究成果，增强保险产品开发能力。

2. 巨灾风险证券化。产险公司经营易受突发巨灾事件的影响，巨灾风险会造成巨灾损失，可能会导致保险人由于大量现金流出而突然丧失其偿付能力。国外大多数产险公司运用巨灾风险证券化产品对飓风、地震等巨灾引起的风险进行套期保值。1995 年美国投资银行、再保险公司以负债证券化（融资证券化）的形式开发出场外交易保险衍生产品。这种证券不在交易所交易，交易方式很像私募或者适应顾客需要的远期合约或期权。这种证券化的再保险合同被看成是一种类似于垃圾债券的高回报债券，如美国加利福尼亚地震局发行的 15 亿美元的地震风险债券。巨灾债券是巨灾风险证券化的主要产品。目前，保险衍生品及证券化工具市场虽然还未得到充足发展，但作为传统再保险的替代或补充，可以有效地解决巨灾保险的承保能力缺口。我国保险集团应积极研究巨灾风险证券化产品，在市场条件具备及法律政策环境成熟时发行收益与指定巨灾损失相连结的债券，将部分巨灾险转移到债券市场。

专题 2－6：不同投资渠道的风险管理措施

保险集团投资管理所面临的主要风险包括市场风险、信用风险、流动性风险、结算风险、操作风险和法律法规风险等，针对这些风险，可以采取的措施是：市场风险实行风险预算管理，动态监控各大类资产各类敏感性指标；信用风险管理采取信用产品评级、交易对手授信、设置产品额度等措施进行；流动性风险管理主要是做好备付流动性管理，确保达到预先设定比例的流动性管理目标；结算风险管理主要是对交易对手的结算敞口限额实现动态监控管理和加强事后稽核检查；操作风险管理重点是规范企业年金基金业务流程，加强事后稽核检查；充分利用交易系统风险管理功能，设定交易比例限制、阈值控制（授权、审批手续），动态监控交易执行情况；法律法规风险管理措施主要是设定零风险容忍度的管理目标，对相关法律法规中设定的控制比例、业务限制等纳入操作风险管理；关注并持续跟踪法律法规的最新发展，准确理解其规定及精神，正确把握法律法规对公司经营和投资管理的影响，为投资决策提供合规建议；对违反法律法规禁止行为或合同"陷阱"等，通过法律专职人员或聘请常年法律顾问进行防范和管理。以下针对各种不同的投资渠道提出完善风险管理的措施。

一、债券投资风险管理措施

（一）利率风险防范

中国债券市场特殊的利率风险对保险资金的影响表现在以下几个方面：第一，债券利率并不完全是由市场需求决定的，其中可能存在套利机会；第二，长期债券投资的收益有限；第三，债券投资虽可以提高期望收益率，但因和储蓄存款利率高度正相关，其在保险资金组合中分散风险的能力由此大大降低。因此，债券在整个投资组合中虽然是很主要的一部分，但应控制适当的投资比例。

（二）信用风险防范

设立债券投资的资信水平下限，建立矩阵式、跨部门的信用风险评估小组，建立公司内部的信用风险评级制度，定期评估持仓债券的信用风险。

（三）结算风险防范

场外交易一般通过银行转账方式进行资金清算。由于银行间交易尚未实现券、款对付，管理人应选择有利于委托人的交易方式，即卖出证券时见款付券，买入证券时见券付款。在管理人无法采用有利于委托人的交易方式时，托管人应对交易对手付款或付券的情况进行认真监督，防范委托资产的结算风险。

（四）操作风险防范

设置投资业务前台、中台、后台，严格分离业务前台、中台、后台的岗位责任。将债券账户细分为投资类账户、中间账户和交易类账户，并严格控制。完善债券业务风险管理系统，增强数据处理能力，支持实时、批量处理和日间数据采集。综合考虑收益与风险对债券业务进行绩效评价，并与某种基准（如债券指数）进行比较，以衡量该种资产组合的收益和风险与基准的差距。

二、证券投资基金投资风险管理措施

在证券投资基金风险防范中，应注重运用组合投资降低风险，建立基金投资组合，并根据投资组合的风险程度和可接受的风险水平进行动态调整，灵活运用对价值型股票基金和成长型股票基金的投资组合方式，合理运用股指期货等金融衍生工具控制系统性风险。

三、股票投资风险管理措施

我国当前保险资金投资股市的风险很大，收益的波动性对保险资金来说是一个很大的威胁，在股票投资中更应坚持“三性”的原则，并以安全性为首来协调各投资目标的冲突。应选择那些价值被低估的、业绩优良的、具有高成长潜力的公司进行股票投资，通过股票投资组合规避非系统风险。建立在 VaR 基础上进行风险评估，定期进行压力测试。制定合理的交易限额，以分散风险为核心确定股票投资结构，控制股票投资的比例。

四、基础设施投资风险管理措施

保监会《保险资金间接投资基础设施项目试点管理办法》对保险资金间接投资基础设施项目的风险管理进行了规范。

第一，委托人应当根据《保险投资风险控制指引（试行）》，建立投资计划风险控制制度。至少包括：产业、行业发展研究制度；项目评估、甄选和储备制度；投资决策制度；资金划拨授权制度；风险监督制度；投资计划当事人信用评估制度；突发事项紧急处理制度。委托人应当采取有效措施，防范投资过程中的决策风险、操作风险、信用风险、道德风险和法律风险。规范投资决策流程，建立集体决策制度，投资决策过程每一环节应当有风险责任人签字，防范投资决策风险；引入专业评估机构，建立信用评估制度，全面持续跟踪有关当事人的信用状况，防范信用风险；设置相关业务部门，建立岗位分离制度，梳理揭示投资计划投资的主要风险点，制定控制措施，防范投资操作风险；加强职业道德教育，建立投资监督制度，对重要岗位、主要人员和关键环节进行监督和制约，防范道德风险；审定合同要素条款，建立合规审查制度，起草、修改或者签订有关合同，应当经执业律师独立审查，防范法律风险。委托人的高级管理人员应当严格按照投资决策流程和风险控制制度作出决策。

第二，有关投资运作规则和风险控制方法。委托人、受托人应当组织有关专家和专业机构，从经济、社会、技术、财务等角度，论证投资计划的可行性。可行性报告应当包括：项目综合评估，主要对项目的社会必要性、经济合理性、技术先进性、财务可行性和市场前瞻性等进行评估；项目预算评估，主要对项目投资预算、项目资金来源与筹措方式的合规性、可靠性等进行评估；项目运营评估，主要对项目建设期和管理期的政策环境、管理方式、运营状况、配套设施，以及运营风险进行评估；项目效益评估，主要对项目财务收入、现金流量、资产负债、投资成本、投资收益、项目方偿付能力等进行评估；各方当事人评估，主要对相关当事人的法人资格、治理结构、资产负债能力、资信状况等进行评估；投资信用评估，主要对投资计划担保人资格、担保能力、抵押物价值等进行评估；投资风险评估，主要对投资计划面临风险及不确定性进行评估。委托人、受益人应当及时与受托人、托管人、独立监督人通报相关信息，跟踪监测投资计划执行和具体管理情况。委托人、受益人跟踪监测，应当包括：各方当事人情况；相关法律法规和政策调整情况；投资计划运作和项目运营情况；项目有关担保情况。

第三，投资计划以债权方式投资基础设施项目应当取得担保，投资计划以股权方式投资基础设施项目，受托人至少采取以下风险控制措施：必须取得对所投资的项目的决策权，必须取得项目方的至少一个董事席位，确保具有可执行的股权退出机制。

五、房地产市场投资风险管理措施

由于我国房地产市场一级市场专业性很强，二级交易尚处于初级阶段，易于积聚风险引发泡沫。目前，我国保险资金尚未允许投资房地产。但随着我国房地产市场逐步成熟和理性，保险资金投资房地产是可行的。房地产项目能为保险公司带来长期稳定的现金流收入，符合寿险业务的资产负债匹配原则，有助于保险公司持续改善投资收益率。房地产投资中必须控制风险，尤其是流动性风险。保险公司可以通过证券投资基金与产业投资基金进入房地产融资市场，如投资于证券投资基金，通过投资基金的运营，投资于与房地产相关的证券。在保险资金运用范围进一步拓宽以后，保险公司可以考虑直接购买房地产类的证券，也可以与房地产开发商联合起来，共同合作进行房地产开发建设。对房地产的投资比例应严格控制，与房地产领域的机构合作时必须要经过严格的资信评估，并选聘相关的房地产投资咨询公司及时为保险企业提供配套的信息服务，规避信用风险。

六、保险外汇资金投资的汇率风险管理

第一，运用远期外汇交易、货币期货、货币期权等金融工具进行套期保值是管理汇率风险的主要方法。我国保险集团将面对人民币进一步升值和汇率波动加剧的长期趋势。面对新的形势，保险集团要加强对宏观经济金融形势的判断，准确预测短期内汇率波动的趋势，比较准确地把握汇率变动的幅度，根据人民币汇率波动的情况，测算出需要购买相应的远期、期货、期权等合约，通过远期市场对保险外汇资产的头寸进行有效的套期保值，能够降低汇率波动带来的损失。

第二，扩大保险外汇资金运用规模，拓展外汇资金的投资渠道，优化投资组合，以提高外汇资金的投资收益，降低人民币升值预期下汇率变动带来的外汇资产损失。根据《保险外汇资金境外运用管理暂行办法》及实施细则的规定，保险公司的外汇资金可投资于银行存款、外国债券、银行票据、大额可转让存单以及中国企业海外上市股票等投资工具。但目前，保险外汇资金的投资领域主要集中在境内银行存款，

较低的银行存款利率给保险外汇资金的保值增值和抵御汇率波动的损失带来巨大的压力。因此，在政策允许的条件下，保险集团应拓展外汇资金的投资渠道，积极运用国际金融市场的金融产品，优化投资组合，分散投资风险，以提高外汇资金的投资收益，减弱汇率风险的消极影响。

第三，从我国目前保险投资来看，主要配置在固定收益证券部分，而美元计价的固定收益证券的等级和数量在全球固定收益证券市场仍占主导地位。我国人民币汇率形成机制是实行以市场供求为基础、参考一篮子货币进行调节、有管理的浮动汇率制度，在一篮子货币中，美元占重要权重，随着人民币对美元汇率升值的预期，我国外币资产贬值风险巨大。为分散美元汇率波动风险，可以考虑适当调整外汇资产的币种及相应的持有量，在当前形势下可适当减少美元资产持有量，这样使一币种外汇资产升值所带来的影响与另一币种外汇资产贬值所带来的影响产生抵消效应，从而从一定程度上缓解汇率风险，实现资产的保值增值。

第四，加强外汇资金的资产负债匹配管理。保险集团应在充分考虑外汇资产和负债特征的基础上，制定外汇资金投资策略，使不同的外汇资产和负债在数额、期限、性质、成本收益上相匹配，有效控制汇率风险。

第四章　完善保险集团外部监管的政策建议

保险集团因其组织架构的特点，可以节约成本，提升经营效率，享受综合经营之便利，更能适应金融市场竞争环境的变化需求，其兴起乃大势所趋。然而，如本书前面所述，保险集团因为其特殊经营，面临的风险也非常巨大。我国目前法律、法规或有关规章，均未对包括保险集团在内的金融控股公司进行严格界定。如对集团偿付能力、关联交易如何监管等。相比之下，发达市场的监管政策为我们提供了较好的借鉴。对跨行业经营的保险集团而言，如何对非保险类金融机构进行监管，做到政策统一，不能完全照搬对保险企业的偿付能力监管模式，必须在充分考虑集团内部金融业务发展的状况下，适时考虑并调整主导的监管政策，适当考虑以资本充足率为核心的监管模式。面对全球化金融竞争的严峻挑战，我们必须未雨绸缪，尽快着手完善监管体系，以维护金融业的健康稳定发展。

在第三章从集团角度进行财务风险管理的分析上，本章着重从外部监管，主要是保监会的角度进行分析，包括对集团公司本身的监管创新，对关联交易的监管、建立跨行业的信息共享机制等，同时针对第二章中涉及到的风险和第三章的分析，探讨完善外部监管的建议。本章第一节介绍了国际上比较典型的关于金融集团财务风险的监管政策；第二节探讨从外部监管的角度，如何加强保险集团的财务风险管理；第三节就创新保险集团监管模式提出一些初步设想。

第一节　国际上关于金融集团财务风险的监管政策

本节引介国际上对金融集团的财务风险监管政策，为国内的监管机构以及集团公司本身实施监管提供借鉴。首先是巴塞尔协议下对金融集团的财务风险监管措施，其次是欧盟 Solvency Ⅰ、Ⅱ下偿付能力监管架构针对保险集团内部的保险主业的监管，还有英美和我国台湾地区对金融集团财务风险监管的政策。

一、巴塞尔协议对金融集团财务风险监管的相关规定

1997 年 12 月，联合论坛建议巴塞尔委员会、IOSCO 和 IAIS 启动咨询程序，就金融集团监管的一系列文件征询业内人士的意见和看法。经过多次广泛征求意见，

1999 年 2 月，联合论坛发布了《金融集团监管原则》，并于 1999 年 12 月发布了《集团内部交易与风险暴露原则》和《风险集中原则》。2001 年 11 月，联合论坛发布了《核心原则——跨部门比较》和《风险管理实践与法定资本要求——跨部门比较》，这些文件共同构成了金融集团的监管框架。其中与财务风险监管密切关联的内容主要包括资本充足原则、监管信息共享的框架安排、监管信息共享的基本原则、集团内部交易与风险暴露原则、风险集中原则等。虽然整个框架是针对金融集团的，但作为金融行业的主要机构之一，保险集团的财务风险监管可以重点参考。

（一）金融集团的资本充足原则与计算方法

第一，及时察觉和解决资本金重复计算问题。第二，及时发现和解决母公司将债务以股本的形式转移给子公司从而导致财务杠杆率过高的问题。第三，识别和解决传导重复计算的机制，这种重复计算是因为母公司向子公司入股以及交叉持股造成的。第四，设计一种机制来解决金融集团内不受监管的实体承担的风险问题。第五，解决向子公司入股的问题并审慎处理少数股东与多数股东的利益问题。

（二）监管信息共享的框架安排

无论哪一类金融集团，任何一个监管者都不能单独获得所需的全部信息，监管部门之间信息共享是实现有效监管的关键。因此，各监管部门要加强相互之间的信息交换，包括成立新的金融集团、对新业务或新的监管范围的授权、金融集团结构监管、持续监管、明确和强调监管部门所关心的问题。

（三）监管信息共享的原则

第一，能有效监管金融集团等受监管实体，每个监管部门都应该获悉关于法律、制度框架以及其他监管者的目的和方法的充分信息。第二，监管部门应该积极主动地向其他监管部门提出重要问题，其他监管部门应该及时给出满意的答复。第三，监管部门应该及时主动地向主要监管部门通报新出现的问题，以及重大的和潜在的不利趋势的发展状况，包括已经采取和即将采取的监管措施。第四，除非特殊情况，当主要监管部门掌握着影响其他监管部门监管对象的重要信息时，主要监管部门应该及时与其他相关监管部门分享这类信息，包括正在和即将采取的措施。第五，监管部门应该有意识地采取措施建立和保持与其他监管部门的联系，相互之间创造一种合作与信任的气氛。监管部门应该参加区域性和国际性会议，并建立双边和多边的关系。

（四）集团内部交易与风险暴露原则

第一，监管者应当采取措施，直接或者通过被监管实体提供报告，说明多元化金融集团作为整体已经制定了足够的风险管理程序，包括关于内部交易及其风险暴露的内容。如果有必要，监管者应当考虑采取适当的措施强化这些过程。第二，如果有必要，监管者应当每天通过正规的报告或其他方法，监督被监管金融机构的内部交易和风险暴露情况，从而保持对综合经营的金融集团内部交易及风险暴露的清醒认识。第三，监管者应当鼓励内部交易和风险暴露程度的公开披露。第四，监管者之间应当紧密合作，确实了解其他监管者的关注事项，并且应当在对集团的内部交易采取任何行动时进行紧密合作。第五，监管者应当有效和适当地处理那些可能对被监管实体产生不良影响的内部交易。

（五）风险集中原则

监管部门应该直接或通过受监管实体采取行动，以确保金融集团具有足够的风险管理体系来管理整个集团的风险集中。在必要的时候，监管部门可以考虑采取适当的措施，来限制风险集中以加强内部风险管理；监管部门对重要的风险集中的监督应该建立在实时的基础上，同时也需要通过监管报告或其他手段来帮助形成对金融集团风险集中的清楚理解；监管部门应该鼓励公开披露金融集团的风险集中；监管部门之间应该相互沟通和合作，以确保各个监管部门对集团内的风险集中所采取的监管行动是适当的；监管部门应该有效地、适当地处理那些对集团内受监管实体有害的风险集中，不管这种危害是直接针对受监管实体的，还是通过危害整个集团从而损害受监管实体。

巴塞尔协议下的风险监管是对金融集团的整体监管提供框架性的监管策略，构成了各国（地区）对金融保险集团财务风险的基本框架。

二、欧盟 Solvency I、II 下的偿付能力监管

欧盟偿付能力监管框架始于 1973 年的第 1 号非寿险指令和 1979 年的第 1 号寿险指令。从 1997 年开始，欧盟组织了多次关于偿付能力体系修改和完善的评估工作，这些工作可以统称为“偿付能力 I 号工程（Solvency I Project）”，现行的偿付能力体系就是 I 号工程的结果。欧盟现行的偿付能力 I 号监管体系是由三个层次组成的：第一个层次是对责任准备金的评估；第二个层次是对资产价值的评估与认可；第三个层次是偿付能力边际的确定（一般称之为固定比例法，即偿付能力边际与资产和负债之间的关系用比例固定下来），这三个层次基本上反映了偿付能力需要考虑的主要因素。

欧盟委员会和欧盟理事会于 2000 年颁布了“金融服务行动计划（Financial Services Action Plan）”，目标是在金融服务行业建立“谨慎监管体系（Prudential Supervisory Regime）”的基础上，加快欧洲金融市场一体化建设步伐。按照这一指令的要求，欧盟委员会下属的保险委员会拟定了“偿付能力Ⅱ号工程（Solvency Ⅱ Project）”，目标是建立一套适应保险市场发展趋势和现实需要、避免过分复杂的全新保险偿付能力监管体系，统一成员国的保险监管立法规范，提高欧洲保险市场的运行效率。2001 年 5 月欧盟启动偿付能力 II 号工程，偿付能力 II 项目在综合借鉴欧盟各国、美国和加拿大的监管经验，借鉴《新巴塞尔资本协议》的监管思路的基础上，提出了一个新的“三支柱法”偿付能力监管体系框架，以现行的最低偿付能力

规定、审慎的监管评价和市场力量的监督管理为“三支柱”①，将偿付能力监管根植于评价和控制保险公司的经营风险、确保保险公司财务稳定的基础之上。

欧盟的偿付能力架构有针对性地指出保险行业现行的监管制度的重点所在，其基准也是巴塞尔协议项下的资本充足率在保险行业的充分体现。国内保险监管正在大力推行的偿付能力监管体系，总体来说还处于偿付能力 I 号准则的实施框架内，而新会计准则实施一定程度缩小了会计核算与偿付能力额度确认之间的差异，应予以加强。近期中国保监会推出的《偿付能力编报制度》中明确将保险集团纳入其中，这是非常好的趋势。

三、美国对金融控股公司财务风险的监管

为了适应现代金融发展和金融深化的趋势，美国国会于 1999 年 11 月通过了《金融服务现代化法》（简称 G－L－B 法），认可通过金融控股公司的形式进行银行业、证券业和保险业的综合经营。对于如何改革完善建立在分业经营体制基础上的金融监管框架，以适应综合经营金融体制的监管需要，G－L－B 法提出了功能监管的概念。按照 G－L－B 法规定，美联储是金融控股公司的基本监管者（也被称为伞形监管者），金融控股公司的银行类子公司仍然由美联储、货币监理署（OCC）、州银行监管者和联邦存款保险公司（FDIC）等共同监管，证券交易委员会（SEC）和州保险监管署分别负责对证券业和保险业的监管。

G－L－B 法涉及金融控股公司财务风险监管的内容主要包括：

第一，业务监管。金融控股公司可以从事由联邦储备理事会通过条例或命令决定的各类业务活动，可以购进并持有从事性质上属于金融活动或辅助性金融活动或补充性金融活动且一般不会对存款机构或金融体系的安全和健康运行产生较大风险的公司股份。某项业务活动是否属于金融活动或辅助性金融活动，由联邦储备理事会与财政部长协商确定。

第二，报告和检查制度。美联储可随时随地对金融控股公司及其银行子公司的财务状况和守法状况进行检查，并要求功能监管机构向其提供有关非银行子公司财务状况和守法状况的报告。

---

① 第一支柱是根据保险公司的承保信息及资产负债状况建立以风险为基础的最低偿付能力规定。鼓励保险公司采用多情境测试法及概率计算法等内部风险模型来评估其资产风险、负债风险及运营风险，同时要求责任准备金及其他负债都要与资产间建立严格的匹配关系，并严格控制非认可资产的标准和比例。现行的监管体系可以并入到第一支柱中，并进行技术上的调整与完善。第二支柱是审慎的监管评价。监管机构应全面评估保险公司风险管理和内部控制的有效性和力度，包括是否全面理解认知其面临的全部风险点，是否具有完善的内部控制和风险管理制度，该制度是否有效地执行，对各种风险是否进行有效的多情境压力测试、资产负债管理制度是否健全、再保险制度是否合理有效等。第三支柱是引入市场力量监督和管理。保险公司必须进行充分透明的市场信息披露，使市场参与者（保单持有人、投资者和合作伙伴）能充分评估保险公司的业务情况、资产和负债风险、资本充足情况、管理水平和内部风险控制体系，并鼓励独立的顾问咨询机构对保险公司的财务状况和风险状况进行独立的评估，作为投资者、保单持有人决策的依据，也可以作为监管机构的参考。

第三，资本要求。联邦储备理事会研究、制定或评估金融控股公司及其银行子公司的资本或资本充足性规则、指导意见、标准或要求。

第四，保持防火墙制度。G-L-B 法继续保持了《联邦储备法》中的防火墙制度，主要内容包括：在金融控股公司内部，银行机构对所有非银行机构（包括金融控股公司本身）的贷款合计不得超过银行资本的 20%，对每个非银行机构的贷款不超过银行资本的 10%，而且非银行机构必须提供以政府债券或现金为主的抵押或担保；银行对内部非银行机构的贷款收取与外部非银行机构贷款相同的利率，以保证外部非银行机构处于公平的竞争环境；对银行购买内部非银行机构的资产进行比例限制，银行拥有的比例不能超过非银行机构资产的 10%；银行不得对内部非银行机构发行证券提供担保；限制银行购买内部非银行机构发行的证券；限制银行通过第三方对内部非银行机构提供资金支持等。

四、英国对金融集团财务风险的监管

2000 年初，英国议会通过了《金融服务与市场法》，根据该法案创立了金融服务管理局（FSA），它继承了原有监管机构，包括证券与投资委员会和三个自律组织以及九个被承认的职业团体的一系列监管职能，综合对金融业的基础设施监管、审慎监管和业务行为监管，权力包括授权、立法、监督、调查和管理。FSA 对金融机构的监管是通过内设“主要金融集团部”（Major Financial Groups Division）专门负责的，具体包括通过风险评估对金融机构实行分类评估，风险级别越高的金融机构将受到更严格、更频繁的监管，交纳的管理费也更高；促进金融机构健全风险管理能力，鼓励金融机构健全和完善内部控制制度和内部风险管理制度；严密监督金融机构的反洗钱机制，要求金融机构建立自己的反洗钱机制并配备专门人员。FSA 与劳合社 2005 年共同引入一套全新的保险集团资本需求标准（即单个资本评估准则，ICA），责成保险公司和承保辛迪加自行计算其资本需求，以完善对保险集团财务风险监管。这套标准侧重于分析产品线、市场条件和公司风险喜好对资本需求的影响，保险公司通过分析不同业务在地域、产品和销售渠道上的特点（如回报率标准）配置相应的资本，降低偿付能力不足的风险，也提高资本的使用效率（考虑交易成本和税收），使之符合监管机构、评级机构和市场发展的要求。如果 FSA 认为 ICA 的测评结果还不充分，会再要求保险公司全面推行保险公司谨慎准则（IPRU（INS），INSPRU 和 GENPRU）的标准提高资本。2006 年是实行该监管标准的第一个完整年度，表 2-7 是 Beazley 保险集团在 ICA 准则下的风险描述概要。

表 2-7　　Beazley 保险集团在 ICA 准则下的风险描述概要

风险类型	对集团的影响	描　述
保险风险	首要的	由于公司收取保费，提供保险和再保险业务，并承担经营成本，创造更多回报，这部分是集团面临的最大风险

续表

风险类型	对集团的影响	描 述
信用风险	重要	合作的经纪人和再保险公司业务质量较好
流动性风险	低	集团资产流动性较高，均为短期资产
市场风险	重要	集团资产质量较高，布局合理，均为短期
经营风险	低	对资本的配置非常谨慎，并基于最坏的情形设定条件
集团风险	低	目前较低，但可能随着美国业务发展而增加

资料来源：Beazley 保险集团 2006 年年报。

五、我国台湾地区对金融控股公司财务风险的监管

我国台湾地区 2001 年 11 月 1 日开始实施《金融控股公司法》，其中的第三章“业务及财务”对于金融控股公司的财务风险监管做了详细规定，其主要内容如下：

第一，为了防止交叉持股导致的股权结构复杂化，该法第 38 条规定：金融控股公司之子公司或子公司持有已发行有表决权股份总数百分之二十以上或控制性持股之投资实业，不得持有金融控股公司之股份。

第二，对于金融控股公司的资本充足率，该法规定应以合并基础计算资本充足率，对于金融控股公司的实际财务比率，应符合主管机关所定的上限或下限。否则，主管机关应命其增资、限制其分配盈余、停止或限制其投资、限制其发给董事、监察人酬劳或其他必要之处置或限制。

第三，对于关联交易的限制。不得为关联方进行无担保授信，并且金融控股公司对其关联方的授信，其条件不得优于其他同类对象，并应经公司三分之二以上董事出席及出席董事四分之三以上通过。金融控股公司的银行子公司与其关联方交易时，其与单一关系人交易金额不得超过银行子公司净值的 10%，与所有利害关系人的交易总额不得超过银行子公司净值的 20%。

第四，关于信息披露的规定。金融控股公司所有子公司对同一人、同一关系人或同一关系企业授信、背书或其他交易行为之加计总额或比率，应于每营业年度第二季及第四季终了一个月内，向主管机关申报，并以公告、网络或主管机关指定的方式予以披露。金融控股公司每届营业年度终了，应编制合并财务报表及营业报告书，并将上述所有文件与收益分配或亏损拨补的决议及其他主管机关指定的事项，于股东大会通过后十五日内，报请主管机关核查。应将前项财务报表中之资产负债表、损益表、股东权益变动表、现金流量表及其他主管机关指定的事项，在其所在地的日报类报纸上刊登或依主管机关指定的方式公告。

第五，对金融控股公司资本的管理。该法第 53 条规定：金融控股公司的银行子公司、保险子公司或证券子公司所受的增资处分，金融控股公司应于持股比例范围内为其筹募资金。金融控股公司的累积亏损逾实收资本额三分之一者应召开董事会，

并通知监察人列席，将董事会决议事项表、亏损原因及改善计划函报主管机关。

第六，规定了金融控股公司对其子公司的责任：当子公司未达到主管机关规定的最低资本充足率或发生业务或财务状况显著恶化，不能支付其债务时，金融控股公司应协助其恢复正常营运，或于一定期间内处分该金融控股公司持有其他投资事业之一部分或全部之股份、营业或资产，所得款项，应用于改善该子公司财务状况。另外，为保持子公司的独立性，该法第55条规定：金融控股公司的投资事业，如有显著危及子公司健全经营时，金融控股公司应于一定期间内处分所持有该投资事业的股份、或降低其对子公司持有的已发行有表决权股份或资本或减少直接、间接选任或指派之董事人数。

综上，从各国、各地区和跨地区组织制定和出台的有关法规可以看出，对保险集团公司（金融控股公司）的财务风险监管集中在以下几个方面：集团资本充足率问题，如巴塞尔协议、欧盟偿付能力体系、美国的G－L－B和我国台湾地区《金融控股法》等；内部交易监管制度，如巴塞尔协议、我国台湾地区《金融控股公司法》等；还有监管信息共享制度等。

先进国家和地区的经验也给中国的保险集团监管提供了一定的启示，即对保险集团的监管立足于以资本充足率为基础的架构之上，以便于对拥有不同金融业务的保险集团提供较为一致的监管标准，这也为跨行业监管和“大金融集团”监管探索道路；其次关联交易的监管问题一直是业界比较关注的问题①，也明确了其中的风险监管流程，从现行的《保险公司关联交易暂行管理办法》来看，其间的规定仅限于普通经营层面的监管，但涉及到含有内部资本市场因素或者是财务救助因素时，该法规还存在诸多的空白。从这个角度来讲，中国保险集团财务风险监管的外部环境还有待改善。而外部监管的升级，也将反过来促进保险集团朝着良性、健康的方向发展，在外资保险集团蜂拥进入国内市场的历史关键时期，是做大做强中国保险业的有力支持。

第二节　完善适合中国国情的保险集团财务风险监管政策

根据2004年《中国银行业监督管理委员会、中国证券监督管理委员会、中国保险监督管理委员会在金融监管方面分工合作的备忘录》的第八条规定，对金融控股公司的监管应坚持分业经营、分业监管的原则，对金融控股公司的集团公司依据其主要业务性质，归属相应的监管机构，对金融控股公司内相关机构、业务的监管，

① 为了便于比较分类，同时考虑到集团公司对子公司救助没有法规参考，本课题将台湾《金融控股公司法》中单独规定的“金融控股公司对其子公司的责任”纳入到关联交易的范围规定中。

按照业务性质实施分业监管。对此，可以明确，保险集团的监管应在保监会的指导下进行。保险集团财务风险的监管应该是内外部共同合作的过程。这里主要结合发达市场的监管经验和集团内部的风险管理，对国内的保险集团财务监管提出政策建议。

一、出台专门针对保险集团财务监管的法规

在现行的法律法规、规章制度中，很少涉及专门针对保险集团的条款，这是因为集团化经营也是在法规出台后才大规模出现的，将保险集团公司作为保险公司来监管，是在当时纯粹经营保险业务的保险公司向保险集团公司转变的市场环境下采取的应急之道。但从现在来看，保险集团业务的多元化、股权和治理结构的多元化、投融资渠道的多元化已经使得保险集团逐步超越了传统意义上保险公司的监管范围，用现有管理保险公司的方式监管保险集团公司可能会有鞭长莫及的情况，比如说母公司对子公司的财务救助，尤其是对非保险类子公司的财务救助问题。第二章提到的关联交易中的子公司之间借内部资本市场进行交叉持股，按照现行的规定：应确定为一般和重大的关联交易后履行相关的报备和报批手续即可，并定期公布持股情况。这样的规定一定程度上落后于集团的财务监管，难以从深层次去发现和规避潜在的财务风险。而作为集团公司自身，更倾向于通过各类收购或者利用内部资本市场，创造资本，扩大资产规模，能增强在市场上的话语权，提升议价能力，从而掩盖一些财务风险。另外，由于《保险法》和《保险公司管理规定》中均对保险集团公司的组织形式没有正式确认，制定专门的监管法规作为保险集团公司专项监管的尝试，也符合目前中国监管体制的风格。

法规的制定可以重点关注几个方面：一是明确保险集团的设立条件和业务范围，允许或禁止保险集团公司以自己名义或通过控股子公司从事某些业务。二是加强对保险集团风险控制的监管，包括资本充足率要求、流动性要求，监督大额内部交易、防止集团内不良关联交易以及保险集团的内部控制等。三是市场退出的监管。必须制定好保险集团公司及其子公司的退出机制，尤其是关于子公司的财务危机处理问题，必须对母公司给予子公司的救援行为作出一定的限制，必要时对子公司进行破产处理，防止由于对子公司的援助而导致的母公司倒闭。四是会同财政部门研究确立保险集团内母子公司合并报表的并表原则。五是要确立对整个集团公司或受监管子公司的经营决策有实质性、重大影响的集团公司高级管理人员的资格审查制度。六是研究确立监管部门间定期、非定期的信息通报制度，并有义务把对集团公司的监管信息及时通报非主要监管部门。

二、对集团架构下的系统性财务风险的外部监管

（一）突出保险集团内部关联交易监管

关联交易是保险集团实现其协同效应的基本途径，在本质上属于企业自身的市场行为，但交易产生的结果是双重的，既可能增加效益，也可能产生、传染或扩大

金融风险，尤其在市场机制不健全，市场约束乏力的情况下，问题会更显突出。对保险集团的关联交易监管应该作为监管的重点。现行规章对保险公司的关联交易按照一般和重大关联交易的划分口径显然与集团架构下的关联交易监管还有差距。建议根据第二章的分析，将集团内部的关联交易分为业务经营层面的关联交易和涉及内部资源分配的关联交易进行监管。

1. 经营性关联交易监管。业务经营层面的关联交易包括集团公司与子公司之间的资产租赁协议、相互代垫部分费用等，资产关联交易和代理业务的关联交易是集团内部最为简单的关联交易，监管的重点是大额往来款项。

除此之外，对关联企业之间的担保行为应予以重点监管。尽管目前保险集团的关联担保几乎没有，但从发展趋势来看，集团出面对子公司的担保行为将出现。而对于没有经营业务的保险集团公司而言，子公司的股权投资是可以用于担保的资源，这中间就将涉及到较多的监管问题。在现行监管框架下，如果动用5%以上的保险子公司的股权进行担保或质押，需要中国保监会、国有保险集团还需要财政部的审批程序，容易出现监管目标和企业经营计划之间的矛盾；对于非保险类子公司的股权，不纳入监管则有可能形成隐性负债，最后对集团整体造成拖累。因此，对保险集团内部的关联担保行为、保险公司的担保行为需要出台相关政策，并结合关联交易和内部控制制度进行整体规范，限制担保行为的额度、担保事项内容等。

2. 与资源配置相关的关联交易监管。对于深层次的、涉及到集团内部的资源协调配置的关联交易，比如，交叉持股、子公司盈余分配、交叉补贴等，需要监管部门引导、督促保险集团建立内部防火墙制度并加强监管，一是应禁止保险业母子公司之间相互持股，即母公司向子公司投资而成为子公司股东后，子公司不得再向母公司投资而成为母公司的股东。二是集团内各子公司必须相互独立，按照课题第三章有关内容的要求建立起集团内部的信息、人事、业务和资金防火墙。三是引导集团建立关联交易指标体系，比如，代理交易的额度、相互占用资金的额度限制和归还期限、关联方贷款比例控制等。

对深层次的关联交易监管中，尤其需要强调对集团财务救助的监管，这主要体现在集团公司与子公司的财务救助、集团公司协调子公司之间的财务救助等方面。不管是何种救助，现行法规仍存在监管空白，包括对危机子公司的资产转移限制，对母公司提供的财务救助的追索权先后、母公司转让危机子公司股权政策限制等。在保险集团模式下，法人有限责任被不少人视为综合经营的比较优势，甚至作为创办金融控股公司的原始动机之一。但在保险集团内部，对保险子公司的危机救助模式正在从政府的“隐性担保”向“显性担保”转变，在这一过程中，社会公众对此接受和认可程度如何还没有经历“完整①”的检验。因此，法人有限责任的适用范

① 目前仅有海南发展银行、城市和农村信用社、信用合作社以及少数证券公司出现倒闭，有的机构还受到挤兑冲击，但保险机构还没有真正面临危机考验。

围究竟有多大，保险集团很难予以衡量。这就出现两个需要监管的问题：一是保险集团可能存在对子公司市场退出的道德风险，利用外部监管的主动性来规避集团的监管和救助责任；二是在不存在道德风险的前提下，保险集团或其他子公司如何“有差别”地实施财务救助。现行的《保险公司管理规定》、《保险资产管理公司管理暂行规定》、《保险代理机构管理规定》、《保险公司机构管理规定》和《保险经纪机构管理规定》等均未考虑到保险集团对上述各类子公司的救助和清算责任。保险集团从财务资料、重大财务事项管理等途径较外界对旗下子公司有优先信息知晓渠道。因此，可以通过集团内部的资源配置、限制资产转让和业务发展等方式进行事前的风险控制，同时，集团公司作为各子公司的控股股东，应该积极与债权人、行业监管者等一道进行清算，参与事中和事后的工作，完成对子公司的危机救助义务①。有关集团化架构下的救助机制政策建议，详见本章专题一《完善集团化下的救助机制的政策建议》。

（二）多级法人治理缺陷的外部监管

集团治理的边界已经超越了法人边界，是在不同治理主体之间权力、责任、利益的配置。在金融综合经营之下，集团治理是保险业风险防范必不可少的重要前提之一。

首先需要解决好子公司的决策信息不透明问题，尤其是集团公司如何在子公司的董事会上充分履行和表达集团公司意志，这不仅需要集团内部做好沟通和协调，还需要充分合理的政策依据。一是要继续丰富和完善相关的政策和法律法规，为公司治理提供政策法规保障，尤其是保障好集团公司在集团的核心地位；二是督促保险公司完善公司治理结构，定期对保险公司的章程、议事规则、会议决议和内控制度等方面的执行情况进行定期检查或抽查，强化制度执行，督促保险公司改进治理结构，并对公司治理结构不完善的公司进行重点监管；三是建立完整的保险公司治理评价体系，依据这一体系定期对保险公司治理结构进行考察评价并根据考察评价结果对保险公司提出指导性意见。

其次，加强保险集团综合经营的治理监管，培育以母公司为主体的集团治理机制。由于针对集团公司的法律法规缺乏，集团公司对子公司的管理基本依靠行使《公司法》规定的股东权利和义务。对国有保险集团而言，财政部在 2004 年 8 月 16 日出台《国有保险公司股份制改造后有关国有资产和财务管理事项的通知》（财金［2004］74 号），明确对国有控股子公司重大财务事项向集团公司上报的流程，并对集团公司派驻子公司的董事等义务进行明确，同时集团内部通过制定有关规定，如议事规则、议案审理等对内部管理流程予以规范，并通过建立业绩考核制度对子公司的高管人员进行考察评价。这为保险集团对子公司决策提供了一定的政策支持，

① 监管部门可以参考中央银行最后贷款人角色，为集团公司自身的财务危机考虑引入最后贷款人救助机制，但这可能与现行的保险保障基金的有关角色重合。

但是由于种种原因，实施细则迟迟未出台，使得在实际操作中仍然存在一定的随意性。保监会实施的《关于保险监管机构列席保险公司股东（大）会、董事会会议有关事项的通知》（保监会发［2006］5 号），则要求保险公司报告重大决议并明确保监会的列席权，但行政监管角度与企业自营行为之间还存在一定的差距。因此，更需要监管部门出台专门有针对性的文件，明确扩大并赋予保险集团对子公司的有关管理权限，如对子公司的知情权，包括监管资料①统一从集团口径报送，等等。对保险集团综合经营的治理监管，既要保护母公司的利益，同时又要对其行为进行制约，以保护其他利益相关者的利益。

再次，规范母公司的权力运用。也就是说，在集团利益最大化的前提下，可以适当修订董事会或股东大会的表决条件，以实现市场化的公平。在不违背现行《公司法》相关规定的前提下可以适当增加各项决策机构中关系人的表决比例限制，比如，母公司对单个子公司的非授信交易条件不得优于其他同类对象，并应经公司三分之二以上董事出席及出席董事四分之三以上通过。另外，部分境外上市公司对境外股东（或称“非类别股东”）的专项规定，比如，在某些事项的表决权上的特殊规定可以值得监管部门借鉴和参考。

最后，还应加强对保险集团内部高层管理人员和重要股东的资格考察。在保险集团模式下，对保险集团内高层管理人员和重要股东的资格考察的目的在于确保集团内部能够有效行使他们的职责，对子公司是否得到审慎的监督和指导，以及主要股东是否对子公司构成损害等问题作出评估。如果经理、董事和主要股东不能达到称职、适当或其他资格方面的标准，监管部门可动用各种制裁手段，促使其采取补救措施。由于保险集团的子公司往往要分别接受不同监管机构的监管，各监管机构分别依据相应的法律和规定对管辖范围内的机构进行称职、适当或其他资格方面的考察。在行使他们的法律职责时，不同监管机构之间应当进行积极的协调与沟通。

（三）加大信息披露的外部监管

对于保险集团的信息披露风险，可以从两个方面加强外部监管。一是监管部门对保险集团提出披露要求，不管集团是否上市，这包括有权检查保险集团及其子公司限期内提供的相关财务报表、交易资讯或其他有关资料，并随时派员或委托适当机构检查保险集团或其子公司的业务、财务及其他有关事项。而作为居于核心地位的集团公司应根据监管要求及时将有关信息向外部监管机构作出真实、准确、完整的披露，包括各子公司之间的交叉持股情况，各子公司之间的业务合作情况，集团公司内部关联交易的定价和交易数额，内部的人员任职情况等等都必须及时进行披露，以便外部监管机构能够实现对集团公司运作情况的实时掌控，从而为外部监管机构及时发现公司运行当中的异常情况并采取相关纠正措施打下坚实的基础；二是

① 这些监管资料应包括财务报表及分析（多口径）、偿付能力报告、内部治理报告、整改报告等。

为满足股票市场的信息披露要求，监管部门对行业信息作适当的披露。尤其是在保险公司陆续登陆证券交易市场后，对保险信息披露的要求越来越高，为促进保险行业健康发展，扩充保险集团的融资渠道，可以适当扩大保险集团的信息披露范围。

（四）资本金不足风险和双重财务杠杆风险的外部监管

对于集团化架构下的资本金不足风险和双重财务杠杆风险，可以尝试采用资本充足率的监管标准进行，同时，结合单个保险行业子公司偿付能力监管①。

保险集团的资本充足率指标一直是各国保险监管部门在巴塞尔协议制定的监管框架下的主要监管指标，并对其披露进行充分规定。目前，我国对于保险集团的偿付能力标准还没有制定，对保险集团监管的制度和机制还不完善，既不利于保险业的持续发展和风险防范，也不利于我国保险集团参与国际市场竞争，应尽快建立保险集团偿付能力监管标准②。目前的《保险公司偿付能力额度及监管指标管理办法》（2003 年 1 号令）在很多方面已滞后于保险业发展和监管需要，迫切需要制定新的偿付能力监管规章。据悉《保险公司偿付能力报告编报规则第 14 号：保险集团》已经提交讨论稿，即将修改后公开征求意见。面对不同金融行业的子公司，如何在分业监管模式下确定保险集团综合经营的统一监管指标，建议监管部门区分不同的情况予以考虑，对经营保险业务的子公司可以采取偿付能力专项监管，对非保险类子公司采取行业监管，对保险集团则采取资本充足率监管。我国银行、保险、证券行业资本充足率或资本金规定如表 2－8 所示。

表 2－8　银行、保险、证券行业资本充足率或资本金规定

行业	资本充足率或资本金规定	评价标准	相关政策法规
银行	资本充足率＝（资本－扣减项）／（风险加权资本＋12.5 倍市场风险资本） 核心资本充足率＝（核心资本－核心资本扣除项）／（风险加权资产＋12.5 倍市场风险资本）	商业银行资本充足率不得低于 8%，核心资本充足率不得低于 4%	《商业银行资本充足率管理办法》、《中华人民共和国商业银行法》等
保险	认可资产负债率＝认可资产/认可负债	本指标值的正常范围为不小于 90%	《保险公司偿付能力额度及监管指标管理规定》
	资产认可率＝资产净认可价值/资产账面价值	本指标值的正常范围为不小于 85%	
	风险资本总额	TAC 达不到风险资本总额的 2 倍时将被整顿清算	RBC 监管标准

① 对保险集团公司的偿付能力监管有这样的说法，但是一直没有明确，尤其是对不再经营保险业务的保险集团而言，与其说偿付能力监管，还不如修改为资本充足率更为合适。

② 2007 年 11 月 22 日，保监会第一届中国保险业偿付能力监管标准委员会第二次工作会议。

续表

行业	资本充足率或资本金规定	评价标准	相关政策法规
证券	综合类证券公司的净资本不得低于2亿元，经纪类证券公司的净资本不得低于2 000万元 证券公司净资本不得低于其对外负债的8%		《证券公司管理办法》
	净资本 = $\sum$ 资产余额 × 折扣比例 − 负债总额 − 或有负债		《证券公司净资本计算规则》

对保险子公司的偿付能力监管已经实行并且在逐步的完善过程中，但是有两个环节存在问题，制约了偿付能力监管的有效性：一是偿付能力监管辅助系统建设的落后；二是监管制度本身的严肃性和权威性欠缺。在偿付能力边际的计算上，应避免现行“固定比例法”的结构性缺陷，重点是对保险公司的风险状况进行全面的界定，现行规定主要评价的是保险公司的承保风险及责任准备金与相应资产不匹配的风险，忽视了保险公司面临的运营风险、市场风险、信用风险及总体资产与总体负债不匹配的风险。应鼓励保险公司通过建立内部风险评估模型（Internal Models），对其所面临的风险，尤其是运营风险和市场风险进行全面的评估，确定风险与资本及偿付能力间的对应关系，而不仅仅是偿付能力与资产或负债之间的关系，真正防范和控制保险公司的总体风险（Aggregate Risks）。监管部门需要关注的不仅是偿付能力是否充足的问题，更重要的是将偿付能力监管植根于评价和控制保险公司的经营风险，确保保险公司财务稳健的基础之上①。

对于非保险类子公司，由于不存在保险行业的偿付能力监管指标，可以适当推行资本充足率进行综合评估。为确保金融机构的最低偿付能力，监管方必须建立一整套资产负债管理制度，以资本充足率监管为重点，对保险集团实行全面并表监管，即在对各子公司进行分业监管的基础上，要求集团立足对整体资产负债质量，特别是资本充足率的综合评估，并以此为中心扩大到对总体风险的评估，使各监管机构

① 对偿付能力监管范围的界定，不能扩大化地把所有与保险监管相关的工作都纳入到偿付能力监管这一范畴，也不能简单化地把它处理成为一种资本充足率的计算方法。在实践中有三种具体的理解及相应的操作模式：一种理解是基于最低偿付能力计算及最低资本要求的一套规则，这实际上就是现行欧盟的操作模式，也是偿付能力I号工程的重点；第二种理解是确保保险公司财务稳健的一整套规则，既包括偿付能力及资本充足率的计算，还包括责任准备金的评估模型与方法，以及基于资产负债相匹配的资产评估制度和管理制度，这是国际保险监管协会（IAIS）建议的方法；第三种理解是指“总体偿付能力（Overall Solvency）”，它与前两种理解的主要差异是，前两种理解将保险公司的偿付能力或财务状况，局限在其资产负债表的框架下，是一种静态的方法，“总体偿付能力”评价的是在综合考虑保险公司的内部运营情况和外部环境因素后的动态财务稳健情况，既包括产品特点、组织管理结构、质量管理体系等内部因素，还包括经济周期、竞争条件、股东品质等外部因素，这是经济合作与发展组织（OECD）比较倡导的方向。因此，要全面评价保险公司的财务状况，控制风险，第三种理解比较符合欧盟此次偿付能力改革的目标。

能全面了解监管对象的资本、资产和负债情况，有效控制集团风险。

这里需要提到的是，对于在境外设立的投资子公司，如风险较高的私人权益类投资子公司的财务风险监管将是未来集团和监管机构监管的重点。事实上，从新加坡中航油衍生交易损失事件可以看出，对海外投资风险的监管和防范非常重要。尤其是在面临陌生经营环境和法律监管环境条件下，如何规避市场风险和监管风险，集团如何分析投资子公司的财务报表、管理财务风险缺乏一定的指导，保监会颁布的《关于加强对保险机构所属境内非保险类经济实体和境外保险机构财务监管若干事项的通知》（保监财会［2006］701号）也更多关注境外机构的事后监管事项，并未落实到事前以及明确集团公司（上级主管机构）的监管义务。

三、保险集团融资风险的外部监管

不管是债权融资还是股权融资，包括可转债和次级债等混合融资方式，保险集团面临的财务风险也是非常明显的，最后可能产生成本过高、发行失败等。监管部门可以在政策上予以支持，允许集团公司层面的整体融资行为，如对单个保险子公司的融资监管实行内部集团公司监管和分配资源，外部保监会通过专项审批、监管关联交易中的资源分配等进行，同时，对保险业务、保险公司股权和事业部方式的业务转让进行引导和规范。

（一）开放集团公司融资权限

开放集团公司融资权限主要有两个目的，一是集团整体发展，如重大投资、弥补子公司的资本金、准备金、应付紧急的巨灾赔付需求、重大收购等；二是当子公司出现财务危机却无法获得融资时，需要集团公司出面予以救助。考虑到集团公司自身的财务状况，集团公司自身的融资功能显得更为重要。

目前，保险公司的损失补偿、融资和防灾防损三大职能正在得到充分体现，而集团化的经营目标也扩大了保险业的影响，保险业务和投资业务“两个轮子”的经营模式正在逐步形成，投资功能正在逐步扩大，要做大做强中国保险业，应该充分加强对保险集团作为机构投资者在资本市场的作用。其次，资本实力是保险集团发展的关键约束因素。随着国内金融业与国际金融业的不断接轨，不论是银行业的资本充足率、保险业的偿付能力、证券行业的净资本监管体系、信托业以最低资本要求为核心的风险管理体系等，都体现了监管对资本与风险相匹配的要求。缺乏足够的资本，即使政策允许进行综合经营，也使保险集团在金融控股公司化的扩张过程中感到力不从心。从这个意义上说，拓展保险集团融资渠道，增强保险集团资本实力符合集团化发展的需要。

从目前来看，国内对保险集团的融资并没有太多的利好环境。首先是传统观念上认为保险机构作为现金流充裕的企业，不应存在资金不足的情况；其次，本文在前面已经讨论过，目前对保险集团出面融资的政策限制较多，包括对集团公司的偿付能力要求（由于专门针对集团公司的偿付能力规定未出台，集团公司难以出具本身的偿付能力报表），保监会原则上不允许以子公司的股权进行抵押融资，债权融资行为主要是保险类子公司。而保监会允许发行的次级债也是限于有明确偿付能力标准的保险类子公司，且受到中国人民银行相关法规的限制。相比之下，在集团化经营条件下，如果均通过子公司融资，集团公司集中使用的方式，必然会影响到资金的使用效率，同时，会受到关联交易的政策监管，成本较高，尤其是当子公司为上市企业，而集团公司未上市的情况下更难。因此，可以考虑尽快放开集团公司的融资限制，准许集团公司通过银行授信、发行次级债或者非次级债权融资，用于解决集团公司的资金缺口。

（二）保险集团架构下的业务和股权转让监管

从集团经营的角度出发，股权转让、业务转让等欧美保险公司经常使用的市场资源整合方式将逐渐在国内出现并发展壮大，保险集团将出于对战略发展目标的考虑，对旗下子公司或业务随时进行整合，或者考虑进入境外保险（投资）市场等。同样，加入 WTO 后的保护期逐渐过去，民族保险业也将面临意欲进入中国市场的保险金融巨鳄的关注。因此，保险并购将逐渐成为资本市场上的重要行为。但是对于初生的中国保险集团，寥寥可数的几笔收购案件还不足以提供更多的经验，同时，也为监管部门提出了新的问题，建议监管部门结合国内证券市场中借壳上市业务中的监管政策，逐步出台对业务和股权转让的规范性规定，做到监管走在市场前面，正确健康地引导市场的发展。

1. 保险业务转让

现行的法规中对保险业务的转让仅出现在寿险公司在面临危机时的情景，保监会将出面指定一家保险公司接管业务，但是对于非危机背景下，保险集团出于调整结构的业务转让方式并没有规定。从现实的发展来看，业务转让的优势是可以集中资源在主业上，提高集团的业务水平，并释放出资源，便于集团内部重新配置，同时也可以避免像股权转让那样繁琐的环节。在国际上，大型保险集团转让某类保险业务非常普遍。事实上，养老金业务、健康保险业务、汽车保险业务、电力保险业务的专业化经营已经出现，集团内部的业务转让很可能成为国内保险业务转让的先导，并随即向集团外蔓延。因此，可以预见在不久的将来，国内外保险公司之间相互转让业务很可能得到大规模发展。如何对新出现的市场需求进行监管，保监会可出台政策适当引导保险集团为主导的业务转让健康发展，尤其是做好股东与保单持有人之间的协调、教育工作。

2. 股权转让

目前，在 A 股上市的保险公司仅有中国人寿、中国平安和中国太保三家。在香港上市的有中国人保、中国人寿、中国平安、中保国际和民安控股五家。很明显，上市保险公司的股权转让受到证券交易所交易规则的明确规定，而 A 股市场的股权分置改革也为股权的自由转让排除了很大障碍。对于大部分未上市的保险公司而言，股权转让更多的是采用协商和场外转让的方式，这种方式通常需要以双方的互相了解和诚信为基础。在这方面，国有保险公司因为国有资产管理的要求，较多受到财政部出台的相关规定的约束，在进行股权转让时有较多的依据，而对其他非国有的保险公司股权转让，由于没有相应的依据，保监会一直持谨慎态度。因此，建议保监会尽快制定保险公司股权转让的相关规定，对股权交易行为进行规范和约束，尤其是做好业内的信息披露。

（三）建立动态的融资监管体系

在第三章中已经提到，保险集团的融资方式可以逐步打破在固定期限内单一发行的方式，可以在永久存续的前提下发行无固定赎回期限的次级或非次级债券，利用发行期不同的利差水平来调整保险集团的债权或股权结构，或者将不同融资渠道获得的资金予以调剂，以控制集团的财务杠杆。以 2006 年 Amlin 保险集团为其在百慕大开展的新业务提供资本金，就采用了配股（2.22 亿英镑）、次级债（5 000 万美元）、循环授信（1.25 亿美元）、定期贷款（2 亿英镑）以及过桥贷款（1.7 亿英镑）等多种渠道。事实上，仅就次级债一项，通过研究国际保险集团我们也会惊异于混合融资债券的丰富多样，比如，无赎回期的高二级次级债（upper Tier II）、纳入一级资本核算的永久次级债券、Asian retail targeted perpetual bond、Mandatory convertible security 等，而国外的监管机构对次级债的认可标准也较为灵活，比如，FSA 规定已发行次级债不再被认可为偿付能力的前提条件，并要求保险公司按照偿付能力边际的要求预计未来 3 ~ 5 年的偿付能力要求，再提交财务报告和增资申请，以获得股东的持续增资。

因此，从上面的角度来说，监管保险集团的融资，可以在现行较为固定的模式下逐步地放开，以偿付能力监管为中心适当放开对集团的融资限制，并引导行业创新融资方式，重点监管集团财务杠杆和预测真实融资需求。

（四）加快构建保险集团的信用评级制度

保险公司信用评级是在全面分析保险公司所面临风险的基础上，对保险公司偿付能力作出综合评估，并用一种简单的字母数字组合符号表示保险公司风险的大小。保险公司评级主要有财务实力评级（FSR）和债务评级两类，前者是针对某保险公司准时偿付长期保单持有人的索赔和保险责任的能力作出的评估，后者则适用于更大范围借贷者的偿债能力的评估。保险公司评级能够为保险行业中不同的参与者，如投保人、中介机构、投资者以及被评级的保险公司等提供参考；能够降低保险市场中的信息不对称，向投保人提供有效率的信息服务保险评级；保险公司评级是保险公司重要的竞争策略与融资基础，是与国际接轨的需要；从全球金融监管范围来看，保险公司评级已成为政府监管的内定选择和重要辅助工具。国内主要评级机构保险公司评级评价内容比较如表 2 - 9 所示，国际知名评级机构保险公司评级评价内容比较如表 2 - 10 所示。

表 2-9　　　　国内主要评级机构保险公司评级评价内容比较

公司	中诚信				大公国际			联合资信	
评价内容	个体评级	外部环境	经济环境	经济运行周期	经营环境		宏观经济态势		行业分析
				经济政策			行业趋势		
				区域经济状况			监管分析		
				监管环境	所有权结构		所有权构成		监管与政策分析
				行业环境			内部管理体制与治理机制		
		经营因素	管理和战略	管理层素质及其偏好			所有权结构的可能变化		信息的可靠性
				经营方针和目标	基本经营和竞争地位		业务结构		
				企业文化和人力资源			保险产品的开发能力和服务水平		
				组织结构			营销策略	财务稳健性	通行财务分析指标
			竞争地位	市场地位			竞争地位		
				产品开发能力	风险管理		定价和承保的风险管理		与国内同行业比较分析
				服务水平			资产负债管理		
				业务承保			分保风险管理		准备金提取
		财务因素	财务制度	内部稽核制度			投资管理		
				会计政策和方法	管理与策略		战略、政策与理念		业绩分析及评价
				披露水平			稳定性		
				会计数据的真实性			应付风险的能力		
				注册会计师的意见			计划与控制能力		
			盈利能力	ROA、ROE、净现金流量、保费收入增长率、费用增长率、赔付率	财务分析		财务数据的真实性	业务发展与风险管理	风险管理的基本框架和制度
				投资组合管理		盈利能力	ROA、ROE、保费增长率、投资收益率		公司的经营战略与策略
				偿付能力管理		承保效益	承保利润率、赔付率、费用率、分保依赖度		承保业务竞争力
				准备金管理		资本充足性	盈余增长率、财务杠杆比率、偿付能力额度		资产质量与投资风险控制
	支持评级			保险公司的重要性					再保险业务的风险
				公司的所有权结构		资产流动性	流动比率、速动比率、流动资产比重		股东与股本

尽管目前针对保险集团的评级还不是很多，但是从国际化发展和集团上市的趋势来看，对保险集团的评级需求正在增加。这也需要监管部门积极对保险集团的信用评级予以政策扶持，比如，定期公布对国内保险集团的评级结果，既有利于保单持有人等直接持有人的信息披露，又能在更大范围内向潜在的利益相关人给予便捷的知悉渠道，有利于提高中国保险业的国际化水平。

表 2－10　　国际知名评级机构保险公司评级评价内容比较

公司	标准普尔	
	项目	内容
评价内容	行业风险分析	调查保险公司所处的竞争环境
	商业地位	保险公司的基本特征和竞争优势的来源，如特许经营、所有权结构以及销售能力等
	管理和公司战略	管理层如何制定并执行战略
	经营业绩	保险公司将其基础优势转化为可持续的利润空间的能力
	投资	资产种类的分布情况、信用质量、流动性风险、利率风险、市场风险、资产组合多样化、资产—负债管理以及风险对冲等
	资本概况	运动衡量总资本的资本充足性模型，对于非寿险公司，主要评估损失准备金的充足性和不确定性
	流动性	使用正常情况和金融紧张情况下的两种寿险公司流动性模型，考虑现金流、投资组合流动性和信用便利等
	财务灵活性	调查保险公司资本来源是否足够履行其资本要求

穆迪			
项目	内容		
行业分析	影响行业的趋势、整体经济环境、行业内的集中度、人口和竞争问题、金融行业的一体化和合并的影响以及会计和监管环境		
公司分析	组织结构、所有权以及公司管治、战略问题、管理素质、公司特许权、销售网络和产品特制		
定量分析	分析领域	寿险公司	非寿险公司
	资本充足性	巩固资本化 法定盈余的增长 无形资产占股东权益的百分比 总承保杠杆	基于 NAIC 风险的资本比率
	财务和运营杠杆	财务杠杆	税前利息倍数
		利息和优先股红利的现金储备	财务杠杆
		税前利息倍数	双重杠杆
	盈利能力	资本的法定运营汇报	已收保费的核心保险回报 保单持有人盈余的净收入回报
	资产负债管理以及流动性	流动性资产占可退保年金保险责任的百分比	运营现金流占承保保费百分比
	资产质量和投资风险	风险资产占资本的百分比	
	业务基础	市场存在得分	市场存在得分 多样化得分
	准备金充足性		损失准备发展

A. M. best		
项目	内容	
资产负债表实力	承保杠杆 财务杠杆 资产杠杆 资本充足性比率（BCAR）	
经营业绩	寿险公司	费用率、营业额的税前回报、保单持有人盈余的回报、营运收益与总资产的比率、净收益率、健康保健费用比率、每人月健康费用比率、净资本收益率
	非寿险公司	损失率、运营比率、保单持有人盈余的变动、佣金和费用与净承保保费的比率、股本收益率、总承保杠杆、每人月总保费收入、营业收入回报率
	健康险公司	分配完保单持有人红利之后的综合比率、投资资产的收益率、保险金与净承保保费的比率、营运收益与总营业收入的比率、总回报、管理费用比率、每人月净收入
业务概况	风险的分散 收入的组成 市场竞争地位 管理层 保险市场风险 损失事件风险	

四、保险集团投资风险的外部监管

（一）资金运作的外部监管

国务院2006年颁布的《国务院关于保险业改革发展的若干意见》（简称“国十条”）明确提出，（保险资金运用）建立有效的风险控制和预警机制，实行全面风险管理，确保资产安全。从目前来看，对投资风险的控制这方面已经取得较好的成绩：在不断推出的新的投资渠道中，对保险资金的投资对象都有严格的要求，比如，投资交易对手的资格限定，对投资对象的担保等规定；而现有的规定在诸多方面对投资风险都有较为全面的防范，包括建立资产托管机制，规范交易对手等。随着形势的发展，资金运作也陆续出现了新的财务风险。在集团公司加强内部监管的同时，也需要监管部门对现有政策，主要是境外资金运用做进一步完善，以提高民族保险业的竞争力。

美国次级债危机和国内QDII基金已经为保险资金的境外运作提出警示。2007年7月，监管部门出台《保险资金境外投资管理暂行办法》，适度调整保险资金境外投资范围，投资市场从香港扩大至美国、英国、新加坡等国家和地区的成熟资本市场。投资工具类别不再局限于固定收益产品，增加了股票、股权、证券化产品等。而此次危机的元凶——住房次级抵押贷款债券，就属于证券化产品。保险资金境外投资范围的多元化，也就意味着投资风险的复杂化和多元化。我国保险资产管理起步晚，风险控制能力较弱，境外投资经验缺乏。监管部门应通过“管理办法+实施细则+若干规定”的政策组合，为境外投资的渐进开放提供制度保障，从运作机制入手，确立以委托人、受托人、托管人为主体的利益清晰、权责明确的运营架构及决策、执行、监督相互分离、相互制衡的管理模式，以提高保险机构管理水平，积累境外投资经验。

（二）资本运营的外部监管

保险并购是市场行为，必须要符合市场经济规律的客观要求，要按照市场经济的运行原则进行。但在我国目前特定的历史条件下，保险并购又离不开政府主管部门的支持和推动。因此，要把保险并购视作促进我国保险业发展的重要战略步骤，按市场原则推动保险并购合理、高效运作。

对于并购行业内经营状况和资产质量较差的保险公司，应首先摒弃对这些问题保险公司的政府保护，正确把握保险并购的客观标准，包括对中介评估机构资质的认可，对估价报告的审批等，一方面坚持有利于民族保险集团的做大做强，整合行业资源的原则；另一方面做好风险提示工作，督促保险集团对近期内的经营计划和整改方案进行认真研究，防止出现收购方的流动性风险。

对于跨行业的并购，需要与中国人民银行、中国银监会、中国证监会、国资委等相关部门加强协调与配合，提高监管质量与效率。由于涉及到其他行业的经营监管，行业间监管信息共享制度非常重要。对于保险集团收购城市商业银行、参股券商，可以予以引导，比如，保险资金成功参股京沪高铁项目建设。如果是跨国并购，还应加强与国外保险监管机构等部门的合作与交流，根据其要求和原则开展对保险并购的监管，并与其保持密切联系，沟通监管信息，以提高国际保险并购的监管水平。

五、业务经营中财务风险的外部监管

保险业务经营是保监会市场行为监管的重点，目前已经有较为完善的监管体系。从现实的发展来看，由于保险业的快速发展，保险在国民经济中的地位日益增强和巩固，同时，保险主体也急剧增加。保险业快速发展的同时也带来了一定的市场问题。对于有些问题，比如，市场恶性竞争等，因保险集团没有约束其他保险主体的权力，其自身是难以解决的。而从长远来看，快速发展形成的一些监管空白值得监管部门注意。在第二章的分析中课题提到的几个业务经营中的风险急需监管部门的政策支持。

（一）协调财产保险业资本金与保费的矛盾

在前面的财务风险分析中已经提到财产保险业的资本金与自留保费常常突破法律规定限制的问题，需要引起重视。从财产保险业的快速发展来看，保费的收入增长实际上已经远超过资本金（包括公积金）的增长速度，尤其是在基层市场上，经营财产保险的主体逐步增多，对保费的渴求使得不少保险公司的分支机构保费收入超出自身资本金所能承受的范围，大大突破《保险法》第九十九条的界定。这样不仅使得集团公司积累了大量的风险，也严重扰乱了市场秩序，使得严格遵守市场规则的保险主体面临不平等的竞争。这样一来，一方面是因承保导致的财务风险逐步累积，而集团公司可能出于对保费和规模的追求忽视或者默许，形成新的道德风险；一方面准备健康发展的保险公司却得不到公平的竞争环境，也会促使这部分公司逐步放弃对法律的遵守，导致全行业内的恶性竞争。对此，监管机构应尽快出台相应的调整政策，在又好又快、以好为主的发展政策下，适当对现行法律法规中不能满足监管规范的条款进行适当修订，同时对财产险市场秩序进行适度的干预，尤其是对各家保险公司的分支机构经营风险进行监控，维持正常公平的竞争环境，才能行之有效地逐步识别和化解财产保险业内潜在的财务风险。

（二）对于国有保险集团存续资产处置的特殊处理

由于历史原因形成的存续资产，因为形成时间很长、形成原因复杂，大部分已经超过诉讼时效、债权人失踪无法查找等，资产质量差，基本已无盘活机会。严格说来这部分资产已经无法产生价值，同时，还造成公司报表资产不实，不同国有资产主体之间的扯皮现象。大量低价值的固定资产更是每年消耗公司巨额的维护费用和人力，使得集团公司往往不能集中全部资源进行主业开发，增强核心竞争力。目前，对这部分资产的财务管理主要是财政部出台的一系列国有金融资产的管理政策，据悉财政部为杜绝财务风险，已经有意对各国有保险集团的存续资产集中统一处理。

而同为监管机构的证监会则从保险公司上市监管的角度出发，于2000年11月发布《公开发行证券公司信息披露规则》第3号《保险公司招股说明书内容与格式特别规定》，要求保险公司“在申请公开发行股票前应根据资产的潜在损失可能，提足各项损失准备或核销不良资产，据以确定原股东投入的净资产，并披露为解决不良资产问题已采取或拟采取的措施，以及聘请获证监会和财政部特别许可的国际会计师事务所，按国际通行的审计准则增加对损失准备的提取及不良资产的处置情况的审计”，类似的精神在2006年5月发布《上市公司证券发行管理办法》（中国证券监督管理委员会令第30号）等文件中得到延续。

相比之下，保监会对国有存续资产的管理仅于2006年6月30日下发了《关于加强对保险机构所属境内非保险类经济实体和境外保险机构财务监管若干事项的通知》（保监财会［2006］701号），整体上对保险公司（含集团公司、控股公司）所属境内非保险类经济实体和境外保险机构的财务监管工作进行初步规范，但对于继续留存在账面上已经产生损失的资产，并没有资产核销、包括资产转让处理的明确政策指导，仍然处于空白阶段。因此，建议保监会协同财政部，共同出台政策，推动不良资产处置工作。

第三节　创新对保险集团的监管

一、创新监管模式

目前而言，国内的金融监管是分业监管体制，但金融综合经营已经成为国际趋势，《中华人民共和国国民经济和社会发展第十一个五年规划纲要》中也明确指出，鼓励金融创新，稳步发展综合类金融服务。在此背景下谈保险集团的监管模式创新，要立足我国金融综合经营的监管现状，并充分结合我国保险集团经营的具体情况。

由于保险集团（金融控股公司）所从事的是综合性金融业务，因此，对其加以监管，无可避免地会涉及到监管机构的统一问题，不能简单地将其划归到某单个金融监管机构的职责范围内。目前，国际上对金融控股公司的监管制度主要有两类：一类是美国以功能性监管为主的金融监管制度，另一类是英国的统一监管制度。美国由美联储作为金融控股公司的基本监管者，在整个金融控股公司监管体系中发挥主导性作用，它负责对金融控股公司架构中最上层的“金融控股公司”的营运进行监管，至于此架构下的金融子公司，如银行、证券、保险等单项业务，由其原各自主管机关监管，即分别由美联储、货币监理署、证券交易委员会和保险监管署等功能监管者负责监管，这一监管模式也被称之为“伞型监管”（Umbrella Supervision），它要求伞型监管者既要有能力采取行动，降低风险，又要谨慎行事，尊重其他功能监管机关，不过度卷入其事务。英国2000年通过《金融服务与市场法》对金融分业监管模式做了根本性改变，实行统一监管制度，确立了英国金融监管局为唯一的、独立的执法机构，负责对金融控股公司及整个金融业进行全面监管，其优点正如现任英国金融监管局主席凯勒姆·麦卡锡所认为的："虽然将银行、保险、证券三个行业实行统一监管并不是唯一的监管模式，但这一模式的确具有诸多优点，比如，这样可以保证监管政策之间的连续性和一致性，并且有助于专业监管技能的发展……采用这一监管模式的国家数量逐渐增多，这无疑说明了这一模式具有明显的可行性和优越性"。

在我国目前分业监管体制下，对金融控股公司的监管，实行的是以分业监管为基础和由银监会、证监会、保监会各派代表联合设立的监管联席会议制度为补充的模式。目前，这种模式已经暴露出监管重叠、监管真空等一系列问题。不同金融监管机构之间的协调，尽管有联席会议，但是在实际执行过程中，往往对一些影响到市场的重大决策协调不够，反映不及时。对于其他市场参与主体来说，则不得不面临不确定的监管环境，特别是在金融创新方面，金融创新往往萌芽于业务交叉领域。在中国现阶段的分业经营下，如果对交叉领域的业务创新监管协调不够，就必然会对市场的发展形成抑制和打击，前阶段刚刚被监管层叫停的"银证通"就是这方面的最好说明①。金融控股公司业务横跨多个金融领域，对其进行分业监管难度非常大，即使监管机构基于惯例确认各自的监管权力范围，金融控股公司面对激烈竞争，不断推出的跨市场金融创新产品又会迅速模糊这种边界，这就对监管机构之间的合作提出了更高要求，必须将许多临时性、随机性、个案性、程序性的合作安排，转化为制度化、常规化、有实际决策内容的合作安排。从现状出发结合长远考虑，我们认为，我国未来对金融控股公司更宜采用伞型监管模式，即在银监会、证监会、保监会之上，由国务院设立例如金融监督管理委员会这样的机构对金融控股公司母公司运营进行监管，各金融子公司的单项业务，仍由银监会、证监会、保监会按各自功能分别监管，这样可以保证在不改变原有监管结构模式下对金融控股公司实行

---

① 银证通业务实施于8年以前，2006年6月，深圳首先正式叫停银证通业务。之后，北京、上海、广东、山东、湖南、武汉等地也陆续宣布将停止银证通业务，重庆则以将手续费调高3倍以上的市场方式来变相叫停银证通。各地除了不再办理新的银证通业务外，监管层还希望在2006年年底前让银证通彻底"退市"。时间上推8年，银证通刚面市时，被各方视作市场自发出现的金融创新产品，尤其是在2000年后股市低迷的几年里，"银证通"更成了银行与证券公司实现双赢的有效工具。有评价称，"银证通"一方面可让证券公司利用银行的客户资源，为自己吸引来更多的客户，另一方面，银行也可借助证券公司的投资信息和渠道，为客户提供更好的理财服务，双方由此形成良性互补。但是2006年以来，随着证券市场行情的好转，券商和银行之间的分歧开始凸显。一些证券机构人士担心整个金融格局有可能因银证通而改变，长此以往证券业会逐渐被银行业所蚕食。于是，2006年5月份证监会机构部下发了《关于落实〈证券法〉规范证券经营机构证券经纪业务有关行为的通知》（又称149号文件），通知要求证券营业机构"应当以自己独立的交易系统为投资者提供完整的证券交易委托申报业务流程，不得通过或借助其他机构的业务系统为投资者提供证券交易委托申报"，"应当完整履行资金清算交收责任，不得委托其他机构代理完成全部或部分资金清算交收"，按照这两点要求，银证通业务失去了其基本的生存土壤，被连根拔起。参见巴曙松："银证通不应叫停，将降低市场效率"，《南方周末》，2006年6月30日。

有效监管。

二、创新监管内容

（一）要强化保险机构内部控制和行业自律机制

保险机构内部控制是政府保险监管的基础。目前，我国保险机构内部控制还存在着各种各样的问题，个别保险机构的内部管理和控制还很不完善，缺乏必要的内部监督和制约。对此，我们要借鉴国际经验，按照《保险公司内部控制制度建设指导原则》的要求，不断强化各项内部管理机制、基础管理制度和内部监督体系。特别是要加强对保险资金运用的管理，严格分离资金运用业务与保险业务，建立独立有效的投资决策机制、投资风险评估机制和投资行为监督机制，切实防范和化解保险风险。与此同时，要加快保险业自律组织体系建设，保险行业协会要发挥行业协会自我管理、自我服务、自我监督功能，认真指导和监督各会员贯彻执行各项政策法规和遵守同业规则，制止保险机构之间的不正当竞争，努力成为政府监管部门的有效补充。

（二）借助中介机构力量加大现场检查力度

由于受保险信息披露质量、监管成本、监管资源等方面因素的制约，保险监管信息往往与实际情况存在一定误差。为了确保保险监管发挥应有的功效，我们还应借助独立审计等中介部门的力量对保险机构的财务报表和会计记录进行检查，并借此进一步分析保险集团的资产质量情况和风险状况，增强对违规违法事实认定的法律效力。

（三）加强保险业监管的国内和国际合作

随着保险竞争的加剧和保险信息化的发展，保险与银行、证券相互渗透的趋势正在加快，由此导致了监管交叉和监管真空问题。对此，保险监管部门要加强与银行业、证券业等监管部门的协调和合作，定期进行业务磋商，交流监管信息，解决混业经营趋势下的分业监管问题，支持保险公司拓宽业务。与此同时，要加强与各国保险监管部门的交流与合作，积极加入国际保险同业监管组织，认真学习国外保险监管的先进经验，及时掌握国际保险业监管发展的最新动向，加快与国际保险业监管接轨的步伐。

总体来说，对金融集团的监管而言，在金融集团资本充足率监管体系尚未完全建立起来时，应尽快建立金融集团联合监管机制，定期和不定期讨论重大监管政策、研究交叉业务的监管、金融机构危机处理等重大问题，同时建立监管信息交流机制，包括及时交流修订法律法规，交流业务经营和财务报表及其他监管所需资料等，另外还要加强合作，避免出现跨市场和跨国界的监管真空。

专题2－7：完善集团化下的救助机制政策建议

集团化下的子公司退出的风险防范，需要对现行的监管政策进行适当的修订。根据救助的流程，在这里我们分为事前、事中和事后三个层面提出政策建议：

一是事前义务。应该增加并强化集团公司事前监管的义务。作为首道风险防范的屏障，要求保险集团重点从财务角度加大对子公司的监控力度，避免出现危及保险集团和社会稳定的重大危机、事故；考虑到对子公司的双重监管局面，适当放开子公司对集团总部的信息披露，为集团公司建立和完善防火墙制度提供参考。

二是对事中措施的规范。应尽快修改对保险公司、保险资产管理公司和保险中介公司监管法规中关于机构倒闭、撤销、破产等规定，明确集团公司在出现上述情况时的财务救助义务，避免出现财务救助中的道德风险。比如，德国股份公司法第303条规定了母公司对子公司债权人提供担保，在母公司控制合同或者盈余转移合同终止时，在合同中止登记并依法公告前发生而于公告后6个月内申报的子公司债权人的债权，母公司应提供担保。目前，除经营保险业务的子公司纳入到保险保障基金的救助范围外，保险资产管理公司和保险中介机构并没有建立相应的行业救助基金，实行的是最低注册资本金制度（保险中介机构也需缴存资本保证金），相比之下，同样实行最低注册资本制度要求的银行和证券业各自正在建立类似保险保障基金的行业救助机制（存款保险制度和证券投资者保护基金），建立保障基金能较快地明确集团公司对子公司的剩余权益，监管法规应明确集团公司与行业救助基金的协作和搭配，便于集团公司及时判断并采取措施，避免出现类似央行“建设性模棱两可”救助局面。另外，保险保障基金等一旦实施公司化运作，也将提高救助效率，为集团公司以所有人身份参与做好铺垫。对于未建立救助基金机制的子公司，更应该及时明确集团公司的救助义务和债务承担责任，尤其是对保险资产管理公司这样社会影响力逐步上升的子公司。

三是事后对集团救助资源的界定。20世纪80年代后期，美国联邦存款保险公司（FDIC）就提出，如果金融控股体系中有偿付能力的子公司向丧失偿付能力的子公司发放银行间贷款，那么FDIC会将关联企业间借贷产生债权后于其他无担保债权清偿，关联企业必须自行承担该借贷的损失。当然，如此手段只是为了让集团母公司承担出资额之外的超越有限责任的责任，以减少子公司退出时的道德风险。由于还存在理论争议，实施中也受到较多抵制（如美国美柯金融控股公司的案例）。因此，在实践中，我们不赞成救助资源的次级性界定。来自集团公司和同一控制人下的救助资源应该享受与第三方平等的追偿权利。

第五章 研究结论

通过本课题的研究，得出了以下结论和政策建议。

第一，保险企业集团化经营可以获得规模经济、实现范围经济以及协同效应，是适应经济环境变化的要求，也是企业参与国际竞争的需要。为应对国际保险企业集团的激烈竞争，做大做强我国保险业，在市场推动和政府引导下，我国保险企业也在积极探索和实践集团化经营，形成了中国人民保险集团等若干具有一定国际竞争力的保险集团，保险集团的发展已经完成了由单一业务阶段向综合保险业务阶段的转变，一些保险集团已经完成或正在积极筹划上市。但总体而言我国保险企业的集团化程度跟国际知名金融保险企业集团相比还较低，我们要顺应全球金融综合经营的需要，积极借鉴国际先进金融保险集团发展的经验，立足我国保险业实际，探索合适的发展路径，迅速提升我国金融保险企业集团化经营程度和水平。

第二，由于保险经营业务的特殊性，以保险业务为主体的保险集团还存在较为特殊的行业风险。在保险集团发展的初期，很多风险容易被忽视和掩盖，而刚刚实现从保险公司转型或升级为保险集团的中国保险集团，更多地面临快速发展与风险防范两手抓的问题，识别和分析保险集团面临的风险是第一步。本书认为保险企业集团化经营下的财务风险除了业务经营中的财务风险、融资产生的财务风险、投资产生的财务风险，最主要的应该是集团化架构下的系统性财务风险，包括关联交易诱发的财务风险、资本金重复计算的风险、多级法人治理结构的财务风险、双重财务杠杆风险等。充分认识这些风险，是集团转型和发展的基础，也是关系到集团内部资源分配、经营成本控制和做大做强的重要因素。

第三，本书构建了适合我国保险业现阶段发展状况与未来趋势的保险集团财务风险管理框架。框架将资产负债管理理论和全面风险管理理论作为保险集团财务风险管理的理论基础，实施基础包括保险集团完善的治理结构、良好的风险管理文化、健全的风险管理组织架构、集成化的风险管理信息系统，需要按照“统筹一致、集团公司利益最大化、市场化和效率”等原则实施控制措施，以实现集团化经营下的系统性财务风险、融资风险、投资风险和经营层面的风险进行“全面、全程、深度”管理。

第四，提出了若干有针对性的监管政策建议。本书在分析借鉴发达市场的金融保险集团监管经验的基础上，有针对性地对保险集团面临的风险从外部监管角度进行充分判断，并紧密结合现行的监管法规，比较监管与行业经营实际和未来发展的差距，并从创新保险集团监管模式角度提出一些政策建议和设想。主要内容包括开展对集团公司的偿付能力监管，对子公司根据所在行业实行分项监管；建议加强集团公司综合经营的治理，培育以母公司为主体的集团治理机制；建议尽快放开集团公司的融资限制；督促集团建立内部的防火墙制度；适当引导以保险集团为主导的业务转让和股权转让健康发展；对财产险市场进行适度的干预。目前，国内的监管政策仍然处于分业监管体制，但金融综合经营已经成为集团化经营的国际趋势，我们建议未来对金融控股公司可采用伞型监管模式，对金融控股公司母公司运营进行监管，各金融子公司的单项业务，仍由银监会、证监会、保监会按各自功能分别监管，这样可以保证在不改变原有监管结构模式下对金融控股公司实行有效监管。

当前，我国经济社会和保险业改革发展进入十分关键的时期，保险业必须抓住难得历史发展机遇，搞好集团化经营，防范和化解风险，做大做强保险业，促进保险业健康持续快速发展。希望本课题的研究能够对保险企业集团化经营和财务风险管理的理论和实践工作有一定的指导意义。

参考文献

［1］COSO，1992. Internal Control——Integrated Framework.

［2］COSO，2004. Enterprise Risk Management——Integrated Framework.

［3］I. Walter and A. Saunders（eds.），Universal Banking：Financial System Design Reconsidered，Chicago，Irwin.

［4］Llewellyn，D. T.（1996），"Universal Banking and the Public Interest：A British Perspective." Universal Banking：Financial System Design Reconsidered，I. Walter and A. Saunders（eds.），Chicago，Irwin.

［5］Rajan，R. G.（1996），"The Entry of Commercial Banks into the Securities Business：A Selective Survey of Theories and Evidence."

［6］Steinherr A. and C. Huveneers（1990），"Universal Banks：The Prototype of Suceussful Banks in the Integrated European Market? A View Inspired by the German Experience". Center for European Policy Studies，Financial Markets Unit，Working Paper No. 2.

［7］Sudha Krishnaswami：Agency Theory and Participating Policy Usage：Evidence from Stock Life Insurers，the journal of risk&insurance，Jua，2001.

［8］车芳："企业集团概念新解"，《经营与管理》，2004 年第 4 期。

［9］陈兵：《保险公司财务管理》，中国财政经济出版社 2007 年版。

［10］陈文辉、曹勇："国外寿险公司利率风险情况研究"，《保险研究》，2001 年第 8 期。

［11］常新萍、韦力元、邓静："金融混业经营之下保险公司的关联交易及风险分析"，《甘肃农业》，2006 年第 9 期。

[12] 范强华："保险资金投资商业银行股权应把握好度"，《上海证券报》，2007年1月30日。

[13] 郭文昌：《中国保险业运行风险探析》，中国经济出版社2007年版。

[14] 胡利民、周培："世界保险资本重组进程对我国的启示"，《宜宾学院学报》，2007年第1期。

[15] 康华平：《金融控股公司风险控制研究》，中国经济出版社2006年版。

[16] 黎四奇：《金融企业集团法律监管研究》，武汉大学出版社2005年版。

[17] 李静："从分业经营向混业经营过渡时期的金融监管"，《金融与经济》，2004年第10期。

[18] 李克穆："关注国际形势，防范金融风险，提高保险资产管理水平"，《保险研究》，2006年第7期。

[19] 李艳、邬润龙："金融机构不良资产成因及处置方式比较"，《金融会计》，2007年第4期。

[20] 李艳、邬润龙："业绩报告时效性及对上市保险公司的启示"，《上海保险》，2007年第7期。

[21] 李艳荣、金雪军："论内部资本市场中资源配置的效率"，《学术月刊》，2007年第4期。

[22] 马璐瑶："保监会主席助理：财务监管是保险监管三大支柱之一"，《中华工商时报》，2006年4月26日。

[23] 孟芗："保险保障基金拟公司化运作"，《21世纪经济报道》，2007年12月8日。

[24] 孟昭亿：《国际保险监管文献汇编（IAIS卷）》，中国金融出版社2006年版。

[25] 彭思源："金融行业债权补偿模式比较"，《金融时报》，2007年10月16日。

[26] 尚晓阳："保险机构投资者交易对手风险管理指引"，中国证券报，2006年11月30日。

[27] 沈闻一："论危机救助的'建设性模棱两可'及其对中国的启示"，《国际金融研究》，2005年第6期。

[28] 盛和泰、葛文倩："论保险公司的汇率风险管理"，《保险研究》，2006年第12期。

[29] 孙烽：《国有金融控股集团风险管理系统规划》，中国金融出版社2005年版。

[30] 孙佳美："完善我国非寿险公司偿付能力监管体系的若干思考"，《保险研究》，2006年第3期。

[31] 唐君燕、卡斯商学院 Enrico Biffis："中国长期寿险产品存在定价风险"，

《经济观察报》，2007 年 4 月 26 日。

[32] 王福新：“建立保险公司评级制度，完善保险信用体系”，北京大学赛瑟论坛。

[33] 王海艳：“国际保险业资产负债管理思想的演进”，《上海保险》，2007 年第 5 期。

[34] 王建伟：“基于控制论的保险公司资产负债管理研究”，中国博士学位论文全文数据库。

[35] 王丽英、张昌松：“我国寿险公司的利率风险及防范”，《财经问题研究》，2005 年第 5 期。

[36] 王银成、曲永环等：《保险公司投资资产委托管理模式研究》，首都经济贸易大学出版社 2007 年版。

[37] 魏海港：“保险集团如何构建科学的资本经营战略”，《上海证券报》，2006 年 5 月 10 日。

[38] 邬润龙：“4 比 1 之惑——财产保险业资金缺口浅析”，《上海保险》，2006 年第 4 期。

[39] 邬润龙、李飞：“警惕：保险业洗钱”，《中国商业保险》，2003 年第 5 期。

[40] 邬润龙、李艳：“保险公司资本保证金相关问题探析”，《保险研究》，2007 年第 3 期。

[41] 杨雄胜：《高级财务管理》，东北财经大学出版社 2004 年版。

[42] 杨雄胜、陈丽花：《集团公司财务管理》，人民出版社 2007 年版。

[43] 叶朝晖：《寿险公司偿付能力风险分析与管理》，南京大学出版社 2006 年版。

[44] 袁宁：“企业集团成因研究”，西北大学博士学位论文。

[45] 岳敬飞：“一级半市场借尸还魂　股权信托灰色交易风险大”，《每日经济新闻》，2004 年 12 月 24 日。

[46] 赵大春：“我国保险投资渠道的风险管理研究”，《中国硕士学位论文全文数据库》。

[47] 赵萍：“银行风险向保险转移，新利差风险抬头”，《中国证券报》，2006 年 3 月 28 日。

[48] 赵宇龙、谈永暐：“我国保险公司的风险分类模型：资产负债表视角”，《精算通讯》，2006 年第 1 期。

[49] 植春信保 [日]：《日本财产保险业变化及对策》，机械工业出版社 2004 年版。

[50] 中华人民共和国财政部：“关于印发《企业内部控制规范——基本规范》和 17 项具体规范（征求意见稿）的通知（财会便 [2007] 7 号）”2007 年。

[51] 中国保险监督管理委员会周延礼副主席2007年11月29日在《中国人保集团内控合规工作会议》上的讲话。

[52] 周宏："上投摩根自曝QDII投资首役详情"，《上海证券报》，2007年12月5日。

[53] 朱红艳："金融控股公司财务调控机制研究——基于母公司视角探讨"，西南财经大学硕士毕业论文，2007年。

[54] 专访："强化内部控制——专访国务院派驻中国人寿保险集团监事会主席魏礼江"，《中国内部审计》，2006年第7期。

[55] 曾忠东："保险企业全面风险管理研究"，中国博士学位论文全文数据库。

[56] 祖晓青："我国金融综合经营下保险业的风险及其管理措施探讨"，西南财经大学硕士研究生毕业论文，2007年。

第三篇

保险集团的预算管理

摘 要

近年来，我国一些主要保险公司纷纷确立了集团化发展战略，以应对世界经济一体化、金融混业经营以及对外开放力度加大所带来的机遇和挑战，取得了可喜的成绩，但也面临着诸多发展瓶颈。总体来看，我国保险业尚处于初级发展阶段，起步比较晚、底子比较薄、基础也比较差，综合素质与国际顶级金融保险集团相比还有一定距离。预算管理作为一种科学的制度安排和经营管理机制，在优化资源配置、提高盈利能力、防范化解风险最终确保企业集团整体战略目标实现的重要功能与作用，已经被越来越多的保险集团作为开展集团化管理行之有效的突破口。

本书以十七大报告提出的提高保险行业竞争能力为出发点，紧紧围绕保险集团财务风险控制这一主线，全面剖析了预算管理的内涵及其对保险集团贯彻科学发展观，实现做大做强做优、又好又快发展的意义和作用；认真探讨了保险集团预算管理模式选择的问题，并密切结合行业特点，深入研究了保险集团实施预算管理的特殊性以及国际顶级金融保险集团预算管理的成功经验和做法；较为详尽地对中国人寿集团预算管理的实践与探索加以介绍；对我国保险集团预算管理的现状、存在的问题进行了客观描述，并提出了加强政策支持和指导、完善治理结构、坚持预算的战略导向、提高预算的科学性和信息化水平以及建立健全预算管理责任制等政策建议。

本篇共分为四章，各章的主要内容如下：

第一章在定义预算管理内涵的基础上，主要介绍了运营控制型保险集团的集权预算模式、财务控制型保险集团的分权预算管理模式以及战略控制型保险集团的折中预算模式等三种模式的主要特点，并对影响预算管理模式选择的因素进行了综合分析，并倾向于我国保险集团采用折中型的预算管理模式。

第二章全面分析了预算管理在优化资源配置、提高盈利能力和防范化解风险方面具有的特殊意义和作用；结合保险行业特点，深入分析了保险集团实施预算管理的特殊性。本章还对美国国际集团、法国安盛集团、荷兰国际集团以及信安金融集团的预算管理情况进行了简要介绍，以期取得“他山之石、可以攻玉”的效果。

第三章全面介绍了中国人寿集团全面预算管理的制度架构、流程体系以及预算管理方法，并结合中国人寿集团的全面预算管理实践，指出了预算管理过程中应注意解决的相关重大问题。

第四章对中国人寿集团外的其他主要保险集团的预算管理现状进行了客观描述，揭示了我国保险集团预算管理中存在的问题，并提出了相应的对策以期对我国保险集团深化预算管理起到一定的积极借鉴作用。

第一章 保险集团预算管理模式及其选择

第一节 预算管理的内涵

预算管理的内涵随着管理理论发展而不断拓展，并在实践中不断发展和完善。自20世纪20年代诞生以来，预算管理始终是一个开放的理论体系，不断吸收先进的管理思想和管理方法为其所用，在企业管理实践中取得了良好的效果（小林健吾，1989；Horngren、Foster和Datar，1997）。

无论是出于研究目的还是实际推行预算管理，首先都需要明确预算管理的内涵。本书认为，企业预算管理是企业对相关经营、管理活动的未来情况进行预测和控制的一种制度安排，是集目标、协调、控制、考核于一体的一整套管理机制。全面预算管理则是指以企业发展战略目标为依托、以预算为载体，对各项经营管理活动进行全过程、全要素和全方位管理。由于具有特殊的意义和作用以及多年来卓有成效的实践，全面预算管理早已融会于国际大型企业集团管理文化的血脉之中，成为它们追逐市场利益历久弥新的财富基因。

第二节 保险集团的预算管理模式及其选择①

巴塞尔金融集团联合论坛1999年颁布的《对金融服务集团的监管原则》认为：金融集团是指在同一控制权下，完全或主要在银行业、证券业、保险业或至少两个不同的金融行业大规模提供服务的集团。有别于单个的金融机构，保险集团追求的是集团整体价值最大化，当战略目标进而年度经营管理目标确定之后，选择何种预算管理模式就成了一个至关重要的问题。

一、预算管理模式

以保险集团母子公司间的管控体制为依据，可将保险集团划分为三种不同的类型，即运营控制型、财务控制型和战略控制型。不同的管控体制相对应的不同的预

① 李国忠："企业集团预算管理模式及其选择"，《会计研究》，2005年第4期。

算管理模式，分别是集权型、分权型和折中型三种。

（一）运营控制型保险集团的集权预算模式

运营控制型保险集团的管理权集中在集团企业手中。在运营控制型企业集团看来，战略目标的实现是第一位的，集团内部的所有单位都是实现集团整体战略的重要组成部分。由于集团企业与子公司之间、各子公司之间存在较强的业务协同性，使得总部协调功能发挥所得收益大于协调成本。预算管理被定位于：第一，集团内部统一的资源规划系统；第二，集团内部信息反馈系统和作业控制系统；第三，集团内部业绩控制系统。

在集中型预算管理模式中，集团企业是预算的编制者和下达者，规定所属机构的作业程序与财务运作规则，在考核预算时主要根据各所属机构占有资产总额的收益情况来进行；分部或各所属机构不参与预算编制，只是预算执行主体，集团企业负责对所属机构预算责任进行考核与监督。

在这种模式下，集团企业主要通过预算进行管理，但如果保险集团经营多样化，集团企业与分部或子公司间的信息不对称程度较为严重，则其预算的可行性和合理性会大打折扣，而且由于集团企业只关注预算，会产生为预算而预算的不良后果。在运营控制型保险集团看来，战略目标的实现是第一位的，集团内部的所有分部或经营单位都是实现集团整体战略目标的重要组成部分。

（二）财务控制型保险集团的分权预算管理模式

财务控制型保险集团的主要特征是所属机构间业务关联度较低、协同效益差，集团企业将自身定位于从事资本运作的实体，以股东的权利来行使其买入—持有—卖出决策。

在财务管控型管理体制下的企业集团常采用分权型预算管理模式。预算管理采用自下而上方式，预算由各所属机构自行编制，由集团企业审批下达。集团企业对所属机构的预算导向是目标型的，即目标或期望资本报酬率（ROE）会成为所属机构预算的起点，目标控制与目标管理成为预算管理的主要特征。所属机构根据集团企业集中认定的预算目标来编制自身的预算，这一预算要符合子公司的经营战略，集团企业对预算形成没有统一的指导意见；利用预算监控来保证预算目标的实现，但预算监控以不损害各所属机构独立财务运作为前提。预算指标是核心式的关键指标体系，过程指标相对较粗，但结果考核指标很严。集团企业通过预算考核和经营业绩评估以确定是“继续持有”还是“卖出”。

这种预算管理模式避免了集中型预算管理模式的不足，调动了基层管理组织的积极性并体现了人本主义思想，同时也有利于保证预算的真实性与可操作性。但由于预算来自于子公司和更为基层的组织，可能存在目标不一致而产生的不良预算行为。因此，强化集团企业目标与子公司目标的一致性并加强集团企业对子公司预算的审批是实行分散型预算管理模式的前提。

（三）战略控制型保险集团的折中预算模式

战略控制型保险集团中，集团企业作为战略筹划者，根据市场环境与集团战略，提出集团企业战略目标。集团企业在各业务层面、各所属机构和各部门业务计划与集团企业资源可供性协调的基础上，按照集团整体最优化原则分配资源。集团企业对各业务层面、各所属机构和各部门的投融资以及利润分配等财务活动实施统一规划与控制。集团企业成为企业集团财务管理的核心。它代表了自20世纪80年代末与90年代初以来战略管理由规划转向控制的趋势。

这种企业集团采用自下而上式预算编制模式，强化集团企业预算审批权，即集团企业对指导各业务层面、各所属机构和各部门预算的制定拥有最终决定权。集团企业编制长期战略规划和年度经营管理计划，并将各项指标分解下达。具体预算由各业务层面、各所属机构和各部门根据集团企业下达的各项指标和自身的具体情况编制，上报集团企业审批。集团企业成立专门的预算管理委员会，审查和平衡各业务层面、各所属机构和各部门的预算，并汇总编制保险集团整体预算，经批准后的预算被下达给各业务层面、各所属机构和各部门，以指导其经营活动。预算执行过程中，集团企业对预算执行情况进行全方位的监控，重点审核各业务层面、各所属机构和各部门的重点业务预算，以保证完成预算。

应该说，战略控制型管理导向是当代保险集团管理的主要方式，预算模式摆脱了“事无巨细的运营控制型”的各种不足，同时也避免了“粗放管理的财务控制型”的诸多缺陷，具有很强的“资源规划与结果控制相结合”的综合特征。

二、预算管理模式选择主要应考虑的因素

影响预算管理模式的因素众多，每种因素的影响程度各异。通常，环境因素、治理结构框架、行业特点及业务属性、整体战略利益以及集团企业的职能、定位以及管理能力和要求是预算管理模式选择应当考虑的因素。

（一）环境因素

保险集团不能存在于真空之中，而需要与外界发生普遍而广泛的联系。保险集团必须适应所处的环境，才能得以存在和发展。这里，重点谈两个环境因素。

一是法律环境。法律是体现统治阶级意志、由国家制定或认可，并以国家强制力保证实施的行为规范的总和。保险集团在选择预算管理模式时，必须重视政治和法律因素的影响。目前，我国已经颁布的对保险集团有重大影响的法律有《保险法》、《公司法》、《证券法》等等，除此之外还有很多部门规章。保险集团选择预算管理模式必须符合各种法律规划、法规以及部门规章的要求。

二是监管要求。为了保证保险业的健康发展，维护广大保户的利益，防范保险企业的风险，我国建立了完善而严格的监管体系。这其中对保险企业的预算管理影响最大的莫过于偿付能力的要求。这种法定的偿付能力指标对保险企业的预算有两个方面的影响：指导作用，即公司的资本结构必须达标；约束作用，降低了保险企业安排资本预算的自由度，使得保险企业不能向企业那样更自由地安排资金的使用。遵循偿付能力监管要求的预算方法，要将保险企业的资金分配到公司的各项保险业

务中去，这实际是一个资本分配的过程。按照这种资本锁定原理，在业务发生之前对资本分配进行预算，就构成了保险企业的资本预算。保险企业的经营目标是“持续的盈利”，偿付能力是发展前提，盈利能力是发展目的。因此，按照偿付能力约束的方式进行资本预算，然后进行盈利性分析，就实现了偿付能力与盈利能力的有机结合。而资本预算将偿付能力约束作为资本分配的前提，因此，资本预算也就成为事前偿付能力管理的一种手段。

（二）治理结构框架

公司治理结构主要包括三个方面的内容：一是治理主体，即谁参与治理。二是治理客体或治理对象。治理结构着重解决的是相关者之间的责权利关系，尤其是剩余索取权和控制权的分配。三是治理手段。对法人治理结构来说，要达到合理分配剩余索取权和控制权，必须具备一定的程序和机制，常见的有表决程序、利益分配程序、人事任免程序和股东大会、董事会、监事会和经理层等机构。总之，治理结构是一组契约制度，它通过一定的治理手段，合理配置剩余索取权和控制权，以形成完备的自我约束机制，其目的是协调利益相关者之间的责权利关系，促使他们进行长期合作，以形成效率和公平的合理统一。

选择预算管理模式必须符合集团整体以及内部各单位的治理机构框架，兼顾效率与公平。保险集团的人事安排、机构设置、管理风格、业务流程、控制机制和管理手段等治理安排，将决定预算工作的开展方式和具体过程，并最终直接影响预算管理的实施效果。企业经营管理最核心的内容不外是对人事权、财权的管理，抓住了两者尤其是人事权，也就抓住了企业管理的核心。从理论上讲，预算管理能够将人事权管理与财权管理有机结合在一起；但从我国保险集团的实践来看，预算管理大多数时候不能将两者统一，需要受限于一系列的治理结构安排。因此，笔者认为，预算管理实质是一种戴着枷锁跳舞的机制，需要充分考虑治理结构框架。

（三）行业特点及业务属性

保险集团的主要特征之一就是以保险业务为主业。众所周知，保险业务本身就是一种风险管理业务。作为金融服务行业，保险集团的经营既不同于一般制造业，也不同于业务单一的金融机构业，这种特殊性决定了保险预算管理在遵循一般预算管理理论和模式的基础上，又有其自身的特点。预算管理模式选择必须充分考虑这种特殊性，以确保资产负债的匹配和化解各种风险。以寿险业务为例，首先，寿险业务具有长期性特征，这也决定了寿险公司经营活动，包括寿险投资，经营决策，资产配置都带有长期持续的特征。为了平衡投保人的财务状况，降低退保率，寿险公司一般采取均衡保费制，这使得寿险公司拥有数额庞大的资金来源，必须进行适当的投资，保证其资产的保值增值，实现给付的安全性。另一方面，寿险公司集中了大量的同质风险，都以大数定律为基础来承保风险的企业，本身就具有高风险的特征。由于承保的期间长达数十年，其承保时一般根据当时的经营条件作出预订利率，预订死亡率，预订费率等，数十年后，外界的经济环境和保险条件都势必发生很大变化，比如市场利率，通货膨胀率，疾病伤害情况等等。同时，寿险公司实行的均衡制保费，在财务上形成保险费期初的溢缴，据此计提的责任准备金将形成高额负债，在发达国家，寿险公司责任准备金高达总资产的80%以上。一旦准备金不足，寿险公司将出现偿付能力不足，直接导致危机。

（四）集团的整体战略利益

实现集团整体的战略利益最优是组建企业集团的根本目的。对于保险集团而言，维护战略利益必须充分考虑全局性、长远性和协同性。由于保险集团具有行业跨度大、业务多元以及产权组合复杂等特点，必然要求采取适合的预算管理模式统筹安排资源配置，应对突发情况和经营管理风险，确保整体战略利益的实现。换言之，保险集团某一阶段战略目标的差异需要相应的预算管理模式予以支撑，预算管理模式选择应当充分考虑保险集团的整体战略利益，所有的经营管理行为都必须在集团整体战略利益范围内。

（五）集团企业定位、职能及管理能力和要求

集权型、分权型和折中型预算模式适用于不同管理体制的保险集团中。集团企业定位、职能及管理能力和要求直接决定保险集团选用何种预算管理模式：如果集团企业管理权集中、有管理意愿和管理能力，往往采用集权型预算管理模式；如果集团企业将自身定位于从事资本运作的实体、无强烈管理意愿，则采用分权型预算管理模式即可；如果集团企业制定集团主要政策，任何成员单位的经营管理行为都不能游离于统一的战略目标，则适宜采用折中型预算管理模式。

三、保险集团的预算管理模式选择

集权型、分权型和折中型预算模式各有优缺点，并不存在绝对的孰优孰劣。三种模式都有其适用性。著名管理学家亨利·明茨伯格就说："我们在与组织打交道的过程中，所犯的最严重的错误就是认为存在适合管理每个组织的一种最佳方法。"在保险集团的管理实践中，必须坚持一切从实际出发，从发展的观点、联系的观点出发，根据环境要求、发展阶段、治理结构框架、行业特点和业务属性、集团的整体战略以及集团企业的定位等约束条件，选择合适的预算模式，并应当根据客观变化、管理需要以及承受能力进行相应的调整，这是科学发展观的具体体现。

就我国保险集团而言，笔者倾向于采用折中型的预算管理模式，不仅是因为该模式兼顾了满足集团企业经营管理要求和调动集团内成员单位积极性的内在需要，更为关键的是金融混业的发展趋势日渐清晰、大多数保险集团所涉及的行业和具体领域日益扩张，如果采用其他的预算管理模式难免顾此失彼，影响预算管理的效果。

第二章　保险集团实施预算管理的必要性与特殊性

第一节　预算管理的意义和作用

一、预算管理的意义

建立和完善预算管理机制是企业集团规范公司治理、应对行业监管的必然选择，同时，也是其以现代企业制度为标准加强科学管理、完善企业文化和做大做强做优的需要。正因为如此，国家先后颁布了一系列制度强化企业的预算管理：2000 年 9 月国家经贸委发布的《国有大中型企业建立现代企业制度和加强管理的基本规范(试行)》明确提出企业应建立全面预算管理制度；2001 年 4 月，财政部发布的《企业国有资本与财务管理暂行办法》要求企业应当实行财务预算管理制度；2002 年 4 月，财政部发布的《关于企业实行财务预算管理的指导意见》，进一步提出了企业应实行包括财务预算在内的全面预算管理；2006 年底，财政部颁布《金融企业财务规则》明确了所有者、经营者预算权问题，并要求金融企业应当加强成本、费用预算约束；2007 年 5 月，国资委下发《中央企业财务预算管理暂行办法》，对中央企业开展全面预算提出了系统的要求。

(一) 规范公司治理

多级法人是企业集团的一个重要特征。法人治理结构和财务治理结构是影响企业集团生存与发展最为关键的因素，是企业集团经营管理的核心。结合中国保险业发展实际，借鉴国际保险监管的最新经验，保监会已经建立了偿付能力、公司治理和市场行为监管三支柱的现代保险监管框架，其中，监管的基础就是公司治理和内部控制。

集日常业务运营和资本运作为一体，保险集团具有业务类型多元、区域、行业跨度较大、产权组合多样等特点，因而，在经营管理上具有复杂性。维系保险集团中集团企业及其所属机构产权裙带关系的有效运作必须建设真正意义上的法人治理结构，体现所有权与经营权的分离和所有权对经营权的约束。在两权之间，必须建立可控的“技术路径”。预算管理作为所有权对经营权的控制手段，为出资人提供了合理有效的监督平台，有利于出资人履行职责，也有利于对经营者进行业绩评价、考核和奖惩，进而解决所有者与经营者目标不一致、信息不对称、股权集中的过渡干预以及董事会约束力弱化等问题，规范治理结构、提高代理效率、实现企业管理的民主化、调动经营者积极性，促进集团经营管理行为的全局性和长期化。

财务治理是集团企业法人治理的核心问题。预算管理通过财权的预先安排来约束保险集团的经营管理行为，一是致力于处理各种利益相关者在内的财务关系，扩大财务治理范围；二是优化财权配置；三是提高集团企业财务治理效率，使经营者的能力、动力与约束力发挥处于受控状态，保证财务效率的形成；四是改善集团企业会计信息质量。

（二）适应保险监管

预算管理为我国保险集团逐步适应国际化保险监管提前做了准备。首先，如前所述，预算管理能有效实现保险企业权责明晰化和防范风险。预算管理通过各层次人员，特别是基层保险销售人员的积极参与和反复预算，可制定出切实可行的预算目标，有助于保险企业科学决策，完善治理结构，从根本上防范风险。其次，预算管理的远景规划与短期经营相结合的特有功能使保险企业有计划地稳妥发展，避免了盲目跃进带来偿付能力的不足。再次，保险业监管是一种外在的、强制的监督。而预算管理作为内部控制的重要组成部分，是保险企业内部的、自觉的监督。从保险监管的目的来看，外部监管只有通过内在的自我约束，才能真正发挥作用。自我约束是保险企业内在的、保证其持续健康发展起决定性作用的层次，而自我约束能力又取决于及时、有效的内控管理。可见，保险企业预算管理能满足监管部门要求，一方面是我国保险监管有效性的制度保障；另一方面，更是我国保险企业加强自身发展，主动应对日臻完善的监管制度的有效方法。

（三）完善企业文化

在保险业中，企业文化的作用尤为重要。不可否认，我国保险业的发展归功于全国百万保险营销大军。每个企业都有几万至几十万的营销队伍。营销人员管理的有效与否，直接影响到保险企业经营发展的稳定性。但是，我国保险企业之间“互挖墙脚”的现象司空见惯，经常有某位营销经理带着手下全班人马集体跳槽，造成原保险企业在该市场的经营一下子陷入瘫痪状态的事件见诸报端。这种现象的出现归根到底在于企业文化制度建设的欠缺，导致员工对公司缺乏忠诚度。预算管理的核心是以人为本。通过全员参与公司决策制定，一方面使预算本身具有了激励功能，另一方面则使员工切实感受到了主人翁的地位，增加了责任感。同时，员工考核采用财务与非财务指标相结合的办法，物质激励与精神激励并存，大大增加了其忠诚度，完善了保险企业的企业文化制度。另外，保险业最重要的就是诚信。预算管理要求全体员工为共同的使命而奋斗，建立了共同的企业精神、企业道德、企业价值观，这一良好的企业文化将提高员工的素质，并大大减少代理人误导、欺诈等违背诚信义务的行为。

（四）做大做强做优

近年来，国际保险市场上保险企业并购风盛行。据有关统计，2000 年到 2005

年，金融保险业的并购案就已达 5 114 宗，涉及总金额 1 100 多亿美元。外资保险企业在并购中不断加强自身抵御风险的能力。而国内保险企业，如一些国有保险企业与外资保险企业相比够大但不够强，资本金严重不足，抗风险能力较差。在股改的模式选择中，2003 年三大国有保险企业不约而同地都选择成立了保险企业集团。

然而，国外很多企业一味地扩张，忽视了自身经营管理，出现了费用管理失控、业务管理失控等问题，最终由于大而不强，避免不了被并购的命运。保险集团在发展过程中同样也不能忽视内部管理而重蹈覆辙。预算管理一方面能使保险集团加强内部控制，缩短与外资保险集团在经营管理上的差距；另一方面它通过将企业战略分解为各期预算，为保险集团的稳步发展壮大提供战略支持，从而为其达到做大做强做优的双重目标提供了制度保障。

二、预算管理的作用

财务管理是企业管理的中心，其核心内容就是充分利用企业可支配资源，在有效防范风险的前提下，尽可能提高企业的收益。对于保险集团而言，预算管理有助于提高集团整体的资源配置效率，增强集团战略的执行力，降低运营风险。

（一）预算管理能够有效地提高保险集团资源配置效率

保险集团的资源配置，包括各业务层面、各子公司、分公司以及各部门之间的资源配置。保险集团资源配置效率的提高不仅有赖于集团内各业务层面、各所属机构和各部门内部资源配置效率孤立地提高，还有赖于各业务层面、各所属机构以及各部门之间在资源配置上的统筹考虑和安排。

1. 预算管理有助于集团内各业务层面、各所属机构以及各部门明确自身的资源配置目标。提高资源配置效率，首先应当明确资源配置目标，否则，企业资源容易被错误地配置到不相关或没有价值的项目上，浪费资源。部门和项目负责人作为资源配置的直接主体，自愿配置目标派生于部门和项目目标。明确部门和项目目标也就明确了该部门、该项目资源配置的目标。预算管理可以对集团战略目标进行逐层分解至部门、项目，明确部门目标、项目目标进而防止资源配置主体因目标不明确而发生资源错配的风险，提高资源配置效率。

2. 预算管理有助于集团内各业务层面、各所属机构和各部门科学地配置资源组合。科学的配置资源组合，能将每份资源的价值发挥到最大程度。保证资源配置的科学性，资源配置主体应当充分了解企业所拥有资源的种类、属性和数量。同时，还需了解如何配置资源才能满足目标需求，以最少的资源达到最佳的效果。预算管理对企业全部资源进行统计并根据总体战略统筹安排，帮助决策者了解企业所拥有的资源状况，为科学配置资源提供基础。此外，预算管理本身提供了一套科学而完备的资源配置方法如作业预算法等，帮助决策者实现资源的定量组合。

3. 预算管理有助于统筹安排集团内各业务层面、各所属机构和各部门资源配置目标，实现整体价值最优。预算管理提供科学的战略目标分解方法，统筹安排各业务层面、各所属机构以及各部门的战略目标，进而间接地起到统筹安排资源配置目标的作用。另外，预算管理本身可以提高集团企业对各业务层面、各所属机构和各部门的控制力，进而加强对其资源配置的干预，从集团整体战略目标的高度统筹配置集团资源，实现整体价值最优。

4. 预算管理有助于持续地评价和改善资源配置的效率。在科学确定资源配置目标和资源配置方法的基础上，鉴于集团业务的复杂性和动态性，及时地根据环境变化调整各层面资源配置目标，持续不断地优化资源配置组合显得尤为重要。预算管理要求定期进行预算差异分析，一方面能够帮助评价各业务层面、各子公司、分公司以及各部门的业绩状况，分析业务环境的变化；另一方面也能够对预算编制的系统和一整套方法进行评价，揭示预算编制过程中存在的不科学、不适宜的方法。结合两个方面的分析结论，预算管理能够帮助决策者及时地、持续不断地识别出经营环境发生的改变，进而采用新的、适宜的方法重新确定资源配置目标，构建资源配置组合。

（二）预算管理能够确保集团整体战略目标实现，提高盈利能力和盈利水平

预算管理为企业实施战略管理提供了基础条件，它能够有效地协调价值链、供应链、作业链之间的关系，保证战略方针的贯彻执行和预定经营目标的实现并促进企业完善各项管理制度，不断提高盈利能力和盈利水平。

1. 预算管理能协调统一集团内各业务层面、各所属机构和各部门的战略目标。预算管理在集团层面上，结合集团可支配的资源状况制定集团目标。在集团目标的分解过程中，根据各业务层面、各所属机构以及各部门的可支配资源状况，通过协商，制定各业务层面、各所属机构以及各部门的战略目标。所以，预算管理既能帮助制定切实可行的集团战略目标，又能统筹协调集团战略目标在各业务部门、分公司的分解。

2. 预算管理能加强集团对各公司、部门的业绩评估和管理层激励。在预算管理过程中，集团在与各业务层面、各所属机构以及各部门协商的基础上确定其各自的预算目标水平，保证了预算的客观性和公正性，为后续的业绩评估提供了客观、公正、可行的指标。根据预算目标水平对管理层进行激励也具有权威性和说服力。

3. 预算管理能加强集团对各业务层面、各所属机构和各部门的控制力，确保集团整体战略目标的实现。预算管理对各业务层面、各所属机构和各部门控制力的增强主要体现在战略目标分解的科学性、资源分配的有效性和管理层评价的权威性上。集团企业加强对各业务层面、各所属机构和各部门控制的目的在于保证集团整体能够在战略上、行动上保持一致，提高集团整体的盈利能力、风险控制能力和可持续发展能力（下称“三能力”）。战略目标分解的科学性保证了集团从整体资源状况出发，为提高集团整体“三能力”而制定的集团战略能得到各业务层面、各所属机构和各部门的有力支持和切实的执行；资源分配的有效性则支撑了集团及分公司、部门为提高集团整体“三能力”而作出的战略规划，保障每项战略或规划不会因资源不足而失败或被拖延。管理层评价的权威性真正要求各业务层面、各所属机构和各部门为份内职责负责，提高管理层的责任意识和主观积极性，全心全意落实集团战略在本单位内的子战略。因此，从加强集团控制力的目的角度来看，预算管理的确能加强集团对各分公司、部门的控制力。

4. 预算管理更好地协调统一集团内各公司、部门的执行力，提高集团的执行力。预算管理过程是集团与分公司、业务部门进行预算沟通的过程。集团负责统筹、协调各公司、部门的目标设定和资源配置。各分公司、部门目标明确、资源配置合理，便于提高其执行力。集团对各分公司、部门的统筹协调便于各分公司、部门能各就其位，在各自的业务流程中保质保量地达到业务目标要求，进而提高全集团的执行力。

（三）预算管理能够有效地防范和化解经营管理风险

1. 预算管理可以在集团战略目标层面上，帮助识别和化解经营管理风险。集团战略目标是根据集团愿景和使命，在分析了自身条件和环境约束后科学制定的。所以，集团战略目标的确定本身就包括了集团层面的风险识别、确认、度量和应对的过程。预算管理框架下，在集团目标分解的过程中，各业务层面、各所属机构和各部门也需要对本单位风险进行详细分析，并及时与集团沟通，集团会根据风险状况，重新科学地调整各业务层面、各所属机构和各部门的战略目标。所以，集团战略目标的分解过程也是一个对各业务层面、各所属机构和各部门的风险进行识别、确认、度量和应对的过程。此外，预算管理在资源配置决策中，也会积极寻求通过不同风险属性的资源组合配置来应对战略目标实施过程中的特定经营风险。比如，财务部会计核算岗在核算金融衍生品交易时，会计人员对金融衍生品定价方法不熟悉很容易造成核算失败，从而引发财务风险。在预算管理框架下，会计核算岗有机会向上级反映该项风险，那么上级领导可以通过向会计核算岗委派熟悉金融衍生品定价的员工或对该岗位员工进行培训来防范此项风险。

2. 预算管理提供了业务流程内有效的复核机制，及时发现风险，确保风险不会进入下一流程。预算管理中的预算差异分析细致到每个最低级别预算目标并且非常及时。在组织严格的全面预算管理体系中每个预算目标间的定性、定量关系都有明确的预测和陈述。业务流程完成后，如果结果与预算差距达到重要性水平，可以很明确地判断该流程中可能存在错误，从而及时发现并纠正业务流程中的错误，不把错误带入下一流程。随着预算管理软件的开发和升级，业务流程内复核的工作量和成本都将大幅降低，进而更加有利于集团公司的风险控制。

3. 预算管理能提高集团内各级员工的风险意识。预算管理的各个阶段都需要集团全体员工深入考察本职工作中存在的风险因素，并及时与上级沟通，以便科学地确定其所在岗位的预算目标水平和资源配给水平。岗位的预算目标水平和资源配给水平将成为员工考核的重要指标，从而提高各级员工的风险意识。另外，预算差异分析也为识别新风险提供了途径，有利于员工更加主动地考察业务流程中出现的新风险。

4. 预算管理特别能及时识别并化解财务风险。集团公司业务复杂，保险企业业务财务属性更强，因此，保险集团内聚集的财务风险显得尤为突出。全面预算管理为保险集团化解财务风险提供了很好的工具。

（1）预算管理能从集团层面上识别、控制并化解财务风险。保险集团的财务风险分散于各类保险业务、资产管理业务、会计核算业务及内部审计业务流程的各个环节中，不易被全面地识别和防范。预算管理一方面将预算目标细化至每项业务、每个环节，甚至是每个岗位、每位员工，可以在任何一个层面上识别出发生的财务风险。另一方面，预算管理还提供了由业务、岗位预算水平到集团预算水平的经验或理论关系。因此，当每个业务或岗位发生财务风险时，预算管理都能及时地提示出集团层面可能出现的风险水平。因此，预算管理能从集团层面上识别、控制并化解财务风险。

（2）财务风险往往表现为事后风险，不易事前防范。对于保险集团而言，其财务风险的不可防范性更加突出。预算管理能实现对财务风险的事先防范。这种事先防范机制主要得益于战略目标分解过程中，各分公司、部门、流程、岗位对财务风险的事先识别、确认和应对，还得益于全体员工风险意识的增强，有助于在萌芽阶段遏制财务风险的发生。

（3）保险集团财务风险的发生往往难以明确追究责任，不利于责任主体提高风险意识，切实降低风险水平。财务风险责任“追究难”的问题主要有两方面原因：第一，保险集团的财务风险来源多样化。一方面集团业务复杂，每个责任主体的财务风险都可能引发集团的财务风险；另一方面保险业务具有很强的财务属性，很容易触发财务风险。因此，集团层面的财务风险不但不易追究到某个具体的业务、岗位、责任人，甚至连追究到具体的分公司、部门都难度重重。第二，员工防范财务风险意识不强。预算管理将预算目标细化至每个子公司、分公司、部门、业务，甚至每个岗位、每位员工，要求其将财务风险控制在一定的水平内。这种预算目标水平为及时追求责任人并量化关联责任人彼此的责任提供了量化而权威的依据。

第二节　保险集团预算管理的特殊性

保险业是经营风险的特殊行业，行业的特殊性决定了保险集团在经营管理特别是预算管理方面必然具有其特殊性。

一、监管的特殊性

保险业具有较强的公众性和社会性。保险集团经营亏损或倒闭不仅会直接损害自身的生存和利益，还会严重损害广大被保险人的利益，甚至引发多米诺骨牌效应，危及相关产业的发展，影响社会经济稳定和人民生活安定。所以，各国都对保险业进行严格的监管，包括：对被保险人利益的严格保护；对保险人资格和业务范围与内容的严格监督；对保险人的公司治理结构监督；对保险人的市场行为进行监督；对偿付能力的严格监管；再保险规定；对保险财务的严格监管；对保险投资的严格监管等。其中，偿付能力充足率监管是保险监管的核心指标，无论在哪种监管方式下，只有偿付能力充足率满足监管要求，保险企业才能够获得开展新业务的资格。每一项新业务发展，都需要一定的资本支持业务中的风险，而这些锁定资本的效率如何，决定着保险企业资本分配的质与量。因此，保险集团的资本预算首先需要根据监管当局对偿付能力的要求进行分析，并将其作为先决的约束条件，根据业务发展战略，确定资本在不同业务线的最优配置，通过资本预算并结合相关财务分析方法来合理控制业务发展方向，实现保险业务在监管约束下健康持续发展。

二、管理体系构建上的特殊性

完善的管理体系是保险集团有效运营和战略实施的重要保证。行之有效的母子公司管理体系不是狭义的，而应该是综合的管理体系，需要从整个集团的业务特点、集团整合优势、治理结构、组织结构、人力资源、流程、信息系统等各方面进行系统思考和设计。

保险集团构建高效的母子公司管理体系必须先确定集团组织机构设置与权责定位，即在集团重组设计方案的基础上，对集团组织结构进行具体细化设计，以明确集团公司法人治理结构、集团公司决策参谋机构、集团公司职能部门、集团业务单元的具体构成及其主要职责，同时确定子公司在集团中的定位与功能。其次，建立三个管控体系，包括集团战略管控体系、财务管控体系以及人力资源管控体系。集团战略管控居于领导地位，它是集团公司管控模式形成、管控体系建立的根本依据，是从业务运作角度实现对子公司的过程管理与监控。财务管控体系、人力资源管控体系是整个管控体系得以实施的支持体系，它们帮助整个管控体系真正有效地运作起来，并最终实现集团的基本战略目标。

三、保险业务的特殊性

保险业作为金融服务业的一种，其业务有与其他金融服务业相通相似的地方，但作为一种独立的金融形态，保险的业务经营也有自身的特殊性，主要体现在以下几点：

（1）寿险业务的保费一般为长期缴费型，长期缴费会产生续期保费的滚存性，因此，在做销售收入预算时，保险企业一般会有首年和续年之分。

（2）保险经营的基础是概率论和大数法则，其成本是基于历史经验数据估计而来，实际的经营成本需要到保单真正结束后才能确定，因此，在其经营的存续期内，盈利与否依赖于精算估计。

（3）保费收入体现了风险在时间上与空间上的概率分布，保险业集聚的资金具有较强的金融属性，因此，保费收入的成本需要考虑其资金的成本。

（4）保险缴费是长期的，其销售成本的发生却是不均衡的，一般是前期成本高、后期维持成本低，因此，新单业务在首年会产生亏损，在续年度才会逐步释放利润。这些保险业务的特殊性决定了保险集团在做销售预算、投资收益预算、现金流预算、利润预算等会出现与一般企业不同的处理方法与流程。

四、销售模式的特殊性

保险企业在销售模式上的鲜明特点主要体现在销售模式的多样性方面，个人代理人销售、银行代理销售、兼业代理销售、直销、公司专业代理销售等多种模式同时存在，这些销售模式在不同的业务条线上呈现出不同的侧重点。

保险商品的特点是销售与生产同时发生，销售组织的能力一定程度上反映了企业的生产能力，因此销售预算的编制在保险集团公司有着尤其重要的作用。销售预算除了包括业务收入的预算，还包括了销售组织建设的内容，例如，在寿险业务的预算中，一般会考虑销售人力增长的预算、销售人力增长投入的预算、人均产能的预算，而且这些预算往往作为保险企业经营的基础和起点，甚至会决定或制约着其他部分的预算的执行。

五、预算编制内容与方法的特殊性

保险企业作为典型的被动型负债经营的金融企业，其预算的三个组成部分为投资预算、销售预算和负债预算，而三项具体内容中，又往往会以负债预算、销售预算、投资预算的顺序开展。负债预算具体体现在预算过程中对准备金的预算和对现金流的预算。一般企业需要通过精算对未来负债做出准确的估计，还要做出不同的情境假设、敏感性测试，这些基于概率论基础上的测算对预算的技术提出了相当高的要求。因此，与其他企业预算以财务人员为中心不同，保险企业的预算工作往往会由精算人员和财务人员共同完成。

六、风险管理上的特殊性

保险企业是专门从事风险集中和分散的特殊的经济组织，其经营对象是风险。保险企业不仅要承担和转化被保险人的风险，同时还要防范和化解自身的风险。

（一）经营风险的“两重性”

保险企业因其是专门从事风险集中与分散的特殊性企业，对风险控制有双重性要求：一是作为社会风险的管理者，每天都与各类风险打交道，肩负有效识别、承担和转化社会风险的职责；二是作为企业，为了自身的生存和发展，必须面对防范和化解自身经营中各种风险的挑战。这种行业的特殊性决定了保险企业必然面临比其他企业更大的风险。

（二）环境风险的重要性

环境风险对保险企业而言尤为重要。首先，作为保险企业经营对象的风险往往与环境风险联系在一起，对经营对象风险的测量和评估实际上就是对环境风险的测量和评估，特别是对自然风险的测量和评估。其次，环境风险的动态发展变化对保险企业尤为重要，保险经营的重要特征之一就是长周期（尤其是寿险），对环境风险的测量和评估会影响到保险企业几年甚至几十年的经营。1998 年以前寿险公司所形成的巨额利差损，以及 2003 年以前产险公司所形成的车贷险巨额亏损，都是环境风险评估失误的典型例证。

（三）经营风险与财务风险的混合性

对于一般企业而言，运用经营杠杆系数、财务杠杆系数和总杠杆系数进行风险分析和决策。但是，对于保险企业而言，其资金来源除了资本金以外，主要来自于投保人所缴纳的保险费；同时，由于保险赔偿或给付的责任具有连续性，但承担责任的期限与会计年度不一致，致使保险企业必须提取多种赔款准备金，这些均构成了保险企业的负债。保险企业和一般企业在运用财务杠杆进行负债融资的效应不同，其负债大部分是和其业务收入联系在一起的，造成保险企业经营风险与财务风险相互混合。

第三节　国际顶级金融保险集团预算管理简介

一、美国国际集团（AIG）预算管理简介

美国国际集团（AIG）是世界保险和金融服务的领导者，也是全球首屈一指的国际性保险服务机构，业务遍及全球一百三十多个国家及地区，其成员公司通过世界保险业最为庞大的财产保险及人寿保险服务网络，为各商业、机构和个人客户提供服务。美国国际集团成员公司是美国最大的工商保险机构，旗下的 AIG American General 更是全美最顶尖的人寿保险机构。美国国际集团在全球各地的退休金管理服务、金融服务及资产管理业务也位居世界前列。其金融服务业务包括飞机租赁、金融产品及促进其市场交易。AIG 不断发展的全球消费者信贷业务主要由美国的 American General Finance 管理。同时，通过旗下的 AIG SunAmerica 及 AIG VALIC，集团现已成为全美首屈一指的退休金管理服务机构之一。美国国际集团亦是个人和大型企业投资管理市场中的翘楚，为客户提供专业的股票、定息证券、地产及其他投资管理服务。美国国际集团的股票在纽约证券交易所、美国 ArcaEx 电子证券交易市场、伦敦、巴黎、瑞士及东京的股票市场均有上市。

AIG 预算每年 7 月开始，为期 3 个月，主要通过以下五个步骤完成：首先，AIG 总部高层到全球各大利润中心和各大区确定下一年度的总体目标；其次，各利润中

心和区域公司在对前期表现进行回顾总结的基础上，对后18个月的经营业绩进行预测，并就各关键性指标作出预算，最后按各个管理层次从下到上层层评估和签署商务计划书；第三，总部汇总各层次的预算，各地利润中心同时确定具体的商务计划书，细化各类预算指标；第四，细化的商务计划书提交到总部，总部对全球各产品线进行战略分析研究；第五，AIG董事长兼首席运营官审阅总预算和商务计划书，并与全球利润中心和大区经理面谈，最终确定预算和商务计划，从而实现战略、商务计划和财务目标达成一致。

AIG对保费收入、利润和投资回报都有年度总体增长率要求。预算目标的制定原则是具有挑战性，但经过努力可以达到。如果利润中心和区域经理连续几次达不到预算目标，并且无法提供合理解释，总部就会派工作小组发现、解决问题，有时管理者会被换掉。

AIG的财务部门作为各利润中心和区域公司的内部顾问，为各部门编制预算提供支持和帮助：财务总监负责预算的准确性；财务部门负责预算表格分发、填写指导、收集、软件提供等工作，并在费用分配原则的制定上起主导作用；汇总预算后对现金流、投资等关键财务指标进行预测；监督、规范预算过程中的各项程序。

二、法国安盛集团预算管理简介

法国安盛保险集团（AXA）创始于1816年，是全球最大的保险集团及资产管理机构之一。目前，在欧洲交易所、纽约交易所上市。AXA总部设在法国巴黎，网络覆盖全球60多个国家和地区，全球员工和营销员人数超过11万人，子公司经营业务范围包括：寿险、产险、资产管理、国际业务及其他金融服务（银行）。

集团公司主要通过两条线对子公司实施管控，一是在集团层面主要设立战略、财务、人力资源、法律部和审计部对子公司进行全方位的有效监管；二是在集团层面根据子公司地区区域设立九个业务单元，主要负责指导、督促当地公司业务发展和市场拓展，贯彻落实集团的战略决策并对下行使监督权力。

AXA非常注重长、中、短期的规划工作，实施全面预算管理，并努力做好衔接工作。战略规划分为一年、三年和六年，且均为滚动编制。规划与预算制定方式采用由下至上提交长中短期计划，由集团财务预算部审核后上报高管层，高管层在决策时邀请下属子公司负责人共同参与，并最终确定发展战略，下达预算指标。预算指标包括收入、成本、回报率、风险等多项因素。AXA尤其重视对风险的管控，集团首先明确整体可接受的风险程度，并把可接受的风险分配给各子公司，将风险概念引入到预算目标的量化与制定过程中。指标一旦确定，将从上至下贯彻执行，集团公司财务部对各个子公司执行情况定期进行考核。

在制定预算时，集团公司下达统一标准的预算指引和编制原则，同时提供各子公司标准预算填报表格，以便集团对多家预算数据进行合并审定数据填报的依据是否充分合理。AXA的财务信息均绝对集中在总部，财务系统一体化，拥有全球一致的合并报表系统、预算管理系统以及财务分析系统。子公司若在执行中发现集团下达的财务政策或系统方面存在问题，则将这些问题及时反馈集团，以便集团不断优化财务体系。同时，集团负责对出现的难点和问题给予培训。在会计期末，集团对财务数据进行汇总，分析制定目标的完成情况。由于信息集中在总部，集团可以时时查看各子公司的最新信息，以便审核与决策，这也增强了集团化财务管控力度。此外，由于这 800 多个会计主体分散在世界各个国家，还需制定符合当地监管要求的财务报表，这类报表由各个主体自行完成。

集团公司在对子公司考核时严格依据公司制定的长中短期目标和年初制定的预算指标，采用关键绩效指标（KPI）和平衡积分卡（BSC）方法衡量子公司业绩，其中评价指标的选择与公司战略发展策略相挂钩，全面衡量子公司发展水平。如集团对资产管理公司的绩效衡量主要通过财务风险和回报率两项指标综合考虑，即在风险可接受程度上追求更高的回报率。同时，集团统一的财务分析评价系统也为考核建立了可供比较与评价的平台。考核指标一般包括：收入、支出、利润和股本回报率。

三、荷兰国际集团预算管理简介

荷兰国际集团（Internationale Nederlanden Groep N. V.，简称 ING）是一家综合性财政金融集团，其历史轨迹可回溯至 1845 年成立于荷兰海牙的荷兰保险公司（The Nether lands Insurance Company）。1963 年与国民人寿保险银行合并，触角从保险延伸至银行，1991 年与以银行业务见长的荷兰第三大银行 NMB 邮政银行集团（NMB Postbak Group）合并后，正式定名为“荷兰国际集团”（ING Group）。ING 综合性金融财经业务方面（银行与保险业务）提供能力居世界前列，其金融服务网遍及全球 60 多个国家、客户人数超过 5 000 万人，雇员超过 12 万人。

董事会下设四个管理运作核心，即荷兰总部、国际金融财经业务部、企业和资本市场部、资产管理部。集团总部负责荷兰本国市场上的全部保险和银行业务；国际金融财经业务部负责管理所有荷兰本土以外的国际保险业、零售银行业和商业银行业的运作，其保险业务划分三大地区，即欧洲和拉丁美洲、北美洲、亚澳地区，银行业务则由中心统一管理；企业及资本市场部管理所有国际货币和资本市场管理部门，包括国际银行网络以及金融产品、贸易、销售、投资银行、企业银行、风险管理及调研的各项业务；资产管理部承担企业投资者的资产和账目管理、提供个人国际银行服务、集团公司的保险业务的资产管理、房地产业务和信托业务、各公司投资基金。

ING 尤其注重风险分散工作，其采用广大的区域分布及多角化的经营模式，避免了因为区域因素（如当地政局不稳）或某一特定产品亏损而影响整个集团的运作。因此，在获利上一直能有稳健的表现，此项特点不仅是 ING 的经营策略，更是成功的主要因素。

ING 实行严格的成本管控，本着稳健的经营文化，采取严格的成本管控政策，通过改善成本费用率以提高整体的净利率；另一方面，以“收益成长高于费用成长”为原则，在保险营运方面，使保费成长大于费用成长，在银行方面使收益成长大于支出成长，确保获利维持稳定。

荷兰国际集团应用 Hyperion Enterprise 软件，采取分散的业务线管理模式；总部财务定位于以决策支持为主；计划、预算与预测工作围绕预测为核心；预算编制明细到个人，层层落实预算责任并据以进行业绩考核；费用分摊借鉴作业成本法原理。

四、美国信安金融集团预算管理简介

美国信安金融集团（PFG）是国际主要的金融财务集团之一，成立于 1879 年，有近 130 年的金融服务历史，通过其遍布不同范畴的金融服务公司，为商业、个人和机构客户提供多元化的金融产品及服务，当中包括退休金及投资服务、人寿及医疗保险。作为世界五百强之一，信安金融集团是美国最大的养老金管理机构之一，以管理退休计划而著称，是美国最大的 401（k）计划提供机构之一，管理的 401（K）计划数目超过全美任何一家银行、共同基金或保险公司。

PFG 总体的管理模式可概括为：以业务为主线，在集团层面：集团公司下设人力资源、财务、法律、信息技术等部门作为基本规则的制订者和基础服务的提供者，其资源在集团范围内共享；以经营利润、净资产回报率等利润类指标为管理核心，实行集中的业绩管理与考核。在业务线层面：各业务线在产品开发与销售、业务管理、财务管理方面享有充分的自主权；业务线分别设立财务及 IT 部门，业务线财务负责日常的核算、费用管理、报表及分析，直接对业务线的 CFO 负责；业务线 IT 主要侧重于系统应用层面的开发与改进。

责任中心体系是 PFG 财务管控、盈利分析、绩效评价等财务管理工作的基础，责任中心有多种分类方法，最基本两类责任中心包括：利润中心和成本中心。公司可以根据工作精细化要求建立成本中心的不同层次的成本中心体系，有的公司的成本中心甚至可以细化到人。

PFG 的预算包括季度滚动预测（5～6 个季度）、年度预算（1 个财政年度）和长期规划（5～10 年）等基本内容。其目的在于：保证公司持续稳健发展、贯彻各阶段发展顺应公司总体战略、控制公司的经营业绩在预期范围内进而避免经营结果对公司股价的非预期冲击。预算涵盖经营假设的定期调整、关键财务指标预测结果（OE、ROE、Revenue Growth）；关键驱动因素分析（收入贡献、费用贡献、投资收益贡献、风险收益贡献）以及敏感性测试。PFG 的月度盈利预测仅在利润表层面，确保利润的持续性；季度滚动预测则包括利润表、资产负债表及现金流、费用预测等内容。

第三章 中国人寿全面预算管理实践

著名管理学家戴维·奥特利曾指出："全面预算管理是把组织的所有关键问题融合于一个体系之中的管理控制方法"。然而，全面预算管理并不具备自行机制，其实现需具备一定条件。从国内外成功企业的案例来看，全面预算管理内在功能的发挥，必须具备一定的前提和条件保证，包括但不限于树立正确的预算管理理念、建立健全组织和制度保障、高层领导重视与支持和各级管理机构的配合等。

重组改制后，出于发展要求和规范运营需要，在有关法律、法规和部门规章框架之下，中国人寿结合经营管理实践，探索出了一条颇具特色的全面预算管理之路：紧密围绕集团整体战略发展规划，以整体价值最大化为目标，在依法合规经营和符合监管要求的前提下，通过开展全面预算管理各项工作，确保集团整体战略目标分解和战略利益落实。中国人寿保险（集团）公司（简称"集团公司"）将集团的战略发展规划落实为各业务层面、各所属机构和各部门的子规划，各责任主体据以确定年度经营管理目标，再具体化层层分解制定预算目标。上述过程不仅形成了具有自身结构和层次完整的战略目标体系，也为分层目标的实现提供了检验标准。通过这种战略导向的预算，明确集团公司和各所属机构的权、责、利，规定集团的经营方向，划清治理界限和有效防范经营管理风险，为集团整体战略目标实现提供保障。

第一节 中国人寿全面预算管理制度框架

一、预算管理组织机构及职能

中国人寿预算管理组织架构，体现了母子公司多级预算管理组织在上下之间的关联管理关系。集团公司统一领导和组织实施，实行分级授权管理：集团公司负责指导系统内预算管理组织机构设置，制定相关制度，规范管理流程，统领全集团战略发展目标和年度经营管理计划，监督预算执行、控制情况，汇总、分析、评价、考核预算执行结果；各所属机构参照集团公司预算管理的基本原则和要求，并结合自身实际设立管理机构，制定管理制度，落实预算管理目标。

（一）预算管理决策机构及其职能

集团公司总裁室、各所属机构股东大会（上市公司）或董事会（非上市公司）

分别为本级预算管理的决策机构，集团公司预算管理意志和目的最终是由派出董事在董事会上行使表决权或者是股东代表在股东大会中行使表决权实现。其主要职责包括：根据战略发展规划制定年度经营管理目标；批准所属机构预算方案，以及预算调整方案；批准各项预算制度；批准年度《预算纲要与编制指引》；决定预算评价考核指标体系及相应指标的目标值；决定各所属机构预算评价考核结果以及相应的奖惩方案。

（二）预算管理组织领导机构及其职能

集团公司设预算管理委员会（简称“委员会”），作为预算决策机构下设的实施预算管理的组织领导机构。委员会主任由公司总裁或分管财务工作的公司领导担任，委员一般由有关部门负责人及财务会计部预算管理主管人员组成。委员会主要职责包括：督促和指导本级机构及各所属机构全面预算管理工作，审议预算管理制度；审议年度《预算纲要与编制指引》；审核年度预算方案与调整方案，协调解决预算编制与执行过程中出现的问题；审议预算考核指标体系，提出预算评价考核奖惩兑现建议；审议其他有关预算管理的重大事项，并为总裁室决策提供参考意见；负责组织落实总裁室关于预算管理的有关决议，组织必要的人力、物力和财力对预算执行情况进行分析、检查和评价；委员会认为其他需要审议的事项。委员会工作实行会议制度，通过会议研究审议预算管理有关事项。

与公司性质、组织形式及法人治理结构等相适应，上市公司总裁室是其预算管理的领导机构，负责审核公司年度预算方案并提交公司董事会审议；委员会是预算管理的组织实施机构，是总裁室下设的专业委员会，对总裁室负责，根据总裁室要求实施预算管理工作，其工作职责、人员组成与集团公司大致一致。各级分支机构亦分别设立委员会，负责组织编制本级公司年度预算方案；审核本级机关及下级机构各项年度预算指标及预算指标调整；组织分析预算执行情况；审核年度预算执行情况及对绩效考核结果的奖励兑现等。

二、预算综合管理机构及其职能

无论何层级的预算管理委员会，均下设办公室作为预算管理的综合管理机构。负责日常预算工作，监督和控制预算实行的一系列具体工作。办公室设在财务会计部，办公室主任由财务会计部负责人兼任。

预算管理办公室的主要职责包括：拟订预算管理制度报委员会审议；拟定年度《预算纲要与编制指引》报委员会审议；汇总编制预算草案，对各所属机构、各部门的预算提出审核意见，并与预算编制单位进行沟通和协调；经总裁室批准，负责下达预算或将预算审核调整意见送派出董事；负责预算调整的审核工作，提出预算调整意见，报委员会审议；负责预算执行情况的监督，定期进行预算执行情况分析并上报委员会和总裁室；拟订预算考核指标体系报委员会审批；负责预算评价考核工作，计算预算完成情况，拟订评价考核方案，报委员会审议；负责委员会会议各项会务工作及有关文件档案资料的保管；总裁室和委员会布置的其他工作。

三、预算管理责任部门职责划分

（一）综合管理部门

如前所述，财务会计部门为预算综合管理部门，对本级机构委员会负责，接受上级机构财务会计部门指导。

（二）归口管理部门

顾名思义，归口管理部门是负责对某项预算的预算编制进行审核和控制的部门，不仅负责本部门各项基本预算的编制与控制，还负责相关预算的归口管理工作，负责相关预算的编制、审核、执行情况分析及控制等。

归口管理部门的主要职责是：负责制订归口管理预算项目的分解和落实方案；负责审核、汇总预算执行部门上报的归口管理项目的预算，对归口管理预算项目进行控制；负责归口管理预算项目的日常支出审核，审核的内容包括：支出款项是否属预算内，是否超费用标准等；负责归口管理预算项目预算执行情况的分析和预警；配合财务会计部的预算审核工作，及时提供所需资料。

（三）预算执行部门

集团内部各业务层面、各所属机构和各部门均为预算执行部门，作为一个责任中心负责本部门有关预算的编制与控制等工作。其主要职责是：负责本级预算项目的编制、执行、控制及分析；配合归口管理部门做好归口费用预算的编制、审核，及时提供所需资料；配合综合管理部门做好预算的编制、审核，及时提供所需资料。

四、主要预算指标的设计与完善

（一）主要预算指标设计原则

预算管理指标是预算管理工作的载体，建立逻辑严密、相互联系、互为补充的指标体系是全面预算管理的重要环节。中国人寿按照集团内部经济活动的责任权限进行主要预算指标的设计，坚持效益优先，实行总量平衡；坚持积极稳健，确保以收定支；坚持权责对等，强化风险控制；围绕战略目标，确保切实可行。具体操作中，预算指标体系设计按照以下原则进行：有意义（Meaningful），即指标应有助于集团整体可持续健康和谐发展；可计量（Measurable），即指标可以直接量化或者能够通过一定的方法、途径量化；可控制（Manageable），即指标使用成本与效益评价，数据源质量保证；可实用（Material），即指标应对公司整体机构均可实用或推广。值得指出，中国人寿的预算管理一开始就坚持财务指标与非财务指标综合运用，关注长短期发展能力，将是今后预算管理的重要发展方向。

（二）预算指标体系的构建

近年来，按照“管理国际化、运作市场化、制度规范化、决策科学化、人才专业化”的要求，中国人寿审时度势，提出要打造“实力雄厚、管制先进、制度健全、内控严密、技术领先、队伍一流、服务优良、品牌杰出、发展和谐”的国际顶级金融保险集团，该目标是对做大做强做优中国人寿、实现又快又好发展目标的具体化，是对“主业特强、适度多元”战略的丰富和完善。

预算管理指标与发展战略和年度经营计划紧密相连。中国人寿的预算指标体系主要由三大类指标构成：一是关键业绩指标（KPIs）体系；二是辅助类预算指标；三是资本性支出指标。关键业绩指标是预算管理的核心内容，反映了集团公司最为关注的经营管理内容；辅助指标是关键业绩指标的有效补充，主要是确保又好又快发展、做大做强做优。

由于在业态上具有多样性以及各业务层面、各所属机构的经营管理基础不一，预算管理不可能搞“一刀切”，中国人寿在实践中具体问题具体分析，分别针对各业务层面、各所属机构以及各部门设计了符合其行业特点、业务属性和管理状况的主要预算指标体系。对于一般的业务与所属机构而言，收入规模与业务结构、支出尤其是业务及管理费用支出、净利润为集团公司最为关注的内容。由于采取的是“主业特强、适度多元”的发展战略，即集团化发展有赖于保险主业的发展与壮大，充分体现了保险集团发展特点。因此，下面将重点介绍中国人寿保险企业的主要预算管理指标体系。

1. 保险集团经营业绩综合评价指标体系。

（1）盈利能力类指标。

①关键业绩指标。权益报酬率，反映保险企业运用投资者投入的资本获得收益的能力。通过权益报酬率横向比较，可以反映企业之间盈利能力差距；通过纵向比较，可以反映盈利能力变化。

②辅助类指标。除权益报酬率外，根据需要选择运用的以下辅助指标从不同侧面反映盈利能力：净利润增长率，反映盈利能力的增减变化；承保利润率，反映承保业务的收益情况；总资产报酬率，反映企业运用全部资产获利的能力；每股收益（EPS），反映股票收益情况，值越大，股票越有保障。

（2）可持续发展能力指标。

①关键业绩指标。保费收入增长率、首年期交保费占比、以及10年期以上首年期交保费占比等。

无论是从“做大”、还是从“做强”、“做优”的角度考虑，保险业务都应稳步发展，尽量避免大起大落波动。业务经营逐步进入稳定期后，保费收入增长率作为衡量保险企业经营稳健性的核心指标，应保持在一种较稳定的状态。以保费收入增长率为基础，可以确定其他指标的变化是否合理。管理目的不同，保费收入的类别也不同。可以根据需要，选择总保费、风险型保费和投资型管理费收入、首年保费、短险保费等计算指标，分别反映不同准则、不同类型业务的保费增长情况。

首年期交保费占比及10年期以上的首年期交保费占比为保险业务结构类指标，反映了企业的可持续发展能力。在实际运用中，可根据产品盈利能力和缴费的期限结构设计首年标准保费或者是一年期新业务价值予以代替。保费结构变化率可以按传统与分红、首年与续期、期交与趸交、风险与投资、长期与短期、不同渠道等分类方式对保费收入的结构变化进行深入分析，以反映保险业务结构调整的成果。

②辅助类指标。除保费收入增长率外，业务持续性指标、支出控制率等指标从不同侧面反映企业的经营稳健性和可持续发展能力，中国人寿针对经营不同类型业务的保险企业加以选用：续期收费率、退保率、应收保费控制率、综合成本率等。

（3）资产质量类指标。

①关键业绩指标。资产认可率，反映保险企业具有清算价值或变现不会造成损失的资产在全部资产中的占比情况，从监管的角度也从内部管理的角度体现保险企业资产配置的总体质量。

②辅助类指标。不良资产率，反映不良资产的占比情况。固定资产占比，固定资产流动性差、风险较大，其快速增长不利于资产结构调整，应关注本指标绝对值与增长率。

（4）资金运用效率类指标。

①关键业绩指标。资金运用收益率，反映一定时期内投资收益水平，是资金管理水平和资金运用效益的综合体现。

投资收益充足率，反映资金运用收益能否足够支付与保单相关的各种利息支出需求。其中：

有效寿险和长期健康险业务准备金要求的投资收益 = Σ（不同评估利率的有效寿险和长期健康险的期末责任准备金 × 相应的评估利率）

②辅助类指标。资金运用率，反映可增值资产占可运用资金的比例。

（5）偿付能力类指标。

①核心指标。偿付能力充足率，反映保险企业资本充足程度，指标值越高，偿付能力越强；指标值越低，偿付能力越弱；指标值低于 1，偿付能力不足。

②辅助指标。实际偿付能力额度变化率以及最低偿付能力额度变化率，比较实际偿付能力额度变化率与最低偿付能力额度变化率，可以反映保险企业偿付能力的变化程度：若实际偿付能力额度增长较快，则偿付能力更充足；若最低偿付能力额度增长较快且有持续下去的趋势，则会逐渐导致偿付能力不足，需采取措施提高资产认可率，进而提高偿付能力充足率。

（6）市场价值类指标。

①关键业绩指标。市盈率，通过市盈率横向比较分析，可以判断不同股票的潜在价值；通过市盈率纵向比较分析，可以判断盈利能力的稳定性。

②辅助类指标。市净率，反映股票的市场价值与账面价值之间的关系，指标值越高，表明资本市场对股票账面价值放大作用越大。

股利收益率，反映股票获得股利回报的能力，该指标越高，表明公司的投资价值越大。

2. 非财务指标可分为客户、业务流程和雇员三个方面（表3-1）。

表3-1　　非财务指标构成

非财务指标体系	
类　别	指　标
客户方面	客户留存与增长率
	客户满意度
	新客户获取能力
业务流程方面	产品创新与适销性
	保单销售率
	部门工作效率
	售后服务
雇员方面	雇员基本能力
	岗位履职满意度
	雇员岗位胜任能力
	雇员建议能力

五、预算管理实施制度

为加强全面预算管理，规范预算管理流程，集团公司和各所属机构分别颁布了《全面预算管理办法》，对预算管理的原则、组织体系、预算编制、预算执行情况报告、预算调整以及预算考核评价等进行了明确规定。

完整的预算管理过程包括预算编报与审批、预算执行与控制以及预算评价与考核，三者缺一不可。

（一）预算编报、审批制度

预算编报、审批制度解决的是预算编制内容、依据、编制主体、编制口径、方法、报送对象、报送时效、形式、流程以及审核主体、主要审核项目等一系列预算管理的基础问题，是预算管理的基石，直接影响预算管理的科学性、合理性以及权威性。上级公司一般会下发《年度预算纲要与编制指引》对上述事项予以明确，确保战略目标逐步实现。

（二）预算执行与监控制度

全面预算管理的显著特征之一就是动态的封闭的“全过程”控制。中国人寿预算管理强调过程控制：在预算编制环节实现事前控制，通过预算编制内容和方法的选用以及上下结合的反复沟通确保目标一致，夯实控制的基础；在预算执行与监控环节实现事中控制，通过分析、预警机制以及检查和审计手段强化预算执行与监控；在预算评价与考核环节实现事后控制，同时为未来的事前控制提供参考。其中，预算执行与监控制度是确保年度预算目标实现至关重要的一环。

1. 预算分析制度。各级机构都建立了相应预算分析制度：由委员会或类似机构定期召开预算执行情况分析会议，全面分析预算执行情况，研究、落实解决预算执行中存在的问题，纠正预算执行偏差；归口管理部门及执行部门认真分析预算执行差异，不论是有利还是不利，都要认真分析其成因，而且要写明拟采取的改进措施，并跟进落实。

分析包括定期分析和不定期分析、全面分析与专项分析、差异分析以及趋势分析等。其中差异分析、趋势分析为中国人寿预算分析的重点。在差异分析的内容上，对于预算执行差异率超过10%的事项，中国人寿要求对差异产生的原因作出重点分析并根据需要实时进行预算修正。

预算分析时对差异进行分解和细化，从数据上挖掘到差异的最底层，一般采用比较分析法、比率分析法、连环替代法及敏感性分析法等，从经营角度找寻产生差异的根源。

2. 预算预警制度。作为一种管理机制，全面预算管理的目的之一是建立有效的预警系统，通过该系统作用的发生，将非正常业务活动控制在萌芽之中，减少企业不必要的损失。与其他企业集团一样，中国人寿全面预算管理的预算预警系统包括四类：一是预算内事项预警，指预算内事项在其实际发生额接近预算时出具的预警提示，主要是通过财务核算的实际与预算比较系统而自动发出的警告，提醒有关责任主体注意预算执行情况是否将超出预算及决定应该采取何种措施；二是超预算事项预警，指预算内事项在实际业务活动中，其实际发生数已经或将要超出预算额度时出具的预警提示，主要是通过财务核算的实际与预算比较系统而自动发出的警告，或通过预算管理的授权控制系统而发出的警告，以提醒有关责任主体进行必要的判断，并决定相应的弥补措施；三是预算外事项预警，指预算方案中没有预计而执行中即将发生某项事项时而出具的预警提示，通过授权控制系统发生作用，提醒有关人员按照授权制度进行分析和审核，以决定是否应该发生及如何分配资源；四是反常事项预警，指在实际业务活动中，针对某些反常现象而发出的预警，反常现象并不一定成为隐患事项，但如果不对反常现象提起注意，一旦转换成隐患事项并最终发生将酿成重大损失，影响预算完成。

3. 预算调整制度。正式下达执行的预算一般不予调整。各机构在执行中由于市场环境、经营条件、政策法规等发生重大变化，致使预算的编制基础不成立，或者将导致预算执行结果产生重大偏差的，可以申请调整预算。预算的调整和决策一般应当遵循：一是调整事项不能偏离发展战略和年度财务预算目标；二是调整方案应当在经济上能够实现最优化；三是调整重点放在预算执行中出现的重要的、非正常的、不符合常规的关键性差异方面。预算执行单位调整预算，应当逐级向预算管理委员会或类似机构提出书面报告，阐述预算执行的具体情况、客观因素变化情况及其对预算执行造成的影响程度，提出预算指标的调整幅度。集团公司预算管理委员会办公室对预算调整报告进行审核分析，分别提出预算调整的意见和相应调整方案，提交预算管理委员会以至集团公司总裁办公会或董事会审议批准后，下达执行。

4. 预算检查审计制度。中国人寿预算执行实行四级监控：一级监控为各责任主体自控，由各责任中心负责人和各单位/部门负责人负责具体业务的预算标准执行督促和控制，根据责任中心和本部门/本公司的责任预算控制资金及成本的支出，努力达成和超过责任预算的收入利润指标；二级监控为财务会计部门审核监控，由各级财务会计部门预算管理岗依据预算标准对责任主体的各种经济行为实施事中审核，确保责任主体在预算标准框架下运营；三级监控为高层审批监控，由总裁办公会、董事长办公会对各预算执行机构的预算外行为进行审批控制；四级监控为监察审计部独立监控，通过不定期抽查、流程穿行测试等方式对单笔业务的预算执行控制情况和预算体系的制度有效性实施监控。

（三）预算评价考核制度

预算编制、执行、评价作为一个完整的过程，相互作用，周而复始循环，以实现对整体经营管理活动的最终控制。业绩评价既是预算管理循环的总结，又是下一次预算管理循环的开始。西方有句谚语："在管理活动中，如果没有监督与考核，再美丽的天使都会变成可怕的魔鬼。"如果没有相应的考核机制，预算管理就会因无法衡量而失去控制效果。

中国人寿以预算执行责任主体为考评主体，以预算目标为核心，通过评价比较预算执行结果与预算目标，确定其差异，并分析差异，据以评价各责任主体的业绩，并按照奖惩办法与其利益挂钩，影响其未来的行为决策，在此基础上调整下期预算。

集团公司在分权控制和决策制定的同时，监督和控制各级预算责任主体，使其行动与集团总体目标保持一致。预算考评内容既包括财务指标，也包括非财务指标：一是预算执行结果考核，指对关键业绩指标及其他预算指标年度执行结果的评价与考核；二是预算管理质量考核，指对预算管控力度、预算组织管理措施、预算编制准确性、预算报告编报质量等内容的评价与考核；三是预算报告报送时效性考核，主要考核各所属机构是否在规定时间内上报预算报告。预算报告包括预算编制报告、调整报告和预算分析报告等类型。集团公司已初步建立了以国有资产保值增值和股东回报最大化为核心的预算考核指标体系，加强对各所属机构的预算考核力度。年度预算的关键业绩指标为集团公司对各所属机构预算执行结果考核的主要指标。考核结果将与管理层薪酬直接挂钩，并作为管理层任免、考核和奖惩的参考依据。各业务层面、各所属机构均建立了相应的预算考核机制，对其所属机构预算管理质量和预算执行结果定期和不定期评价与考核，不断提高管控水平。

目前，中国人寿正在积极探索推行适合经营管理特点的综合评价与考核方式，采用多指标预算体系，驱动各业务层面、各所属机构稳健高效发展。所谓多指标体系是指财务指标和非财务指标体系，对每一体系中的各项指标根据集团整体经营管理目标要求和各级机构具体情况，分别赋予适当权重，据以进行综合性评价和考核。

第二节　中国人寿全面预算管理流程设计及优化

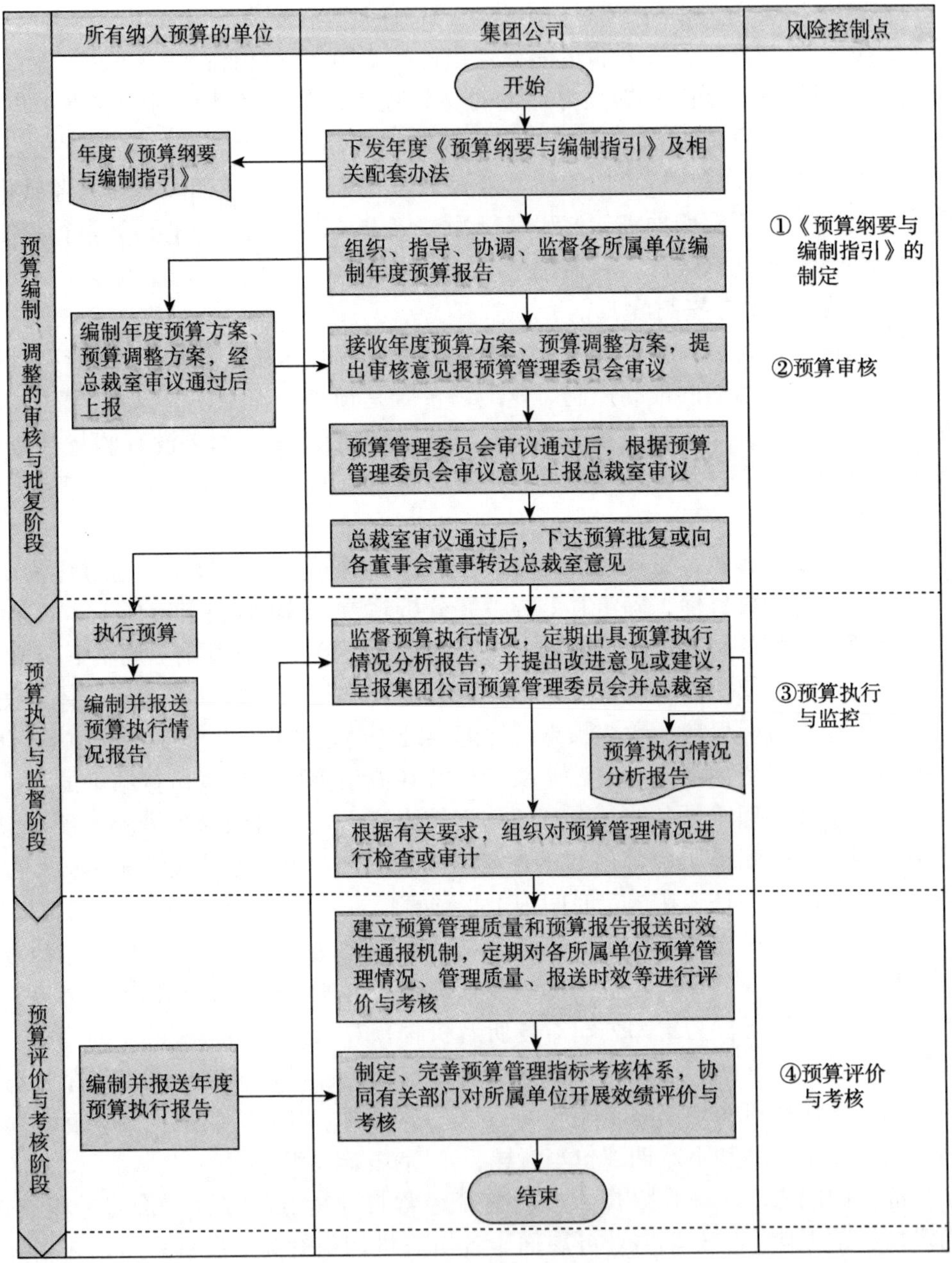

图3－1　中国人寿预算管理流程

一、预算编报及审批流程

中国人寿采用自上而下、自下而上以及上下结合的预算编报与审批流程。中国人寿预算管理流程见如图3-1所示。

（一）下发年度《预算纲要与编制指引》

除总裁室或上级主管机构另有要求外，集团公司一般根据整体战略发展目标制定并直接或通过集团公司派出董事向各所属机构下发下一年度《预算纲要与编制指引》，作为各所属机构预算编制的指导性文件；各所属机构根据《预算纲要与编制指引》确定企业年度经营目标和计划，并将目标、计划层层分解落实到各部门和下级公司或机构。

（二）预算编报

所属机构为上市公司的，将经本单位总裁室审议通过后的年度预算方案同时报送所有董事，集团公司派出董事收到预算后应及时转给集团公司委员会办公室；所属机构为非上市公司的，将经本单位总裁室确认的年度预算方案直接上报集团公司；董事会召开时间与上述规定相冲突的，各所属机构除按照上述规定上报下一年度预算方案以外，还应于董事会召开二十个工作日之前，将拟提交董事会审议的预算方案直接或通过集团公司派出董事提交集团公司审议。

（三）预算审核

集团公司预算管理委员会办公室对各所属机构的年度预算方案进行审核，提出书面审核意见后提交集团公司预算管理委员会进行讨论，委员会讨论通过后形成书面意见，呈集团公司总裁室审议。

（四）预算下达

预算方案经集团公司总裁室审议后，区分情况处理（图3-2）。

1. 设立董事会的各所属机构，集团公司将审议意见反馈给派出董事，由派出董事代表集团公司发表意见，以董事会决议形式下达预算。需征求少数股东意见的，在征得少数股东同意后，下达预算。

2. 未设立董事会的所属机构，集团公司直接下达批复。

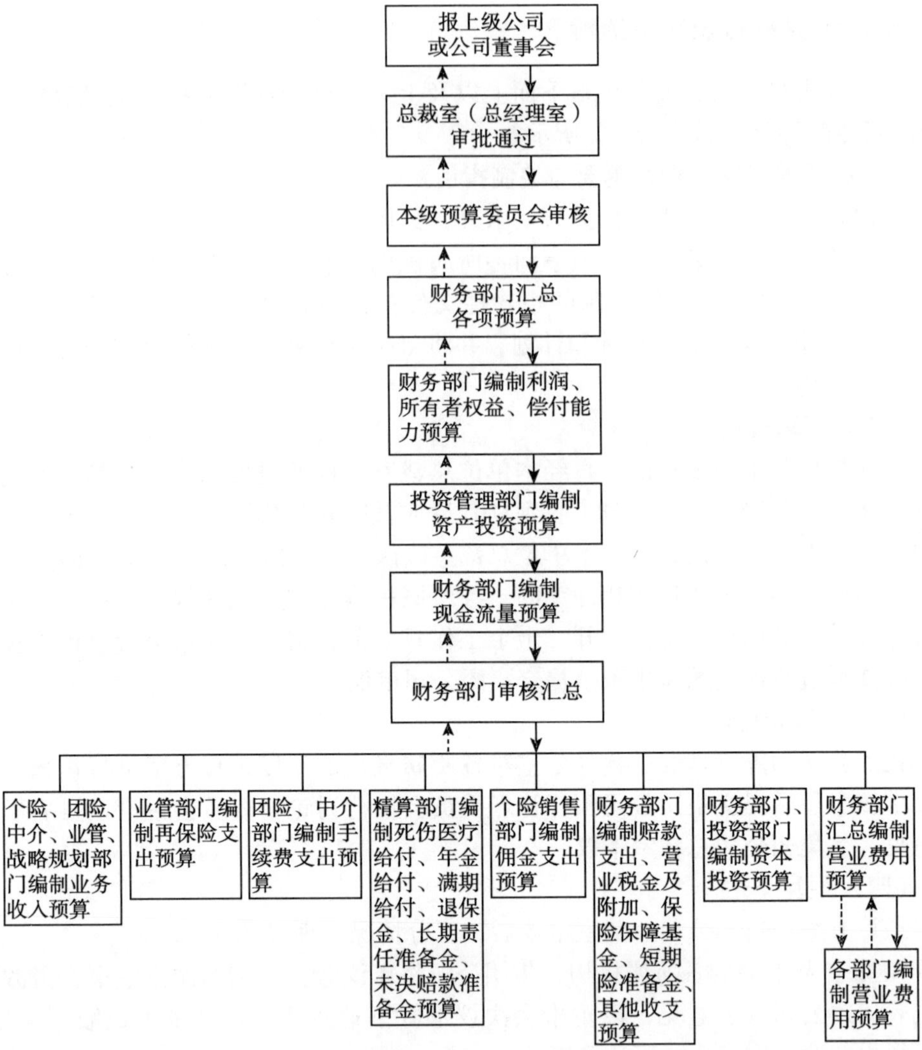

图3-2　预算下达流程

注：图中虚线部分代表预算上报数、指引下达数，实线部分代表本级预算委员会实际认可数。

二、预算执行与控制流程

如前所述，全面预算管理应包括预算编制、预算审批与执行（含预算调整，图3-5）、预算差异分析（图3-4）和信息反馈等四个环节，预算执行与控制流程如图3-3所示。

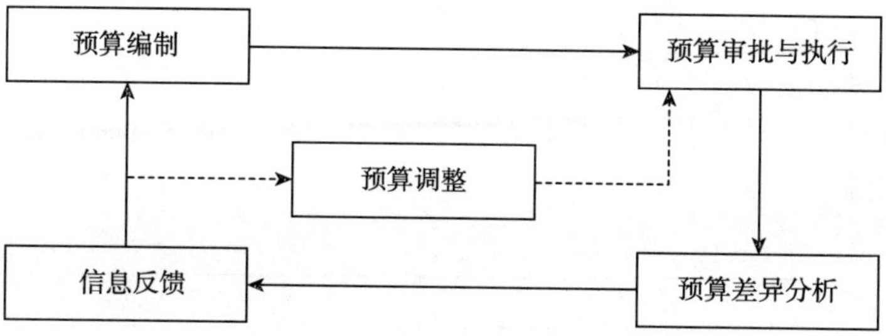

图 3－3 预算执行与控制流程

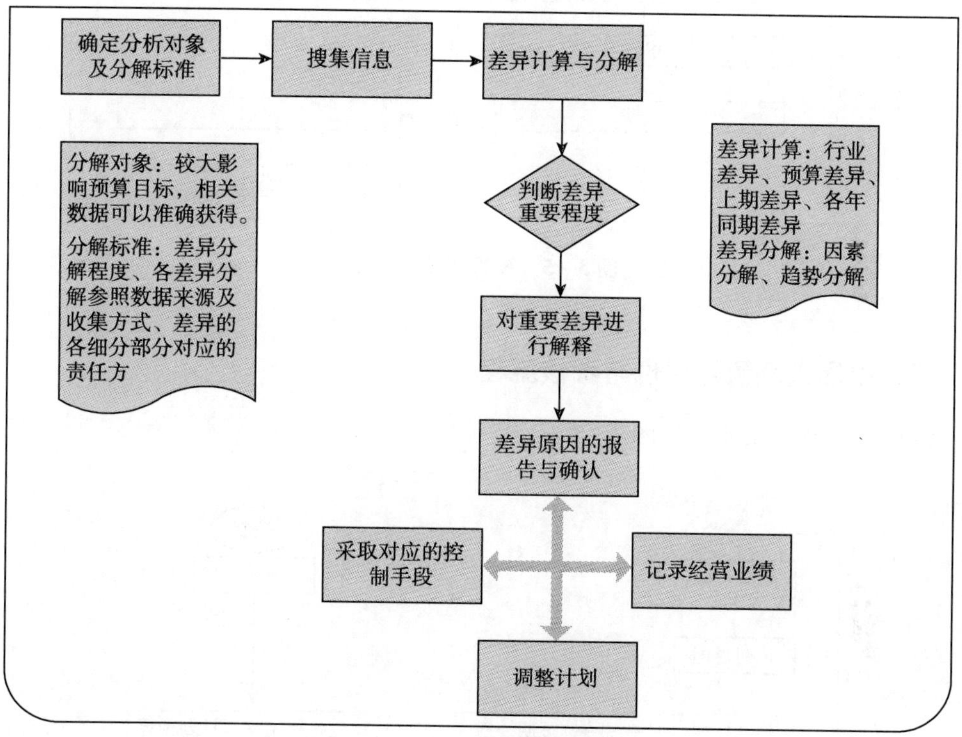

图 3－4 差异分析流程

具体执行控制流程如下：

第一，各执行主体结合本级机构年度预算管理目标及预算方案定期或不定期编报执行情况报表及分析逐级上报。

第二，上级机构综合管理部门或归口管理部门对下级机构的预算执行情况报表及分析进行审核，并根据重要性程度上报本级机构预算管理委员会、总裁（总经理）室。

第三，上级机构根据分析结果对预算执行情况进行预警，并决定是否对下级机构预算执行情况进行检查或审计。

第四，逐级向下反馈分析结果及整改建议。

第五，各执行主体根据上级机构的反馈意见，制定相应的整改方案，取得上级机构同意后实施。

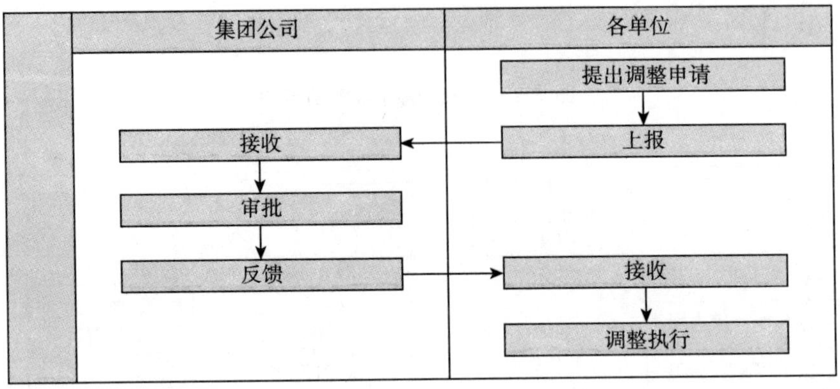

图 3－5　预算调整流程图

三、中国人寿预算评价与考核流程

预算评价及考核流程如图 3－6 所示。

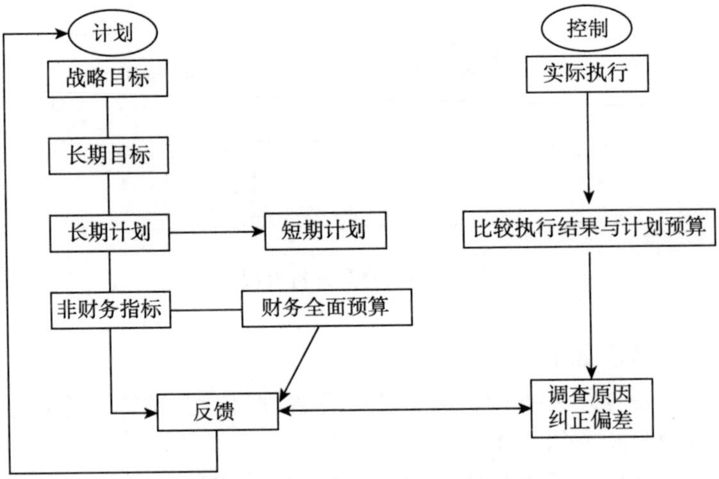

图 3－6　预算评价及考核流程

第一，各执行主体按照上级机构要求上报预算评价资料，包括年度财务决算报告书、年度审计报告、批准执行的年度预算方案、预算调整方案及其他相关文件。

第二，上级机构委员会办公室进行预算执行情况评价，编写评价报告报本级预算管理委员会、总裁室（或董事会）。

第三，预算管理委员会、总裁室（或董事会）审议批准预算评价结果。

第四，依据评价结果兑现奖励、惩罚，完成预算考核。

第三节 各种预算管理方法在中国人寿的运用

本节按预算管理的编制、执行与控制及评价考核流程，分别介绍各阶段的预算管理方法。

一、预算编制方法

预算编制方法包括固定预算、弹性预算、滚动预算、零基预算、增量预算、概率预算、责任预算、作业预算等，根据不同的预算内容，分别采用一种或多种方法并用。

中国人寿已广泛运用了固定预算、弹性预算、零基预算、增量预算、概率预算等。目前，正在或将准备尝试滚动预算、责任预算以及作业预算编制方法。

（一）滚动预算

在编制预算时，将预算期与会计年度脱离开，随着预算的执行不断延伸补充预算，逐期向后滚动的一种方法。离执行期越近预算资料越详细，而离执行期越远预算资料越粗略。滚动预算具有透明度高、灵活性强、连续性突出的特点。拟推行 18 个月预算。

（二）责任预算

责任预算就是以责任中心为对象，为责任中心的成本、利润或投资编制的预算。责任预算是责任中心的奋斗目标，也是对责任中心进行考核的依据。

（三）作业预算

作业预算指在理解作业和成本动因的基础上，对未来期间的作业量和资源需求量进行预测的一种方法，是建立在作业层次上的一种管理过程，以达到对成本和经营业绩的持续改善。

二、预算执行与控制方法

（一）预算执行组织——责任中心

责任中心是由对其行为负责的管理者领导的，为完成一项或多项任务而组成的组织单元，是预算执行与控制的基础，其特点为：责权利相结合的统一体；能够划清责任，单独核算；责任可控。中国人寿根据责任架构设置不同层级的责任中心，集团中最大的责任中心就是作为一个整体的公司本身；最小的责任中心可以是公司的每一名员工。责任预算的信息归集和考核对象为各级责任中心。划分责任中心，便于制定预算编制的组织、执行及执行监督考核等基本程序与操作规范。通过划分责任中心，将集团公司的整体经营责任目标和具体责任预算目标按照组织结构的层级关系逐级分解，使各责任中心明确各自的预算目标，通过各层责任中心预算目标及考核目标的实现保证集团整体目标的实现。

（二）预算控制体系

预算一经批复下达，各责任主体就必须认真组织实施，将预算指标层层分解，从横向和纵向落实到各部门、各环节和各岗位，形成全方位的预算执行责任体系。中国人寿预算监控体系是全方位、多元的监控。所谓全方位，是指预算控制渗透到各个业务过程、各个经营环节，覆盖所有的部门和岗位，不留任何“盲点、盲区、盲人”。所谓多元，是指既有事前监控措施，又有事中和事后监控手段；既有约束制度，也有激励安排；既有财务指标设定、会计信息系统跟踪，又有人事、生产等一体化的策略。其中涉及上级机构、监事会、总裁室、委员会、相关职能部门等多重监控主体，还有突破预算的调整制度。

（三）预算差异分析

对预算执行和控制最常用的方法是进行差异分析。在差异分析标准的设定上，中国人寿大多数公司将差异关注的范围设定在正负10%，在这个范围内，会认为是可接受的差异，只对其发展趋势进行关注；对于超过标准的差异，则首先对差异产生的原因进行分析。

（四）预算执行信息反馈

通过建立信息反馈系统，中国人寿对各责任主体执行预算的情况进行跟踪监控，不断调整执行偏差，确保预算目标的实现。信息反馈主要反映在：一是日常责任控制，如设立预算台账；二是搭建责任报告体系，责任报告包括日常统计报表、预算分析表和中期预测表等。预算信息反馈的主要形式是反馈报告，分为基本报告和特别报告，其内容体现了系统性和相关性的要求。基本报告是定期编报的以预算责任单位的正常经营状况为对象的预算反馈报告；特别报告是按照重要性原则对差异额和差异率较大的项目进行重点分析，并写出文字说明的报告。预算反馈报告的内容根据不同的责任中心分别确定。

（五）预算调整

一般情况下，预算方案一经批准不得随意调整。当外部环境和内部条件发生重大变化，为了保证预算的适应性及考核的客观性，必须建立合理的预算调节机制，需要及时提出预算调整申请，以保证预算符合客观实际情况。预算调整的重点放在预算执行中出现的重大的关键性差异方面。当有下列情况之一而且严重影响预算执行时，可按规定程序调整预算目标：公司发展战略调整，需重新制定公司经营计划；客观环境发生重大变化（竞争对手和行业发展等方面），需要调整有关预算指标；

根据预算差异分析结果，总裁室认为需要调整的其他事项。对于不影响各部门预算目标的业务预算，费用预算明细之间的调整，一般按照内部授权批准制度执行，定期（通常为半年）调整一次。

三、预算评价及业绩考核方案选择

（一）预算评价及业绩考核模式选择

预算评价与业绩考核模式可以分为财务模式、价值模式和平衡模式。三种模式的典型代表是杜邦分析系统、经济增加值和平衡计分卡。财务模式以财务指标为基础，通过杜邦分析系统建立指标的因果关系；但是纯财务指标会导致管理者急功近利、忽视企业未来价值创造，也无法反映企业发展战略并全面评价企业经营业绩。经济增加值通过对净利润的调整，考虑了股东的资本成本，能够反映股东财富增长；但毕竟还是财务指标的调整，不能全面避免财务指标的缺陷。平衡计分卡（BSC）是财务与非财务相结合的评价指标体系，不但克服了财务指标的缺陷，也使管理者更全面地关注经营业绩，反映企业战略。

众所周知，保险是一种平均分担经济损失补偿的活动和转移风险的机制，保险产品是在未来给予经济补偿或给付的承诺，是一种无形产品；保险费率的厘订涉及对未来损失分布的正确预测；保险合同的解读需要一定的金融与法律知识，而这些会导致保险消费者的信息劣势。由于信息不对称问题的突出及保险产品无形化的特征，消费者对于保险产品的选择会产生一定的困惑。除需求动机外，影响消费者投保行为的主要因素是保险企业的形象和服务，这就要求保险企业将无形服务有形化，有人认为买保险就是买服务。由于保险业独特的属性和特点，单一的财务评价方法无法反映保险业竞争最重要的产品质量、售后服务、顾客和员工满意度等决定性因素。而平衡计分卡不仅包含传统的财务目标，还引入了三个基本非财务目标，强调战略目标的实现。突破传统业绩评价的局限性，能真实反映保险企业的实际经营能力和管理水平。鉴于此，中国人寿预算评价与业绩考核正在由传统的财务模式向平衡计分卡转变。保险企业平衡计分卡指标体系表如表 3－2 所示。

表 3－2 保险企业平衡计分卡指标体系表

财务方面		顾客方面	
增加保费收入，提高承保质量，改善保险资金运用状况		改善代理业绩，增加现有客户和目标客户满意度	
增加收入	保险收入增长率；保险资金运用盈利率	顾客满意	客户满意度；客户投诉频率
降低成本	已赚保费成本率；已赚保费利润率	顾客关系	客户保留率
经营水平	已赚保费赔付率	市场份额	市场占有率
财务稳定性	财务稳定系数		
内部业务方面		学习与成长方面	
提高经营管理水平，开发创新性产品，开拓目标市场		增强学习能力，开发战略技能，提高工作效率	

续表

内部业务方面		学习与成长方面	
创新能力	保险创新产品和服务比率；创新产品周期	员工方面	员工培训支出与质量；员工满意度；代理业绩
服务质量	服务方式；服务效率	信息系统状况	战略信息反馈与处理；战略信息有效性
售后服务	售后服务质量与成本		

（二）中国人寿完善考核指标的探索

1. 分类管理。

（1）基本原则。

战略匹配：服从和服务于公司发展战略，与公司总体战略目标和发展规划保持一致。根据各自经营特点，明确所属机构在整体发展战略中所承担的战略任务。

现实性与战略前瞻性相结合：在评估所属机构发展水平和发展潜力时，既考虑其经营的现实状况，也要与当地经济发展水平、行业发展水平相匹配，充分挖掘发展的潜力。

均衡协调发展：既注重保费规模的增长，也注重业务结构的优化，努力实现均衡发展，提高可持续盈利能力。

（2）分类管理的依据。包括市场发展潜力、市场成熟度（竞争激烈程度）、所属机构经营发展类指标、所属机构新业务价值的创造和对公司的利润贡献、保费规模等。

（3）总体思路。采取差异化的考核政策，产品策略、销售策略以及财务费用政策，支持各类所属机构的发展，同时提高效益。

2. 考核指标体系（表3－3）。为配合责任中心体系建设，适应体制的调整和变化，逐步建立适应未来的现代管理体制特点的责权利体系，明确各职能条线的职责，上市公司分别以“经营指标（横向）”和“管理考核（纵向）”构建纵横交错的矩阵式指标考核体系，全方面考核业务发展与管理水平。

表3－3

指标分类	经营指标	管理指标
考核对象	分公司整体经营状况	总部主要职能部门对所属系统业务管理状况的考核
考核目的	保障公司业务协调发展，实现公司价值最大化	逐步提升公司内部管理水平，为经营管理体制的优化创造条件
考核原则	差异化	无差异化
考核指标	业务发展指标 利润价值指标	分渠道建设指标 后援综合管理考核指标

第四节　预算管理中需要关注的几个问题

结合中国人寿的实践经验，全面预算管理中应当关注并妥善处理好以下几个问题：

一、预算管理的导向问题

依据发展阶段和业务性质的不同，保险集团实施全面预算管理的战略目标会有所差异。战略目标一经确定，将决定企业的发展方向、发展能力和发展速度。全面预算管理应坚持以战略管理为导向、密切联系市场动态、重视过程控制、以价值管理为主线的原则。

企业是营利组织。从建立之初，股东就希望它不断发展壮大，所以股东和管理者必然会对它的未来发展有一个长远的战略规划，并对企业实施战略管理。而战略规划要逐渐地具体体现在预算上，客观上要求预算管理要以战略管理为导向，也只有这样才能保证战略目标逐步得以实现。

密切联系市场动态是企业预算管理的又一个重要导向。之所以要密切联系市场动态，是因为一方面预算把企业全部经济活动的过程与结果的计划用数量和表格的形式反映出来，进而也就把企业生产活动的产出结果和所需要的资源确定下来。如果产出结果不能适应市场的需求，那么企业价值就不能最终实现。同时，从投入角度来看，市场变化也会影响预算所进行的资源配置是否能够真正实现，进而也影响产出结果。另一方面，企业的经营管理活动的年度目标是在企业战略规划的前提下通过市场调研与预测来确定的，而市场可能是瞬息万变的，如果与相关市场发生了实质性不利变化，这就意味着需要根据市场上变化了的情况，适时地对预算指标值进行适当调整，以便使预算适应市场变化。

预算制定审批后就要付诸实施。在实施过程中，不仅要考评各责任主体的预算执行结果，而且还要考评预算执行过程。重视过程控制就是要在预算执行过程中及时地进行预算控制，这样可以及时发现问题，及时解决问题，避免在预算结束时才发现问题，而此时已时过境迁，可能给企业造成损失。重视过程控制还有利于更加客观地评价业绩。

尽管经济活动预算有些也能以非货币加以度量，但货币度量仍然是最基本的。可以说，企业预算从本质来看主要还是各种资源的价值表现，所以预算管理应该以价值管理为主线。当然这并不排除和贬低非货币度量的重要性和必要性，有时候非财务指标会显得格外重要。

二、预算管理风险防范问题

（一）预算管理的自我目的化

预算管理中，各级管理者忘记了经营管理的最终目的，而只是机械地按照预先设定的各项预算标准来进行管理和经营，这种倾向在奉行预算紧控制的企业中表现得特别突出。因此，集团公司在修正各预算单位的预算标准自我目的化倾向时，应着重从预算管理程序入手。具体来讲，集团公司在对各预算单位进行业绩评价和激励时，应以预算目标的完成情况为主要判断标准，至于其他为实现预算目标而设置的预算标准则不作为考核指标，而只是作为分析指标，意即关于这些预算标准的设置及调整权利适当下放；建立多级分权的预算管理体系，集团企业只起核准和监督的作用，这样可以让各预算单位关注核心预算目标的完成情况，并且可以根据经营情况变化，按照一定的管理流程调整决策，修订预算标准以保证业绩考核目标的顺利实现。在此过程中，一定要注意不要选用单一的目标来作为业绩评价指标，而是要合理设置预算目标体系。因为单一的目标设置往往会导致预算目标的自我目的化，即预算单位只片面考虑该预算目标的完成情况，而忽略了其他重要方面，并有可能鼓励管理者通过牺牲整体的利益来换取自身利益的最大化。

（二）计划不如变化快

预算是基于对未来的预测而对未来经营行为所作的规划，预算管理作用发挥的好坏将在很大程度上取决于对未来预测的准确与否。如果企业在预算期内所面临的实际经营情况严重偏离了预算编制时的预测，则预算控制、分析和考核将会受到严重的影响，预算管理的效果就会大打折扣，有时会起负面效应。但是，未来是不可知的，对未来作出准确的预测难度是很大的，甚至是不可能的。“计划永远赶不上变化快”，对集团公司而言尤其如此。因此，为了防范预算管理的这种风险，就需要在预算管理机制，特别是预算编制环节作出一些改进。具体来讲，一是采用弹性预算。在准确编制弹性预算的情况下，任何实际业务量都可以找到相同或相近的预算控制依据和评价标准，能够做到“以静制动”。二是采用滚动预算。具体在应用时，可以形成以年度预算为指导，月度预算为预算控制依据的管理态势。使用滚动预算既可以使管理人员总是能保持较长远的眼光，又可以根据工作中发生的情况及时修订月度预算，使月度预算能够及时适应不断变化的情况，从而使预算管理的作用落到实处。

（三）宽打窄用或预算松弛

预算管理主要体现为以下属预算单位提供的信息和作出的决策为基础，结合总部或总部授权管理机构的统一调控，即自下而上和自上而下两种方式的结合来进行。但是，由于预算一旦设置，就会对预算单位管理人员的经营管理、业绩评价和激励产生重大的影响。因此，就会产生这样一个局面，即“预算管理部门利用下属单位提供的信息来约束和激励下属单位”，即“由自己设定枷锁自己带”。预算单位管理者作为一个理性的经济人从自身利益出发，在信息不对称的条件下，往往会选择操纵和隐瞒所提供的信息以换取一个宽松的预算环境，为以后获取较好的业绩评价和良好激励打下基础，于是就会出现预算松弛现象。所谓预算松弛是指预算单位的管理者故意上报比较宽松的预算草案，致使预算决策不准，预算控制不利，预算评价扭曲。为了限制预算松弛现象的发生，仅靠硬性的行政命令来“矫枉过正”的做法是不可取的，应该建立有效的沟通机制和相应的激励机制，鼓励下属单位提出真实的预算。

三、组织重构与预算责任落实

保险集团实施预算管理，容易忽视组织结构本身也是增进公司效率的变量。通常只是在既定的组织框架内研究经营管理的效率，没有关注流程、作业的合理性。这就严重限制了预算管理发挥作用的空间，使得预算管理对实现战略目标的促进不是很明显。所以，有条件的保险集团应进行业务流程再造，打破不合理的组织结构对预算管理的束缚。

业务流程再造的基本内涵是以企业长期发展战略需要为出发点，以价值增值流程的再设计为中心，强调打破传统的职能部门界限，提倡组织改进、员工授权、顾客导向及正确地运用信息技术，建立合理的业务流程，以达到企业动态适应竞争加剧和环境变化的目的的一系列管理活动。业务流程再造与全面预算相结合，将使预算管理更加科学、有效和先进。业务流程再造是实现全面预算管理的手段，全面预算管理是业务流程再造的行动目标。通过业务流程再造的重塑作用，提高企业的运营效率，删减不必要的环节和程序，为全面预算管理的推行铲除障碍，最终为战略目标的实现提供有利保障。

现代公司的竞争已不单单是整体公司间的竞争，而是公司流程与流程间的竞争。所以，要对流程进行分析和管理，以满足客户需求和优化公司价值链为原则，在作业中心基础上建立流程中心，以作业分析为基础创新公司组织结构。流程一般分为三类：实现价值增值的核心流程；提高核心流程性能的增强流程；不直接为客户创造价值但为其他流程提供必要支持的支持流程。公司首先根据公司目标和战略目标划分战略业务单元，然后根据业务单元的情况重构组织结构。由于作业是构成流程的基本要素，因此，实行组织流程化，要从作业分析着手，进而再造业务流程，最终实现公司组织再造。

第四章　我国保险集团预算管理的现状、问题和建议

第一节　我国保险集团预算管理的现状

随着我国保险业快速发展以及经营管理水平的不断提高，包括中国人寿集团（第三章）在内的许多保险集团已经认识到预算的重要性并已付诸实践，逐步建立了较为完善的预算管理制度体系，形成了以利润为导向，以收、支、利关键业绩指标为主要内容的预算考核指标体系，建立了用以保证预算实施效果的分类分级绩效考核办法，比较充分地发挥了预算管理的导向作用和费用政策的杠杆作用。

一、中国人保集团预算管理现状

中国人保集团在 2007 年 2 月 28 日召开的纪检监察工作会议上，确立了新时期的发展战略目标。人保集团意识到，全面预算管理是一种管理方法，也是一整套流程体系，核心是通过简明、高效、规范的方法和流程，贯彻管理意图，实现企业确定的战略目标。为配合人保集团整体发展战略目标以及年度经营计划实施，加强集团管理、整合集团资源，提高人保集团以及各子公司财务管理水平，集团公司财务管理部成立了专门工作小组，经过反复调查、研究和创新，颁布了全面预算管理办法，搭建了预算管理架构，并按年度下发预算编制指引，着手建立了全面预算管理体系。

（一）人保集团预算管理架构

总经理室是预算管理的决策机构；下设预算管理委员会，作为实施全面预算管理的组织领导机构（预算管理委员会主任由人保集团总经理担任，副主任由分管预算工作的副总经理担任，委员由集团公司各相关部门的主要负责人组成）；预算管理委员会下设办公室，作为全面预算管理的办事机构（预算管理委员会办公室设在集团公司财务管理部，主任由财务管理部负责人兼任）；各子公司、总部各部门是人保集团直接管理的预算单位。在全面预算管理体系中，各子公司定位为利润中心，总部各部门定位为成本中心。

（二）人保集团预算编制范围

人保集团采用了经营预算、资本预算和财务预算的预算管理模式，并考虑相关保险行业的特点编制预算，切实规划和控制未来时期的保险经营业务和与此相关的

各项收入和成本，充分反映公司资本性支出及其实施效果、有关预计财务状况、经营成果和现金流量等。同时，人保集团也将国资委在《中央企业负责人经营业绩考核暂行办法》确定的对中央大型企业的业绩考核基本指标如年度利润总额、净资产收益率、国有资本保值增值率等纳入了预算管理体系。

（三）人保集团预算编制流程

年度预算工作按下发指引——编制报送——审核平衡——审议批准——下达执行的流程进行。预算的编制和确定按照“自下而上”与“自上而下”相结合的方式协调进行，集团内部做到充分沟通协调，使得各预算单位对人保集团发展战略目标和年度各项预算目标达成共识，确保任务得到层层落实。

（四）人保集团的预算执行与监控

各预算单位建立预算分析和报告制度，定期向预算管理委员会办公室报送预算执行报告。预算报告分为季报、年报，各子公司定期分析预算执行情况。集团公司派出董事可对各子公司预算执行情况进行检查，集团公司对各子公司预算质量、方案等实施定期和不定期的通报。

为使全面预算管理更好地发挥作用、取得更好的效果，人保集团对近期和远期的预算管理工作均制定了详细计划，力求不断健全和完善全面预算管理体系，包括：完成年度预算编制并严格执行，做好预算执行的分析和报告工作，并进行预算的年度考核；积累预算管理经验，不断完善预算管理机制，规范预算管理流程，提高预算管理技术水平，将预算管理的指标和管理要求嵌入财会核算系统，提高预算管理的信息化水平，进一步提高工作效率；逐步统一人保集团的会计制度和财务制度，使预算编制能够在规范一致的标准和规则下进行；逐步加强预算监督，进一步提高预算管理的信息化水平，实现预算事后考核向过程控制的转变；培育预算文化，形成人人懂预算、事事做预算的良好氛围。

二、中国平安集团预算管理现状

在国内以管理著称的中国平安保险（集团）公司总经理马明哲曾经说过：平安的问题就是缺乏行动计划，基本没有行动计划，凭感觉做事。无独有偶，香港打工天后汤美娟曾说：未来保险业的竞争除了产品差异，还要拼成本，拼预算管理。因此，她在 2000 年出任首席财务官后所作的第一件事就是建立中国平安保险（集团）公司的预算管理制度，努力使其与国际接轨。以此为起点，中国平安保险（集团）公司 2001 年开始推行基于长期发展战略和各种责任中心年度工作目标的预算管理，并在这方面进行了很好的探索。

（一）平安集团的预算管理制度

1. 集团预算管理委员会是集团年度预算及三年规划最终的审议决策部门。

集团层面，由集团管理层组成预算管理委员会，确保公司层目标得到正确执行，其主要职能包括：审议下达专业公司的指引，表达集团的战略思想；参与预算编制的沟通，施行监督管理职能；审议决定各单位预算，施行决策职能；专业公司层面，成立由CEO担任组长的预算编制小组，统筹、协调专业公司的预算编制工作，结合层目标，制定事业层预算以及落实执行；分公司层面，分公司领导班子需全程参与预算的编制过程，制定、落实职能层目标并对目标负责。

2. 预算管理的理念渗透在经营管理机制中，预算使集团上下发展战略、年度计划紧密相联。

集团以公司价值持续稳定增长为目标，制定清晰的中长期战略规划，并在整体的预算管理中体现；各业务单元根据集团整体战略和预算指引，制定三年滚动规划，逐年检视，确保战略与计划的紧密结合；把主管问责和所属单位的预算计划紧密结合，并通过日常对预算指标的追踪，推动各层级主管树立长期努力经营的理念；以预算与计划作为参照基准，优胜劣汰，让优秀人才脱颖而出。

3. 实际预算编制过程中，通过集团与专业公司多环节的沟通，保证了公司整体经营的目标和方向一致。

（二）预算管理原则

一是比较原则——预算关键考核指标中突出与市场比、与同业比、与自身比；二是滚动编制原则——三年滚动编制预算，逐年提升关键考核指标；三是平衡原则——平衡整体与个体，长期与短期，上级与下级，规模与利润的矛盾；四是透明与畅通原则——各子公司经营情况对集团透明，确保集团掌握准确完整的经营信息，集团与子公司建立畅通的经营情况沟通机制。

（三）平安集团预算管理过程与重点工作

1. 4R（Ready 年度计划/预算、Responsibility 问责/KPI 制定、Review 跟踪、R4 - Result考核奖励）是最基本的经营管理以及预算管理流程，通过4R 管理，实现了事前规划、事中控制以及事后考核的全面管理模式。

2. 制定预算过程中，要对各种可能发生的因素进行充分考虑，事前制定清晰的规划，以便执行中能够方向明确。

3. 预算制定出来后，要落实责任，设定关键领域的目标，这些目标应该是驱动企业价值成长的关键因素，并通过问责制确保目标能够落实具体的单位和个人。其中，制定目标不是年底时做，而是要跟每年预算和三年规划相结合，因为预算就是明年经营目标，三年规划就是中长期目标。

4. 每日业绩快报、月度经营报告会制度是集团对各业务系列进行主动积极管理的重要方式；会议落实问责制度，并通过追踪的手段，实现事中的监控管理。

5. 事后，考核与奖励要严格执行，制定奖励案一定要与拟纳入考核的预算目标关联，体现与市场、与同业的比较。

三、中国太平洋保险集团预算管理现状

（一）预算管理的组织和领导机构

1. 组织和领导机构。太保集团实行的是集团统一领导，分级管理的预算管理体

系，相应的领导机构划分为三个层次。

第一层次：集团公司财务工作委员会——由公司财务主管领导、专业公司财务主管领导、投资总监、总精算师、战略发展部、财务部、精算部等相关部门负责人组成。领导集团全面预算工作，确定全面预算纲要；指导集团预算执行机构和专业公司预算管理委员会开展工作；审定各专业公司及总部各部门预算；监督集团预算执行等。

第二层次：专业公司预算管理委员会——由专业公司总经理室领导成员、财务部、人事部、企划部及主要业务部门负责人组成。专业公司预算管理委员会主要工作职责是：接受集团公司预算管理委员会的领导开展工作；指导本专业预算执行机构和二级机构预算管理委员会按照全面预算纲要制定本专业经营目标及二级机构年度预算；审定本专业公司本部各部门工作计划；审定本专业公司本部各部门和下属二级机构预算；监督本专业公司预算执行等。

第三层次：二级机构预算管理委员会——由机构班子成员、财务部、人事部、办公室、市场部、主要业务部门负责人组成。二级机构预算管理委员会主要工作职责：接受专业公司预算管理委员会的领导开展工作；指导本机构预算执行机构和人员按照经营目标编制年度预算；审定本机构各部门和下属三、四级机构工作计划；审定本机构各部门和下属三、四级机构预算；监督本机构预算执行。

2. 执行机构。太保预算管理执行主要由财务部完成，财务部门的职责是：接受预算管理委员会的领导；拟定预算纲要；预算编制、沟通、拟审和上报；预算执行和日常流程控制；预算执行情况的分析和通报；预算管理制度的起草及管理方法的培训；预算执行情况的现场、非现场检查；预算电脑系统的维护。

（二）预算编制内容

太保集团预算编制的内容涉及业务预算、成本预算、现金流预算、投资预算、利润预算、资本性支出预算、偿付能力预算和资本预算等，具体预算编制方法会因预算编制科目不同而不同。

（三）预算管理的主要流程

太保预算管理主要流程是：根据对公司经营整体规划编制年度预算纲要；通过预算的编制将该目标合理分解到各预算单位；通过对各单位预算执行情况的日常控制保证分解目标的如期实现；通过合理的业绩评定与奖惩为预算管理的良性循环提供保障。

1. 预算纲要的制定。

预算纲要按公司组织架构、预算管理领导层次的设置，分为集团预算纲要、专业公司预算纲要。集团预算管理委员会制定的预算纲要，是最高级别的预算纲要，它指导整个集团下一年度的预算工作。各专业公司编制的预算纲要，指导本专业或本机构及其下属机构的预算工作。

2. 预算的编制和审批。

预算的编制从基层预算单位开始，层层汇总上报，最终形成总公司的预算方案。

预算方案的审批下达从预算的最高层级开始，逐层下达，最后到达基层预算单位。即经过自下而上和自上而下双向流程，但从预算的编制到最终确定，其间会经历多次的上下反复。

（1）财务工作委员会根据公司发展战略初步确定集团公司的年度经营目标，并将该目标初步分解至专业公司。

（2）资产管理公司根据资本市场和宏观经济走势的判断，与保险专业公司沟通确定投资收益预算目标。保险专业公司汇总分支机构自报初步预算并结合本专业公司预计经营目标向集团财务工作委员会报送预算年度本专业公司初步预算。

（3）集团财务工作委员会在各专业公司上报预算的基础上与各专业公司沟通、讨论，制定《集团公司年度预算纲要》下发至专业公司。

（4）专业公司预算管理委员会根据集团分解年度预算目标制定《专业公司年度预算纲要》，确定专业公司的经营目标，并将经营目标分解下发至二级机构。

（5）各层级预算编制主体按照要求编制各项预算。

（6）专业公司预算管理委员会审核二级机构预算及各部门预算，由财务部汇总上报集团预算管理委员会，集团预算管理委员会审核批复后，各级预算管理委员会以文件形式下达预算予以执行。

3. 预算执行的监控。

（1）财务部门是预算控制的主要执行部门，在预算工作委员会的授权下，行使预算的追加、调整以及生成、收集、汇总差异分析报告等预算控制职能。每一层级财务部门的预算控制的范围包括同级和下级的责任中心，预算执行分析的频度为每月。

（2）机构内各责任中心负责人向总经理和预算管理委员会报告本责任中心的预算执行差异，并对预算执行差异负责；机构总经理负责向上级机构总经理和预算委员会报告本机构的预算执行差异，并对预算执行差异负责。

4. 预算考核。

根据对各专业公司的战略计划要求、行业基本要求建立经营绩效评价体系，预算考核的业绩评价体系一般以年初预算指标为主，同时结合市场平均水平和主要竞争对手的情况，绩效考核的指标包括财务指标和非财务指标。预算的绩效考核由人事部和财务部共同实施，其中财务部收集专业公司的经营信息、分析并根据绩效考核办法得出经营绩效分值，由人事部根据相应管理办法对专业公司领导班子进行业绩评定和奖惩。

第二节　我国保险集团预算管理存在的问题

由于环境、机制及系统方面的限制，目前的预算管理体制在实际执行过程中也存在一些不足之处。

一、对预算管理的职能认识不够

目前很多保险集团存在为预算而编制预算的现象，没有将预算与经营管理很好地结合起来，使预算独立于企业管理之外，成为一个封闭的系统，没有充分发挥预算的管理职能。往往把预算的重点放在具体数字计划上，使得预算编成以后，只是一些单纯的数字和表格，预算成了一堆报账单，起不到应有的管理作用，预算管理流于形式。导致这种局面，主要是对预算内涵理解不深，仅仅把预算管理作为一种手段，没有把它作为一种制度安排和管理机制来运用。

二、全员参与程度不足

只强调预算管理中财会部门的工作，忽视组织机构的完善。预算组织架构是预算管理体系的骨架和起点，但很多保险集团未能建立层次分明的预算组织体系，预算的编制和调整工作都落在财会部门，各职能部门并未真正参与到预算管理中来，且部分保险集团存在轻视财务管理的情况，致使预算管理缺乏权威性和前瞻性，难以发挥应有的作用。

三、预算的准确性和科学性存在不足

一是预算与长期发展战略不相适应。部分公司在预算管理过程中，只重视短期活动，忽视长期发展目标，各期预算的衔接性差。预算编制环节的沟通协调仍需大力加强。

二是预算松弛现象广泛存在，存在道德风险。部分保险集团制定的预算目标往往与资源配置不匹配，造成的结果就是预算目标偏于保守，内部各单位大都留有余地，使预算目标失去意义。预算管理道德风险表现为三种类型：一些管理人员为了轻松完成预算目标或赢得上级的好印象，故意少报销售预算额或压低实际完成额，从低预测或将超额完成的保费销售额拖至下一年再上报；也有一些管理人员在业绩驱动下，虚报保费，或采用先收后退等手段，造成大量保费泡沫；第三种类型是一些机构将费用等同于效益，有些机构对于期末本来可以节约下来的费用，吃光用尽，出现“期末狂欢”现象。前者是因为保险企业一般按保费的一定比例分配费用，而费用多少直接关系到各机构的支出水平及职工薪酬等，故多报保费就等于增加公司效益；后者则是因为管理者或许会认为如果不将预算定额用完，其未来的预算就会被削减，结果管理者会在期末用很浪费的方式花完预算的余额。

三是只重视静态管理，忽视动态管理。多数保险集团仍采用传统的静态方法编制预算，期末将运行结果直接与预算指标进行比较，具有一定的盲目性、滞后性和缺乏弹性，脱离实际，难以成为考核和评价的有效基准。

四是编制内容不健全。目前预算尚主要集中在损益项目，对资产负债类以及现金流量类项目预算不足。

四、执行与监控相对薄弱

普遍存在重编制、轻执行的现象。很多保险集团尚未建立完善的预算管理网络和科学的管理程序，缺乏严格的监督制度，执行的随意性较大。编制的预算与执行的结果偏差很大。我国保险集团预算执行与监控不同程度地存在缺陷。

一是预算精度不够，影响控制有效性。目前的预算还比较粗放，对于每一预算项目，一般只规定总体指标或少量基本的指标。如仅按险种费用率分配费用额，看起来似乎很合理，但实际上混淆费用属性，导致责任主体夸大固定费用，人为削减变动费用，制造假象。对于如何控制实际的经营费用存在“监管真空”，达不到费用控制的真正目的。因此，预算的目标分解下达，还有待于进一步细化。

二是预算控制政策单一且缺乏弹性。一方面由集团企业制定的预算控制政策显得单调统一，缺乏灵活性，并不适用于不同地域、不同时期和不同市场环境条件下的分支机构。过分单一的控制政策导致在各地开业的分支结构苦乐不均，且经营管理情况缺乏可比性，影响了预算管理的效果。另一方面，我国保险市场竞争激烈，突发的意外事件经常会改变保险企业的短期经营状况。保险企业通常会出台临时政策，如为了刺激某些险种的销售或争夺某一块团险市场，而对超额完成的分支机构实施可用费用额的奖励等，导致临时政策冲击长期政策，业务政策冲击财务政策，影响预算管理整体目标的实现。

三是预算调整权力滥用，没有相应的制衡机制。预算形同虚设，超预算或无预算的项目可能因为预算调整权的滥用而照样开展，使预算失去其应有的权威性和严肃性。

四是预算执行分析的时效性也有待进一步提高。分析形式单一，而且在深度和广度方面均缺乏充分、深入的研究，致使预算分析走过场，不能找到真正的“病因”，类似的失误不断重复发生。

五、责任落实不够，评价考核机制有待进一步完善

预算管理是一项全系统工程，为确保预算各项主要指标的全面完成，必须制订严格的考核办法，依据各责任单元对预算指标的执行结果，实施绩效考核，否则，预算管理就会失去严肃性和权威性。

我国保险集团在实施预算管理中，存在责任落实不够的问题，评价考核机制有待进一步完善。

一是预算管理主体的权利义务不明确。有责任没有权力或有责任没有利益，授权不清等都违反了预算管理原则。我国保险集团按照不同责任中心进行预算考核的预算架构尚未完全搭建起来，不同责任中心的权利义务并不明确。

二是评价考核指标不完善。首先，预算业绩评价指标目前主要为财务类指标，

在非财务类指标方面存在缺陷。其次，预算评价与考核重规模、重保费，轻管理、轻效益。保费收入在经营管理中压倒一切，忽略了核保核赔部门或客户服务部门的作用及后续保险服务的质量。展业不计成本，承保不计后果，一方面营销部门片面追求保费收入，放松了对代理人的管理，代理人为了多收佣金欺骗投保人，或追求新单保费收入，引发大量的退保和孤儿保单；另一方面，核保核赔部门则由于缺乏有效激励，工作松懈，投保人逆向选择增多或误赔、多赔、人情赔付等现象增多，如此一来，两核部门没有起到真正的风险控制作用，造成承保质量下降，索赔增多，直接影响了保险企业的信誉和未来发展。最后，预算评价与考核存在鞭打快牛的取向。国内保险集团的考核体系大部分是以年度保费为基数，再加入一定的增长率来考核各业务层面、各所属机构以及各部门的完成情况，鞭打快牛，挫伤了加速发展的积极性。

三是缺乏有效的考评与激励措施。预算考评和相应的激励措施直接影响部门和员工执行预算的积极性。受预算计划绩效与执行绩效的矛盾、“预算宽余”行为、事后操纵预算结果等影响，保险集团在预算考评时不够严格，流于形式，没有设置相应的激励机制或激励机制设计不合理，使其积极作用并未得到发挥。

六、配套制度需要建立健全

一项好的管理办法，必然要求有配套制度的支撑。预算管理本质要求一切经济活动都围绕实现企业目标而开展，在预算执行过程中落实经营策略，强化企业管理，实行的是“全程预算、全额预算、全员预算”原则，它贯穿于企业管理的全过程，与企业经营管理中的各个环节紧密相关，缺一不可。因此，应积极建立、健全与全面预算管理相配套的管理制度，提高预算的控制力和约束力。预算一经确定，在企业内部应具有“法律效力”，各业务层面、各所属机构以及各部门在经营管理活动中，必须严格执行，切实围绕预算开展经济活动。预算的编制只是实施预算管理的第一步，预算管理能否得到落实才是关键，再好的预算目标如果没有配套的管理制度加以控制和制约，也是难以实施的，只能成为一纸空文。

七、预算管理的信息化水平不高

目前，我国多数保险集团仍采用 Excel 工具进行预算管理，无法保证预算编制过程的精细化程度、准确性以及应用效率，不可避免地会出现编制效率低、准确性差、编制周期长、分析和控制难以进行等缺点，具体表现在以下几个方面：保险集团在全面预算管理过程中所涉及的相关组织机构、多级责任单元的授权以及各项管理工作的流程无法通过 Excel 实现动态管理；对保险集团的预算管理工作而言，预算目标模型的准确建立意味着较大的计算工作量，而其中多种条件的设定和计算、对多次修订的预算版本数据的保存也使得仅依靠 Excel 无法满足需求；随着保险集团对全面预算管理工作精细化要求的不断提升，以及其规模的扩大而导致预算责任单元的工作量大大增长。因此，对保险集团而言，提高预算管理信息化水平迫在眉睫。有必要采用信息化手段在定额测算、标准成本制定、预算编制申请审批、预算执行审批流程（网上报销、采购申请、合同支付等与预算执行有关的业务审批流程）、预算执行对比分析、预算评价与考核等方面协助保险集团实现真正意义的“全员”、“全程”、“全要素”预算管理。

第三节 完善我国保险集团预算管理的政策建议

一、加强政策支持和指导

对于预算管理，尽管国家有关部门已经出台了一系列的政策规定，但是就保险集团而言，适合其行业特点、业务属性的预算管理规范和指导意见尚未完善。各保险集团根据各自的情况进行预算执行和管理，难免参差不齐，缺乏对行业的深刻理解和全面把握。这就需要相关的管理部门建立在大量的调研和分析的基础之上，出台政策法规和指导意见，对行业的长期发展提供政策环境和业务前瞻，引导行业进行良性竞争，加强资源共享和信息沟通，切实让保险集团的预算管理“有法可依”。

具体来讲，保险集团实施预算管理需要以下方面的政策支持和指导，包括但不限于：

一是集团架构下预算权的划分，以及对预算权的激励与约束安排。前者是指在集团企业与所属机构之间以及各自内部的预算管理权、责设计；后者是指赋予预算责任主体尤其是集团企业对应的评价、考核与奖惩职责。

二是提供保险集团预算管理业务、流程规范指导，出台保险集团预算管理的标准化、规范化和信息化的指导意见。

三是引导保险集团预算管理与偿付能力管理相结合，完善混业经营趋势下保险集团的监管政策，如保险集团偿付能力的编报规则与要求。

四是行业信息发布与共享服务，如市场预测、市场实际、监管信息等，为提高预算的准确性和适应性提供信息服务和支持。

五是行业内以及行业之间的交流与培训，不断引入或推介先进的管理思想与理念，提升行业竞争力。

二、完善治理结构

公司治理结构是现代企业制度的核心，是为保障企业持续经营而对其经营管理所涉及的诸关系进行有机协调的制度设计，是一种据以对公司进行管理和控制的体系。公司治理结构的产生是两权分离的必然结果，其通过设计一系列调整企业内权力、决策、监督和执行诸环节关系的规则，形成利益相关者之间的激励和制衡约束，保障产权所有人对企业的最终控制权，并使企业沿着确定的经营目标发展。有学者认为，“到哪里去”是完善公司治理结构的根本主题。这无疑回到了企业战略的制定与落实上来，回到了预算管理的出发点。只有在健全、规范的治理结构下，预算管理才能充分发挥其应有的效用。

保险企业的价值应该是持续为社会创造财富或价值，也就是培植“常青树”或者“百年老店”。在集团化经营的前提下，要充分发挥预算管理在集团资源配置、防范风险和创造价值方面的职能和作用，必须理顺各预算参与主体的责、权、利关系，并使责、权、利三结合原则能真正落到实处。公司治理结构确定了预算管理主体之间的相互关系，以及预算管理主体与客体之间的相互关系，它是预算管理的实施基础；预算管理从企业最高层到各部门乃至每个员工的责、权、利关系角度，明晰它们各自的权限空间，科学的管理和可靠的执行，使预算决策、预算行为与预算结果得到高度的协调与统一，以期提高企业的战略性反应能力。

结合我国保险集团尤其是国有保险集团的实际来看，预算管理要想真正取得预期的效果，必须做到：

一是应充分发挥集团企业在预算管理中的核心作用，确保集团整体目标实现和整体利益的最大化。Goold 和 Campbell 等人的研究表明，集团企业管理导向与控制机制是影响整体收益能力的关键因素之一。要坚持权责对等的原则，充分保障集团企业的知情权、收益分配权、重大决策权以及人事任免权等法律赋予的权利。

二是完善集团企业的制度安排。首先是建立科学的派出董事、监事管理制度，确保在法律法规框架下集团企业的意志能够得以实现；其次是要完善集团企业的决策机制，在进行预算管理决策时，利益相关者应予以回避，确保决策的客观性、公正性。

三是积极探索财务总监派驻制，充分重视预算管理过程中人的因素，减少逆向选择和道德风险。

三、坚持预算管理的战略导向

将战略思维引入预算机制，在预算编制过程中，应当联系战略需求进行资源的预先分配。这种联系的紧密和谐，将决定预算是促进还是阻碍战略实施过程。资源过少，会削弱相关部门的战略任务的执行能力；资源过多，又会造成浪费并降低经营管理业绩。要避免出现上述两种情况，需要坚持预算管理的战略导向。

坚持预算管理的战略导向，其实质是从企业战略的高度统筹考虑与把握保险集团的发展壮大问题。因此，保险集团建立中长期规划就显得十分必要。预算如果不具有长期指导意义，忽视远期目标，势必会陷入短期利益的困境，与战略规划相冲突。作为实施战略的具体手段，预算管理过程中要想保持集团企业对下属企业成员的控制力，关键就在于构建符合集团战略目标和战略利益的管控中心，并使这样的管控作用能长期执行下去。一旦战略目标确定，相应的规划和预算管控措施也就相应确定，并且通过不断改进和提高，进一步实现集团价值增长。

目前，国内的保险集团公司普遍启动了战略规划工作，制定了战略目标。然而，战略目标是长期目标，需要分解落实为各个阶段的短期目标。预算管理提供了这种工具，是落实企业发展战略的有效手段。企业在实施预算管理之前，应结合企业的发展战略，认真进行市场调研和资源分析，制定详细的年度经营计划并据以编制各阶段的预算，这样可以使企业各阶段的预算前后衔接起来，避免预算工作的盲目性，同时推动企业战略目标的实现。

四、提高预算的科学性

预算的科学性是预算管理的基础。没有科学的预算，预算控制、预算评价与考核便会失去依托；失去科学性，预算的权威性、严肃性便难以得到有效维护。由此可见，提高预算的科学性，意义尤为重大。

（一）加强学习与创新，不断引入先进管理理念与方法

自诞生以来，预算管理已有 100 多年的历史，作为一种制度安排和管理机制，不同阶段的预算管理本身蕴涵的管理思想、管理理念就是人类文明的结晶之一，包含诸多实施成功的经验，也不乏失败的教训。保险集团推行预算管理，首先就应该加强对预算管理理论与实践的学习。

如前所述，预算管理始终又是一种开放的体系，不断吸收先进的管理思想和方法为其所用。20 世纪 80 年代中期以来，美国等西方国家的经济全球化和高新技术的发展明显加快，消费者的主权意识加强，原有的简单的预算控制逐步暴露出弊端，这主要表现为不能兼顾企业长远发展，并且忽视预算指标所对应的物质内容，在这样的背景下，一系列新的方法和理论不断被提出，比如，作业成本制度和作业预算成本制度（ABC），这一理论的创作者是哈佛大学凯普兰教授，之后，他还和诺顿教授一起提出了平衡计分卡的方法，并以此为基础，使预算和战略管理息息相关。1998 年 1 月，国际高级制造业协会专门组织研究论坛——超越预算圆桌会议，专门研究用什么方法替代原有的预算管理系统，促使企业建立快速适应环境，进行变革，并且以顾客为中心，进行业务的创新和整合。可以说，关于企业预算，尤其是企业集团的预算理论，正在经历变革和不断充实的阶段。因此，我们有必要进行系统、全面、深入的调查分析，及时跟踪国内外预算相关理论，结合企业的现状逐步引进、改造和创新，使这些新的理论服务并指导企业的经营实践。

（二）切实提高预算管理的信息化水平

利用电子表格进行预算管理曾在各国预算管理手段中占有非常重要的地位，但随着数据库技术和网络技术的发展，各种管理工具和管理理念的出现，使得利用更先进的管理平台进行预算管理成为可能。继 SAP、ORACLE 等管理软件将预算管理纳入其 ERP 系统组成部分后，HYPERION、SAS 等专项 BPM 供应商又将预算管理平台应用升华到更高的层次。

预算管理信息化的最终目标是通过提高保险集团预算管理水平，来满足其推行全面预算管理的要求。通过对预算模型的完善与优化以及对预算管理系统的开发与应用来支持保险集团的决策科学化、管理规范化，提高整体管理水平和运营效率，有效支持保险集团的战略发展。

一是有效分解和落实战略规划，确保战略目标的实现。企业战略是根据外部环境长期的变化趋势制定的目标和行动计划；年度经营计划是企业战略规划分解到年度内的实施纲领；预算则是对战略规划和年度经营计划的具体化、明晰化和严谨化，是年度经营计划实现的载体。预算系统为企业有效落实战略规划和年度经营计划提供了信息化工具。

二是提高预算编制效率，确保预算编制的准确性。预算编制过程是集团企业分配和协调资源的过程，由于下属单位众多、数据计算量大，周期长、成本高、编制质量差等问题是保险集团预算编制的普遍问题。借助预算管理系统，系统化和标准化预算编制的流程，可以有效提高编制的效率和效果。

三是强化预算的执行和控制，确保预算目标的实现。准确合理的预算本身并不能改善经营管理，提高企业经济效益，只有认真严格执行预算，使每一项业务的发生都与相应的预算项目联系起来，才能真正达到全面预算管理，指导企业经营的目的。预算系统的过程监控功能及时发现预算执行的偏差，技术上保证预算能够被无偏离的执行。

四是支撑保险集团的评价和考核体系。保险集团的绩效评价与考核体系是将企业经营目标执行情况与员工薪酬制度挂钩的一套体系。作为支撑企业绩效评价与考核体系的重要基石，预算评价与考核具有“全员、全额、全程”的特点，必须存在相应的技术手段提供准确的、多角度的评价与考核信息以确保评价与考核结果的客观、公正与公允性。预算管理信息化就是要为保险集团各个经营管理环节设定科学、合理、先进的业绩标准，通过标准的提高和完善，优化企业资源配置，有效降低风险与提高收益，进而达到提高竞争力和可持续发展能力的目的。

五是培育预算管理文化，提升预算管理水平。作为一种制度安排和管理机制，预算管理必须有相应企业文化支撑才能取得事半功倍的效果。企业文化差异是我国保险集团与国际顶级金融保险集团在全面预算管理上的差距之一，我们在企业文化方面尚缺乏有效的规划和引导，在推行全面预算管理时往往阻力很大。预算管理信息化，使全要素预算成为可能，为全员参与预算管理提供了条件和氛围，为全过程预算控制提供了手段和工具，无疑将有助于保险集团预算管理文化的形成，提升预算管理水平。

五、建立健全预算管理责任制

通过预算来强化管理，就是将预算看成沉默的“内部宪法”，使预算成为一种管理上的制度安排，真正成为一种围绕市场形成、围绕企业内部组织结构展开的管理机制，而不是临时性的、分散性的管理手段。如前所述，责任不落实，预算管理只会是堆砌的数字游戏和财务报账单，失去应有的效用。因此，必须建立健全预算管理责任制，以增强预算管理的效率和刚性。

保险集团多层级的法人架构必然要求建立相互关联的多层级预算管理组织体系，各级机构和各部门的领导都要融入该组织体系中。多层级的预算管理组织体系具体包括：预算管理的决策机构、预算管理的组织领导机构、预算管理综合办事及管理机构、预算归口管理部门、预算执行部门。权、责、利不明确，参与主体茫然不知所措，预算管理成为空谈；权、责、利不对等，又会挫伤参与主体的积极性。只有在权、责、利明确、对等的情况下，参与主体才能各司其职，共同完成预算管理工作。

建立健全预算管理责任制，首先要划分明确的责任单位如构建责任中心、设置岗位体系，明确责任主体如责任中心负责人；其次，要按照可控原则明确责任管理的内容，设定考核指标和评价标准；再者，要签订预算管理目标责任状，以书面形式将预算管理目标固化下来，避免扯皮和推诿；第四，加强内部控制制度建设，狠抓对各责任主体尤其是“一把手”的教育和监督，加强预算执行的检查、审计力度，及时发现和化解风险；最后，预算管理责任的落实有赖于严格的预算评价与考核机制，要建立严格责任追究制度，切实防止权力失控和预算流于形式。

参考文献

[1] 国家经贸委：《国有大中型企业建立现代企业制度和加强管理的基本规范(试行)》，2000 年。

[2] 财政部：《企业国有资本与财务管理暂行办法》，2001 年。

[3] 财政部：《关于企业实行财务预算管理的指导意见》，2002 年。

[4] 财政部：《金融企业财务规则》，2006 年。

[5] 国资委：《中央企业财务预算管理暂行办法》，2007 年。

[6] 李泉年：《面向对象的动态预算管理模式研究》，北京交通大学博士学位论文，2007 年。

[7] 刘俊茹：《企业预算管理历史分析及未来展望》，厦门大学博士学位论文，2006 年。

[8] 许云：《预算管理研究：历史、本质与预算松弛》，厦门大学博士学位论文，2006 年。

[9] 章伟：《预算、权力与民主：美国预算史中的权力结构变迁》，复旦大学博士学位论文，2005 年。

[10] 陈强：《中资寿险公司全面预算管理研究》，西南财经大学硕士学位论文，2005 年。

[11] 刘文宇：《我国寿险公司预算管理问题研究》，西南财经大学硕士学位论

文，2002年。

［12］金小英：《企业集团风险管理体系构建的理论探讨》，厦门大学硕士学位论文，2006年。

［13］［美］罗伯特·S. 卡普兰、安东尼·A. 阿特金森著，吕长江主译：《高级管理会计（第三版）》东北财经大学出版社1999年版。

［14］于增彪、袁光华、刘桂英、邢如其：《关于集团公司预算管理系统的框架研究》，2004年第8期，第22～29页。

［15］南京大学会计系课题组："中国企业预算管理现状的判断及其评价"，《会计研究》2000年第4期，第15～29页。

［16］"绩效评价与年薪制研究"课题组："企业绩效评价与经营者绩效挂钩研究"，《中国工业经济》2003年第2期，第57～63页。

［17］《管理会计应用与发展典型案例研究》课题组："我国集团公司预算管理运行体系的新模式"，《会计研究》，2001年，第8期，第32～43页。

［18］安景玲、赵立军："偿付能力约束下的寿险公司资本预算研究"，《保险研究》，2006年第5期，第36～40页。

［19］王建胜、韩来东："对企业推行战略导向全面预算管理的思考"，《前沿》，2007年第9期，第83～85页。

［20］郭潞生、姜莉："论保险公司全面预算管理体制下的建立"，《保险研究》，2005年第9期，第50～52页。

［21］刘爱东、余欣："企业集团全面预算管理应明确的几个问题"，《财会月刊（综合）》，2005年第3期，第19～20页。

［22］戴炳坤、黄建勇："建立与公司治理结构相适应的全面预算管理"，《技术经济与管理研究》，2003年第5期，第81～82页。

［23］马郧："金融集团财务管理模式选择"，《管理研究》，2003年第12期，第18～19页。

［24］戴磊："基于风险的预算管理研究"，《财会通讯》，2005年第11期，第81～83、88页。

［25］邹韶禄："用全面预算管理化解企业集团的整合难题"，《事业财会》，2004年第6期，第17～18页。

［26］张永平："保险企业实施全面预算管理的几点探讨"，《边疆经济与文化》，2004年第6期，第56～57页。

［27］严涌："全面预算管理视角下的现代公司治理研究"，《中国集体经济》，2007年第6期，第42～43页。

［28］张先治："基于价值的企业集团预算控制系统"，《会计研究》，2005年第6期，第79～84页。

［29］李力涛："国有企业预算管理、绩效评价和目标管理的综合框架"，《工业

技术经济》，2003 年第 5 期，第 124 ~ 126 页。

[30] 王斌："企业预算管理及其模式"，《会计研究》，1999 年第 11 期，第 20 ~ 24 页。

[31] 李国忠："企业集团预算管理模式及其选择"，《会计研究》，2005 年第 4 期。

[32] 李晓洋："基于企业发展战略的全面预算管理研究"，《当代经理人》，2006 年第 3 期，第 159 ~ 160 页。

[33] 郭雪梅："对企业集团全面预算管理问题研究"，《经济师》，2004 年第 6 期，第 179 页。

[34] "企业集团如何进行全面预算管理"，诺亚舟咨询网站知识库。

[35] 王峰娟、陈利花："IT 环境下集团战略预算管理架构的构建"，《财会通讯》，2007 年第 3 期。

[36] 孙静华："对我国企业集团全面预算管理的探讨"，《财会月刊》，2005 年第 7 期，第 59 ~ 60 页。

[37] 张少林、张志凤："基于 BSC & ABB 的集团公司全面预算管理"，《财会月刊（理论)》，2006 年第 10 期，第 12 ~ 14 页。

[38] 王剑峰："基于战略导向的企业全面预算管理体系构建"，《山东行政学院山东省经济管理干部学院学报》，2006 年第 5 期，第 105 ~ 107 页。

[39] 仝乃礼："试论构建企业集团全新的利润预算管理模式"，《西安邮电学院学报》，2005 年第 1 期。

[40] 李泉年、丁慧平："面向对象的动态预算管理模式"，《经济经纬》，2007 年第 1 期，第 86 ~ 86 页。

[41] 巩军："企业集团财务全面预算管理的探讨"，《经济师》，2004 年第 6 期，第 193 页。

[42] 柴正宏："浅谈企业集团预算管理"，《时代金融》，2007 年第 9 期，第 64 ~ 65 页。

[43] 任珊："浅析保险企业全面预算管理"，《商业研究》，2004 年第 4 期，第 47 ~ 49 页。

[44] 陈琪："全面预算管理的理论分析与现实思考"，《海南金融》，2006 年第 6 期，第 77 ~ 80 页。

[45] 刘广生、杨素琴："我国企业集团预算管理模式研究"，《商场现代化》，2006 年 8 月上旬刊，第 145 ~ 146 页。

[46] 吴文捷、陈菊花："我国预算管理理论和实践综述"，《价值工程》，2007 年第 10 期，第 117 ~ 120 页。

[47] 张鸣、张美霞："预算管理的行为观及其模式"，《财经研究》，1999 年第 3 期，第 44 ~ 50 页。

[48] 潘东:“金融控股集团管理框架的国际比较及经验借鉴”,《中国金融》,2007 年第 13 期,第 34 ~ 35 页。

[49] 季汝群:“构筑信息化的企业集团全面预算管理模式”,《中华通讯》,2007 年第 27 期。

[50] 陈晓安:“国际保险业并购的特点、动因与启示”,《改革与战略》,2007 年第 4 期,第 71 ~ 74 页。

第四篇

保险集团内部业绩评价体系构建

摘　要

随着市场竞争的日趋激烈，保险集团这个新生企业组织模式的财务风险管控日趋重要，一个良好有效的业绩评价系统能够帮助和协调保险集团决策的整个过程，引导和约束子公司的管理决策和行为，促进整个集团形成高效的管理系统，确保集团健康发展。

本课题由六个部分构成：

第一章为绪论，主要是提出问题、阐述本课题研究现实意义、研究思路及创新点。本课题研究思路是通过研究保险集团、集团财务风险管控和业绩评价体系的关系，探讨基于保险集团对子公司的管控模式构建业绩评价框架，这也是本课题的创新之一。此外，适应当前保险监管加强风险监控的趋势，引入风险业绩衡量理念，是本课题的第二个创新点。最后介绍了业绩评价的相关理论和研究现状。

第二章为保险集团业绩评价体系的构建。首先介绍业绩评价体系的构成要素，主要是从评价主体和客体、评价目标、评价指标的选择和分解等方面进行详细说明。其次，对业绩评价体系的流程做了较为全面的分析。最后，针对国内外保险集团业绩评价体系模式作了分析。

第三章为保险集团业绩评价指标体系的构建和业绩评价模式的选择。首先对国内外保险集团业绩评价的演进进行介绍，从传统的财务绩效评价阶段到战略性绩效评价阶段，并对目前较为流行的平衡计分卡作了深入的分析。其次，针对不同的管控模式，探讨如何对子公司的业绩进行评价。最后以案例的形式对国内外保险集团业绩评价模式作了介绍，并与国外保险集团的评价模式进行比较分析，研究可供国内保险集团业绩评价的借鉴之处。该章是本课题的核心部分。

第四章为保险集团的风险业绩衡量。本课题引入经济资本和风险业绩衡量的理念，使保险集团对所属子公司的业绩评价中体现风险因素，从而更加科学，符合行业发展趋势，该章主要介绍经济资本概念、风险业绩衡量的方法和模式。

第五章为保险集团业绩评价体系的配套措施。一方面是只有建立配套的激励机制才能使得业绩评价真正发挥作用；另一方面是需要建立发挥业绩评价资本配置作用的机制，因为业绩评价除科学衡量业绩外，还用于指导资本分配，而这是保险集团资本运作职能的基本要求。

第六章为对完善保险集团业绩评价工作的几点建议。包括战略目标的树立、管理定位的明确、管理水平的提升，还包括为提高业绩评价的指导性，要结合保险行业的发展阶段和环境设定业绩指标等建议。

第一章　绪　论

第一节　保险集团管控与业绩评价

随着混业经营逐步成为全球金融业发展的未来趋势，我国也相继出现了多个大型金融保险集团。截至2007年年末，中国保险市场上共有中外资保险公司（包括保险集团公司）110家，其中中国人保、中国人寿、中保控股、太平洋保险、平安保险等5家保险公司均采取保险控股集团模式，集团公司数量占比虽小，但总保费规模却已占到中国保险市场的80%以上。新华人寿及泰康人寿也在着手组建保险（控股）集团，以便尽早分享集团化混业经营优势。

与专业保险公司相比，保险集团能够有效整合和充分利用保险资源，延伸业务发展空间，为客户提供全方位、多层次的金融保险服务，并通过规模经济优势降低经营成本，拓宽融资渠道，提高风险分散能力，提升集团整体竞争力。

国务院关于保险业改革发展的若干意见明确提出：支持具备条件的保险公司通过重组、并购等方式，发展成为具有国际竞争力的保险控股（集团）公司。保监会关于保险业的“十一五”发展规划也明确了要顺应金融综合经营趋势，稳步推进保险公司综合经营试点。政策层面的支持将推动现有保险控股集团利用集团化经营的内在优势进一步做大做强，同时也会推动更多保险集团的不断涌现。

但是，应当看到，集团控股混业经营的模式具有深度分工与合作、组织扩张与规模经济、资源高度共享等诸多优势，但同时也意味着专业管理难度和管理幅度增大，信息壁垒增加带来的逆向选择，资源重复配置与浪费导致的规模不经济。管控不当，则可能导致多种风险并存激化，导致企业生存危机甚至影响社会稳定。因此，国务院及保监会在积极鼓励金融控股集团发展的同时，也将跨行业的风险防范、保险集团监管和公司治理结构的完善放在了突出的位置。

基于委托代理关系的公司治理之根本在于建立所有者对经营者的有效激励和约束机制，调动经营者的积极性，引导所有者和经营者目标一致，并解决因信息不对称产生的逆向选择和道德风险问题，降低代理成本。而有效激励机制的前提则在于建立公正合理的业绩评价体系，并通过合理的报酬契约发挥激励之最大效用。考核什么得到什么，评价方法决定行为模式。业绩评价体系合理，激励机制到位，才可能充分发挥各相关方的积极性，确保公司整体战略目标的实现，推动公司治理结构的不断完善。

因此，分析我国保险集团的发展阶段和经营现状，参照国际成熟保险控股集团的管理经验，构建科学、合理、适用的内部业绩评价体系，通过目标引导充分发挥集团化经营的协同效应和规模效益，推动激励机制及集团法人治理结构的完善，对提升我国保险集团国际竞争力、实现做大做强的战略目标具有实际而深远的意义。

在业绩评价体系的框架构建方面，保险集团与一般企业并无二致。即明确评价目标和原则，选择适用的关键业绩指标和评价基准，分解落实指标，跟踪指标执行情况，建立定期反馈与考核，确保指标保质保量如期实现。

但在目标设定上，除了鼓励个体业绩最佳，集团化运作模式更关注整体价值最大，强调集团整体的均衡发展和协同增长，发挥“1+1>2”的联动效应。体现在评价原则上，要求对不同个体的业绩评价目标指向集团整体战略目标，强调个体对集团贡献最大的能力培养和价值增长。确保在多元主体、多重目标的复杂治理结构下集团整体战略目标的实现成为可能。

因集团公司自身战略定位及管控模式的不同，保险集团公司对子公司的业绩评价模式和关键业绩指标的具体选择也会有所差异。直接经营类的集团公司可能倾向于全方位多角度的复合指标体系，不仅关注财务业绩指标的达成，也关注渠道发展、客户服务、员工满意等非财务指标的实现；不仅关注指标的选择与制定，也关注对指标落实情况的全程介入和监控。而控股型集团公司则可能更注重权益收益、市场价值等量化财务指标的实现，以阶段性结果出发进行评价和考核。业绩评价模式必须与集团管控模式一致，才可能最大限度地发挥作用。

因其在金融领域的特殊地位，保险集团需要比一般的企业集团更关注风险控制，强调风险与收益的均衡。在业绩考核上，也必须将风险承担成本纳入业绩评价体系，以风险调整后的收益及风险调整后的资本作为业绩评价的核心和基础。

如前所述，业绩评价指标体系是公司业绩管理，或者说整个经营管理中的核心一环，但并不是独立的一环。合理的治理结构、规范的运作机制是业绩指标体系确立和实施的基础，有效的激励机制是业绩评价得以落实的根本。成功的业绩评价体系的建立和实现，依赖于一系列相关配套制度和措施，从建立和谐统一的企业业绩管理文化出发，完善公司法人治理结构，完善业绩激励制度，完善业绩评价体系本身，确保从总体战略目标出发到各子公司的业绩指标体系，从评价指标设定到指标执行再到过程监控和结果反馈的完整流程，各环节必须紧密衔接，环环相扣。

我国保险集团仍处于发展的初级阶段，业绩评价体系的建立既要参考业绩评价的成熟理论和国外金融保险集团的操作实际，更要结合自身发展特点和发展规划，量身订制，选择最适合的而非最先进的业绩评价模式。特别是兼顾现在与未来，制定清晰合理的集团整体战略目标。同时，兼顾自身需要和外部监管要求逐步完善治理结构，在可控范围内优化业绩激励方法，并积极推动激励机制的政策环境改善；逐步提高信息披露的真实性和准确性，为公正公平的业绩考核奠定可信的数据基础；

同时还应当建立与集团战略目标相一致的企业业绩管理文化，确保全员认同和积极参与业绩评价，提高业绩指标在各个层面的执行效力。

第二节　业绩评价的理论基础和研究现状

业绩评价的基本理论框架可分为核心理论、支持理论和基础理论三个层次，核心理论是指企业评价的专门理论，包括从业绩评价主体、业绩评价客体、业绩评价目标、业绩评价指标、业绩评价标准、业绩评价方法到业绩评价报告等关于业绩评价的完整理论体系；支持理论是指对核心理论有直接影响的理论，从不同角度涉及了企业业绩评价问题，包括目标管理理论、预算理论、激励方法等，是核心理论形成的主要基础；基础理论则包括对核心理论具有相对间接影响的经济学和管理学理论，即服务于业绩评价核心理论，同时还构成其他诸多企业管理理论的基础，主要包括委托代理理论、信息经济学理论、制度变迁理论、控制理论、组织行为理论、系统理论、权变理论、激励理论和战略管理理论。因篇幅有限，仅对影响业绩评价的主要理论做简单介绍。

一、信息经济学和委托代理理论

信息经济学将整个社会经济关系归结为委托代理关系，研究委托代理目标的实现和委托代理关系中存在的问题及解决办法。委托代理理论认为，协调委托代理关系的途径是契约，契约问题的实质是信息，契约关系中普遍存在信息不对称，继而衍生败德行为，导致代理人行为对委托人利益的损害。信息经济学和委托代理理论揭示的信息不对称问题为业绩评价系统研究提供了新的视角，要求建立业绩评价系统应充分考虑委托人和代理人之间的信息分布状况。在根据评价目标选择评价内容和评价对象之前，应先对各利益相关者的相互关系及信息状况进行分析和评估，据以选择评价活动涉及内容并合理设计评价活动的组织方式，以保证评价的有效性和准确性。

二、利益相关者理论

利益相关者理论将公司视为各个利益相关者构成的契约联合体，认为管理者的决策应基于各利益相关体的利益，不仅包括经济要求权的主体，也包括员工、客户、政府及社会。基于利益相关者理论的业绩评价要求企业在制定战略目标时要关注所有的利益相关者，从企业内部员工、外部顾客及股东等角度审视公司，设计出能够衡量不同利益相关者需要是否得到满足或平衡的业绩评价系统。

三、组织行为理论

组织行为学从组织、团队、个人三个层次研究组织中的行为问题，解决如何使三者的目标保持协调一致，最终实现组织目标。组织行为学的业绩评价强调通过广泛沟通，激发员工的主动性，要求评价标准具有可控性和激励性，鼓励参与式的民主管理方式，强调将评价结果和激励机制相联系。

四、目标管理理论

目标管理理论源于现代企业管理学大师彼得·德鲁克，认为企业必须制订明晰的整体目标，凡是其业绩影响企业组织健康成长的所有方面，都必须建立目标。管理者和员工应根据整体目标设置分项目标，并实施自我控制。企业应通过分权管理和业绩评价确保既定目标的实现。目标管理为业绩评价体系奠定了基础，要求目标必须是有效和可计量的，以目标为前提规定了业绩评价基准，通过目标实现对员工和组织的内在激励。

基于以上理论，业绩评价的实际运用也经历了从财务模式到价值模式，再到平衡模式的转变过程，各个阶段最具代表性和操作性的方案分别是杜邦财务分析体系、EVA 经济增加值体系和 BSC 平衡计分卡体系。

杜邦财务分析体系从投资报酬率这一核心指标出发，将经济考核和管理责任分解落实到收入管理、成本控制、资产管理等各个经营环节，直接反映影响权益报酬率的各个因素及内在关联。最早的杜邦分析体系着重于单一指标分解，随着责任会计制度的实施和预算管理模式的建立，杜邦指标体系逐步扩充到以责任中心为基准的业绩评价与考量体系，指标也扩充到包括偿债能力、盈利能力、营运能力、现金流管理能力和发展能力等多重指标体系。但其根本仍是单一的财务指标评价模式，受制于财务指标的谨慎性和滞后性，无法反映战略要求，并导致评价和考核的短期性行为。

随着现代企业制度的逐步确立，对企业业绩考核的重点逐步从短期财务指标的实现转向股东价值的持续增长，EVA 经济增加值模式应运而生。EVA 也称经济利润，是指扣除了股东投资资本后的企业真实利润。以 EVA 为核心的业绩评价和考核体系强调建立管理人员与股东利益相结合的薪酬体系，解决委托代理关系带来的信息不对称和道德困境，使两者目标高度统一到企业价值持续增长这个核心指标上。但经济增加值本身虽考虑了资本投入等多种调整因素，但其根本仍是对财务数据的调整计算而得的财务指标，EVA 评价办法的实施仍无法有效控制企业的日常业务流程，对影响企业长期业绩的非财务指标的关注仍显不足，同时，EVA 办法虽高度重视经营层与投资人之间的权责划分和业绩考核，却对实际影响公司业绩的其他利益相关者考虑不够。

针对财务指标在业绩评价中对市场、客户、公司成长等长期价值增长因素的关注不足，美国哈佛大学罗伯特·卡普兰教授和复兴方案公司总裁戴维·诺顿于 1992 年提出平衡计分卡（Balanced ScoredCard，简称 BSC），即增加非财务指标来补充财务评价指标的不足，建立与企业长远目标紧密联系、体现企业成功关键因素的财务指标和非财务指标所组成的一种综合业绩衡量系统，充分体现对各利益相关体的关注。其业绩衡量指标体系包括财务、客户、内部经营过程、学习与成长四个方面的内容。其中，“学习与成长”是核心，“内部经营过程”是基础，“客户”是关键因素，“财务”仍是最终目标。该业绩衡量系统具有以下特点：其一，平衡计分卡实行财务指标与非财务指标相结合，弥补了传统财务指标的不足，通过引导企业投资于客户、供应商、员工、生产程序、技术和创新等方面来创造未来的价值，能够成为企业长期战略的基础。其二，平衡计分卡统一了股东和管理层的目标，有助于加强公司的治理机制，层层传达企业的战略思想。其三，平衡计分卡将财务与非财务、短期与长期的综合业绩评价与激励报酬结合起来，做到短期激励和长期激励协同使用，有利于克服企业的短期化倾向。

平衡计分卡清楚地表明了长期的公司价值和业绩驱动因素之间的关系，它所包含的业绩衡量指标兼顾了影响业绩的长期与短期的因素、财务与非财务的因素、外部与内部的因素等多个方面，能够多角度地为企业提供信息，不但综合地反映企业的业绩，从战略角度体现了公司价值最大化的思想，还强调企业从整体上来考虑营销、生产、研发、财务、人力资源等部门的协调统一，以实现企业的整体目标为导向，关注利益相关者的利益。当代表各部门业绩的评价指标表现好转时，可以理解为企业实际上就在实现着利益相关者的利益，比如，客户满意度的提高就意味着客户得到的服务、质量水平的提升；员工满意度（包括员工对物资如工资、福利、工作条件，对安全如失业保险、意外事故、医疗保险，对尊重如晋升机会、奖励，对社会交往如同事关系、上下级关系，对自我实现如发挥个人特长、满足感、成就感五个方面）的提高也就意味着员工的利益得到了相应的改善和保障。由此看来，可以这样理解，平衡计分卡通过满足利益相关者的相关利益来实现企业价值的最大化，在实现企业价值的同时不仅关注了股东财富，也考虑了部分利益相关者（客户、供应商、员工）的作用及财富。

考虑到金融业务日益复杂化，风险种类不断增加、影响程度不断加大，金融企业也逐步意识到获利往往也来源于风险承担，因此，集团也逐步开始变被动承担风险为主动管理风险，在业绩考评中增加了风险因素考虑，以准确衡量业绩优劣。国际通行的风险业绩指标包括：风险调整后资本收益率、夏普比率和股东附加值等。

第二章　保险集团业绩评价体系构建

第一节　保险集团业绩评价体系的构成要素

建立业绩评价体系，必须首先明确体系构成的主要要素。保险集团是一种特殊的企业，在经营方式和内容上存在着许多特性，但在业绩评价体系设计上仍然离不开企业的共性，因此，保险集团业绩评价体系的构成要素与一般企业构成要素一样，也包括评价主体、评价客体、评价目标、评价指标、评价标准、评价方法和评价报告。但是，构成要素的内容和内涵与一般企业存在着差别，体现出保险集团的特点。

一、评价主体及客体

业绩评价的首要问题是明确评价的主体与客体。对于保险集团的业绩评价而言，我们这里所指的评价主体是集团公司，客体是集团下属各专业子公司。

此外，必须明确保险集团业绩评价的层次性问题，业绩评价体系具有明显的层次结构，但无论层次有多少，无外乎两个基本层次。一是企业外部出资所有者对企业及其管理者的评价；二是企业管理者对下属机构和下属人员的评价。保险集团业绩评价同样存在这种结构特性，其业绩评价既有保险集团出资者对保险集团及其管理者的评价，也有保险集团对其子公司及子公司管理者的评价。本文关注的是保险集团对其子公司及子公司管理者的评价，主要研究保险集团母公司对下属子公司的业绩评价体系的构建问题，因此评价主体如前所述以保险集团母公司为主，评价客体为保险集团子公司。

二、评价目标

保险集团业绩评价体系的目标主要根据评价主体的需求来确定，是从一定量的主体需求中归纳总结得出来的，也是评价体系运行的指南和目的所在，整个体系的设计和运行都要围绕着目标来进行。体系的目标可以由它的功能体现出来，它随着时间和社会经济环境的变化而变化。本课题主要是从保险集团母公司的角度对保险集团的子公司业绩进行评价，因此其评价体系的评价目标主要是为母公司提供客观反映各子公司经营业绩的信息，准确地衡量保险集团下的各子公司的规模、实力及发展前景，并监督、管理各子公司，指导决策，制定战略规划等。

1. 指导集团的资本分配，促进集团整体利益最大化。通过对各子公司的业绩评价，可以用于公司指导资本和资源的配置，确保各子公司都能够持续创造股东价值。

2. 通过对子公司管理层的业绩评价进行人员的行政管理，如制定调迁、升降、委任、奖惩等人事决定，从而实现提高组织竞争力，改善组织业绩的作用。通过业绩评价可以评估子公司管理层对现任职位的胜任力程度及其发展潜力，从而有利于公司将更合适的人放到更合适的岗位上，促进公司持续、稳定和健康的发展。

三、评价指标的选择和分解

业绩评价指标是指对评价客体的哪些方面进行评价，它是根据评价目的和评价主体的需要设计的。保险集团业绩评价结果是否正确，能否真实地反映保险集团下属各子公司的经营状况，达到业绩评价的目的，这是首要问题。解决这个问题的关键和难点，在于设计科学、合理的评价指标体系。可以说，设计评价指标体系是整个评价工作的核心。

（一）关键绩效指标含义

关键绩效指标（Key Performance Indicator，简称 KPI）是通过对组织内部流程的输入端、输出端的关键参数进行设置、取样、计算、分析、衡量流程绩效的一种目标式量化管理指标，是企业的战略目标分解为可操作的工作目标的工具，是企业业绩管理的基础。

关键绩效指标分为定量和定性指标两大类：定量指标建立在统计数据的基础上，把统计数据作为主要的数据来源，通过建立数学模型，以数学手段计算出指标的数值，如财务指标等，能比较客观地反映部门日常运营工作的有序完成和质量高低；定性指标是难以用数学手段进行计算的指标，反映的是更为长期性、过程性的关键工作任务完成情况。

（二）关键绩效指标的分解

关键绩效指标的选取通常通过价值树分解得到，分解主要从企业发展战略的指引、价值构成的分析以及内外部管理与监管的要求等三个方面进行。这是因为：

1. 企业发展战略的指引：企业的绩效管理最终目标是保障战略的实现。因此，由公司的长期发展战略与阶段性战略工作重点出发，是导出公司关键绩效领域与相关考核指标的重要来源。

2. 价值构成的分析：作为股份制公司（即使不是股份制公司，也应对出资方负责，确保出资方价值的最大化），股东价值最大化的终极目标是由不同的分解绩效领域及相关要素支撑，利用价值树的分析模式针对公司的最终目标进行分解，是明晰企业考核指标的重要方法。

3. 内外部管理与监管的要求：作为公司的高层管理者，在日常经营监控和进行管理决策的过程中，均需要有相关的指标作为依据。同时，随着行业监管的不断完善，监管机构的信息披露要求也日趋严格，监管披露指标的变动日益成为管理者不得不予以关注的对象。此外，如果是上市公司，公司一定会成为市场关注的焦点，同业之间的关键披露指标往往成为投资者或分析师进行比较的重点，因此管理者对此类指标的关注程度也应该相应提高。

（三）关键绩效指标的选取原则

关键业绩指标选取遵循 SMART 原则，主要是：

1. “Specific” 具体性原则：要体现绩效目标之间的因果关系，针对关键成功因素具体阐述所衡量的关键业绩指标。

2. “Measurable” 可衡量性原则：可定期收集所需的准确、完整的数据，定量指标可以量化计算，定性指标可以用双方都能理解的标准（阶段目标、效果、时间等）衡量。

3. “Attainable” 可实现性原则：在上阶段的绩效表现基础上具有一定挑战性，需要付出工作努力和发展自身能力才能实现。

4. “Relevant” 相关性原则：目标必须和其他目标具有相关性。

5. “Time - bounded” 时效性原则：确保在需要的时候能够得到所需的数据。

在实际工作中，除了 SMART 原则外，在选取指标时还要注意以下几个方面，以满足实际工作需要。

1. 重要性原则：为了突出单项考核指标的权重和敏感性，避免权重过于分散造成的局部或整体失效问题，根据在绩效管理领域获得成功的先进企业经验数据，针对被考核对象的指标以 6 ~ 10 个左右为宜。

2. 技术层面适用性：根据既定的测试条件，进行针对指标特性的一系列技术层面的测试，从而将在适用性方面不能达到要求的指标剔除。

3. 满足内外信息需求：所选取的指标必须有效地反映与监控外部市场及监管机构关注的披露信息，为高级管理层进行相应的管理决策提供支持。

四、评价标准

业绩评价标准的选择作为激励机制设计的基础环节，直接影响着激励机制的成功与否，进而决定在满足经营者利益的同时能否实现投资者利益最大化。因此，业绩评价标准应尽量使评价结果剔除噪音的影响，能更真实地反映经营者的努力程度。

评价标准是决定业绩计量结果优劣的尺度。单纯的计量结果不能说明任何问题，它只有在与某项标准加以比较时，才具有实际意义。没有标准就无法进行评价。首先，评价标准是进行评价、判断评价客体优劣的准绳。没有评价标准，就没有评价意见或结论。其次，评价标准是连接评价目标和评价方法的纽带。根据目标在业绩评价中确定评价标准，再根据目标和标准确定收集数据和进行评价的具体方法。没有评价的标准，就无从设计和选择评价的方法。最后，评价标准是评价主体与评价客体之间沟通的桥梁和基础。评价标准的确定使评价报告的使用者理解业绩评价的性质，增强了评价报告的价值和可信性。

由于评价的目的、范围和出发点不同，并且某项指标的具体评价标准总是在一定前提条件下产生的，具有相对性，因此相应的评价标准必然有一定的特性。随着社会的进步、经济的发展，保险集团外部环境不断发生变化，同时因其自身资本的不断积累和发展，保险集团自身的内部环境亦不断发生变化，评价目的也会产生变化，所以作为评判依据的评价标准也就不可能一成不变，从这个意义上讲，评价标准是不断发展变化的另一方面，在特定的时间和范围内，评价标准必须是一定的，应相对稳定，否则不同评价标准会产生不同的评价结果。

评价标准的选择应综合考虑标准选择的成本、标准所含信息量的大小、经营者对标准制定过程的影响程度等因素。在保险集团业绩评价体系中，常用的标准有预算标准、竞争对手标准、历史标准和客户要求标准等。在具体选用标准时，要结合评价对象进行考虑。

1. 预算标准有年度预算标准或季度、月度等预算标准和资本预算标准两种。年度预算标准以特定子公司的特定经营环境为依据，制定其年度的经营活动指南。年度预算通常作为对子公司经营者的业绩评价标准，对其进行奖惩、升降等决策有重要参考价值。资本预算标准是保险集团对长期重大投资项目所进行的可行性研究和收支计划，这些投资在实际运行中效果是否与设想一致，是保险集团的管理层所关心的问题。

主要考虑公司各项业绩评价指标的纵向比较，即公司自己与自己比较，例如公司的保费规模、机构数量以及交叉销售业务管理体系建设完成率等。

2. 竞争对手标准，也称杠杆瞄准。是将保险集团与行业中优秀企业的业绩水平进行比较，这样比较的结果可以判断出保险集团的市场竞争力。通过横向比较，保险集团可以认清自己在市场中的位置，找到自身的瓶颈，并加以改进，不断提升竞争的实力和地位。

主要考虑公司各项业绩评价指标的横向比较，即公司与行业内其他公司进行比较，例如净资产收益率、投资回报率以及市场占有率等。

3. 历史标准。即纵向趋势的比较，是以保险集团前几年的业绩作为评价标准，进行自身的比较，判断保险集团处于成长还是衰退。

4. 客户要求标准。保险集团为了提高客户的满意度，与客户建立良好的合作伙伴关系，必须努力使服务水平达到客户的要求。通过比较可以了解保险集团的业绩水准是否达到客户的要求，其结果可作为保险集团今后努力的方向。

五、评价方法

评价方法是进行业绩评价的具体手段。有了业绩评价指标和评价标准，还需采用一定的评价方法来建立评价模型，对评价指标和评价标准进行实际应用。没有科学、合理的评价方法，其他要素就失去本身存在的意义。评价方法主要有沃尔评分法、杜邦分析评价法、EVA 经济价值增加法和平衡计分法等等。

六、评价报告

业绩评价报告是业绩评价体系产生信息的汇总，是业绩评价体系的结论性文件。业绩评价人员以业绩评价对象为单位，通过会计信息系统及其他信息系统，获取与评价对象有关的信息，经过加工整理后得出业绩评价对象的评价指标数值或状况，将其与预先确定的评价标准进行对比，通过差异分析，找出产生差异的原因、责任及影响，最后得出评价对象业绩优劣的结论，将这些内容按一定格式汇总起来就构成了一份业绩评价报告。

业绩评价报告可以是正式的，也可以是非正式的；可以是书面的，也可以是口头的；可以定期提供，也可以不定期产生。因为业绩评价的主要目的之一是为了控制战略的实施，更加强调信息的及时性，所以，业绩评价报告并不一定非常正式，只要能满足及时反馈的需要，可不必拘泥于某种固定形式。

上述七个要素共同组成一个完整的业绩评价体系，它们之间相互联系、相互影响，不同的评价主体有着不同的评价目标，不同的评价目标决定不同的评价对象、指标和标准的选择，其报告形式也不同。其关系可用图 4－1 表示。

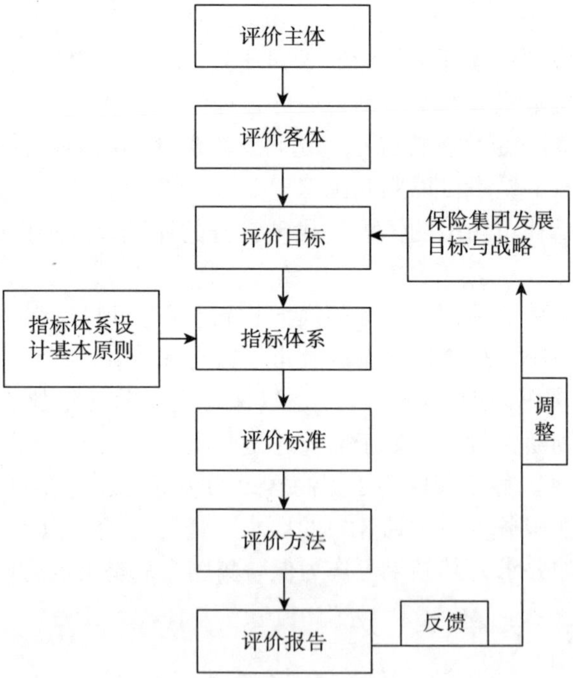

图 4－1　保险集团业绩评价体系基本要素结构图

第二节　保险集团业绩评价的流程

评价是一种评价人或事物价值的观念性活动，具有四种最基本的功能判断、预测、选择、导向。评价的目的是为了把握价值主体与价值客体之间的价值关系。

评价的运作过程应包括确立评价的目的和评价的参照系统，获取评价信息，形成价值判断三个主要环节。对于保险集团业绩评价，总体上来讲应包括以下几个步骤：

一、业绩评价准备阶段

业绩评价准备阶段工作的主要目的是制订切实可行的评价实施方案，以保证业绩评价工作能够按照预先确定的工作计划进行，为此在准备阶段主要有以下几方面的工作：

1. 确定评价目标。明确评价目标是开展评价工作的前提。根据前面所述，保险集团的评价目标主要是为出资者提供客观反映保险集团经营业绩的信息，准确衡量保险集团的规模、实力及发展前景，并监督、管理保险集团，指导决策，制定战略规划等。

2. 确定评价标准。不同的评价标准有不同的评价结果。如果经营业绩与历史相比年年有进步会得出业绩好的评价结果，与同行业相比差距大处于同行业最低水平会得出业绩差的评价结果，因此必须科学选择评价标准。

3. 选择适当的评价方法体系。评价方法是指收集或分析业绩数据信息的技术方法。评价方法有定量分析法和定性分析法之分，一般业绩评价过程中是将两者结合起来，提供定量和定性评价信息，以支持评价结论和评价建议。

二、业绩评价实施阶段

业绩评价实施阶段的主要工作有以下几项内容：

1. 取得充分、相关和可靠的评价证据，也就是收集关于业绩的信息。业绩信息的全面完整是进行业绩评价的前提。业绩评价的信息应该具有以下特点：首先，收集的有关业绩的信息应该是充分的。也就是说，所收集的信息能够使评价人员作出对业绩的准确评价，并保证相关人员能够根据这些信息作出基本相同的结论；其次，有关业绩的信息应该与评价目标和评价客体的活动具有相关性；最后，所收集的有关业绩的信息应该是可靠的。在确定信息的可靠性时，信息来源的客观性，不同信息之间能够相互证明以及信息的说服力是重要的评判标准。

2. 业绩鉴别。事实上，并不是所有成果都直接来源于评价客体的活动。因此需要对成果的形成进行鉴别，运用因素分析、多元回归等方法确定已有成果与评价客体活动的联系。

3. 对比分析。主要将评价客体的业绩信息与事先确定的评价标准进行对比分析，找出其间的异同，分析产生异同的原因，并据此判断评价客体的业绩情况。

三、形成评价结论

形成评价结论的过程，就是对评价客体进行价值判断的过程。根据一定的计算方法得出评价客体的综合价值，将得出的评价值与评价标准进行比较，形成评价结论报告。业绩评价的目的不仅仅是衡量保险集团取得的经营业绩，更重要的是认清保险集团的优势，寻找差距，为战略的制定提供依据。因此，保险集团要以评价促发展，把评价结论转化为发展的动力和压力，进一步改善保险集团的经营管理，提高保险集团的经营管理水平。

第三节　保险集团业绩评价体系设计

一般国际著名评级公司、咨询公司对保险公司的业绩评价主要以定性分析为基础，并将定性分析与定量分析相结合，突出偿付能力分析与公司经营规模分析。定性分析主要是通过对企业的内部及外部经营环境进行分析，也就是评价机构根据其自身的知识、经验和综合分析判断能力，对各项评价指标的内容进行分析判断，形成定性评价结论。定量分析主要以财务分析为基础。因此，在设计对保险集团公司业绩评价体系时，可以参考有关评级公司评级体系以及平衡计分卡模型的相关内容，设计风险管控、战略规划、资源整合、经营能力、盈利能力和人力资本等六个方面的评价指标。

1. 风险管控。风险是保险公司业务的一个重要部分，因此投资人除了希望通过收入增长、成本降低、资产利用等手段来增加利润外，也会非常关心公司利润的风险和波动性。因此风险管控能力成为一个比较重要的评价指标。

2. 战略规划。在国内竞争日趋激烈的保险市场上，有比较明晰的战略规划显得很重要。战略需要回答的问题是：哪些客户是服务的对象、公司将采取什么样的手段吸引目标客户、如何培养公司的竞争能力、如何培养公司的应变能力等等。

3. 资源整合。资源是保险公司获得竞争优势的最重要途径。在发展过程中，保险公司也必须不断发掘并掌控、整合那些不易被对手模仿的资源，而且这些资源还要与企业的长期目标完美契合，从而获得可持续的竞争优势。战略能否得到执行，最简单的评估标准就是判断公司是否有相应的资源投入或整合。因为在现实中，任何公司拥有的资源都是有限的，因此如何获取并整合有限的资源，使之契合公司的发展战略，将成为保险公司的竞争力之一。

4. 经营能力。保险公司的经营能力集中表现在经营业绩和业务成长性方面，可以用保费收入增长率、承保质量、市场地位、产品研发、营销体系、客户服务水平、信息系统和销售能力方面的指标加以评估。

5. 盈利能力。盈利能力反映了保险公司在经营动态过程中长期的安全性和财务的稳定性，其具有两方面的含义：一是保险公司对于保险资金的运用的增值性，从而保证资金运用效益；二是保险公司的经营成果有盈利，才能有偿付能力和长期发展保障。

衡量盈利能力应着重评价分析保险公司的利润来源情况，考察赔付情况是否合理适当，评价赔付款、费用、佣金等成本结构是否合理，评价影响损益的诸多因素。

6. 人力资本。人力资本是指保险公司员工的知识水平、经验、技能以及为客户解决问题的业务能力、管理能力、领导能力，同时还包括员工知识更新、共享组织的知识和经验的能力，即学习的能力以及员工对公司和工作的态度等敬业精神。

人力资本是公司内部每个人优秀品质和能力的总和。由于人是知识的载体，知识价值的实现必须通过人的行为活动才能完成，因此保险公司应该通过优良的激励机制使员工潜力得以最大发挥，使其头脑中的隐性知识得以显性化，从而成为保险公司的价值源泉。因此在保险公司的业绩评价中有必要加入人力资本评价指标体系，以反映保险公司的竞争力情况。

一、国外保险集团业绩评价模式

根据著名咨询公司麦肯锡多年来对国外大量企业的经验研究，一个成功企业（包括保险集团）的优秀业绩理念主要体现在三大方面：组织配合、执行力、企业更新。因此对企业集团进行业绩评价时也可从这三个方面进行，这三个方面可以进一步区分为九个要素。

（一）组织配合

组织配合的评价主要涉及以下问题：组织的发展方向、共同的目标和战略制定、内部环境支持。具体来说可以分为：领导风格、企业方向、工作环境与公司文化三个评价要素。

1. 领导风格。有效确保企业领导者能够引导并激励企业中其他人员的行动，从而创造更好的业绩。领导风格能够反映企业管理层塑造激发各层面员工创造业绩的能力。

2. 企业方向。阐明企业发展方向、如何达到最终发展目标以及如何让广大员工就企业的核心价值观达成共识，从而在获得广大员工的支持下实现企业目标与员工个人目标的有机结合。

3. 工作环境与公司文化。企业营造出良好的工作环境，建立起互信互助、公平竞争、和谐发展的团队精神，从而建立明确统一的企业文化和价值观，进而有效提升企业的凝聚力与活力。

（二）执行力

执行力是指企业快速、有效完成目标的实践能力。主要评价的是企业组织如何执行制定的战略，并评价执行的效果。其评价要素主要涉及责任归属、协调与管控、能力和员工激励。

1. 责任归属。主要涉及设计组织架构、汇报路线，评估个人业绩，从而能够保证有清晰的职责分工，并对业绩成果承担责任。责任归属评价的关键点在于能否做到职责清晰、分工明确、人尽其职。

2. 协调与管控。此要素主要涉及对个人业绩、财务、运营指标和行为规范进行有效管理。

3. 能力建设。一个成功的企业内部需要拥有必需的技能和人才来支持企业战略的实施，并打造竞争优势。能力建设主要是通过各种途径，如流程建设增强企业的执行能力和团队协作能力，并通过培训辅导提高各层面的个人素质。

4. 员工激励。此要素主要涉及如何激励、鼓励优秀员工争创良好的业绩并留在企业长期服务。

（三）企业更新

所谓企业更新，是企业组织如何对自身情况和外部环境进行研究理解，并在与外部环境的互动中适应变化，同时积极应对。其评价要素主要涉及响应外部环境的能力和企业创新。

首先是响应外部环境的能力。一个优秀的企业应该具备响应外部环境的能力，定期让客户、合作伙伴及其他外部机构进行双向的沟通和互动，从而推动企业价值的实现。

其次是企业创新。一般来说，企业创新主要包括技术创新、管理创新和商业模式创新等内容。创新其实即是在企业内部形成一系列新颖的观点和变革的想法，从而推动企业的可持续发展与长期增长。作为市场的领先者，需要由上至下、由下至上和跨部门、跨区域信息交流等方式不断自我超越，引入新观念和新思想，巩固自身地位。

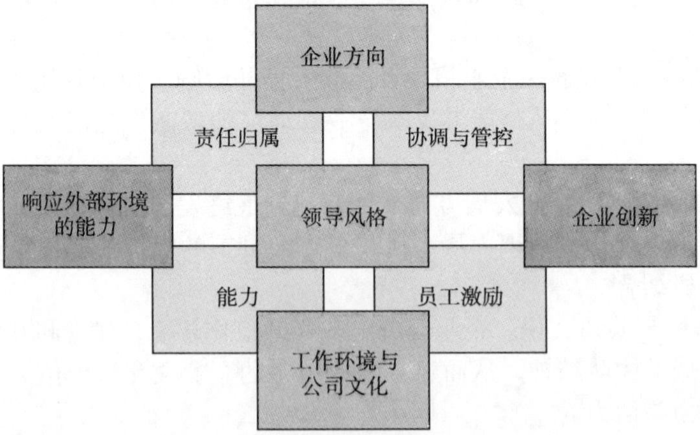

图4－2　麦肯锡业绩评价要素图

从图 4－2 可以看出，国外优秀企业（包括保险集团）在业绩的评价方面主要围绕上述三个主题、九大要素，包括了五个方面的内容，而且这五个方面形成了一个完整的良性循环链，具体如图 4－3 所示。

1. 制定清晰的指标，目标与权责分解。为保证业绩评价与管理活动的有效性，一定要有明晰的指标。此步骤主要涉及以下业绩评价活动：

（1）从利益相关者价值的关键驱动因子中归纳出整体指标；

（2）平衡各项业绩指标；

（3）将所有指标转化成环环相扣、层次分明的计分卡；

（4）决定目标设定的逻辑。

2. 建立具有可操作性的预算与计划。在具体的业绩评价实施过程，需要对有关业务单位或部门建立具有可操作性的预算与计划，以保证制定的有关规划切实可行，主要活动涉及以下方面：

（1）制订标准化的预算和计划机制；

（2）决定行动计划以实现选定目标；

（3）评估风险并制订风险应对计划；

（4）转化为预算并分配资源。

3. 建立有效的业绩评估跟踪体系。为有效地对业绩进行跟踪和评估，并便于对有关评价指标进行科学调整，需要对有关业绩评价建立有效的评估跟踪体系，具体活动涉及以下：

（1）制订并使用有效的数据收集流程；

（2）制订绩效和健康状况数据存储与管理解决方案；

（3）使用报表和计分卡等级制度报告绩效和健康状况。

4. 建立互动的业绩评估沟通机制。鉴于有关在业绩评价过程中会存在一定的事先未能计划的问题，建立互动的业绩评估沟通机制也就成为了必要，其主要活动涉及：

（1）设计一个会议和评估等级制度和日程表；

（2）为每个评估会议制订清晰的目标和流程；

（3）使用适当的工具来支持绩效交谈；

（4）确保评估者准备充分，展示建设性的、解决问题的姿态；

（5）关注在关键绩效方面的解决问题的交谈，而非“闲聊”。

5. 确保有效的奖惩及后续行动。衡量当期的业绩状况可以评估企业目标的实现情况，并根据实现的情况进行相应的经营调整，因此确保有效的奖惩既是业绩评价的结果，同时也是业绩管理的重要一环，其主要活动涉及：

（1）了解当前和将来绩效差距的根本原因；

（2）排列改进方面的优先级；

（3）制订解决方案以填补差距和解决根本原因；

（4）制订计划以填补差距或重设目标和计划。

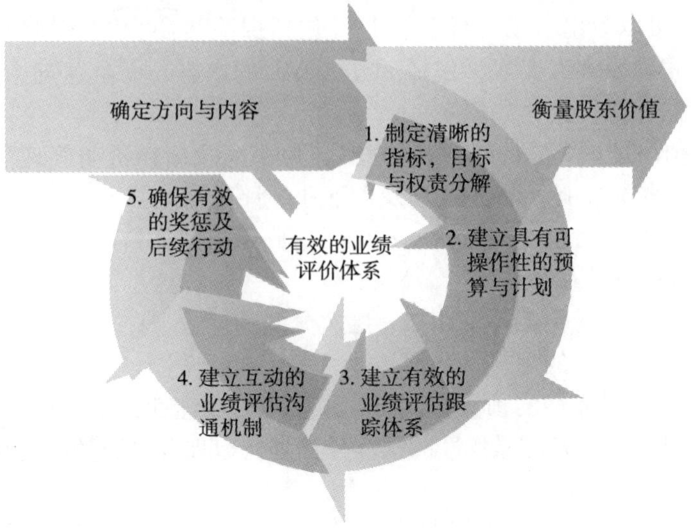

图 4－3　麦肯锡业绩评价循环链

二、国内保险集团业绩评价模式

近几年，一些保险公司采取了较为先进的绩效评价方法。泰康人寿保险公司是较早运用平衡计分卡进行人力资源管理的中国公司之一，在给员工一定的工作压力的同时，有效地激发了员工的工作积极性。平安保险集团提出“以效益为中心”的经营理念，采用 KPI（Key Performance Indicator，关键业绩指标）管理模式。抓住关键绩效指标是平安保险人力资源管理的核心问题，目前，太平洋保险集团也已经采用了 KPI 为核心指标的管理模式。同时，中国人保集团也在着手运用平衡计分卡改善员工绩效评估体系。

但是，这其中还存在一些问题：（1）传统管理控制所建立的财务评估，仍然左右着部门的绩效。公司所应用的业绩考核指标，主要由财务指标构成，非财务指标所占比重很小。导致公司重视短期营运的成效，而缺乏对成败因素、资源管理及流程成效的检讨及回馈机制。科学的评判业绩仅突出财务指标是不够的。（2）对于非财务性的指标缺乏明确的评估依据与方法。对于非财务指标，没有采取以行为或者结果为依据的科学方法。如目标达成度、工作品质、工作效率缺乏明确的评估依据与方法，由上级领导凭感觉打分，以模糊的个人特征进行评价，难以形成内部的公平性，员工认为不公平，也难以起到激励与指导的作用。（3）绩效考核指标缺乏对工作过程的审查。绩效考核指标设立没有在工作分析的前提下进行，没有与个人工作过程相结合，缺乏对工作过程的审查。（4）指标之间的关联度较低。指标之间缺乏环环相扣的紧密联系，甚至相互冲突。

随着我国保险行业的快速发展，各保险公司已经认识到绩效评价的重要性，建立有效的绩效评价指标成为人力资源战略重心。有效的绩效评价体系不仅对企业员工起着引导作用，而且对企业员工起着监督促进作用，同时其考核成果又是人力资源管理诸多环节包括奖惩、任用、培训、工资、淘汰的重要依据。要实现对企业人力资源科学合理的管理，必须做好企业绩效评价工作。

（一）平安集团业绩评价体系简介

业绩评价体系的组织平台如图 4 -4 所示。

1. 业绩评价目标的制定与组织平台保证。通过预算管理制定业绩评价目标，并通过预算组织架构及问责制度确保责任的具体落实。

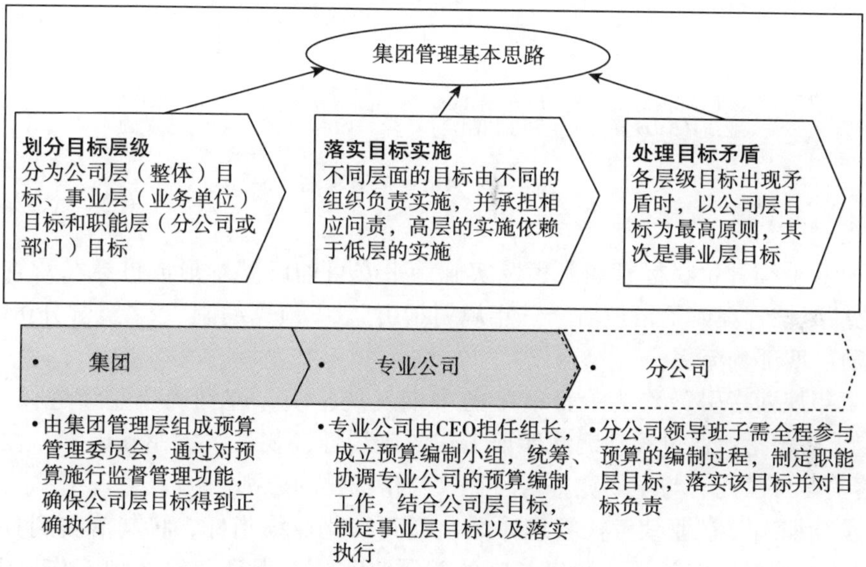

图 4 -4　平安集团业绩评价体系的组织平台图

2. 业绩评价目标管理及达成的制度保证。通过预算管理等各项制度将业绩评价目标管理工作规范化、标准化，并逐步沉淀为公司的内在管理文化之一。首先，规范年度预算及三年规划编制工作，明确各单位在预算编制中的职责。其次，规定年度预算及三年规划的预算编制的关键时间点，明确每项具体工作的相关责任人。再次，规范奖励方案的编制工作，明确奖励方案设置的原则和要求。第四，规范 NBEV 的预算编制与考核。最后，规范标准费用率在预算管理上的运用。

3. 业绩评价贯穿于公司日常的经营管理机制中。

- 通过问责考核，将业绩评价贯彻于战略规划、业务计划、资源配置、主管问责、业绩追踪、奖惩落实的全过程。
- 公司战略：集团制订清晰的中长期战略规划与关键业绩目标。
- 三年滚动计划：各业务单元根据集团整体战略，制订关键业绩的三年滚动规划，逐年检视，并以此作为年度预算的起点。

● 主管问责制：将三年规划与年度业绩目标作为主管问责指标，并层层分解落实，通过日常追踪与不断检讨，推动各层级主管达成问责指标的实现。

● 竞争、激励、淘汰：根据业绩达成情况，落实问责结果，优胜劣汰，绩优者晋升、加薪、丰厚的年度奖金，绩差者列入不胜任或待观察。

4. 业绩评价体系的流程：4R 管理流程（图 4－5）。4R 是最基本的经营管理流程，在公司内各部门广泛使用，也是平安实施业绩评价、建立问责制度的关键流程。

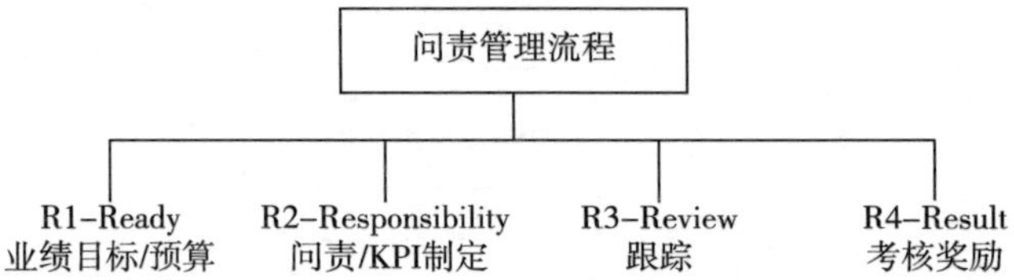

图 4－5　4R 管理流程图

5. 4R 业绩评价目标管理流程及实施。平安目前已基本形成贯穿经营管理全过程的业绩考核管理体系，包括“三年规划指引”、“预算编制”、“经营分析”、“考核/奖励”四部分流程。

“三年规划指引”作为一个清晰的中期发展指引，起到确定业绩考核的作用。其重点工作包括：通过滚动编制保证工作的延续性；找出关键驱动因素；在 KPI 指标中落实与自己比、与主要竞争对手比、与市场比的原则。

“预算编制”在业绩考核管理体系中起到细化业绩指标，将其落实到具体单位的作用。其重点工作包括：制定清晰的编制流程，并保证各级企划工作协调统一；对交叉业务预算进行统筹、协调；对各业务线预算的分配及规划等。

“经营分析”用于跟踪业绩指标的达成情况，其主要工作包括：深入的数据分析平台、业务日报、月度经营分析会、年度全面考核、利润及现金流预测及重点行动计划跟进等。

“考核/奖励”作为整个业绩考核流程的最后一个部分，体现落实业绩考核，科学奖惩，其主要工作包括：通过与市场比对制定最优的奖励方案、将奖励方案与预算编制联系，形成鼓励领先的机制、对不同业务线及不同生命期制定差异化的奖励机制。

平安下一步计划从“定多高目标”、“定多少个目标”和“如何平衡各种考核目标（长期与短期、上级与下级、规模与利润）”三方面进一步完善公司业绩考核体系，实现公司业绩考核的精细化、公平化和客观化。

（二）国寿集团业绩评价体系简介

1. 中国人寿业绩评价情况介绍。根据保监会《国有保险公司负责人薪酬管理暂行办法》，集团公司制定和下发了《直属单位高级管理人员薪酬管理指引》和《直属单位高级管理人员绩效考核指引》，各单位高级管理人员薪酬管理和绩效考核的相关制度须报集团公司审批。

（1）业绩考核对象：直属单位高级管理人员。

①集团公司各直属单位领导人员（含党委班子成员、纪委书记、董事长、副董事长、监事长、经营班子成员、董事会秘书及其他公司级高级管理人员）；

②各直属单位的省级分公司和子公司主要负责人（含主持工作）。

（2）绩效考核原则

①战略导向原则；

②分类考核原则；

③集中管理与分级考核相结合原则；

④激励与约束并重原则。

（3）考核机构。集团公司成立专门机构——绩效考核委员会，下设绩效考核工作办公室，办公室设在人力资源部（党委组织部）。

（4）绩效考核指标

①分为经营业绩和管理绩效两类考核指标，一般控制在10项以内。考核指标应包括集团公司审议确定的年度经营计划和预算考核关键业绩指标。

②经营业绩类指标在《绩效目标合同》中所占权重原则上不低于60%。

（5）考核载体：《绩效目标合同》。

（6）结果应用。绩效考核结果与薪酬挂钩。

2. 子公司业绩评价与考核模式，主要采用平衡计分卡（BSC）模式。

以上市公司为例：

（1）财务方面。评价指标包括但不限于业务及管理费用、周转金限额、财会工作质量、非现金收付率等。

（2）客户方面。评价指标包括但不限于市场份额/重点城市市场份额、退保失效率、业务投诉率、投诉结案率、人工接通率等。

（3）内部业务方面。包括但不限于保费收入增长率、期缴保费、渠道保费收入、互动业务规模、代理业务管理品质、赔付时效、保单转移服务品质、死亡重疾指数等。

（4）学习与成长方面。包括但不限于持证人力、人均期交保费、员工培训经费使用情况等。

第三章　保险集团业绩评价指标体系

第一节　业绩评价指标体系的演进

追溯西方企业绩效评价理论的发展，大致可划分为三个时期：成本绩效评价时期（19世纪初~20世纪初）、财务绩效评价时期（20世纪初~20世纪90年代）和企业战略绩效评价时期（20世纪90年代至今）。

一、成本绩效评价时期

最早出现的成本绩效评价思想，是一种简单的将本求利思想。这一阶段的绩效评价指标就是成本，而且这些成本指标主要是统计性的，与财务会计没有必然联系。

随着资本主义经济的发展，资本主义手工工厂的出现，原有的在一般商品货币经济条件下仅仅以计算盈利为目的的将本求利思想，已逐渐被如何提高生产效率、以便尽可能多地获取利润的思想所取代。简单的成本绩效评价已越来越不能满足工厂的管理需要，于是在人类早期的成本思想和简单成本绩效评价的基础上，出现了较为复杂的成本计算和绩效评价。19世纪末，随着资本主义市场经济的进一步发展和竞争意识的加强，这种较复杂的成本会计核算与评价制度，已不能满足资本家最大限度地提高生产效率以攫取利润为目的的要求，这是因为已有的成本核算是事后的分析计算，反应迟钝，不便于成本控制。1911年，美国会计工作者哈瑞设计了最早的标准成本制度，实现了成本会计的第二次革命。标准成本制度的建立，标志着人们观念的转变，由被动的事后系统反应分析转变为积极、主动的事前预算和事中控制，达到了对成本进行管理的目的。成本控制的状况即标准成本的执行情况和差异分析结果成为该时期评价企业经营业绩的主要指标。

二、财务绩效评价时期

财务绩效评价是在资本主义市场经济稳步发展时期逐步成型的。20世纪初，资本主义市场经济已进入了稳步发展时期，自由竞争已过渡到了垄断竞争，股份制公司的成立，公司的所有权和经营权发生分离，而企业规模的扩大和经营业务的多元化，使企业绩效评价的主体由企业的管理者扩大到了企业的所有者。为适应大规模生产的需要，更加复杂的成本管理和财务业绩度量系统应运而生。这一阶段管理的重点在于保证基于高度分工合作的内部生产过程有条不紊地进行，管理会计作为一种重要的管理控制手段，从传统的财务会计中分离出来，并将成本管理纳入自己的视野。这一阶段主要通过会计提供的财务数据分析评价公司的整体业绩，通过管理会计、成本会计提供的数据分析评价过程业绩。

1929 年，标准统计公司标准普尔公司前身的执行编辑斯隆采用公开财务报表对美国最大的一家上市公司全年的企业经营情况进行了全面的统计分析。他提出可以用投入资本的收益（Earning on Invested Capital，简称 EOIC），反映公司的经营情况。为避免由于行业不同而导致对资本需求的差异，斯隆根据行业区分了高 EOIC 公司和低 EOIC 公司，在此基础上再考察各公司的其他业绩指标。同时期，杜邦公司的 Dolnason Brown 创立了杜邦财务分析系统，确立了以投资报酬率（ROI）为主的财务业绩驱动因素分析框架。这种财务分析方法从评价企业绩效最具综合性和代表性的指标——投资报酬率出发，层层分解至企业最基本生产要素的使用，成本与费用的构成以及各层次风险系数的大小，从而满足职业经理人通过财务分析进行绩效评价的需要，在经营目标发生异动时能及时查明原因并加以修正。杜邦财务分析体系是把企业财务状况作为一个系统，内部因素都是相互依存、相互作用，进行系统地、相互联系地综合分析，能比较全面、系统地反映企业财务状况全貌。这套体系一经问世便风行世界，为许多大公司竞相采用，并在以后的几十年中成为财务领域中普遍使用的较有影响力的企业衡量系统。

20 世纪六七十年代是财务绩效指标创新时期。许多学者和专家展开对绩效评价指标体系的研究，针对不同时期人们对评价指标重要程度的价值判断，采用不同的绩效评价指标。60 年代，运用比较广泛的评价指标是销售利润率、税前利润和剩余收益等，这是因为在当时的情况下，许多控股公司的重点目标是税负最小化，母公司一般只注重子公司的现金流量而极少关心其绩效评价问题，许多控股公司出于成本效益及管理的方便考虑，通常借助于投资中心或利润中心实施对子公司的管理与控制。这一时期的绩效评价始终与产量相联系。

20 世纪 70 年代，在绩效评价指标方面，麦尔尼斯在对 30 家美国跨国公司 1971 年的业绩进行评价分析后，发表了《跨国公司财务控制系统——实证调查》一文，强调最常用的绩效评价指标为投资报酬率，包括净资产回报率，其次为预算比较和历史比较。而泊森与莱西格对 400 家跨国公司 1979 年经营状况所作的问卷调查分析中，采用的绩效评价的财务指标还有销售利润率、每股收益率、现金流量和内部报酬率等。其中，经营利润和现金流量已成为该时期绩效评价的重要要素。

杜邦财务分析系统（The DuPont Analysis Method）是由美国杜邦公司提出的一种财务综合分析方法。其基本原理是将财务指标作为一个系统，将财务分析与评价作为一个系统工程，全面综合评价企业的偿债能力、营运能力、盈利能力及其相互之间的关系，在全面财务分析的基础上进行全面财务评价，使评价者对公司的财务状况有深入而相互联系的认识，有效地进行财务决策。其基本特点是以权益净利率作为核心指标，将偿债能力、资产营运能力、盈利能力有机地结合起来，全面、系统、综合地反映企业的财务状况。它通常用杜邦分析图来表示各种财务指标之间的关系（图4－6）。

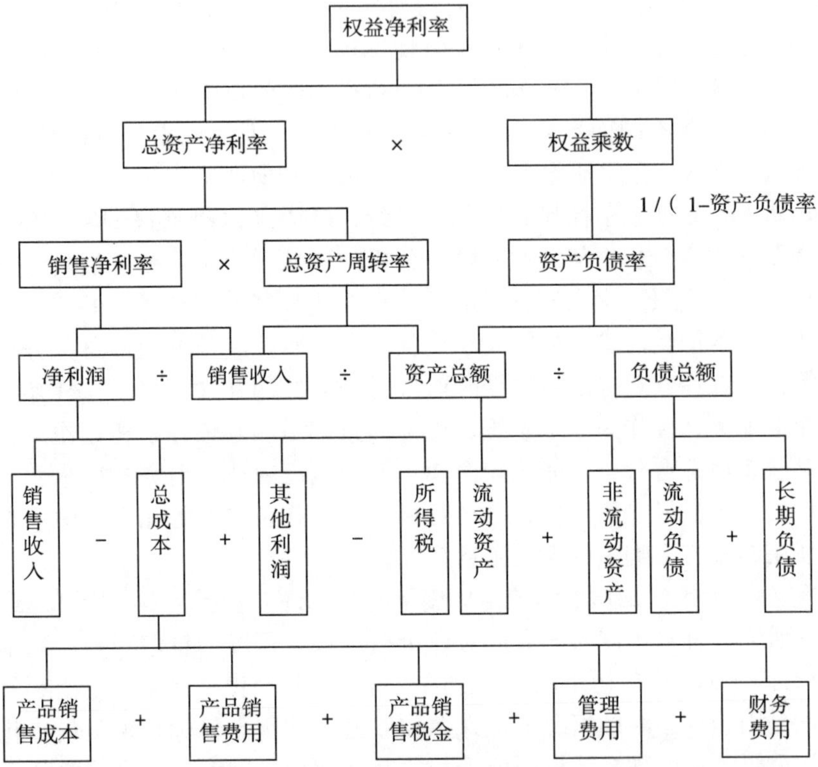

图4－6　杜邦分析图

从杜邦分析图中可以看出，权益净利率与企业的销售规模、成本水平、资产营运、资本结构有着密切的联系，这些因素构成一个相互依存的系统。只有把这个系统内各因素的关系联系好、协调好，才能使权益净利率达到最大，才能实现股东财富最大化的财务目标。

尽管杜邦财务分析系统能够全面、系统、综合地反映企业的财务状况，是一种有效的财务综合分析方法，但是，它存在着重大局限，如着重事后财务分析，事前预测、事中控制的作用较弱，不利于计划、控制和决策；其资料主要来源于财务报表，没有充分利用管理会计的数据资料展开分析，不利于企业加强内部控制；没有按照成本性态反映并分析成本信息，不利于成本控制；分析方法非常单一，在动态分析时，很难准确地说明各指标对总指标的影响程度，不利于洞察关键因素；没有考虑新形势下出现的许多新型资本，不能真实、准确地反映企业资产的内涵，因而会严重影响企业的资源配置和决策的正确性以及无法反映在新经济环境下企业经营的全貌，因而无法解决企业治理结构中存在的问题等等。

三、战略绩效评价时期

在20世纪80年代前，基于投资者和债券人的利益，财务评价几乎是企业绩效评价的全部内容。绩效评价的具体内容基本上包括了企业偿债能力、营运能力和盈利能力，并以此评价结果与经理人或雇员的报酬相挂钩。

20世纪80年代后，企业的经营环境发生巨大的变化，经济全球化和世界经济一体化进程不断加快，企业间竞争日益加剧，竞争环境日益复杂。在这样一个环境下，企业要生存和发展，就必须有战略眼光和长期发展目标。为了实现企业的战略目标，企业必须形成和保持自己的核心竞争力，传统的以财务指标为主的企业绩效评价体系所存在的缺陷日益暴露出来。企业的经营者过分关注财务报表和财务指标，忽视了企业的动态发展能力和非财务指标，不利于企业的长期发展和核心能力的形成与保持。在信息化和知识经济时代，无形资产和智力资产对企业的作用日益增大，企业间的竞争往往不是传统的实物之间的竞争，而更多的在于软资产和服务的品牌、企业的声誉、雇员的积极性和忠诚度、客户关系等。因此，把财务指标和非财务指标结合起来，支持企业战略发展的绩效评价体系应运而生。战略绩效评价体系从事后评价转为为实现企业战略目标服务，将绩效评价贯穿于战略管理工作的全过程，将知识和智力资本纳入评价指标体系，注重创新绩效的评价以形成企业的核心竞争力，把财务指标和非财务指标相结合，以支持企业的长期发展。

传统的财务性绩效评价体系是一种事后评价，偏重于对企业过去经营成果的衡量，这往往导致企业急功近利，将过多的投资用于提高短期业绩而忽视长期价值创造，因而削弱了企业创造未来价值的能力。为了弥补传统财务性绩效评价的不足，20世纪90年代Stern－Stwart公司提出用经济增加值（EVA）和修正的经济增加值（REVA）来评价企业经营业绩，但他们仍然过多地强调企业的短期经营业绩。美国学者罗伯特·西蒙认为财务评价忽视了战略制定过程的关键问题，他提出了战略评价模型，按照数量、质量和无形资产指标与企业使命的优先关系对企业进行评价。

Kelvin Cross和Richard Lvnch（1989）提出了将总体战略和财务和非财务信息结合起来的业绩评级系统，强调了组织战略在确定业绩评价体系中所扮演的重要角色。1992年美国著名管理会计学家罗伯特·S. 卡普兰（Robert S. Kaplan）和戴维·P. 诺顿（David P. Norton）提出了平衡计分卡业绩评价体系。平衡计分卡把组织的使命和战略转化为四个方面的具体目标：财务、客户、内部经营过程、学习和成长。平衡计分卡平衡了滞后指标和领先指标、主观指标和客观指标、内部指标和外部指标、财务指标和非财务指标，强调了业绩手段必须与组织的战略紧密联系。

平衡计分卡是由哈佛大学的卡普兰教授（Robert s. Kaplan）和诺顿教授（David

D. Norton）率先提出的。针对传统的以财务指标为主的业绩评价系统的缺陷，通过对财务、顾客、内部流程、学习与成长四个各有侧重又互相影响的方面进行业绩评价。

平衡计分卡强调非财务指标的重要性，但并没有忽略财务指标。保留财务业绩指标有助于从财务上计量已实施的战略经营方案的经济后果；而且，财务指标也确实能够提供公司运作的最终“结果”信息。公司的战略和经营方案成功与否，最终都要表现为财务方面的业绩，因此，纳入对财务指标的考核是必要的。典型的财务指标包括 EVA、收入增长率等。

平衡计分卡业绩衡量指标体系包括财务、客户、内部经营过程、学习与成长四个方面的内容。其中，“学习与成长”是核心，“内部经营过程”是基础，“客户”是关键因素，“财务”仍是最终目标。该业绩衡量系统具有以下特点，其一：平衡计分卡实行财务指标与非财务指标相结合，弥补了传统财务指标的不足，通过引导企业投资于客户、供应商、员工、生产程序、技术和创新等方面来创造未来的价值，能够成为企业长期战略的基础。其二，平衡计分卡统一了股东和管理层的目标，有助于加强公司的治理机制，层层传达企业的战略思想。其三，平衡计分卡将财务与非财务、短期与长期的综合业绩评价与激励报酬结合起来，做到短期激励和长期激励协同使用，有利于克服企业的短期化倾向。

平衡计分卡的财务、客户、内部流程和学习与成长四个方面的指标并不是相互独立的，而是一条因果关系链，展示了业绩和业绩动因之间的关系，这种关系可以为公司的战略管理提供信息保障。平衡计分卡的一个重要创新之处在于它实现了战略目标的战术转换，体现了短期目标与长期目标相结合、短期目标为长期目标服务的目的。这一创新体现在运用战略平衡计分卡指标体系将企业的战略目标转化为分阶段的战术目标，从而使战略目标分解为分阶段的、具体的、可操作的目标和测评指标。把经营业绩与企业的战略相联系是战略平衡计分卡的灵魂。正如卡普兰所指出的：“一种战略平衡计分卡制度不仅来源于公司的战略，反过来也应反映出公司的战略，实行战略平衡计分卡制度的企业不能只看到战略平衡计分卡的表面现象，更应看到它的实质，看到战略平衡计分卡的目标和衡量手段背后的公司战略，如果战略平衡计分卡制度表现出足够的透明，则足以把公司的战略转变为一整套业绩评估手段。”

作为综合业绩评价方法，平衡记分卡的意义主要体现在：首先它将目标与战略具体化，加强了内部沟通；其次，它以顾客为中心，重视竞争优势的获得和保持；第三，它重视非财务业绩计量，促进了结果考核与过程控制的结合。第四，利用多方面考核所具有的综合评价，促进了短期利益和长期利益、局部利益和整体利益的均衡。

平衡计分卡对集团业绩管理系统的作用非常巨大：（1）业绩评价是为战略管理服务的，为保证战略目标的有效达成，应将与战略业绩相关的驱动因素纳入评价范围，以发挥业绩评价的导向作用，并使战略实施处于受控状态。同时，业绩评价指标体系应抓住业绩的关键驱动因素，从而使管理者仅仅关注少数几个关键性指标。(2) 平衡计分卡提供了完成目标的方向及框架性思路，它强调的是通过目标来激励下属创造性地完成目标，因而更有利于发挥所属企业的主观能动性。(3) 业绩评价指标体系应包括对财务因素和非财务因素的计量和评价，因此需改变传统的由财务人员设计并监督业绩评价系统的运行方式，业绩评价的设计和参与者应包括对公司总体目标有全面了解的高级管理者。

平衡计分卡清楚地表明了长期的公司价值和业绩驱动因素的关系，它所包含的业绩衡量指标兼顾了影响业绩的长期与短期的因素、财务与非财务的因素、外部与内部的因素等多个方面，能够多角度地为企业提供信息，不但综合地反映企业的业绩，从战略角度体现了公司价值最大化的思想，还强调企业从整体上来考虑营销、生产、研发、财务、人力资源等部门的协调统一，以实现企业的整体目标为导向，关注利益相关者的利益。当代表各部门业绩的评价指标表现好转时，可以理解为企业实际上就在实现着利益相关者的利益，比如，客户满意度的提高就意味着客户得到的服务、质量水平的提升；员工满意度的提高也就意味着员工的利益得到了相应的改善和保障。由此看来，可以这样理解，平衡计分卡通过满足利益相关者的相关利益来实现企业价值的最大化，在实现企业价值的同时不仅关注了股东财富，也考虑了部分利益相关者（客户、供应商、员工）的作用及财富。

卡普兰等在研究总结优秀企业成功经验时发现，财务、客户、内部业务流程以及学习与成长这四个方面是企业长期成功的关键因素，并且这四个方面可具体设立关键绩效指标进行评价。平衡计分卡出发点就是对以上四个方面进行绩效评价。

另外，平衡计分卡四个方面具有一定的促进因果关系：“学习与成长”是长期、基础和过程型关键成功因素，其作用是改进“内部业务流程”；“内部业务流程”是改进企业业绩的重点，其作用是促进满足“客户”需求；满足“客户”需求是关键成功因素，其作用直接可以改进“财务”绩效；“财务”是企业经营管理最直观最重要的绩效指标。具体四个方面关系可以见图 4－7 的分析。

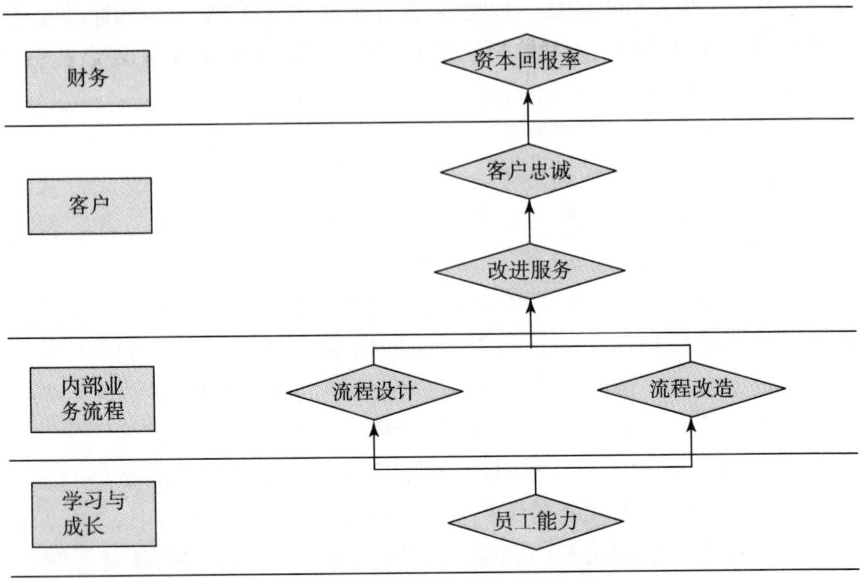

图 4－7　平衡计分卡因果关系图

第二节　不同管控模式下的业绩评价

一、保险集团的管控模式分析与职能定位

在组织架构理论的实践中，保险集团总部衍生出四种管控模式，即直接经营模式、战略管控模式、战略规划模式和财务控股公司模式，不同的管控模式下，集团公司管控的职能也有所不同（图 4－8）。

（一）保险集团的四种管控模式特点

1. 直接经营者。提出并领导大部分的投资计划和改善方法；介入每月的财务及营运审核，并负责对主要议题的决策。保险集团中直接经营者的典型公司为纽约人寿。

2. 战略管控者。以卓越的功能型组织技能帮助下属业务单元提高业绩，推动集团关键举措；随时介入营运，以协调组织、统筹资源，形成协同效应。属于战略管控角色的典型公司为 AIG 集团、平安集团。

3. 战略规划者。制定及修正下属业务单元自行制定的战略；跟踪、审查下属业务单元战略执行情况，并提供进一步举措。属于战略规划角色的典型公司有安联保险集团、中信控股集团等。

4. 控股公司。在投资组合中购买价值被低估的业务单元，并使之扭亏为盈；在

非常情况下介入下属单元的运营，以确保各业务单元达到相关运营标准；在最佳时机，以最好的价格出售资产。属于控股公司的保险集团比较有特色的是股神巴菲特领导的 Berkshire Hathaway。

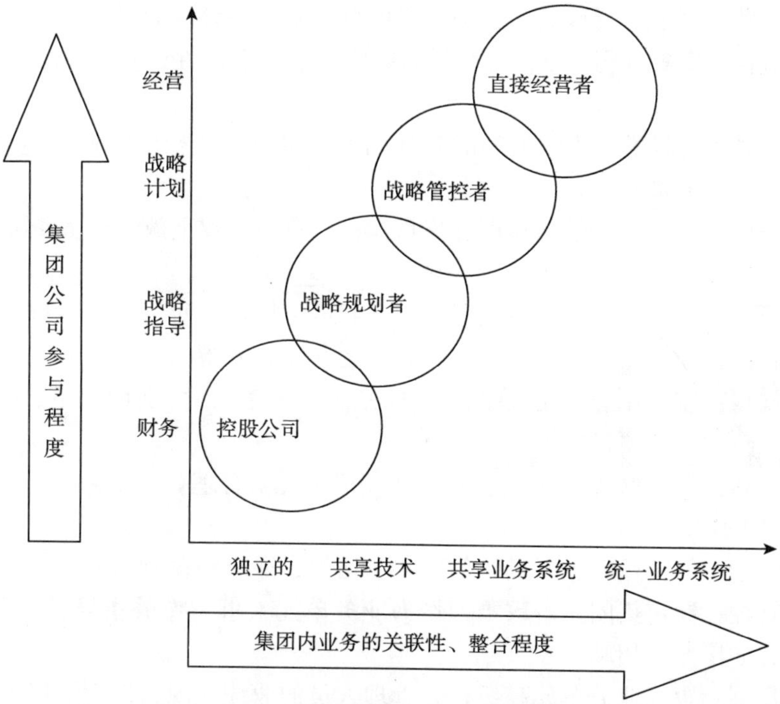

图 4-8　保险集团管控模式分析图①

（二）各管控模式下集团总部职能定位分析

由以上分析可以看出，在战略规划、投资、业绩管理、人事管理、共享服务方面，不同的管控模式对于集团公司的要求各不相同。

1. 战略规划和决策。

直接经营：领导并参与业务单元的战略制定和实施；质询重大业务和职能决策的合理性；管理业务单元之间的关系，确保各业务单元的协同效应和规模经济。

战略管控：从具体的运营可操作性的角度质询业务战略并分配资源；质询业务单元重大投资决策的业务和职能合理性后再批准；协调各业务单元的相互沟通和合作关系。

战略规划：阐明集团战略远景和方向，指导业务单元运作；质询业务单元战略投资业务合理性；在非常情况下协调业务单元决策，以实现战略协同效应（比如避

---

① 资料来源：麦肯锡咨询。

免相互竞争)。

控股公司：作出集团关键的收购、投资、撤资决定；在极个别的非常情况下才介入决策。

2. 投资。

直接经营：制定投资计划，管理投资项目；制订并管理融资计划。

战略管控：审查业务单元重大投资决策的业务逻辑性；负责制订和启动融资计划。

战略规划：在批准业务单元的战略计划前，审核战略投资的业务逻辑性；融资决策权下放给业务单元。

控股公司：制定预算限制和现金流目标；融资决策权下放给业务单元。

3. 业绩管理。

直接经营：详细审阅业务单元所有财务和运营指标（每月）。

战略管控：审核业务单元重要的财务、运营和方案指标（每季）。

战略规划：监控业务单元战略计划的实施（每年）；个别情况下，监控业务单元的关键运营举措及项目成果。

控股公司：只从财务目标（利润）的完成情况来管理业务单元。

4. 人事管理。

直接经营：解决业务单元具体的招聘、培训、评级和薪酬问题。

战略管控：制定集团人事政策，作为业务单元人事工作的指导；协调业务重点人事工作，如毕业生招聘。

战略规划：跟踪业务单元高级行政管理人员的业绩表现，作为继任决策的根据。

控股公司：只负责招聘、解雇业务单元的高级行政管理人员。

5. 资源和服务共享。

直接经营：制定全面的职能决策；提供几乎所有的集中式服务。

战略管控：制定业务单元的职能政策，涵盖大多数工作；只要有协同效应或规模效益就提供集中式服务。

战略规划：建立基本的财务和人事政策；只提供独特的和非提供不可的集中服务。

控股公司：只要求会计方法的基本统一。

（三）各管控模式的优缺点分析

1. 直接经营。作为金融保险集团，一般直接经营的优点是深入、广泛地参与子公司运营，各子公司之间的协同效应非常强；缺点是子公司的运营缺乏灵活性。

2. 战略管控和战略规划。战略式管控模式的优点是可以使得各子公司之间的协同效应较强，子公司的运营灵活性较高。但是在战略模式下，集团对子公司业务运营的控制力度较弱，只能够部分实现集团层面的协同效应。

3. 控股公司。在控股公司模式下，集团总部对子公司业务成果控制较弱，且不能充分利用集团资源共享的优势，协同优势也比较弱，但子公司的运营较为灵活。

三、不同管控模式下业绩评价要求

不同的管控模式使保险集团的职能定位各有不同，在业务介入程度等方面也有不同，对集团总部的管理能力要求也有不同，对集团相关工作的业绩评价标准也要做相应的考虑。

（一）风险管控

直接经营：需要较强的风险识别、评估能力，能够制定各个具体业务单元的风险管理策略。

战略管控：对风险管理各个层面都有所把握。能够从各个角度判断风险管理政策的合理性，并具备作出指导的能力。

战略规划：具有在较高层面上把握风险管理策略，能够判断战略的合理性，具备质询的能力。

控股公司：只需具备整个集团综合发展的风险监控；不需要深入了解、评价各业务单元的具体风险管理措施。

（二）战略规划

直接经营：需要有卓越的战略眼光和分析能力，能够制定各个具体业务单元的战略。

战略管控：对战略各个层面都有所把握。能够从各个角度判断战略的合理性，并具备作出指导的能力。

战略规划：具有在高层面上把握战略的能力，能够判断战略的合理性，具备质询的能力。

控股公司：只需具备整个集团综合发展的战略制定能力；不需要深入了解、评价各业务单元的具体战略。

（三）资源整合

直接经营：需要具备很高的协调统筹各业务单元资源能力，以推进整个集团的战略顺利执行。

战略管控：对各业务单元资源情况都有所把握，具备较高的整合系统内资源的能力，使得各业务单元能够达到较强的协同效应。

战略规划：具有在较高层面上统筹资源的能力，使得各业务单元能够达到一定的协同效应。

控股公司：基本不要求统筹各业务单元的资源。

（四）经营能力

直接经营：要求有具体各业务单元的运营经验和技能。

战略管控：不需要拥有各业务单元的具体业务运作技能；对各业务单元运营有足够的认识，以充分提供共享服务，发挥“协同效应”。

战略规划：无需拥有各业务单元具体业务运作技能；对运营有一定认识，以提供部分共享服务。

控股公司：无需拥有各业务单元日常的业务运作的技能。

（五）盈利能力

各管控模式均需要有较强的盈利能力，以回报股东。

（六）人力资本

直接经营：要求具有在系统内进行人力资本全面统筹的能力，以充分激发整个系统员工的创造力。

战略管控、战略规划：对系统内部人力资本状况有一定了解，必要时在系统内对人力资本作一定统筹，发挥协同效应。

控股公司：基本不要求具备人力资本统筹能力。

（七）小结

由以上分析可以看出（表4－1），在具体的业绩评价中，对于直接经营的保险集团，需要制定较为详细且较为严格的指标，以充分评价其风险管控、战略规划、资源整合、经营、盈利、人力资本等方面的表现；对于采取战略管控的保险集团，对风险管控、战略规划、资源整合、盈利等方面要求较高；对于战略规划模式，对于各方面业绩的评价处在比战略管控低一个层次的水平。对于采取控股公司模式的保险集团，只对盈利能力有较高的要求，其余方面不作要求。

表4－1

集团管控模式	业绩评价要求					
	风险管控能力	战略规划能力	资源整合能力	经营能力	盈利能力	人力资本统筹能力
直接经营	高	高	高	高	高	高
战略管控	高	高	高	中等	高	中等
战略规划	中等	中等	中等	中等	高	中等
控股公司	较低	较低	较低	较低	高	较低

第三节　国内外保险集团对子公司的业绩评价

一、国内保险集团公司对子公司的业绩评价要素

在具体对集团内各子公司进行评价时，应在以上几个业绩评价标准的基础上进行一定的扩充或者细化，且应与对保险集团的评价标准有所不同，以充分反映业务单元的运营特点和实际情况。另外，考虑到目前以保险为主业的保险集团业务单元

主要以保险业务（寿险、产险、健康险等）、资产管理业务两大类业务为主，因此对子公司的业绩评价描述也主要围绕这两个业务单元展开。

（一）保险业务单元业绩评价

1. 市场影响力。

（1）市场地位。保险公司的市场竞争地位决定于其业务范围、市场份额、营销、公司知名度和客户的满意度等。设计指标时要考虑以下内容：

多元化：当保险公司进行经营的时候，须将公司的经营项目逐个分析，衡量出每个项目在企业经营中的比重，从而达到最终细化分析的目的。

市场份额：指保费收入在同行业总保费收入中所占比例，市场份额是判断一个保险公司经营水平的重要指标。

信息技术系统的更新：主要是指新的保险统计方法、精算技术的采用，有关信息技术在承保新业务、核保理赔、分保等方面的运用。信息技术系统的应用程度、运作效率和安全性是分析的重点。

营销策略：主要确定目标客户、定价策略、渠道策略、产品策略等方面。

（2）服务水平。保险公司的服务水平主要是指保险公司提供服务的品质，保险公司的产品实际上就是提供服务，因此服务水平将会直接影响保险客户的满意程度。

（3）产品开发能力。保险产品的开发能力主要指保险公司进行新险种开发和新条款制订的能力，反映了保险公司经营素质的高低。保险产品的开发能力影响保险公司的市场竞争力和经营地位，因此会最终影响保险公司的财务状况。

（4）社会影响力。公司与客户和保险中介公司的谈判能力以及对社会的影响力。

2. 风险管理体系。

（1）费率与承保管理。合理的费率使保险公司不至于因费率过高而丧失业务，也不至于因费率过低而增加业务经营风险；谨慎、稳健的承保政策可以使保险公司的业务经营免受较大波动。

（2）资产负债匹配。无论对于产险公司还是寿险公司来说，管理阶层在资产与负债之间维持适当的匹配能力已经越来越重要。资产与负债的失衡很可能造成流动性问题，引发偿债风险。一般来说，利率风险是资产负债匹配时需要考虑的首要问题。

（3）再保风险管理。再保是保险公司控制经营风险的一种重要手段。通过再保，保险公司可以形成一个与自己财务实力相匹配的风险承担系统。

（4）外汇风险管理。随着保险市场的开放，保险公司的资产组合或负债组合中出现了越来越多的外汇。因此保险公司逐渐受到外汇汇率波动的影响，进行外汇风险管理已经成为现实的问题。

3. 财务分析。

（1）规模水平。规模实力主要考察保险公司的资产总额、保费收入、利润总额和净资产等方面。这四个方面体现了保险公司的规模实力及其在整个保险行业中的地位和作用。

（2）经营能力。经营能力主要考察保险公司的最低偿付能力、资金运用率和应收保费率。保险公司的业务经营能力是业绩评价的重要方面，它反映了保险公司在发展新业务、开发新市场、提供新险种等方面的能力，通过此项分析可以获知公司是否拥有持久的比较优势。

（3）成长能力。保险公司的成长能力指的是保险公司的发展水平。成长能力通常可以用保费增长率表示，并在此基础上进行细化。

（4）资产安全性。安全性指保险公司的财务结构是否稳健以及投放资金能否保证安全返还，并有增值能力。在具体投资时，保险公司必须遵循流动性原则、安全性原则和收益性原则。其中，安全性原则是保险资金运用的最重要的原则。

在设计有关指标，对安全方面进行评价时，需要对资产负债、不良资产、险种组合、自留保费等方面予以考察。

（5）盈利情况。如上文所述，保险公司必须保证盈利性以保障其偿付能力以及公司长期的发展性。所以在设计有关业绩指标时，应注意考察保险公司的净资产回报、赔付率、总资产回报情况。

（6）资产流动情况。保险公司的资金需要具有一定的变现能力随时应对理赔要求，因此有关资金运用必须具有良好的流动性。一般而言，在资金运用中，流动性强的项目，盈利性相对较低；而盈利性好的项目安全性往往较差。因此，保险公司必须统筹兼顾，合理安排，保证资金的安全性、流动性和盈利性三者的协调。

在具体衡量流动性情况时，可以重点考察保险公司的流动比率、固定资产比率，以保证有关指标处在安全范围。

4. 战略规划。通过评价各子公司战略的合理性和实现途径的可行性，评判子公司对保险市场未来发展的洞察力和公司未来发展前景的认识。

保险集团公司在构建业绩评价体系时，除运用上述原则，还要基于集团内各子公司不同价值驱动模型对业绩评价指标进行选取。目前，保险集团的子公司经营类型主要有寿险、产险和资产管理业务。

（二）资产管理业务单元业绩评价

金融保险集团下的资产管理业务单元的业绩评价与保险业务单元不同，对于业绩评价主要围绕着客户服务、财务状况、投资水平和投资活动管理水平四个方面展开。

1. 客户服务。由于投资者要求的日益提高，加上投资策略和投资服务日益复杂，绩效评价已经不能单单指投资表现，还包括资产管理公司全面了解和满足客户需求的能力。

（1）投资服务的有效性。主要评估公司产品的市场接受度、客户对公司绩效的反馈意见处理的能力、处理客户投诉的能力。

（2）与客户的沟通能力。评估服务的质量和透明性，评估与客户沟通的有效性，如评估公司是否建立了管理信息系统并监控客户关系，是否编制充分的账户资料并与客户进行有关投资信息的沟通。另外，在客户即将流失时，有能力挽留客户。

2. 财务状况。一家资产管理公司需要足够的财务能力来支持其投资管理活动，从而满足客户的需求。主要包括以下几个方面的能力评估：管理资产状况；募集资本的能力；符合资本要求的能力；提供目前及未来业务活动和投资资金的能力：此能力直接与资产管理公司的获利能力密切相关。

3. 投资水平。实现有竞争力的投资收益是资产管理公司的主要目标。一般机构投资者在风险承受、投资目标、偏好、投资限制等各方面均有一定的差距，因此所需要的投资组合产品也有一定的不同。另外，由于保险资金的特殊性，在资金安全上也有较高的要求。因此在具体业绩评价时，应注重以下两个方面的问题：首先需要综合考虑流动性、安全性、营利性的平衡。安全性是保险资金投资的出发点，盈利性是资金运用的目标，流动性是资金运用的必需条件。有关指标能够准确衡量风险状况和投资表现。

4. 投资管理水平。对一家资产管理公司的投资管理水平的评估，主要反映支持及维持其投资组合能力的管理职能，主要属于定性评价方面。设计投资管理水平指标或进行相关评价时，需要重点考虑以下内容。

（1）投资决策流程。一个优秀的资产管理公司应该有成熟的投资哲学、投资决策程序、投资策略，另外还要考虑资产组合政策的制定，包括投资目标、偏好、投资限制等；风险及回报标准评估及量化程序；对相关因素持续评估、监控程序。

（2）规划管理。资产组合管理是一个能够提供管理架构的过程，在这个过程中，不同的投资活动整合为条理化、系统化的方式来进行管理。

因此，对于资产管理机构来说，规划管理能力非常重要，如何科学地规划、构建相关管理职能，将直接影响到其是否能够及时、有效、一致地提供各种投资活动。

（3）人力资本。对于资产管理公司来说，核心员工的流失、表现等因素将直接影响到公司的投资业绩及后续发展。因此，在对有关核心员工资历、从业背景、经验、培训等方面进行评估以了解人力资本状况时，还应对是否有稳定人员的薪酬制度、周转率等有所评估，以保证公司有足够的人力资本运筹能力以应对投资环境的变化。

5. 投资基础设施。一个优秀的资产管理公司，应该具备足够强大的信息技术基础设施来为客户提供有效、安全、及时的服务。

（1）信息技术系统。为达到资产管理组合、记账、投资者服务等服务目标水平，资产管理公司应该具备实时的资产组合管理系统，并具备能够提供有关服务资料的信息系统。另外，还需具备一定的相关 IT 系统的规划、开发能力，以不断应对市场环境的变化。

（2）信息技术安全设施。有关 IT 系统运行发生故障时，会影响到资产管理公司提供服务、监控风险的能力。因此，为保证提供有效安全的投资服务，资产管理公司应该具备备用系统、故障保险安全系统，还应该具备信息可靠性测试的能力。

二、国内保险集团业绩评价指标选择

战略规划和战略管控型控股公司模式适合于规模较大、多元化经营的控股公司，目前国内的主要几大保险集团普遍采用这类模式，为了使本课题更具针对性，以下我们在讨论国内保险集团业绩评价指标选择的时候，前提是基于战略规划和战略管控型控股公司模式来讨论的。

（一）寿险业务分部价值驱动模型和关键绩效指标选取

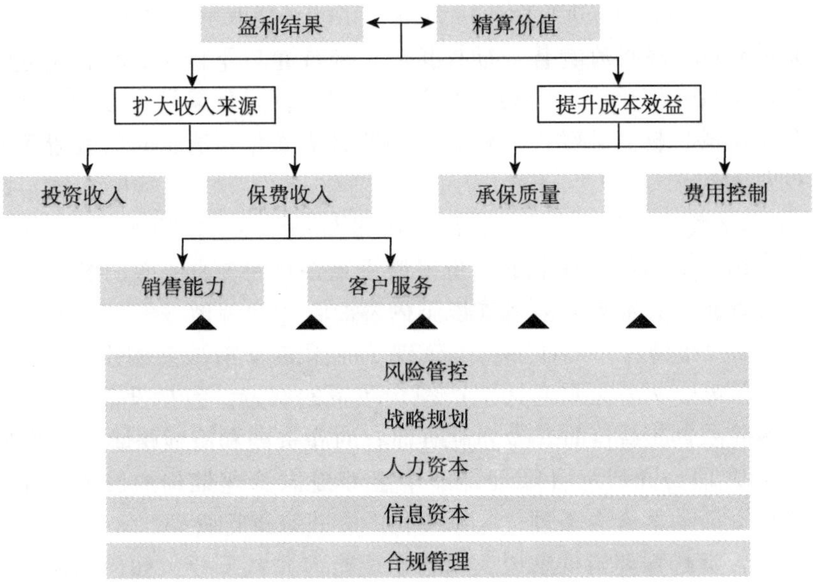

图4－9　寿险业务分部价值驱动模型

根据上述价值驱动模型（图4－9），可以分解出以下关键绩效指标：

（1）盈利结果类指标：净资产收益率、调整后净资产收益率以及总资产收益率；

（2）精算价值类指标：一年新业务价值增长率、内含价值增长率、评估价值以及新业务边际利润增长率；

（3）保费收入类指标：总保费收入增长率、市场份额、分产品业务增长率、分渠道业务增长率、分地域业务增长率以及交叉销售目标达成率；

（4）投资收入类指标：总投资收益率、净投资收益率以及资金收益充足率；

（5）承保质量类指标：给（赔）付率以及给（赔）付预计比；

（6）费用控制类指标：承保费用率以及费用预计比；

（7）销售能力类指标：人均产能、人均保单件数、件均保费、有效增员率、13/25个月留存率；

（8）客服服务类指标：13/25个月保单继续率以及退保率；

（9）其他需要关注的指标：偿付能力充足率、准备金变化率以及险种组合变化率。

根据上述所列指标，结合我国保险业正处于第一阶段向第二阶段之间过渡的现状，即从市场规模竞争阶段向精算能力竞争阶段过渡，我们建议可以选取以下指标，作为寿险公司的关键绩效指标：

1. 盈利结果类指标：净资产收益率、调整后净资产收益率以及总资产收益率。

净资产收益率：是投资者最为关注的通用盈利指标之一，对于上市公司来说亦是对外披露的重点。

调整后净资产收益率：是对净资产收益率指标的修正，通过将认可资产值根据偿付能力充足率为150%假设下数值进行调整，使分母稳定在与业务发展规模匹配得较好偿付能力的净资产数值上，而不再受实际净资产变动的影响，能更好地体现盈利能力，适用性更好。

总资产收益率：对于保险公司来说，负债、资产占主导地位，负债比重的变化对于净资产收益率影响很大，能真正反映资产运作整体效果。同时，该指标具有较强的横、纵向可比性。

2. 精算价值类指标：一年新业务价值增长率以及内含价值增长率。

一年新业务价值增长率：是当年新保单未来收益的现值，体现了寿险公司在当年度内实现的新保规模，是展业能力的体现，亦因新业务利润率对一年新业务价值具有重要影响，考核该指标亦可对业务结构的优化起较好的引导作用。

内含价值增长率：是目前寿险公司所拥有的净资产和有效保单在未来所能产生的利润贡献折现到目前时点的价值之和。该指标除包含当期新业务价值外，还受到以前历年保单的回报差异等较多因素的影响，更全面地反映了寿险公司当前价值。

3. 保费收入类指标：总保费收入增长率、市场份额、分产品业务增长率以及交叉销售目标达成率。

总保费收入增长率：是评价保险公司业务扩张的重要指标，其所反映出的成长性亦是资本市场和投资者对保险公司的关注重点。

市场份额：是外部特别关注的指标之一，特别是作为上市公司，该指标的变化从一定程度上直接反映了公司的竞争能力。

分产品业务增长率：关注保险公司的业务结构。业务结构优化是寿险公司当前战略调整的重点，核心业务增长率是衡量业务结构优化成效的有效指标，亦是一年新业务价值增长的主要推动力量，需要重点关注。

交叉销售目标达成率：是保险集团公司的特有的展业方式，亦是外部投资者评估保险集团公司资源整合效率的重要因素。目前，平安集团和太保集团都将交叉销售作为其集团化经营的重要战略之一。

4. 投资收入类指标均不选取，主要是因为国内大部份保险集团都有各自的资产管理公司，负责管理寿险公司的资金运用事宜，根据可控性原则，这部分业绩评价内容不应包括在内。

5. 承保质量类指标：给（赔）付预计比。

给（赔）付预计比：是考核实际给（赔）付支出与精算预计给（赔）付支出之比，反映寿险公司获得死差损益的能力，是其核保核赔能力的体现。

6. 费用控制类指标：费用预计比。

费用预计比：是考核实际费用支出与产品设计及内在价值计算费用假设之比，能够衡量寿险公司的费用控制能力。

7. 销售能力类指标：人均产能以及 13/25 个月留存率。

人均产能：是营销员销售能力的直接体现，是寿险公司非常关键的绩效关注领域，直接反映了营销员销售效率。

13/25 个月留存率：是反映一线业务人员队伍的长期数量及质量，反映业务模式是否被有效地执行。高留存率可以带来更高的保险营销员价值。

8. 客服服务类指标：13/25 个月保单继续率。

13/25 个月保单继续率：是反映寿险保单持续的性质。高继续率意味着所有保单中有较高比例维持有效契约直到特定保障期间终了。低继续率则表示有较高比例因未支付保费而失效的保险契约。持续率能反映出销售质量及客户的整体满意度。高保单继续率不仅是公司盈利的保障，还能为客户增加价值。低保单继续率不仅意味着收入流失，而且表明整体客户满意程度很低。

上述指标中，1、2 和 3 是结果性指标，而 5 ~ 8 是过程性指标。

（二）产险业务分部价值驱动模型和关键绩效指标的选取

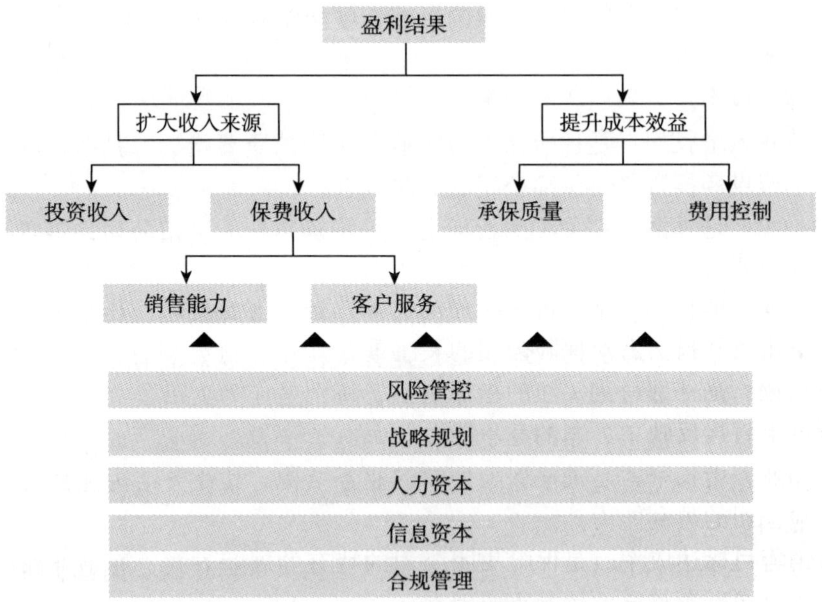

图 4-10　产险业务分部价值驱动模型

根据产险业务分布价值驱动模型（图 4－10），可以分解出以下关键绩效指标：

（1）盈利结果类指标：净资产收益率、调整后净资产收益率以及总资产收益率；

（2）保费收入类指标：总保费收入增长率、市场份额、分产品业务增长率、分渠道业务增长率、分地域业务增长率以及交叉销售目标达成率；

（3）投资收入类指标：总投资收益率以及净投资收益率；

（4）成本效益类指标：承保利润率以及综合成本率；

（5）承保质量类指标：综合赔付率；

（6）费用控制类指标：综合费用率；

（7）客户服务类指标：续保率；

（8）其他需要关注的指标：偿付能力充足率、准备金增长率、自留保费规模率以及应收保费率。

根据上述所列的各项指标，结合我国保险业正处于从第一阶段向第二阶段之间过渡的现状，即从市场规模竞争阶段向精算能力竞争阶段过渡，我们建议可以选取以下指标，作为产险业务分部的关键绩效指标：

1. 盈利结果类指标：净资产收益率、调整后净资产收益率以及总资产收益率。

净资产收益率：是投资者最为关注的通用盈利指标之一，对于上市公司来说亦是对外披露的重点；

调整后净资产收益率：是对净资产收益率指标的修正，通过将认可资产值根据偿付能力充足率为 150% 假设下数值进行调整，使分母稳定在与业务发展规模匹配得较好偿付能力的净资产数值上，而不再受实际净资产变动的影响，能更好地体现盈利能力，适用性更好。

总资产收益率：对于保险公司来说，负债、资产占主导地位，负债比重的变化对于净资产收益率影响很大，能真正反映资产运作整体效果。同时，该指标具有较强的横、纵向可比性。

2. 保费收入类指标：总保费收入增长率、市场份额、分产品业务增长率以及交叉销售目标达成率。

总保费收入增长率：是评价保险公司业务扩张的重要指标，其所反映出的成长性亦是资本市场和投资者对保险公司的关注重点。

市场份额：是外部特别关注的指标之一，特别是作为上市公司，该指标的变化从一定程度上直接反映了公司的竞争能力。

分产品业务增长率：是关注保险公司的业务结构。其业务结构优劣很大程度上影响到产险公司的盈利能力。

交叉销售目标达成率：是保险集团公司的特有的展业方式，亦是外部投资者评估保险集团公司资源整合效率的重要因素。

3. 投资收入类指标均不选取，主要是因为国内大部份保险集团都有各自的资产管理公司负责管理产险公司的资金运用事宜，根据可控性原则，不纳入考核范围。

4. 成本效益类指标：综合成本率。

综合成本率：是综合费用率与综合赔付率之和。该指标是评价保险公司财产保险业务经营成本与承保利润状况的关键指标。指标值若大于100%，说明财产保险公司保险业务经营出现亏损，承保利润为负数，是产险公司经营效益的体现。

5. 其他需要关注的指标：应收保费率。

应收保费率：是指保单生效或过期后，仍没有收回保费占总保费收入的比例。如果应收保费率较高，则影响保险公司的现金流量及财务稳定性，同时也会滋生各类违规操作。

上述指标中，1、2是结果类指标，4和5是过程类指标。

（三）资产管理业务分部价值驱动模型和关键绩效指标的选取

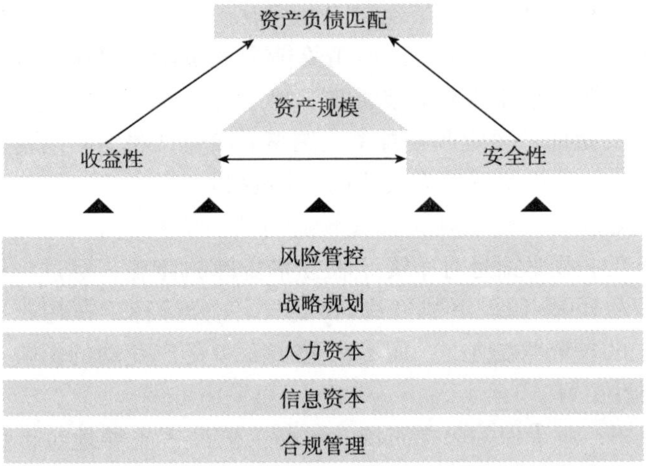

图4－11　资产管理业务分部价值驱动模型

根据资产管理业务分部价值驱动模型（图4－11），可以分解出以下关键绩效指标：

（1）资产规模类指标：受托管理资产规模增长率以及第三方托管资产规模；

（2）资产负债匹配类指标：资产负债久期匹配程度；

（3）收益类指标：总投资收益率、净投资收益率、新增固定收益投资收益率、权益投资净值增长率以及其他类投资收益率；

（4）安全性指标：风险价值、受托资产坏账损失率、权益投资占比以及贝塔系数。

根据上述所列的各项指标，结合我国保险业正处于第一阶段向第二阶段之间过渡的现状，即从市场规模竞争阶段向精算能力竞争阶段过渡，我们建议可以选取以下指标，作为资产管理公司的关键绩效指标：

1. 资产规模类指标：第三方托管资产规模。

第三方托管资产规模：是当前资产管理公司的一个战略方向，亦可通过资产管理公司自身努力而得，考核第三方托管资产规模相对目标的达成率，可以引导资产管理公司加快扩展该业务的步伐。

2. 资产负债匹配类指标：资产负债久期匹配程度。

资产负债久期匹配程度：是资产管理公司流动性的根本保障，是其关键指标之一。

3. 收益类指标：总投资收益率、净投资收益率、新增固定收益投资收益率、权益投资净值增长率以及其他类投资收益率。

总投资收益率：是总投资收益与平均资产余额之比，反映资产的总投资收益水平，是衡量资产管理公司投资能力的关键指标。

净投资收益率：是利息收益、分红及股息回报与平均资产余额之比，反映公司总投资收益率的稳定性，是衡量资产管理公司投资能力的关键指标。

新增固定收益投资收益率：是新增固定收益投资收益与新增固定收益投资平均资产余额之比，反映新增固定收益投资资产的投资收益水平，是总投资收益率的细化指标。

权益类投资收益率：是权益类投资收益与权益类投资平均资产余额之比，反映权益类投资资产的投资收益水平，是总投资收益率的细化指标。

其他类投资收益率：是其他类投资收益与其他类投资平均资产余额之比，反映其他类投资资产的投资收益水平，是总投资收益率的细化指标。

4. 安全性指标：风险价值 VaR（Value - at - Risk）。

风险价值 VaR（Value - at - Risk）：是指在正常的市场条件和给定的置信度内，用于评估和计量任何一种金融资产或资产组合在既定时期内所面临的市场风险大小和可能遭受的潜在最大价值损失，是对市场风险的总体性评估。该指标是衡量资产管理公司投资安全性重要指标。

上述指标中，1、3 是结果类指标，2、4 是过程性指标。

（四）平安集团业绩评价体系的主要指标介绍

1. 保险业务线考核指标体系——寿险。

（1）集团对寿险总公司的业绩考核：

业务指标：新业务内在价值 NBEV、个险首年规模保费 FYP、银保总规模保费。

效益指标：寿险 PRC 利润与 IAS 利润（考核口径）、标准费用预算执行率。

品质指标：13 月保费继续率、25 月保费继续率。

其他过程指标：个险期末人力、个险人均件数。

其中业务指标、效益指标和品质指标为问责核心指标，考核使用；其他过程指标为非问责的监控指标，分析业务使用。

（2）寿险总公司对分公司的业绩考核：

业务指标：个险 NBEV、个险首年年度化标保、银保柜面总规模保费。

效益指标：个险费用执行率、银保营业费用投入产出比。

品质指标：13 月保费继续率、25 月保费继续率、银保保单件数契撤率、客户服务满意度。

其他过程指标：个险销售队伍期末人力、个险人均件数、有效活动率、增员率/脱落率、人均 FYC……

2. 保险业务线考核指标体系——产险。

（1）集团对产险总公司的业绩考核：

业务指标：保费规模、市场占有率。

效益指标：IAS 综合成本率、营业费用率、产险 IAS 承保利润。

品质指标：续保率、保费应收率。

其他过程指标：个人产能、件均结案时长。

其中业务指标、效益指标和品质指标为问责核心指标，考核使用；其他过程指标为非问责的监控指标，分析业务使用。

（2）产险总公司对分公司的业绩考核：

业务指标：机构增长率与市场比较、保费计划达成率、财产险保费增长率、意健险保费增长率、重点客户保费增长率。

效益指标：车险案均减损金额、综合费用率、运营/获取成本控制率。

品质指标：车险案均减损金额、综合赔付率、应收保费率。

其他过程指标：全员人均产能、全员流失率、DSP 有效增员率、财产险/车险案均结案时长……

3. 保险业务线考核指标体系——养老险、健康险。

（1）养老险公司：

业务指标：年金管理费收入、企业年金到账标准规模、年金业务市场占有率。

效益指标：年金标准费用额、年金 NBEV、年金留成率。

（2）健康险公司：

业务指标：保费收入。

效益指标：健康险 NBEV、综合赔付率、营业费用执行、净利润。

4. 金融及资管业务线考核指标——投资、信托、证券、银行（图 4 – 12）。

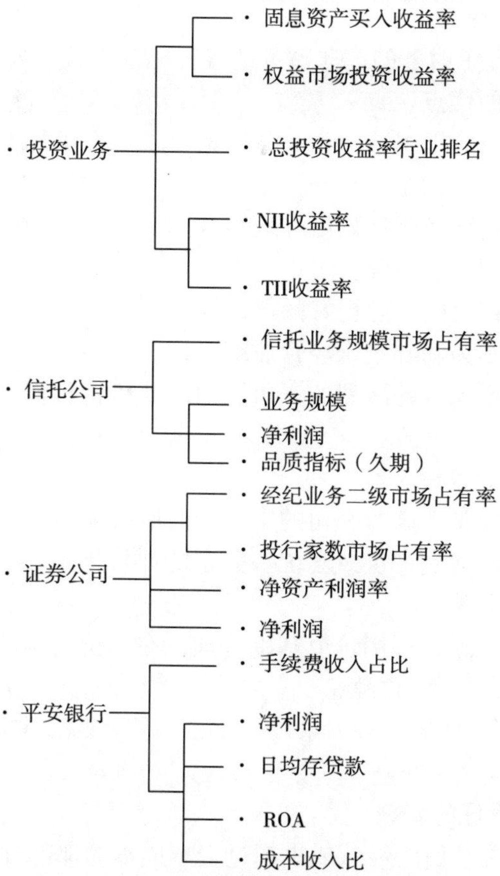

图4－12　金融及资管业务线考核指标

三、国外保险集团业绩评价介绍：慕尼黑保险集团——从价值基础管理到平衡计分卡

慕尼黑再保险集团成立于1880年，旗下有再保险集团、再保险公司和资产管理公司等子公司。其组织架构如图4－13所示。

图4－13　慕尼黑再保险集团组织架构图

（一）价值基础管理

价值基础管理整合了财务的、非财务的各种驱动工具。

1. 价值基础管理的优点。

（1）幕再日益复杂的组织结构和业务结构要求一个更加有效的业绩评价体系以及评价工具。

（2）能与战略规划和经营计划更好地结合。

（3）能使责任分配更加明确。

（4）能让各个机构之间具有更好的可比性。

（5）以权责发生制为基础报告经营业绩。

（6）来自于全球市场日趋激烈的竞争压力以及机构投资者对公司业绩透明度和可比性要求越来越高。

2. 价值基础管理的目标。

（1）价值基础管理是提高对公司的掌控能力所必须的管控工具。

（2）价值基础管理通过提供一套统一界定的评价体系，确保各种增加公司价值的行为具有必要的可比性。

（3）与过去相比，通过运用价值基础管理，在评价业绩时更大程度地考虑了各个具体业务类型或地区各自的特性。

（4）在价值基础管理中 财务因素（→增值计算）以及非财务因素（→计分卡）等将被赋予更大的权重。

（二）价值基础管理的实施

增加的价值就是调整后的经营成果超过资本成本的那部分（图 4－14）。

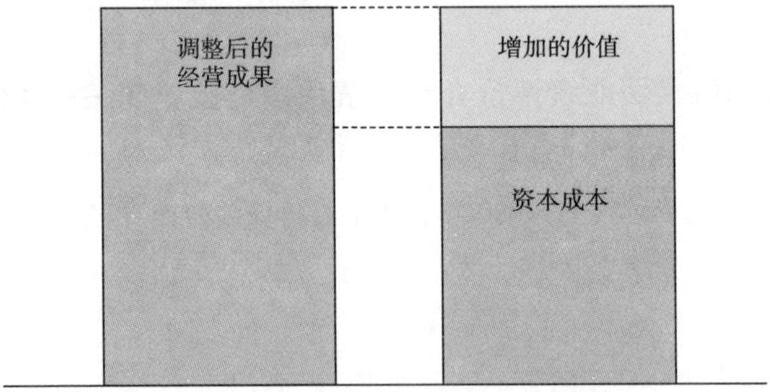

图 4－14　价值基础管理的基本原理

（三）成功实施价值基础管理的一些原则

- 董事会的承诺。
- 通过培训以及宣讲，强化公司内部交流。

- 加强各个业务单位高管人员的整合。
- 从一开始就把各个概念和涉及单位人员充分讨论和交流。
- 确保各经营单位（人员）的执行能力。
- 各种数据和信息的取得渠道通畅。

（四）执行中的一些“陷阱”

- 认为价值基础管理是管控人员的事，与具体经营单位的人不相干（认同度低）。
- 认为工程太复杂了，而且不能很好地传导到承保层面。
- 认为在一些主要方面缺乏透明度。
- 搞不懂什么是价值基础调整，为什么要进行调整。
- 资本风险的模型化（包括资本在各个业务单位的具体分配）过于深奥，没法搞懂。
- 其他管理目标（综合费用率、资本收益率、利润率、保费）也在这个过程中考核，显得有些混乱。

（五）价值基础管理与战略计划和平衡计分卡的联系（图 4－15）

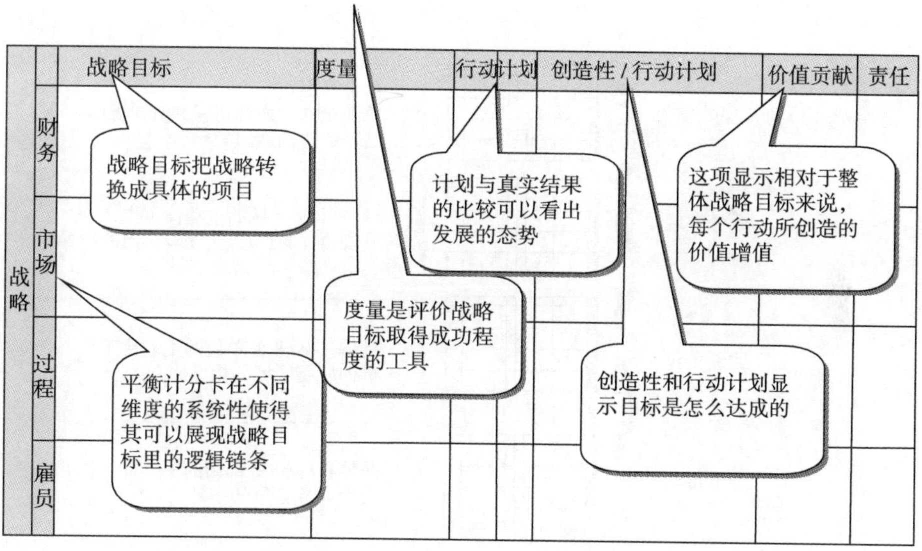

图 4－15　价值基础管理与战略计划和平衡计分卡的联系图

平衡计分卡是显示战略目标、创造性工作以及各种经营措施之间相互关系的一种方法，是把各个组织机构和整体战略联系起来的一种方法，是把各个战略绑在一起的一种工具，是把精力集中在主要目标、创造性工作以及业绩模式上的一种手段，是把目标达成以及激励制度联系起来的一种手段，是交流的一种工具。平衡计分卡能描述战略的各个重要方面，把各个行动计划联系起来，同时把存在差距的地方突出出来。

（六）平衡计分卡——记录和执行战略计划的媒介（图 4－16）

维度		战略目标	度量	创造性工作
维度	财务	€x 价值增加值	←	
	市场	产品创新	· 新产品的结果 · 客户反馈	· 针对IT技术所带来风险设计的新险种
	过程	产品发展增速	· 每一账户的新产品数量 · 节省的发展产品时间	· 严格的项目管理 · 减少平行项目的数量
	雇员	能增加在产品发展方面的时间	· 时间分割	· 赋予承保部门较少的行政管理任务

图 4－16　平衡计分卡——记录和执行战略计划的媒介

（七）“分解”计分卡（图 4－17）

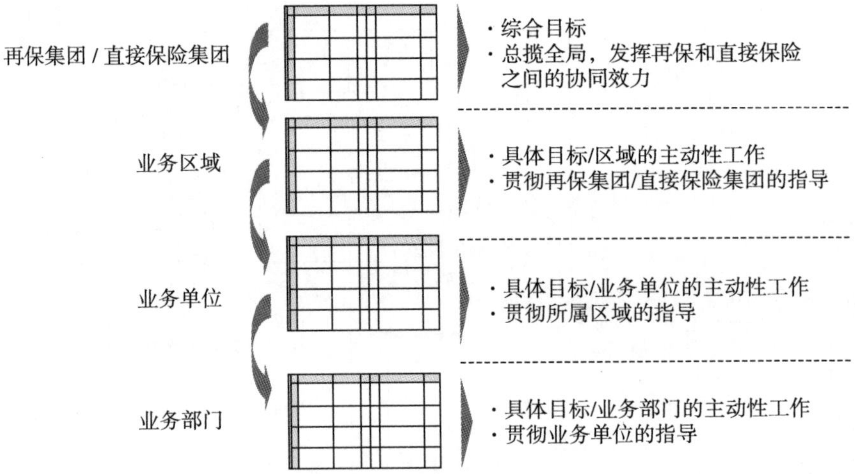

图 4－17　“分解”计分卡

第四章　保险集团业绩评价指标体系中盈利能力指标

第一节　业绩衡量的会计方法

20 世纪 80 年代以前，世界各金融机构普遍采用资产收益率（ROA）和股本收益率（ROE）等指标来衡量业务的盈利能力。这种基于会计利润指标系统的传统业绩衡量方法具有以下特征：

1. 基于通用会计准则，用历史账面价格衡量过往业绩，忽略了经济价值的变动这一重要因素。

2. 由于没有考虑波动性或风险，因此无法反映金融机构的真实业绩，进而可能误导决策。在不计算风险的状态下用 ROA 衡量业绩，会鼓励那些有高 ROA 但同时隐藏极大风险的业务无制约地扩张，结果可能导致金融机构在增加收入的同时积累大量风险。ROE 指标虽然在一定程度上反映了股本对风险的支持作用，但这里的股本并非和风险相匹配，仍然只是公司的账面资本。

3. 会计方法在考虑资本成本（CC）时仅仅包括了债务资本融资利息支出，而未包括股本融资支出。所以它无法全面地反映金融机构为了开展业务而承担风险的成本，也无法确定金融机构是否在为股东带来增值和增值的程度。

4. ROE 局限于金融机构整体业绩衡量，无法深入到业务单元层次。

由于这两种方法不具有经济学意义，所以它们主要适用于财务报告，而不足以作为业务和战略决策的依据。

传统的业绩衡量指标如税后净利润、每股收益和净资产收益率等无法准确反映公司为股东创造的价值，主要是因为它们存在以下两个缺陷：

1. 传统指标的计算没有扣除股本资本的成本，导致成本的计算不完全，因此无法判断公司为股东创造的价值的准确数量。

2. 传统指标的计算以会计报表信息为基础，而会计报表信息对公司业绩的反映本身就存在部分失真。这表现在公认会计准则的一些规定，使得管理者可以通过盈利管理的方式来操纵利润。

以税后净利润的计算为例，其中债务资本的成本在计算时已经以利息的形式扣除，但股本资本的成本在计算中并没有体现；其次，净利润的最终所得是按会计准则及制度通过会计的配比原则等一系列的会计惯例对相关的会计要素进行技术处理后得到的，其最终可能歪曲企业的真实情况。这样导致的后果可能将是公司在追求传统指标最大化的同时，偏离企业价值最大化这一目标中所体现的股东利益最大化方向。在证券市场上，传统指标与股票价格变化的相关性较差，不太适合进行证券市场投资分析和预测。

第二节　业绩衡量的经济方法

一、经济方法的特点

20 世纪 80 年代以后，金融机构业务日渐复杂化，风险种类和程度也相应加深。金融机构逐渐认识到获利的主要来源是依靠风险的承担。公司在运用资本以创造利润的同时，也面临着亏损的风险。因此业绩评估指标必须加入风险因素的考虑，才能正确反映经营业绩的优劣。金融机构从而开始采用风险调整的业绩［Risk Adjusted Performance（or profitability）Measurement，简称 RAPM］这种经济学方法来衡量业绩。国际上常用的 RAPM 指标有风险调整后资本报酬率（RAROC）、夏普比率（Sharp Ratio）和股东附加价值（SVA）等等。

和会计方法相比，经济方法是一种高级、动态的风险业绩衡量方法。它不是对传统方法的简单否定，而是对其延伸。经济业绩衡量能够将金融机构的经营业绩和股东利益进行有效地整合。这一点，是传统的会计方法无法比拟的。

首先，经济方法在业绩衡量的过程中引入了经济资本的概念。通过对经济资本的计量，充分考察了企业在经营过程中所承担的风险，在对收益进行调整的同时实现了风险管理与业绩评价的有机结合。

其次，经济方法在考虑资本成本时不仅包括了债务资本融资利息支出，还包括了股本融资支出。金融机构的管理者和投资者采用相同标准的资本成本指标来衡量公司价值增减，可以保证公司的经营目标能够真正与股东价值增值看齐。

再次，投资者在评价公司股票作投资决策时，除了考虑公司已经发生的会计业绩 ROE、ROA 外，还会重点考察公司未来的 RAPM。统计表明，股价和公司经济利润之间的相关性，高于它和会计利润之间的相关性。普华永道会计公司研究发现：金融机构如果仅仅提供会计业绩而不披露经济资本计算的信息，其股票价值会被低估。因为投资者和股票分析师认为，用经济资本和经济利润衡量收益，才可以揭示其真正的业绩、实力、增长潜力和前景。它们是衡量公司业绩和确定股票价格的关键标准，也是比较业绩的统一基础。市场会高估有较高经济资本管理水平和较高经济利润水平公司的股票价格，这督促金融机构不断充实资本，提高市场价值，并相应减少资本成本。

最后，金融机构的不同部门在业绩衡量和业务计划中若采用不同的目标，将无法在公司内部建立一体化的管理体系。更为严重的是，有些公司经常采用一些粗放的目标，如市场份额、资产规模、现金流量等作为业务计划甚至战略决策的基础，盲目扩张业务，结果可能面对很大的战略风险。以经济利润作为统一的目标、标准和分析基础，可以使公司将方方面面的目标和标准对齐到股东和公司价值最大化单一目标上，避免被其他目标误导。

二、经济资本的介绍

经济资本是科学的业绩衡量的主要要素之一。无论是股东评价保险公司业绩，还是保险公司或集团内部的业绩考核，不仅要考虑经营收益本身，还要考虑这些成果是以何种风险为代价取得的。将这些风险转换为成本，再与所取得的收益对较，才能科学地衡量一种产品、一个单位、一个部门及一个子公司的业绩表现，从而精确地体现出为股东创造的价值。即在经济资本分配的基础上，通过风险调整后的资本利润率指标对各部门和各项业务进行评价，既考察了其盈利能力，又充分考虑了该盈利能力背后承担的风险。

经济资本（Economic Capital，简称 EC）是一个新出现的统计学的概念。它是描述在一定的置信度水平上（如 99%），一定时间内（如一年），为了弥补公司的非预计损失（unexpected losses）所需要的资本。经济资本的定义包含三个要点：

1. 是在极端情况下的潜在损失。例如，一百年发生一次的事件。

2. 衡量损失使用的是经济价值，而非账面价值。它指的是所“需要的”资本，“应该有”多少资本，而不是公司已经实实在在拥有的资本。

3. 是根据公司资产的风险程度的大小计算出来的。计算的前提是必须要对公司的各类风险进行模型化、量化。计算出来的结果还可以根据各个业务部门或者各个业务产品进行进一步的分解。

三、经济资本的计量

对于保险公司而言，经济资本是指在给定的偿付能力标准下，在极端的市场、商业以及营运条件下，仍旧保持偿付能力以及业务正常运作所需要的资本。由于经济资本是针对公司面临的风险而持有的，因此计算经济资本首先要对风险进行定量描述。然后再根据保险公司内部风险类别和经营单位之间的相关性，通过风险整合得到保险公司总的经济资本需求。保险公司或集团主要包括以下风险：市场风险、信用风险、保险风险、商业风险和运营风险等。

（一）市场风险经济资本

市场风险指因股市价格、利率、汇率等的变动而导致价值未预料到的潜在损失的风险。

计算市场风险的方法主要是在险价值（VaR），它是在正常的市场条件和给定的置信水平（Confidence interval，通常为99%）上，在给定的持有期间内，某一投资组合预期可能发生的最大损失；或者说，在正常的市场条件和给定的持有期间内，该投资组合发生 VaR 值损失的概率仅为给定的概率水平（即置信水平）。计算 VaR 的方法主要包括方差—协方差法（Variance—Covariance Approach）、历史模拟法（Historical Simulation Method）和蒙特卡罗模拟法（Monte Carlo Simulation）。

方差—协方差法是假定风险因素收益的变化服从特定的分布，通常假定为正态分布，然后通过历史数据分析和估计该风险因素收益分布的参数值，如方差、均值、相关系数等，然后根据风险因素发生单位变化时，头寸的单位敏感性与置信水平来确定各个风险要素的 VaR 值；再根据各个风险要素之间的相关系数来确定整个组合的 VaR 值。当然也可以直接通过下面的公式计算在一定置信水平下的整个组合（这里的组合是单位头寸，即头寸为 1）的 VaR 值，其结果是一致的。

（二）信用风险经济资本

信用风险是指债务人或交易对手未能履行金融工具的义务或信用质量发生变化，影响金融工具的价值，从而给债权人或金融工具持有人带来损失的风险。信用风险由三个部分组成：违约风险、信用差别风险和信用迁移风险。

现代信用风险计量模型构建于现代金融理论基础上，应用金融市场数据分析债务人的信用水平，不仅关注违约，更注重债务人风险水平的波动，同时，试图将资产组合效应考虑在内。现代信用风险计量模型以 J. B. 摩根 1997 年推出的 Creditmetrics 模型、KMV 公司的 KMV 模型以及瑞士信贷的 CreditRisk 模型为代表。

（三）保险风险经济资本

保险风险指产品定价和准备金不能有效地覆盖因未来的索赔发生的频率、程度、时间以及退保等方面估计不准而造成的损失，保险风险包含：死亡率风险、退保率风险、发病率风险、年金死亡率风险、财产和意外风险。保险风险经济资本计算方法是，它将风险因子（包括死亡率、寿命、残疾、恢复、失效和资本金选择权）的变化对市值准备金产生的影响数量化，即将未来的现金流贴现。假设风险因子的变化服从一定的分布，给定敏感性，各个独立的风险因子对市值准备金产生的影响就可以计算出来，然后再考虑各因子的波动性及因子间的相关性，将各因子联合起来，产生标准的离差分布，这样就计算出保险经济资本。

（四）商业风险经济资本

商业风险指在重大危机过后，保险业务的未来收入不能覆盖未来的费用——不包括这些已经被其他种类风险所包含的费用和收入项目。商业风险是由于人们对未来可能发生的费用、已经存在的商业竞争（持续性）和未来如何重新定价的不确定而引起的结果与预期之间的偏差。商业风险经济资本以业务规划为基础，采用情景分析法计算。

（五）运营风险经济资本

运营风险指由于不充分的或者无效的内部流程、人员、系统等方面以及失败造成损失，或者由外部事件（例如欺诈、电脑系统崩溃）造成损失的风险。

运营风险量化方法大致可以分为两大类，即自上而下的方法和自下而上的方法。自上而下法适用于把集团看作一个整体，或者按照业务种类、产品种类等计算风险资本，具体包括基本指标法、多种指标（标准）法、同类机构比较法等方法；自下而上法则按照单个业务流程计算出所需资本后，再加总计算出整个业务种类甚至整个集团所需的风险资本，具体包括专家判断法、高级计量法和统计法等方法。

（六）经济资本的整合

以上计算出的经济资本是由每个独立的业务部门的特有风险类别所决定的。由于最坏的情景不可能同时发生，所以考虑到保险公司内部风险类别之间的相关性，通过风险整合可以得到保险公司总的经济资本需求。正是由于存在风险的分散，所以，大大降低了公司总的风险或者对可用资本的要求。

为了理解可用资本，首先了解什么是经济价值。经济价值指用基于当前市价的方法计算的未来现金流的现值。对于公司而言，它包含两个方面，一是所有资产的价值应该是市场价值；二是所有负债的价值应该是建立在无套利原则上计算出的市场价值，即包含了期权的价值。

在此基础上，市值化公司资产和负债。资产市值和负债市值的之差就是可用资本，保险公司或集团正是利用可用资本抵御各种风险。

保险集团业绩衡量系统和模型的设计、评估必须基于其目标和功能。之所以需要衡量业绩，是为了指导业务和战略计划，指导资本预算和配置。这一目标不仅要求对业绩采取经济学衡量方法，而且要求采用全面、多维的方法系统，包含以下主要方面：

1. 数据处理：对收益采用三维指标：水平、趋势、波动性（风险）。会计方法只涉及前两项；只有经济方法考虑了波动性。

2. 时间序列：所有的系统都采用预期和后评价双向衡量，将实际数据和预期比较，使之具有指导业务计划和资本预算的意义。

3. 衡量标准：采用比率和总量两维系统，以免误导。

4. 参照系：采用横向即保险公司或集团内部各部门、产品线之间和保险公司之间比较；纵向即业绩的历史变化比较。

四、经济方法的业绩度量指标

（一）比率系统

1. 风险调整的资本收益率（RAROC）。RAPM 中比率系统的最典型代表是经风险调整的资本收益率（Risk AdjustedReturn on Capital，简称 RAROC）。它是对原有 ROE 的经济学改造，关键在于引入了风险对传统的 R 和 E 作调整，使其分母成为经济资本，分子成为由经济资本产生的经济利润，它反映的是经济利润率，这一系统因被作为 EP 和 SVA 衡量以及资本预算和配置的最佳惯例而广泛使用。

运用 RAROC 的关键是对其分子和分母成分的定性和定量。分母是由全部风险确定的经济资本总量，关于这一点几乎无异议。但人们对分子却有不同理解，并由此形成两种模式：

（1）RAROC 模式 1：用净收益作为分子，成本中不含资本成本（CC）：

$$RAROC（模式1）=\frac{Revenue-CostofFunds-OperationExpense-EL}{EC（VaR，CaR）}$$

Revenue：利息、收费、资本增值等全部收入（税前）；

Cost of Fund：资金成本；

Operation Expense：营运开支，全部非利息营运成本支出；

Expected Loss：预料损失（损失准备金和已经发生的损失）；

EC：由公司全部风险所决定的风险资本量。

这一模式是目前运用较多的 RAROC 系统。但它具有以下缺陷：

首先，其中的分子和分母具有不对称性——分母 EC 是经风险调整的资本，但分子却并非真正风险调整收益，因其只是将 EL 作为成本从收益中扣减，而未扣减真正由风险引起的 CC。所以该分子只是会计净营运收益，而非经济净营运收益 EP。它和 ROE 相比，关键的差别在分母——用经济资本替代了股本。

其次，成本计算不足的结果会造成资产和业务定价不充分，从而使股东承担更大风险，并影响 EP 和 SVA。

第三，由于未考虑 CC，所以正的 RAROC 实际上有可能因为无法弥补 CC 而产生负的 EP。因此，该模式必须和收益基准率比较，才能判断股东价值增值状态：

RAROC（模式 1）>收益基准率：股东价值增值

RAROC（模式 1）<收益基准率：股东价值损毁

（2）RAROC 模式 2：解决这些缺陷的途径是对分子真正用风险调整——在扣减 EL 的基础上，再扣减 CC 项：

$$RAROC（模式2）=\frac{(Revenue-CostofFunds-OperationExpense-EL-CC)}{EC（VaR，CaR）}$$

该模式的分子正是 EVA 或 EP 总量，由于分子和分母都经风险调整使该比率一体化为真正的 EP 率，它更能准确地反映公司的经济业绩，并可以将 EP 率的衡量和 EP 量的衡量对齐。并且由于分子扣减了 CC 项，使得：

RAROC（模式 2）=RAROC（模式 1）-收益基准率

公司可以通过此模式直接判断股东价值增值状态：

RAROC（模式 2）>0：股东价值增值

RAROC（模式 2）<0：股东价值损毁

如果公司能够确保每一业务单位、产品线和客户群都能够持续创造股东价值，那么保险公司或集团整体即可持续创造股东价值。

2. 夏普率（Sharpe Ratio）。由 1990 年诺贝尔经济学奖得主 WilliamSharpe 创立的另一种对投资风险调整的业绩衡量系统。RAROC 中的分母是风险量，而夏普率用于调整收益的风险则是一个比例——收益的波动性或标准偏差，所以它也是经波动性调整的收益率。

$$SR = \frac{\overline{Rp} - \overline{Rf}}{\sigma p}$$

SR：夏普率；

Rp：资产组合净收益率平均值；

Rf：无风险收益率（通常为财政债权）平均值；

σp：资产组合收益的波动性或标准偏差（%）。

由于它采用平均率衡量收益，并用波动率而非风险总量衡量风险，所以其特点在于可以对同一业务或资产组合在过去某一特定阶段，例如五年内的历史业绩作出评估；并对不同业务或资产组合之间的业绩作比较。它更有利于确定业绩的以下方面：收益率相等，由波动性决定业绩，波动性相等，由收益率决定业绩；业绩是否具有持续性；收益和风险是否持续匹配。

美国 Mercer Oliver Wyman 咨询公司采用夏普率建立了股东业绩指数（Shareholder Performance Index，简称 SPI）作为评估世界上最大 400 家金融机构股票业绩的单一指数。其特征是：用过去五年移动平均数据，每年计算指数，以对这些机构作自身历史比较和对机构间作横向比较。方式如下：

首先计算特定机构的五年平均夏普率，然后将由此得出的 400 家机构的夏普率从高到低排列，取中位数作为基准，再据此确定每家机构的 SPI：

SPI（机构 i）＝夏普率（机构 i）/夏普率（中位机构）×100

（二）经济利润量（EP）

如果仅仅用比率系统来衡量业绩和配置资本，可能产生以下弊端：

从业务单位层次看，业务经理可能会尽量避免资本投入，避免高风险业务，以此提高 RAROC。结果可能误导公司的业务和资本配置决策。

保险公司或集团在使用 RAROC 衡量业绩和计划业务时，为了使各单位的业绩具有可比性，通常采用单一基准收益率。但由于各单位承担的风险不同，使用单一基准收益率可能会拒绝具有正 EP 的低风险业务，而接受具有负 EP 的高风险业务。

RAROC 高于基准率的业务单位都会产生 EP，但如果仅仅据此作业务决策，可能忽视带来较大 EP 量的业务。所以公司在用比率衡量经济业绩的同时，也在建立衡量 EP 量的系统。其中最有代表性的是由美国 Stern Stewart 咨询公司开发的经济增值（Economic Value Added，简称 EVA）系统。其基本表达式为：EVA ＝ 净营运收益（税前）－ CC（＝EC×股东期望基准收益率）。

它衡量收益是否和在多大程度上超出或低于股东期望收益率，所以可以最直接反映股东价值增值状态，作为公司价值被创造还是被毁灭的基准。EP 也因而被称作剩余收入（residual income），表明只有扣减了 CC 之后的收入，才是公司具有经济价值的利润。

值得强调的是，以上所有的方法系统都可以用于保险公司或集团整体，也可以和资本内部配置程序配套，分解、深入到最小单位和最低层次，使得不同风险和特性业务单位的业绩可以在共同基础上衡量和比较。此外，保险公司或集团为了确保各业务单位业绩的可比性，往往在全系统采用统一的基准收益率或 CC。

第五章　保险集团业绩评价体系配套措施

如我们在绪论章节所提到的，企业成功的经营运作依赖于一系列制度、体系和措施。从合理清晰的企业战略出发，到密切围绕战略目标构建的业务评价体系，再到有效的激励机制，环环相扣，才可能建立企业发展的良性循环。根据管理学的木桶理论，整体运作效率取决于各经营环节中最短的一板。任何环节的缺位或不配套，都可能导致企业运营结果大打折扣，无法实现预期目的。要使业绩评价体系发挥最大效用，除了评价体系自身的合理性外，还必须保证一系列配套制度及措施保证。

一、合理清晰的企业战略目标设定

好的开始是成功的一半，有了好的战略目标并不能保证企业成功，但成功的企业却一定需要好的战略目标。业绩评价体系的作用在于要把企业战略目标通过一系列量化和非量化目标落实到企业的每个经营环节和每个员工，形成合力，确保目标如期、顺利实现。清晰的战略目标是业绩评价体系建立和成功之必备前提，而好的业绩评价体系既可能推动一个好的战略目标更加清晰、更加合理，同时也可能将一个失败战略目标的错误无限放大。

有了合理清晰的战略目标，就应当以战略目标为根本立足点考虑业绩评价体系的建立，确保相关的评价指标均指向企业战略目标，充分体现公司长期发展导向，指标与战略之间保持内在一致性。战略目标不明必然导致业绩评价导向不清，指标体系设计缺乏连贯性和内在统一性。

应当看到，企业战略目标具有长期性和稳定性的特点，但中短期经营则可能受到外部环境的影响而具有短期特点，相应地也要求业绩评价体系以长期战略为核心，以中短期经营目标出发，因势而变。比如，企业长期战略是寻求股东价值增长，短期内可能受市场、竞争对手等因素影响需要牺牲效益而追求规模及市场地位，相应的业绩考核体系也需要适度转向规模导向。但需要注意的是，短期经营目标的变化必须服从长期战略的需要，两者在本质上并不矛盾，支持业绩评价体系的核心也始终应该是企业长期发展战略，适度体现短期经营目标的需要。

对保险集团而言，应根据保险集团的整体发展战略确定子公司的战略定位，以此作为对子公司经营者开展业绩管理的依据。集团在建立子公司经营业绩评价体系之前，应该对集团各子公司的战略计划要求、行业基本要求有系统的了解，并以此为主要依据建立经营业绩评价体系，从而使子公司经营业绩评价体系成为母公司检查战略执行的综合工具，良好的保险集团经营业绩评价体系向子公司在数字或文字上集中地阐释了集团需要各子公司努力的目标、需关注的基本内容和重点内容，引导各子公司的管理者向这些目标努力，正确合理的指标体系就能达到良好的引导作用，有时甚至达到启发战略制订者修订不合理战略计划目标，相反，没有反映公司具体战略目标的保险集团经营业绩评价体系，最多只是一个对保险集团经营进行基本分析的工具，无法与集团战略和目标管理相结合，起不到其应有的作用。

此外，集团对各个子公司的考核指标体系应有针对性，不应一视同仁，考核指标应体现差别性原则，即考核指标的设置应体现各子公司特点，明确各个子公司的发展定位，并引导其核心竞争力的发展方向。例如，在子公司处于成长期时，面临的主要问题是缺乏市场开拓能力以及业务和效益的快速增长，可能需要以财务指标为主，从而引导保险集团快速成长和扩张；而对那些处于成熟期或市场平稳发展期的子公司，可加大对内部经营管理、客户开发、客户满意等非财务指标的考核，从而促使子公司优化内部管理，向管理要效益。

二、建立配套有效的激励机制

有了清晰的战略目标、合理的业绩评价体系，使得企业有可能引导全部可用资源指向战略目标的实现。但业绩评价体系真正得以发挥效用的落脚点还在于配套激励机制的建立和有效运行，建立以人为本的激励和资源配置体系。

首先，业绩评价是激励机制的基础和依据。业绩评价是衡量不同子公司业绩优劣的尺度，可以使集团的激励措施有理有据。激励机制的目的是促进业绩不断提高。亚当斯的公平理论认为员工对收入的满足程度是一个社会比较过程，如果个人的报酬/贡献比率与他人或个人过去的比率相等，就会认为公平合理，从而提高工作积极性，否则就会感到不公平而降低工作积极性。这点也同样适用于保险集团内部的子公司，因为子公司经营业绩的创造者是全体员工个体组成的集合。所以设计有效、公正的业绩评估体系，确保业绩的评估结果与实际业绩之间的关系是一致的，才能公平地实施相应的激励措施。

其次，激励机制是业绩评价的延伸和实现。保险集团内部业绩评价的目的不是为评价而评价，而是希望依据科学合理的评价体系，从多角度、多方面衡量各子公司过去的经营业绩，从而推进集团整体的风险控制水平和未来的经营业绩水平。配套的激励机制可以为绩优子公司提供现实的肯定，鼓励其再创新高，同时让业绩稍逊的子公司有了前进的方向和动力。脱离配套激励措施的业绩评价往往只能流于形式、停留在原地，无法实现未来业绩的增长。

业绩评价和激励机制可以形成一个良性循环：优良的业绩获得合理的评价结果，得当的激励措施促进再创佳绩的积极性，最终促成更高的业绩。所以，构建业绩评价体系的同时，配套激励机制不可或缺。

建立有效的激励机制应遵循“激励兼容”原则，即确保个体目标与企业整体目标一致，个体利益追求与企业实现集体价值最大化的目标相吻合。对保险集团而言，追求的是母公司股东利益最大化的目标，而多重的委托代理关系引起的利益矛盾使得理性的子公司经营者难以以集团公司的利益和目标为导向，在保险集团内部母公司和各子公司之间天然存在的利益矛盾使业绩评价的初衷不易实现、效果大打折扣，为了达成年度 KPI 指标值容易产生短期化行为，这就需要通过激励机制产生激励兼容的效果，使母子公司各自的目标函数一致化，实现多重委托代理关系下各利益主体价值的共同增长，力求使委托代理关系走出“激励不兼容”的困境。

作为业绩评价的配套机制，对子公司的激励除了要与保险集团的业绩评价水平相匹配，力求公平、公正外，还应该注意以下几点。

保险集团首先要兼顾长期和短期激励措施，建立基于过程的激励机制。众所周知，保险业是关系到国计民生的大事业，长期稳健经营是首要原则，应该尤其注重母子公司长期战略目标的有效契合；而长期目标又必须分解成短期目标才有可操作性，通过短期目标的实现来逐步达成长期目标，故长短期激励不可有所偏废。体现在激励措施的设计上就可以通过即期支付和延期支付的有效结合，达到合理的激励效果。

其次，由于保险业的行业特性和经营规律，激励机制亦需要分层次设计和实施，重点激励和全面激励相结合。第一，由于资源的有限性以及得到广泛认可的 20/80 法则，带来公司业绩增长的骨干力量必然成为激励的重点，保险集团的激励往往集中体现在对母子公司中以下人员的激励上：董事、高级管理人员以及对整体业绩和持续发展有直接影响的核心技术人员和管理骨干。第二，和一般企业不同的是，保险公司有一种特殊的人力资源——保险代理人，每个保险集团都有相当大规模的保险代理人队伍，他们是创造经营业绩的先锋队伍，是保险集团内部非常重要的人力资本。第三，即使身为螺丝钉，每位普通员工都为集团创造了价值，为了协调集团内部各个群体的利益，普通员工也应该得到相应的激励。最后，物质激励与精神激励相结合。精神激励是指精神方面的无形激励，可以包括基于信任的授权、对优良业绩的认可和表扬、公平、公开、公正的晋升制度、培训机会、科学的职业生涯设计方案等等。

根据保险集团业绩评价模式的不同，具体的人力资源激励方法的选择会产生很大差异。常见的激励方法有：构建合理的基本薪酬体系、全面的培训体系，内部晋升机制、企业文化等等。因篇幅限制，仅以中国人寿为例介绍一种多层次的长期股权激励方案：

第一层次，高层管理人员和中层管理骨干的股权激励。2005 年 7 月，中国人寿首批授予股票增值权激励的对象为“在职的公司董事长、执行董事、非执行董事、监事会主席、内部监事、总经理、副总经理、董事会秘书、总部精算责任人、法律责任人、部门主要负责人、省级分公司（含计划单列市公司）主要负责人”；2006

年8月激励范围扩大至500名高管。

第二层次，销售精英的股权激励。2006年7月，中国人寿向100名销售精英授予股票增值权，包括精英俱乐部中的钻星、金星、银星会员以及部分省公司优秀个人代理人。

第三层次，员工持股计划。2006年11月，中国人寿除了对公司高管增加股权激励外，还将对公司整体业绩和持续发展有直接影响的一定职级以上的管理骨干等在岗员工纳入股权激励范围。

国内除了中国人寿，平安保险、人保产险、中华联合和阳光保险等也都建立了不同层次的股权激励方案。

除了前述对人的激励机制，保险集团作为以资本为纽带的企业集合体，以业绩评级出发的对资本和资源配置也是激励机制的重要组成部分。集团整体的财务治理主要是通过资本配置来实现的，即母公司决策者之所以能够不直接干预或者从事子公司的经营管理工作，是因为其存在价值主要体现为优化资本配置以及通过完善集团内部的治理结构来降低委托代理成本，从而实现集团整体价值增长的协同效应。在保险集团内部仿佛也存在一个资本市场，与外部资本市场上的投资者一样，资本配置同样是母公司经营者最核心的工作，所不同的是，外部资本市场的投资者在不同的企业间进行资本配置，而母公司经营者则是在集团内部进行资本配置。

业绩评价是决策者调整资本配置的重要依据，但业绩评价的结果与资本配置之间不存在绝对的对应关系，业绩评价的结果只能为资本配置提供决策有用信息。在每一个经营年度开始时，集团内部的各子公司或经营模块开始按照既定的资本配置结构创造各自的经营业绩，业绩评价的作用就在于量化整个经营期间内的经营效果和效率，使不同子公司或经营模块的业绩产生可比性，集团会根据比较的结果，结合集团整体的战略规划和外部经营环境，评价各个子公司或经营模块对资本的吸引力，适时地调整资本配置结构，并在实际业绩严重偏离期望值时采取及时有效的措施。

资本配置可以视为母公司对子公司的财务激励，业绩评价就是这种财务激励的重要准绳，当然业绩评价的结果还必须与集团整体战略规划以及外部经营环境一起决定资本的流向。也就是说，良好的业绩评价结果不必然导致更多资本流入，欠佳的业绩评价结果也不必然导致资本的撤离，但业绩评价仍然为资本的配置决策提供重要的参考数据，在资本配置过程中至关重要。

三、完善信息系统建设，确保业绩考核数据基础

准确的业绩评价基于真实准确和强大的信息支持，完善信息系统建设，是确保业绩评价输入信息质量和输出结果有效的基本保障。信息系统是保险集团在制订战略计划、战略计划执行过程中的纽带，也是业绩评价体系赖以存在的基础，它将各

项管理步骤有机地结合在一起。信息的质量和宽度决定了保险集团经营业绩评价的水平高低，有什么样的信息系统就决定了有什么样的业绩评价系统，它往往成为保险集团业绩评价成功的关键，并且，只有建立良好的业绩评价信息系统，才可能发挥业绩评价系统在管理中的作用，进而带动管理信息系统的提升，提升集团的整体管理水平。

四、建立与公司战略目标、业绩评价和激励机制相适应的企业文化

企业的任何战略、制度、机制最终都要落实到人，因此，建立与企业战略目标、考核机制相适应的企业文化也是确保战略得以实现、各项制度得以运行之根本。在这种文化下，每个员工都能够深刻理解和信任企业战略目标，参与到业绩评价体系的建立过程中，确保每个考核指标公平合理到位，以考核指标为导向来思考和行动，尊重和认同企业的激励机制，接受以业绩衡量的激励结果，并相应调整自身行为。

第六章 对完善保险集团业绩评价工作的几点建议

综上所述，保险集团业绩评价体系建立是一项关联性强、难度大、相对复杂的系统工程，也是集团成功运作、确保集团战略目标实现的关键。除了上文所述包括业绩评价体系选择、指标确定、配套措施的完善外，对提高和改进我国保险集团业绩评价工作，我们也提出以下几点建议。

一、选择适宜的业绩评价体系

管理无定式，适合自身发展的才是最佳的。特别是我国保险集团仍处于发展的初级阶段，发展战略、管控模式等本身就在不断选择和完善的过程中。而基于企业战略和运作模式的业绩评价体系也并无最佳答案，最先进、最完整、最系统的业绩评价体系并不一定是最适合和最有效的。

对我国的保险集团而言，应从自身发展阶段出发，专注于集团整体战略，认清集团自身的管控模式，选择适宜的业绩评价体系，确保体系反映并强化整体战略，适应集团管控特点并有益于管控模式的优化。对每一个评价指标都应认真分析选择，保证指标体系相互关联，具有内在一致性，保证单个评价指标实用、有效且可操作。

二、正确评估集团自身管理水平

保险集团经营业绩评价本身是一项管理内容，其好坏取决于集团自身管理水平的高低，不同的管理水平决定了集团有不同的经营业绩评价方法，因此，在建立保险集团经营业绩评价体系之前，集团需对自身的管理水平作一个评估，发现管理优点与不足。比如，集团及各子公司的管理信息系统的规范性和完备性；集团及子公司整体人员素质水平；集团的目标管理水平的高低与实际效果等等，都是管理者在建立经营业绩评价体系之前必须考虑的内容，这些内容决定了保险集团经营业绩评价体系的指标选择、系统复杂程度、考核完备水平和标准科学性。

对于一个缺乏系统管理的保险集团来讲，更适合用比较简单明了、容易取得的指标体系来进行业绩评价，相反，如果是一个管理细致、有效的集团，它用简单的评价方法将难以体现日常管理的效果，进一步影响原有管理体系的效能。因此，在建立自身的经营业绩评价体系之前，集团管理者首先要评价自身的管理基础，这是建立良好的保险集团业绩评价体系的前提。

三、组建良好的业绩评价团队

集团对子公司的业绩评价工作是一项重要工作，它涉及多个利益主体，体现了集团公司、各子公司、子公司各层员工的利益分配关系；同时，它又是一项复杂的工作，它需要对业绩评价体系进行构建与完善、信息收集与核实、分析与评价、形成报告等一系列工作，需要一群人共同配合才能更好地完成。

因此，对子公司业绩评价需要组织相关财务、人事、战略等方面人才形成一个务实的业绩评价小组，确保该项工作开展和有效改进。特别是在业绩评价体系的建立初期，评价小组更是宣导业绩评价理念、贯彻评价体系、分解落实评价指标、反馈评价结果、修订评价指标及体系的最重要的组织保障。

四、加强合规和内控建设，确保业绩评价数据基础真实可靠

虚假的数据基础产生错误的业绩评价结果，错误的业绩评价结果则导致对非目标行为的激励。因此，必须高度关注集团内部绩效信息的真实性，通过强化合规和内控建设，确保绩效信息的真实性、完整性。

由于我国保险市场仍处于发展的初级阶段，管理水平相对较低，内部经营管理制度的不健全、无序竞争的存在、不同程度的违规操作时而发生仍是保险集团需要面临的重要问题。为了确保业绩评价结果的真实性和准确性，保险集团应加强对子公司业务和财务的内部审计，保证子公司业务和财务数据的可靠性。具体来说，母公司通过对子公司开展定期或不定期的内部审计稽核工作，可以及时发现和纠正业务、财务上存在的问题，并对内部控制的有效性进行评估，从而在监督、控制子公司经营管理的同时，成为集团内部业绩评价体系中不可或缺的配套管理措施。

五、因时因势而变，提高集团业绩评价体系的适用性

集团对子公司的经营业绩评价体系必须与集团对子公司经营目标和管理实际相结合，受集团信息管理水平限制，当集团对子公司的经营重点目标发生了变化，或者经营管理内容重心发生了转移，或者集团信息管理水平有所提高，都需要集团对子公司经营业绩评价体系进行改进提升，进而促进集团整体管理水平的提高。

首先，保险企业的经营特点和不同发展阶段的业绩考核重点不同。结合国内保险行业的发展阶段，当前的业绩考核重点是“提高市场规模和提升经营效益”。保险公司上市后业绩评价指标也应反映外部利益相关者的需求。

其次，不同集团经营业绩评价体系的独特性。不同保险集团应结合各自的战略和管理基础形成不同的子公司经营业绩评价体系，正如理论的保险集团经营业绩评价体系需要改进后才能适用特定集团公司一样，某个集团的子公司经营业绩评价体

系也不一定适用于其他保险集团，这是由其独特的管理文化、水平和手段决定的，因此，一些集团不能盲目地采用某一种业绩评价方法，而是在使用前根据需要分析改进。

再次，子公司经营业绩评价系统是需要不断修正和完善的。当集团公司在保险集团管理信息系统和业绩评价信息系统提升的前提下，目前设计的经营业绩评价体系仍需要进一步改进，以促进集团和子公司管理进一步提升，为集团和子公司管理服务。

参考文献

［1］崔新、王巾英：《集团公司战略组织与管理》，清华大学出版社 2005 年版。

［2］麦肯锡内部资料：DEFINING A CLEAR ROLE FOR THE CORPOWTE CENTER，1990 年。

［3］粟芳：“保险公司信用评级的方法分析”，《上海保险》2007 年第 4 期。

［4］陈兵：《保险公司财务管理》，中国财政经济出版社 2007 年版。

［5］李晓林、李肖傧：《保险公司信用评级与寿险产品评价体系研究》，中国财政经济出版社 2004 年版。

［6］［美］罗伯特·卡普兰、大卫·诺顿著，刘俊勇、孙薇译：《战略地图：化无形资产为有形成果》，广东经济出版社 2005 年版。

［7］［美］卡普兰、［美］诺顿著，刘俊勇等译校：《平衡计分卡：化战略为行动》，广东经济出版社 2004 年版。

［8］西奥多·W. 舒尔茨：《论人力资本投资》，北京经济出版社 1990 年版。

［9］［美］斯蒂芬·P. 罗宾斯，孙健敏、李原译：《组织行为学》，中国人民大学出版社 1997 年版。

［10］波特·马金、凯瑞·库帕、查尔斯·考克斯：《组织与心理契约》，北京大学出版社 2000 年版。

［11］亚当·斯密：《国富论》，陕西人民出版社 2001 年版。

［12］吴敬琏：《现代公司与企业改革》，天津人民出版社 1994 年版。

［13］谢志华：《出资者财务——母公司对子公司的财务激励与约束》，浙江人民出版社 2001 年版。

［14］张先治等：《内部管理控制论》，中国财政经济出版社 2004 年版。

［15］赵建中：“论保险公司的集约化经营管理”，《保险研究》2004 年第 5 期。

［16］王钦、张云峰：“大型企业集团管控模式比较与总部权力配置”，《甘肃社会科学》2005 年第 3 期。

［17］李艳华、张晨松、汤洪洋：“经济资本——保险业风险管理新趋势”，《保险研究》2006 年第 12 期。

［18］刘建德：“经济资本——风险和价值管理的核心”，《国际金融研究》2004

年第 8 期。

［19］陈兵："保险公司偿付能力评估的新视角——经济资本"，《保险研究》2006 年第 5 期。

［20］陆晓明："经济资本与银行业绩衡量"，《纽约金融》2004 年第 12 期。

［21］王斌：《企业具体组建与运行中的财务与会计问题研究》，经济科学出版社 2002 年版。

第五篇

保险集团财务风险控制与后援集中

摘　要

随着保险需求的快速增长和保险市场的不断成熟，传统的分散式运营模式给快速发展的保险集团带来了资源浪费、服务水平下降、风险不易控制等弊端。本文集中讨论了一种新的管理模式——后援集中模式，该模式能够更高效地体现共享服务理念，克服了分散式运营模式导致的诸多弊端，加强了财务风险的控制，降低了成本，提升了企业竞争力。

本文首先介绍了后援集中模式的内涵及特点，即组织上的集成、人员上的集成、信息的集成和财务集成，并阐述了后援集中模式的三大作用，即风险控制的加强、成本的降低与服务质量与效率的提高。进而通过对比分析 Oracle、汇丰银行、GE 三家海外跨国公司建立后援集中服务中心的过程与成效，为我国保险企业建立后援集中服务中心提供了借鉴的经验。

本文在学习海外跨国公司经验的基础上，参照国内三大保险集团的典型后援集中模式的实践经验，从推行后援集中模式的财务风险控制的意义入手，重点阐述了业务集中、财务集中、行政集中和 IT 集中四大类集中流程的设计，分别讨论了集中流程带来的成效，并详细分析了其与财务风险控制的内在联系。

实践证明，后援集中模式代表了国际先进管理体制的发展趋势，同时也在后期控制、文化变迁的必要性和初始成本等方面存在局限性。为此，本文结尾从明确推行后援集中的可行性和适用性及有所取舍、循序渐进推行后援集中模式两方面给出了我国保险集团建立后援集中模式的政策建议，并指出建立后援集中模式需要相关监管部门的政策支持。通过发展后援集中提供共享服务这一优化的运营模式途径，保险集团可以达到降低成本、控制财务风险、提高自身竞争力的目的。

第一章　绪　论

随着经济的快速发展和保险市场的不断成熟，中国保险市场的消费需求将持续快速增长。人均 GDP、人均可支配收入和人均财富的持续增长将推动保险需求的增长；教育水平的提高和保险意识的增强将促进人均保险支出比例的提高；保险行业自身也将走向成熟，能够以更合理的价格，通过更成熟的销售渠道，提供更丰富的产品和更全面的服务。

国内的大多数保险集团在自身快速发展的同时，仍在采取分散式的运营模式，即核保、核赔、客户服务、财务、IT 支持、人力资源管理等支持性的后台职能（back - office）分散在分公司、中心支公司甚至营销服务部等各级分支机构。分散式的内部运作模式及快速变化的外部经济环境，给保险机构的发展带来了诸多问题和挑战。

一、分散式运作模式导致"大企业病"日益严重

所谓"大企业病"是指企业规模扩大、产业类型和管理层次增多后，可能产生的信息阻隔、信息传递速度衰减或内容失真、决策得不到不折不扣的贯彻、指令执行出现严重偏差、企业成本增加、制度繁杂等，使企业响应市场的能力降低，生存质量不断弱化，逐步走向低劣甚至衰败的一种慢性综合病症。

"大企业病"带来的弊端体现在保险行业，具体分析可细分为以下几点：

（一）规模大、机构分散导致作业不标准

集团的各分支机构在运营和管理上具有较大的自主权，加上各地机构往往过分强调地域相关的差异性，往往导致集团或者企业力图推广的统一规范的制度和流程得不到有效的执行。各分支机构的管理水平参差不齐，对政策、制度、作业标准的执行情况也有好有坏。

以财务为例，某公司三级财务核算体系导致该集团执行财务流程的核算机构达到 235 个，不可避免地导致执行集团财务政策的标准不统一，造成集团合并数据的不准确和集团财务风险的增大。这充分说明分散的机构作业模式不利于制度与标准的贯彻执行，无法有效地管控经营和财务风险。

（二）分支机构扩张的同时，成本居高不下

业务快速增长的同时，分支机构的网络扩张加快，传统的银行、保险等金融机构往往是按区域在各地都要建立分支机构，每个分支机构都有自己的办公职场，

根据不同的职能需求设置人事、行政、财务、业务、营销等部门，可以说“麻雀虽小，五脏俱全”。高成本就体现在办公职场、设备、人力等的重复投入上，人员冗杂、工作负荷程度不高、设备闲置率高。原本许多可以整合到后台统一操作的业务都由各省市的分支机构雇佣的人员操作。重复建设的支持性职能部门不仅浪费了大量投资，也阻碍保险企业运营中规模经济效益的产生，成本曲线难以降低。

（三）内控风险加大，无法保持独立性

对于保险业而言，分支机构的工作重点和考核重点是以销售业绩为绝对导向，面临销售业绩的压力，分支机构容易对核保、核赔及财务等后台辅助部门施加影响，可能要求其违反公司的统一规章制度（如放宽核保标准等），难以有效地控制由此产生的道德风险。

（四）后台服务效率低

过于分散的运营模式也造成相对稀缺的财务等专业人员得不到合理有效的利用，他们的时间往往被大量技术含量低的重复性工作所占据，加上核保、核赔及财务等支持性部门作为后台辅助部门常常得不到应有的重视，支持性部门的积极性难以得到调动，随着业务量的增加，工作效率和服务质量受到影响。

（五）并购导致没有协同效应

近几年来，金融集团的并购逐渐增多。但并购之后的金融企业并没有进行很好的资源整合，主要体现在没有对产品、客户资源、作业流程等进行重新的整合，造成了人力、物力、财力、信息的浪费，缺乏协同效应。

二、保险客户的成熟导致服务水平相对下降

客户的日趋成熟，造成现有的服务水平无法满足客户的需求。如果不在服务上加大投入，进行保险产品和服务方式的创新和提高，那么，相对而言，现有保险企业的服务水平是在逐渐下降。

三、目前保险行业竞争的加剧，各保险企业的利润空间不断减少

综上所述，以上种种问题都使得保险集团对自身成本的降低、服务水平的改进和财务风险的控制倍感压力，从而不得不重新评估后台功能在企业中的角色，探求运营模式优化的可能性。

正是在这种形势下，能够体现共享服务（share service center）理念的后援集中这一新的组织模式应运而生了。

保险集团的组织运行包括很多后台支持业务，这类后台支持业务的组织运营模式的演进大致可表示如图 5－1 所示的过程。

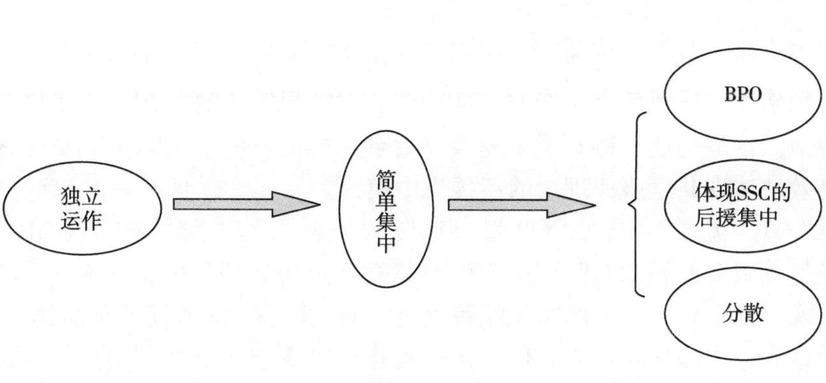

图 5－1　后台支持业务模式的演进过程①

图 5－1 中几种模式产生动因不同、组织架构互异导致了各自相对的优劣，适用于保险企业发展的不同阶段，也可能并存，分别针对不同业务，如表 5－1 所示。

表 5－1　　后台职能运营的几种模式比较

模　式	产生动因	经营理念	流　向	优　点	缺点（风险）
集团内各单位独立运作	既成事实 加速应变	部门导向	母公司	灵活反应 个性化服务	组织臃肿、资源浪费 多重标准、内部失控
简单集中于集团内部	降低成本 集团集权	上级指令	母公司	强化控制力 规模效益 统一业务流程和标准	组织僵化、反应迟钝 效率低下、无创新动力
BPO	集团精力聚焦于核心业务	客户导向	外部供应商	短期迅速降低成本 启动难度低 利用外部资源技术 服务专业化 适用性强	成本波动大 存在逆向选择风险 泄密及业务失控 易对外部产生依赖性
后援集中	聚焦于核心业务；提高集团管控水准	客户导向	后援集中中心（依据内部客户满意度）	持续降低成本 保证业务控制 服务专业化 统一业务标准 吸收最佳实践 创造额外利润	较高的启动成本 较长的盈亏平衡期 内部利益协调及企业企业文化变迁困难 有适用规模限制

而正如上文所述，我国保险企业尤其是大型保险集团现在较普遍的问题就是随

① 其中 BPO 意为业务流程外包（Business Process Outsourcing）是随着企业将业务职能，如应收账款科目和采购科目的管理和最优化移交给第三方，由第三方基于预先确定好的一套执行标准和原则来管理这些活动的一种运营模式。

着规模扩大、业务类型和管理层级增加，采用传统的分散或简单集中所引起的资源浪费、组织惰性，导致后台功能的发挥受限，财务风险不易控制，严重毁损着企业的核心价值。保险企业不得不越来越重视后台功能的发挥，所以人们更多地将目光转向更高效地体现共享服务理念的后援集中模式。

时至今日，美国《财富》500强中86%的企业、欧洲半数以上的跨国公司，如汇丰、渣打等诸多世界知名跨国企业已经建立并运作后援集中；在亚洲，其概念虽然引入较晚，但很多大企业的组织流程改进实质上已自觉采用了它的思路。

我们认为，中国保险企业亦可以通过构建后援集中提供共享服务这一优化的运营模式途径来寻求降低成本、控制财务风险的解决之道。因为后援集中模式在中国的发展，除了其能有力促使中国保险业提高自身竞争力之外，另一个更重要的意义是后援集中模式基于财务风险控制的特殊性。

所谓财务风险，狭义上指企业偿还到期债务的不确定性，仅与负债经营相关。广义的观点则认为财务风险是指企业财务活动的整个过程中，由于各种不确定因素的影响，使企业实际收益与预期收益发生偏离，从而使企业蒙受损失。

企业所经历的风险是企业在资金运行过程中出现的，而它们对企业所有的影响最终都将从财务风险中反映出来，财务风险是企业经营风险的货币化表现形态。故财务风险可理解为企业经营总风险的集中体现，并成为企业经营总风险的核心和落脚点。因此，本文在研究过程中对财务风险的界定，倾向于后一种观点，即把财务风险的范畴扩展化。

财务风险控制则指企业在从事经济活动的过程中，采取各种措施和手段去设法降低财务风险发生的概率，减轻可能承受的经济损失。财务风险控制的内容，主要包括企业的筹资活动、投资活动、资金回报活动及其过程中的风险控制。

保险公司是经营风险的特殊的商业性企业，其各种准备金等外来资金远远超过资本金等自有资金，导致保险企业的全部资金来源中，有80%来自负债，是典型的负债经营企业，财务杠杆作用特别大。因此，对保险业而言，财务风险控制就显得尤为重要，其财务风险管控也不仅仅以狭义的财务风险范畴为着眼点，而应包括保险企业的营运情况及风险承保能力等经营风险。

保险公司由于资本额不足、责任准备金提取不足、资金运用不当、坏账过多会直接产生财务风险。而核保质量低、定损不当、理赔制度不严、私自印刷领用有价单证等则会形成道德风险和经营风险，造成保险公司综合赔付率上升，盈利能力趋弱，从而间接产生财务风险。这些风险在我国保险业发展初期，由于业务快速发展、市场垄断等原因而没有暴露或被忽视，保险公司风险意识普遍不强。但在市场环境改变、竞争激烈的情况下这些风险会逐步显现，危及保险公司的生存。

后援集中模式综合了分散化经营模式和集中化经营模式的优点，对以上提到的财务风险的直接触发点和间接触发点，从保证标准化、独立性、监督权和低成本四方面，起到事前严密防控，事后降低损失的作用，使其能克服分散式经营的诸多弊病，为保险集团的快速、稳定发展起到良好的推动作用，对提升保险集团核心竞争力，满足保险集团规范管理与风险控制的内在需要，具有十分重要的意义。

本篇将通过对国际著名跨国公司的后援集中模式的比较研究，剖析后援集中模式的优缺点及作用，探讨如何通过后援集中模式对保险集团财务风险进行控制，为保险集团推广后援集中管理提供建设性的意见。

第二章 后援集中模式概述

第一节 后援集中模式的内涵及特点

后援集中模式是对企业内部各具有相对独立性的业务单位的后台服务职能进行重新整合，建立统一的后台服务中心，向各业务单位提供后台服务以降低企业的后台服务运行成本，提高运作效率和风险集中控制的组织形式。

后援集中模式实际上意味着组织上的集成、人员上的集成、信息的集成和财务集成。

组织集成，即在时间和空间上进行综合系统地分析和设计，以期最大限度地提高组织的运行效率。

人员集成，即在充分调动和发挥员工潜能的基础上，使在提供服务过程中的人员在工作目标上保持一致，行为方式上保持协同，从而更好地完成组织目标。

信息集成，对于集团型企业而言，信息是一个很重要的风险驱动因素。信息不仅有反映过去的信息，也有用来预测未来的预警信息，同时也有对于企业正在面临的风险控制有价值的信息。计算机集成系统利用数据的共享、工作流程控制实现了企业运作过程的集成，通过多个数据库之间的有机联系的技术来实现数据共享。

财务集成，体现在两个方面：(1) 整体财务系统中实现互联，子公司财务总部和集团总部可以随时了解下属机构的财务信息，将所有下属机构的财务信息集中到后援中心统一核算、集中管理，下属机构则成为一个财务报账单位，实现财务信息的集成。(2) 由于会计是从价值方面综合反映和监督企业的财务状况和经营成果，因此，后援集中不仅重组内部工作流程，而且将反映人、财、物等方面的信息与企业的流程结合，实现集团内部财务与业务的集成。

后援集中具有以下特点：

首先，形成的后援中心存在于企业内部，是为企业的内部顾客服务的，仍然是企业的一部分；其次，后援中心是作为一个独立的经营体按照市场机制进行运作的，当其发展成熟之后，它在向内部顾客提供服务时可收取费用。而后援集中之所以被视为“共享”，是因为企业内部的各个业务单位不再分别设立自己的后台部门，所有的后台支持统一由后援中心提供，他们“共享”后援中心的服务。后援中心为企业内各个业务单位或其他部门提供的服务范围可以包括：财务、资金管理、采购、信息系统支持、法律咨询、人事和研发等。

第二节 后援集中模式的三大作用：风险控制、成本、效率

各知名跨国公司纷纷采用后援集中的现象绝非偶然，这与后援集中所能给企业带来的众多利益是分不开的。

首先，管理加强，控制风险。在很多亚洲国家的企业里，后援集中的意义已远超过了单纯的成本节约，在后援集中平台处理一些繁琐、重复性强的业务时，各个业务单元能够更专注于自己的核心业务，而且后援中心提供了一个标准的工作程序，可避免地区和业务部门之间出现标准执行的偏差和内部管理的“黑洞”现象，使更多的管理数据在统一标准下得以比较，这无疑是公司管理层、董事会取信于股东的利好因素。另外，后援中心作为一个服务中心，它可以在比较短的时间内开发出更专业的技术并在组织内得到推广。这种形式的技术或服务可以作为新的组织架构的实践来尝试。

其次，最明显的利益就是成本的降低。事实上，很多企业建立后援集中的最初驱动力便是为了降低成本。根据2001 年 Anderson 公司和 akris. com 共同进行的研究表明，有 29% 的企业在第二年年末就收回了启动建立后援集中的成本的投资；48% 的企业在第三年或第四年年末收回投资；由于员工人数减少而带来的直接成本节约就占到 20% 到 40%。美国运通公司最初有 46 个业务处理站，且网点分布不均匀，各站点的系统重叠不统一，效率低下，成本很高。当时处理业务的人员有 4 200 人，费用高达 4 亿多美元。通过推行后援集中达到共享服务，美国运通将全球业务处理部门合并为三个财务中心，通过标准化的流程管理，提高规模经济效益，降低了成本。仅旅行服务业务的操作流程的合并，就使全球员工减少 1 000 人，节省成本 8 000万美元。此后业务量每年上涨，人员数量却逐年在减少。摩托罗拉将其在亚洲地区 14 个国家的财务服务，包括总账、应付、应收账款的处理都集中在中国的天津开发区，同时亚洲的财务中心为全球摩托罗拉提供账务支付，而服务人员仅有 180 人，这些看上去不可想象的事情，后援集中都为他们做到了，成本也随之大幅降低。

第三，服务质量与效率提高。通过集中规模把复杂的工作变得更简单、更标准、分工更细，工作效率和质量将进一步提高。比如后援集中能把传统的会计记账变成“会计工厂”的运营；把人事服务变成“人事管理工厂”。在规模服务经营过程中，亦可引进“六西格玛”质量管理理念，开通客户服务热线，在后援集中下把服务作为工作的重点，一切聚焦在服务上。世界上最大的企业软件供应商 Oracle 经过 6 年时间在全球建立了三个区域化的共享集中服务中心。Oracle 只通过 9 天时间就可以完成全球 65 家子公司的年末结账和合并。这个数字可能是许多中国上市公司所无法想象的。Oracle 的财务报告流程之所以有如此效率，共享集中服务中心在其中功不

可没。

第四，企业营运重心的保证。由于集团的各个企业单位都将自己的非核心业务（后台业务）交由后援共享中心来运作，而后援中心又能提供足够需要的后台支持，使得各业务单位可以将自己的重心完全放在它们的核心业务和顾客上。根据太平洋贝尔公司的研究，该公司在1991年建立了7个地区后援中心，仅在五年内，不仅它的后台营运成本降低了54%，而且顾客满意率从70%上升到95%左右（见图5-2）。

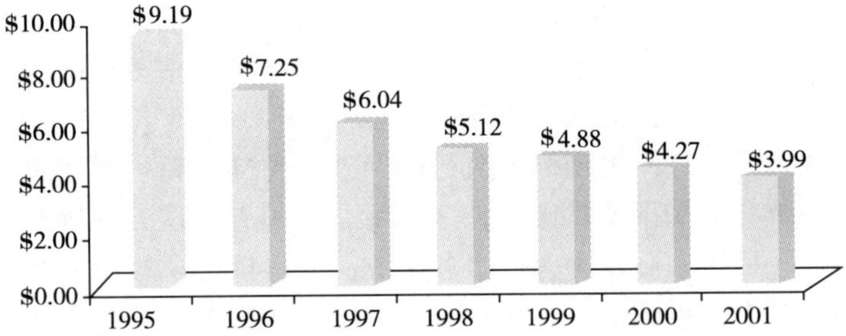

图5-2　贝尔公司1995年至2001年营运成本一览

第五，加速企业的标准化进程。后援集中为企业的工作流程，特别是内部服务工作流程的标准化以及各种管理数据的统一、综合提供了平台，否则每个业务单位，或是地理上，或是由于业务的不同会各有各的行为方式。以渣打银行为例，在建立服务共享中心之前，每一个国家的银行系统都采用不同的电脑管理软件，每个银行根据自己的需求增加新的应用软件，造成提交的管理报表无法及时汇总。而在建立服务共享中心时，为了使所有的银行前台输入的数据能立即为服务共享中心所用，渣打银行重新对各银行的计算机系统进行检查和整合，并在涉及服务共享中心的技术支持系统时，将其作为整个银行系统技术标准化的第一步。

第六，有利并购。后援集中模式的建立可以使企业在收购和兼并其他企业时操作更为容易，其一是企业已经有了整合的经验；其二是由于已经有了后援集中这个共享平台，企业所要整合的主要是核心业务，而后台服务的提供并不需要再增加新的费用。Philip Morris 公司在收购 Wilkes - Barre 公司时，由于不需要再整合其后台部门，因此将主要精力放在它的主营业务上，从而不仅在较短的时间内成功吸纳了它的主营业务，而且提高了原来的工作效率，使 Wilkes - Barre 在员工人数减少了15%的情况下，营业收入提高了30%。

第七，员工技能的提高。后援集中将企业各个单位的后台功能集中在一起，使得企业各个单位在这一领域的专家可以在一起共事，直接交流。通过各种有针对性的培训，使后援服务中心员工技能水平不断提高。

第三节　小　结

正如上文提到，后援集中模式综合了分散化经营模式和集中化经营模式的优点（见图5-3），具有“风险控制、成本降低、效率提高”三大功能。其中最核心的作用——风险控制，不仅指经营风险的控制，更指财务风险的控制。事实上，从某种意义上说，成本降低和效率提高都和保险集团控制财务风险有着千丝万缕的联系（关于这点，将在本篇第四章详细阐述）。后文将通过对国内外知名企业后援集中管理模式的案例分析，更深入地揭示后援管理模式与财务风险控制的内在联系。

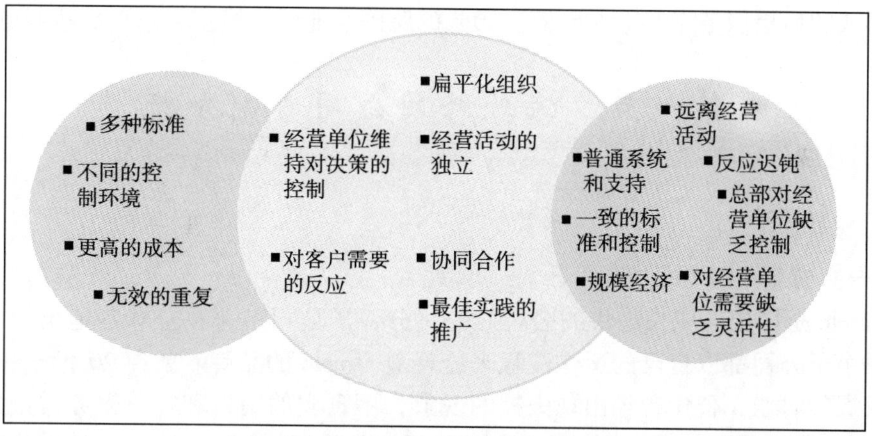

图5-3　后援集中模式优势分析图

第三章 国际比较研究

福特公司被认为是第一家建立服务共享中心的企业。它于20世纪80年代初期就在欧洲成立了财务服务共享中心。随后，数字设备、杜邦和通用电气建立了自己的服务共享中心。接着是90年代初期的惠普、道尔、IBM和Allied Signal公司。样本示范标志着“共享服务”时代的到来。如今，美国500强企业中大部分都建立了各种形式的后援服务中心。在欧洲，50%的跨国企业已经或正在建立后援服务中心。

第一节 海外跨国公司案例分析

一、Oracle

（一）背景

Oracle是历史上成长最快的公司之一，分、子公司迅速在全球各地出现，曾经一度每个子公司都以自己的运作流程来诠释着Oracle的品牌。就在20世纪90年代高速发展的时候，公司曾经出现失控的现象，不真实的销售和客户服务质量的跌落使当时的Oracle处于严重的危机，促使Oracle公司高层高度关注公司的道德风险治理和财务风险控制问题。因此，Oracle决定必须要减少流程控制、尺度把握和数据存储的机构，包括掌管业务流程的后援服务中心和提供数据和软件平台的数据中心，即增加流程的效率和效力的职能中心。

Oracle原先在三个大区分别设立了三个后援服务中心，主要是考虑灾难时的备份功能、区域差异及职责差异。Oracle亚太区的后援服务中心坐落在悉尼，肩负着为14个亚太区国家的营运机构提供集中式财务服务的重担。现在Oracle已经把财务中的高端的分析和预算集中到在印度全球后援服务中心下设的名为“全球财务信息中心”（GFIC），并且把低端的基础数据维护流程集中到另一个名为“全球基础数据管理中心”（GDMC）。Oracle计划逐步将3个中心的大部分流程集中到印度的“全球后援服务中心”，达到全球共享的模式。

（二）推行集中共享的步骤

Oracle在建立后援服务中心的初始，首先考虑的便是建立一个标杆去验核不同市场运作的公司需求的必要性并给出解决方案，唯有这样才能达到流程标准化的目的。在Oracle，这个标杆就是Monaco，其代表一个装在电脑里的虚拟子公司的标准流程文件。它必须先给出一个清晰的实施范围，要列入后援服务中心进行统一运作的流程自然成为首要目标。在前期的调研和评估的阶段，往往越具有同质性的流程，越有可能成为共享的目标，另一方面，越关系外部客户的及时反馈程度和市场竞争力的流程就越需要留在当地市场运作。最后 Oracle 确定了以下的集中范围：

1. 销售、咨询、培训和支持四个事业部门的从订单到收款的流程；
2. 从采购到付款的流程；
3. 佣金计算流程；
4. 费用报销流程；
5. 总账和报告流程；
6. 资产管理流程；
7. 现金管理流程。

当确定纳入集中共享轨道的流程之后，更重要的就是确定在外部客户、当地机构和外部合作伙伴（如供应商、银行等）之间流转的清晰流程图来定义和划分各流程中各个机构的职责。另外，需要一套完善的信息系统来支持信息在外部客户、当地 Oracle 营运机构、后援服务中心和外部合作伙伴中远距离的传递和共享。然后就是后援共享服务的推广过程，也就是沟通、协调、谈判的过程，后援服务中心其实是将各个地区的营运机构作为其内部客户来进行服务，因此后援共享中心和每个国家的每个事业部在遇到例外情况时都会签订服务承诺协议（Service Level Agreement）。

（三）集中共享流程

后援服务中心最具代表性的业务流程就是会计报表合并流程、员工费用报销流程及采购流程。

Oracle 在共享集中模式下，各个子公司的报表是先由后援服务中心按照美国会计准则（US GAAP）进行报表制作，并根据预设好的科目匹配关系自动汇入合并账套，而子公司当地的税务报表则通过在美国会计准则报表基础上登陆调整分录进行。这已经改变了通常由子公司先进行报表的制作、再汇总报给总部的流程，因为在那样的流程下，首先不可能保证 65 家子公司都在规定时间内按照要求和格式报送报表，更关键的是无法在那么短的时间内验证这些子公司数据的真实性。

费用报销流程是最能深刻感受到共享服务理念的流程，因为所有的费用都必须通过网上申报（Iexpense）报经理批准，同时原始单据要集中到 Oracle 管理中心，并通过扫描系统流转到悉尼后援中心的财务人员进行审核和付款，后援中心的财务人员便每天面对两台接着同一主机的屏幕，左眼是扫描的单据，包括单据号码、员工号码、报销金额等，右眼就是经过经理批准的员工填写的费用报销申请的界面，两个互相比较来对金额和合规性进行审核。

采购流程往往是集中收益最明显的流程，也是许多公司在共享集中的道路上首先跨出的第一步。Oracle 在采购流程上不仅集中了战略性采购（Strategic Purchasing）中的循源、供应商认证、谈价、采购目录认证的流程来增强和供应商谈判的力度并减少采购环节的“猫腻”，而且将日常采购中的请购单的审批和订单的出具等工作通过电子商务的方式进行了集中化和自动化。在这个流程中，为了控制财务风险，中心人员干预最多的环节就是发票的系统录入环节（即中心作业人员依靠影像系统中从当地扫描过来的发票），当地人员录入发票的权限都收归到了中心，财务的审核权的集中体现无疑。

（四）集中共享的效果

1. 降低成本。根据内部统计数字显示，共享模式将原先分布在不同地区的财务部合并所达到人员减少、IT 系统合并而带来的升级和维护成本的降低以及利用集中采购和自助服务带来的收益已经为 Oracle 节省了 10 亿美元，并且向 20 亿美元的目标迈进。

2. 风险控制。Oracle 当初建立后援服务中心的初衷并不主要是为了成本减少。在后援集中管理模式下，各个子公司以统一的流程来运作、来面对客户，以一种尺度来归集财务信息，以一个数据库来读写财务数据，杜绝了内部不规范的操作和管理，减少了不同子公司之间标准执行的偏差，降低了经营风险和财务风险。这才是后援服务中心为 Oracle 带来的最大好处。

二、汇丰银行

（一）背景

汇丰银行市值位列全球金融机构前三，其利润率居全球金融业前列。由于汇丰持续保持全球高质量客服水平，为汇丰创造了大量的交叉销售和重复销售的机会，但客服总量相对同业投入也更多。由于汇丰客服总量相对较高，所以长期重视单位服务成本的降低，自 20 世纪 90 年代开始，汇丰开始采取前后线分设，后援集中处理的方式进行全球资源整合，在人力成本较低的国家建立后援管理中心，成为了汇丰建立结构性成本优势的重要战略之一。

到目前为止汇丰共建立了 11 个全球作业中心，在中国的上海和广州都建有数据处理中心。自实施后援集中以来，每年单位后援成本持续下降，在同业中同时获得客服和成本两方面的竞争优势，取得长足发展。

（二）后援整合的具体步骤

汇丰在十年内，实行三步走：首先是 79 个国家集中，然后是区域集中，最后是全球集中，未来将推动财务与人事的集中。

从 20 世纪 90 年代开始后援整合，首先，分行/分公司的后勤运作分离，将汇丰所属证券、保险、银行等业务非直接面对客户的后勤职能（back - office）从分行/分公司移走，集中至同城的后援服务中心；而后将全国的后援服务均集中至某一具备成本优势的城市；从 90 年代末开始，汇丰将全球的后援处理集中至印度（两个点）和中国大陆（广州、上海），如图5－4所示。

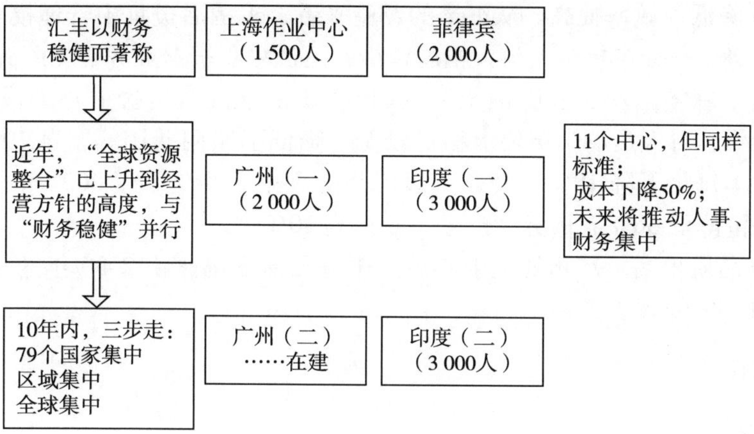

图5－4　汇丰后援集中中心组织架构图

（三）后援整合的项目

所有非直接面对客户的后勤均进行剥离和集中，以信用卡申请为例：客户填完申请书，并交齐申请所需文件后，分行即将该资料通过影像扫描系统传送至后援中心，其后的所有服务（含资信审查、客户信息确认、信用卡发放等）由后援中心完成。

（四）后援整合的条件

1. 强大的IT系统支持：全球集中、标准化的IT系统；集团统一集中的客户数据库；高效的全球联网。

2. 先进的管理理念：首先，在维持统一的服务品质标准基础上，不断改进成本效益的成本管理理念；二是进行长远规划，按部就班实施，政策延续性高，逐年改进的执行力理念。

（五）后援集中的效果

汇丰的全球资源整合方针产生了巨大的价值：首先，汇丰的规模有一定的增长，由2002年的259亿美元增长到2003年的411亿美元；其次，对股东创造了巨大回报。1999～2003年投资回报为111%，利润则由2001年的50亿美元增长到2003年的88亿美元，增长率为78%。

1. 控制风险。首先，汇丰在全球实现统一的标准化运作、前后端的“背对背”隔离，有效地杜绝了内部的“暗箱”操作，在贷款授信方面上降低了道德风险，减少了人为造成的不良贷款，有助于规避财务风险和信用风险。其次，利用后援中心提供的平台，汇丰客户数据资源得以整合、分类和挖掘，从而达到从综合信息上来辨别各类客户的风险和收益，一方面提高了对有潜在风险的客户的辨识度；一方面可挖掘安全度高、最有价值的客户为其度身提供多元化金融服务，实现精细化管理，有效地管控住风险。

2. 成本降低、效率提高。从汇丰的经验来看，采用后援集中管理模式带来了巨大的成本优势——分支机构人员大幅度减少。后援中心根据业务情况配置后援人员，避免了各地“麻雀虽小、五脏俱全”、人浮于事的状况；后援中心形成流水作业，只需简单操作，对人员的学历要求相对较低，降低了雇用费用等。自1998年以来，单位后援成本每年下降10%～15%，以广州处理中心为例，仅2001年，其后援运作成本比香港降低60%，服务生产效率年提高10%。

3. 服务品质提高。广州处理中心后援服务品质准确率由2000年的99.8%提升至2001年的99.92%。

三、GE

（一）背景

GE这家美国巨型企业于1997年在印度建立了它的后援支持（back－office）企业——“通用资本国际服务公司”（Gecis）。它的业务除了客户服务，还处理复杂的程序，例如数字模型和保险统计分析。GE前印度后援服务中心（现在的GENPACT）在为集团服务的过程中逐渐成熟，集团在2000年将其60%的股份对外售出，使之步入社会化经营，收回投资的同时得到了极高的溢价收入。现在该中心已对外提供服务而成功转型为全球知名的BPO提供商。

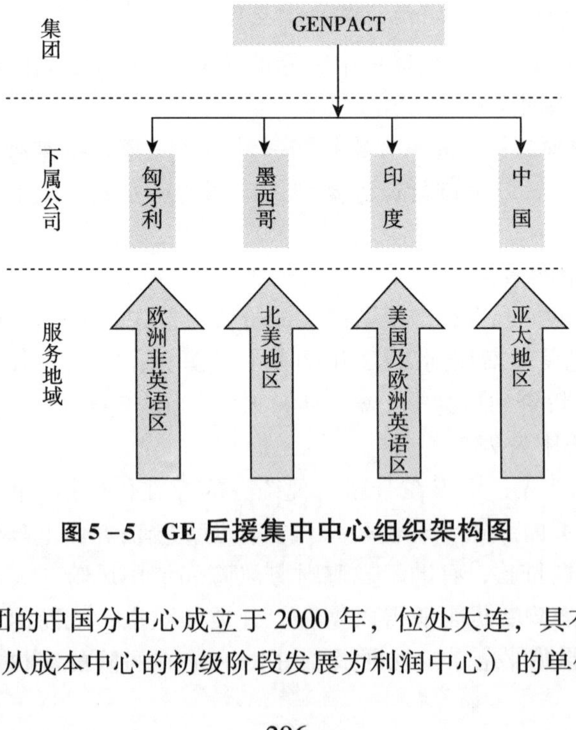

图5－5　GE后援集中中心组织架构图

GENPACT集团的中国分中心成立于2000年，位处大连，具有独立公司法人资格，为自负盈亏（从成本中心的初级阶段发展为利润中心）的单位，按外包服务协议约定收费为收入来源（图 5－5）。其主要客户除 GE 集团内部公司外，也为集团外客户（如 Nisson）提供服务。GE 后援集中中心应用六西格玛和精益为主导方法论与工具，致力于持续改进服务水平，共拥有 31 名黑带及 414 名绿带。当初选择大连建址，主要基于为日本服务、当地人才与语言优势以及政府支持的考虑。目前有员工 1 300 多人，其中财务有 400 多人。员工素质中对语言能力的要求较高，主要包括日、英以及韩语等。因此除 100 多人为大专学历外，其余均为本科以上。

图 5－6　GE 中国后援集中中心主要业务一览

（二）财务集中业务

目前 GE 中国后援集中中心的主要业务模块包括资本服务、行业服务和共享服务（图 5－6），其中，财务外包服务从规模上为该集中中心最主要的集中项目，具有较为明确的分阶段目标及内容。目前情况看，财务外包处理内容仍主要集中在基础数据阶段，有较为成熟的外包运作体系和模式（移管计划），费用方面目前仅限于处理差旅费用，其他形式的费用尚未提供服务。其具体使用的财务系统软件有 SAP、Oracle、Legacy 等，亦会沿用客户自用的财务软件。

中国分中心财务的具体业务为：

1. T&L（差旅费）、Payroll（人工费用）、AR/AP（应收/应付）；
2. Cash Application（资金支付）；
3. Plant & Equipment（固定资产）；
4. FP&A（财务计划与分析）、Financial Reporting（财务报表）；
5. G/L（总账）、US GAAP、JP GAAP。

费用报销的集中处理流程为使用电子网上签批流程，依靠系统进行数据传输。基本环节如下：

APPlication（员工申请）—Approval（上级批准）—Check（核查）—Pay（支付）

如核查环节约定由大连公司集中处理：（1）需将相关原始发票邮寄到该公司进行集中核对处理；（2）处理完毕后所有原始发票保留在大连公司，不用再邮寄回给客户；（3）所有原始发票均按规则归档在中心，不用打印记账凭证；（4）从客户指定票务服务公司取得账单辅助进行核对。

如支付环节约定由该公司集中处理：（1）通过远程登陆客户网银系统进行操作，从客户原账户支付；（2）可直接支付到客户为员工办理的公司卡等指定账号；（3）有关支付的账务处理不需要看到银行的实物单据，可直接进行处理，而银企对账处理通过银行对账单进行。

（三）后援集中效果

1. 利润提高。自建立时起，Gecis 的销售额迅猛增长到 4.3 亿美元，在 4 个国家有雇员 1.7 万人。GE 集团将其 60% 股权出售后，它作为一个优秀的 BPO 提供商，为 GE 继续创造高额回报。

2. 风险控制。在财务集中业务方面体现得尤为明显。通过对费用核算的集中处理，标准化的外包确保了费用和差旅费政策的严格执行，从系统控制上堵塞了财务违规操作，全面提高管理水平，从而加强了财务风险管理和控制。

第二节　小　结

国际上相关研究表明，采用后援集中模式的平均投资回报率和人员精简率均可达到 25%。众多跨国公司已通过自建后援集中获利丰厚。通过对以上三家国际知名跨国企业的研究分析，可以证明，跨国集团普遍面临“大企业病”，必然要求企业可以有一个集权控制而又不损失效率的模式。所以仅简单合并重复性的日常工作是不够的，只有建立起具有竞争力的业务运营模式，更为专业、高效、透明地提供服务以及强势地控制财务风险，才能满足战略、组织的需要。结合本章的案例分析以及前文对后援集中模式优劣势的比较分析，可以证明后援集中更能胜任这一任务，可实现服务标准化、客户资源共享、后台运作统一标准，有效地降低成本、控制风险，是对金融企业业务流程的重大变革，对提升集团核心竞争力具有重大意义。

第四章 我国保险业后援集中模式探讨

第一节 简 介

虽然后援集中管理模式在国内还是一个较新的概念，但鉴于前文得到的结论，相信它很快会被中国企业接受并得到发展。事实上，很多中国企业目前建立的一些客户服务中心，已经具有服务共享中心的雏形。

比如落户中国的拜耳共享服务事业部、惠普在大连建成的后援中心以及中国本土企业中像海尔一样的先行者也不在少数，它们在尝试中总结了一些后援集中服务中心中国化的经验，享受到初步的成果，进一步激起集中共享服务理论探讨与实际运用的热潮。

目前，中国平安、太平洋保险、中国人寿三家国内保险集团均已建立或正在建立自己的后援中心。中国平安保险集团作为国内最早采用后援集中管理模式的金融机构，早在2003年就启动了后援集中的推动工作，上海后援中心于2006年6月30日正式投入使用，并于2007年在成都成立后援分中心。平安后援管理中心依托整合集中的IT平台，目前已逐步形成涵盖契约录入、保全作业、核保、理赔、费用核算、资金结算、信用卡作业、文档作业与全国热线支持等功能的整体运营与服务中心，今后将转型为一个独立盈亏的公司化运作模式。太平洋保险集团于2007年4月建立了会计核算中心和IT运营中心，会计核算中心以财务系统为平台，通过制定统一的核算办法与核算流程，实施集中的财务系统维护，实现了总部的集中资金结算、会计信息加工、标准化统计及财务报表的制作，提供了支持型的会计共享服务。IT运营中心则基本实现了网络、系统、存储、安全、灾备及热线支持的集中，执行严格的作业流程和SLA服务目录与承诺，达到全集团IT资源的统筹安排与调配。中国人寿保险集团在前几年地市级集中的基础上于2007年基本实现了业务处理与会计核算省级集中，并正在加强数据中心、研发和灾备中心两个中心的建设，与此同时提出了“形成国际顶级IT能力”的信息化建设目标，以满足规范管理、防范风险和自身发展的需要。实践证明，三家保险集团公司通过实施后援中心，实现了业务流程整合与标准化，加强了风险控制，提高了资源使用率，合理地降低了运营成本。

笔者通过学习和借鉴国内保险集团后援集中模式的实践经验，探讨中国保险集团后援集中未来发展模式，设计业务集中、财务集中、行政集中和IT集中四大集中业务流程，并详细分析其与财务风险控制的内在联系。

第二节　主要集中环节流程设计及其财务风险控制机制

一、业务集中

（一）新契约/保全录入集中

新契约录入和保全录入业务均是根据机构端采集到的客户信息，在保单系统里进行录入，两者的不同之处在于新契约录入是在系统里生成一张新的标准报单，而保全录入则是对保单信息一种后期维护。

由于两者在业务流程和风险控制方面的同质性，现以保全录入业务为重点分析和流程设计对象。

保全录入业务主要是针对寿险保单的一种信息维护，包括增加、减少险种的保额或份数、增加一个或多个附加险、累计红利领取、缴费方式及个人信息的变更等。

保全业务在集中后的流程简单介绍如下：

1. 客户将相关材料备齐交当地柜面并提出自己的变更或退保请求；
2. 机构柜面接受客户资料并审核决定是否受理；
3. 机构将客户递交的相关材料扫描传递至后援中心保全作业部；
4. 中心保全根据扫描的资料，按照公司的条约规定进行业务处理，并将结果通过电话中心或机构通知客户，批单由机构打印传递给客户。

新契约/保全录入业务的后援集中最直观也是最重要的一个作用便是提高了录入效率，降低了相关成本。显而易见，保单信息录入作为一种重复性的低端操作性业务，只要形成一种大批量作业，必然能够起到规模效应。另外，后援中心的录入人员接受统一标准的作业要求和技术培训，加之反复的操作实践，他们在保证录入的高效率的同时，其差错率必然也比集中前的机构人员要低。因此，新契约／保全录入集中在提高效率、降低差错率两方面都起到了降低成本、提高利润，从而提高保险集团控制财务风险的能力。

（二）核保集中

核保，也称风险选择或风险查勘，即风险选择、评估，按照核保政策进行，并确定自留额，是保险公司评估和划分准保户反映的风险程度的过程。核保的主要目的是为了对客户公平。保险的基本原则之一就是使每个被保险人能根据公司对其承担的风险量支付相应的保费。保险公司每收到一份投保单，就必须确定其风险程度，并针对该风险收取公平合理的保费。

在后援集中模式下的核保流程设计如图 5－7 和图 5－8 所示。

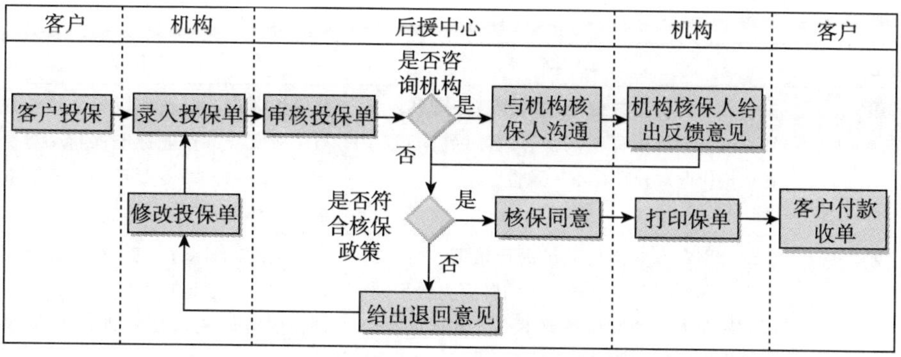

图 5 -7　核保流程图

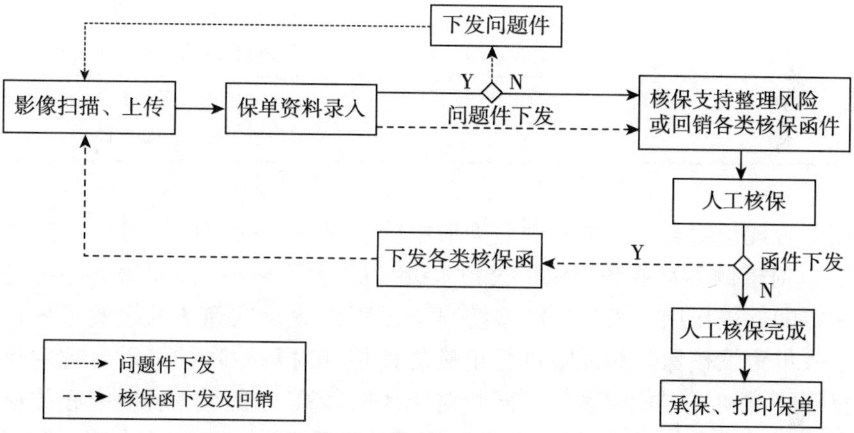

图 5 -8　核保作业图

核保流程在集中前后对比，如表 5 -2 所示。

表 5 -2　集中前后对比表

变化点	集中前	集中后
作业模式	在各个机构本地作业，资源分散，浪费人力成本	集中进行作业，各项相关业务转中心处理，不同环节由不同技能要求的人员完成，实现专业分工，降低人力成本
相关系统整合	通过原有业务系统及邮件、OA 签报、IT 问题上报系统等多个渠道处理问题件；以人工获取信息为主，沟通时效较低、沟通成本较高	将多个系统进行关联整合，通过系统自发工作流实现岗位间信息反馈，操作便捷，时效快，便于追踪

续表

变化点	集中前	集中后
核保政策/规则的统一	由于各个机构对核保的政策及规则理解不一致，或各个机构存在一些客观原因，导致了各机构作业对外存在不一致性	集中作业后，对核保政策、作业规则进行统一宣导，作业标准保持一致，在一定程度上对公司专业形象的提升起到积极的推动作用
人员培训和管理	各地分别对专业岗位人员进行培训，由于各地作业标准等存在差异、培训师资力量不同，因此专业人员的素质参差不齐；管理上也存在成本难以控制的情况	集中之后，对新员工进行必要的基础培训，并不定期地对员工进行各项专业培训，使培训成本及管理成本得到有效控制
影像扫描技术	事后扫描，无受理信息与扫描信息的校验功能，存在漏扫、错误扫描情况	事前扫描，增加受理信息与扫描信息的校验功能，确保完整准确的扫描
自动派工技术	以手工交接工作事项及业务材料，可能存在承接不全或是遗漏情况	由系统设置工作承接，系统检索所有移交人的待处理和待分配工作任务，全部完整移交给承接人处理，无疏漏
保全作业受理渠道	柜面、投递箱	为电话中心、网络、银行等其他受理渠道提供了后台处理平台

从业务管理角度看，后援集中后无形中让后援中心的核保人员的头脑中绷紧了“效益弦”，对遏制不良业务，保证公司永续稳健经营，提高公司服务品牌与综合竞争力有一定的促进作用。集中后的系统自动派工作业及准确率的绩效考核，将督促后援中心人员审慎核保，对风险进行正确的评估并对每一险种进行合理定价，降低综合赔付率并增加可用费用额度。同时对于风险较高的业务，后援中心的核保人员会主动考虑展业成本，并在后期建议根据赔付情况适时调整险种结构或承保条件，对整个业务流程起到一定程度的优化作用。综上所述，核保集中流程与财务风险控制的机制如图5－9所示。

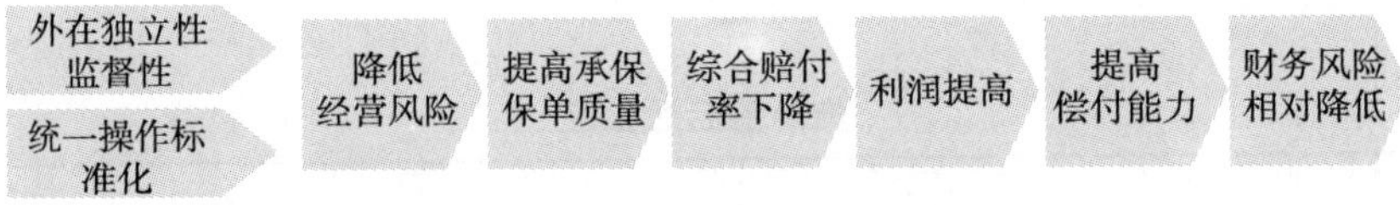

图5－9　核保集中财务风险控制机制

（三）核赔集中

核赔是指对保险事故的原因和损失情况进行调查确认的行为。具体来讲，理赔部门接客户报案后出现场查勘、判定责任、确定损失及支付赔款。理赔作业需对理赔支付数据的真实性、完整性和正确性负责。

在集中前，核赔业务由机构人员负责，即机构人员既负责前期查勘，也负责核赔。集中后，前线机构人员负责初始的实地查勘工作，后续的所谓“定价、核损、核赔”则统一由后援中心人员负责。

集中后的流程简单介绍如图 5－10 所示。

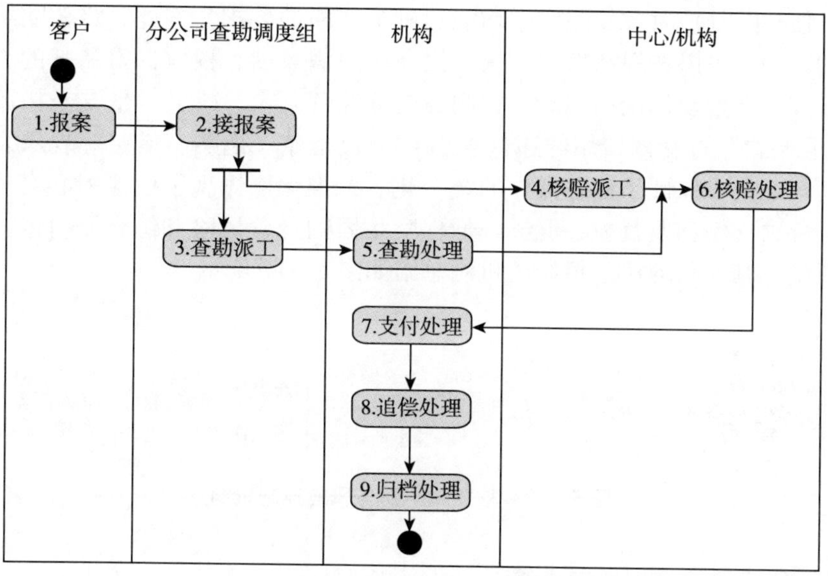

图 5－10　核赔总流程图

后援中心核赔派工处理流程如图 5－11 所示。

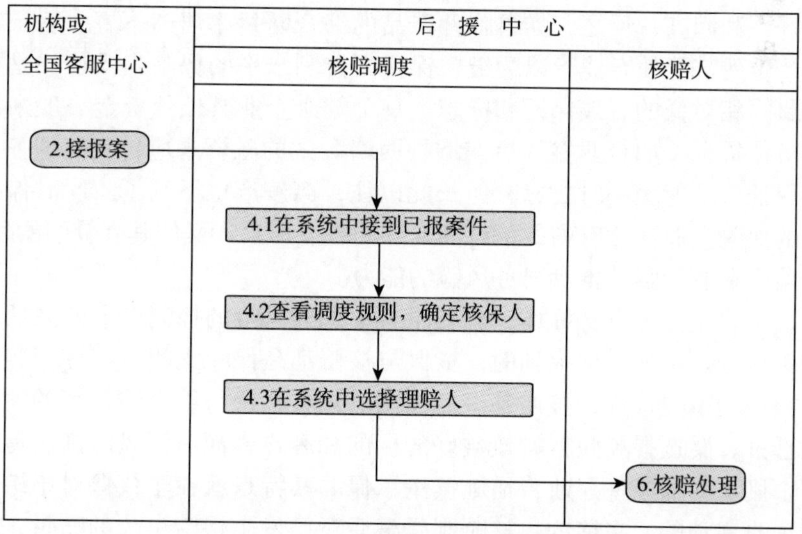

图 5－11　核赔流程图——核赔派工

将核赔业务转移到后援中心完成，将核赔流程从前端剥离，自然而然地形成了“背靠背”的操作方式，能降低核赔人员被前线销售业务人员操纵的道德风险；严格按照统一的处理方式和口径，能够屏蔽业务前端可能带来的不规范操作风险；加之内部也建立完善的运营管理体系和质检内控环节，以六西格玛和精益方法论为主要原则，使核赔处理时效及差错率均能达到更严格的要求。因此，将核赔纳入到后援集中的范围，可以在提高核赔时效、提高客户满意度、树立保险品牌的方面对业务销售起到良性推动作用的同时，控制好内部经营风险，减少“坐支坐扣保险费”、“编造虚假赔款”等套取费用的违规经营行为及拒赔、拖赔、惜赔等现象发生。综上所述，核赔集中保证了业务操作的统一化、标准化，体现了后援中心对核赔业务操作的外部独立性和监督权，能够降低保险集团的经营风险和综合赔付率，从而降低财务风险。其与财务风险控制的机制总结如图 5－12 所示。

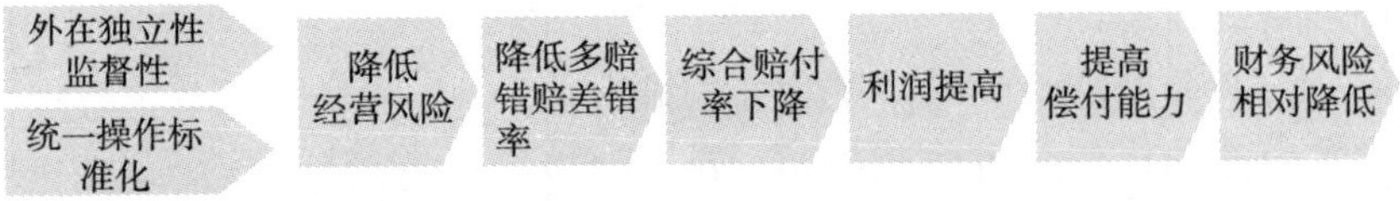

图 5－12　核赔集中财务风险控制机制

（四）财务风险控制机制小结

在上文提到的若干集中的业务环节，核保和核赔是保险经营的核心环节，两核流程是保险企业经营及风险控制的核心流程，因此也成为保险公司推行后援集中模式首先要考虑集中的流程。

这是因为对于保险集团的经营，如果险种产品事故率低，综合赔付率低，必然经营效益好，利润高；反之，如果险种产品的综合赔付率居高不下，后果便是经营效益差，严重的甚至使企业难以为继。保持高盈利水平的保险集团往往是负债能力高，财务风险相对低的有效保证和标志。一个健康企业其偿债资金一般来源于其盈利，而非负债资金，如企业靠“拆东墙补西墙”式的融资来应付到期债务，而无固定的盈利保证，虽能缓一时之急，但长此以往，离破产也不远了。同时保持较高的盈利能力的保险企业往往有高的信誉和良好的企业形象，又使其有较强的融资能力，相应使保险企业有较强的抵御财务风险的能力。

可见，保险企业经营得好坏，盈利能力及财务风险的控制能力的高低均与综合赔付率密不可分。正如上文提到的，核保与核赔都是保险集团控制综合赔付率的关键环节，核保是事先选择，核赔是事后控制。先看核保与综合赔付率的关系。核保强调的是选择，要选择风险低、效益好的标的和客户，而对于风险高、易亏损的标的和客户，则要附加条件、改善措施慎重承保。其特点就在于核保对于综合赔付率的控制来说是主动的、事前的。核赔则是事后对已发生保险事故的赔付，是确定赔付金额多少及现金流出控制的最后一环。核赔必须做到真实、准确、公平地履行保险合同。惜赔、拖赔将破坏企业品牌，不利于保险集团长期发展。反之，多赔、错赔等赔付金额确定的错漏都会引起保险集团不必要的现金流出，使保险公司的实际综合赔付率大大超标。

缺乏对核赔核保流程的管控和优化，保险集团盈利能力无从谈起，亦将丧失风险选择和财务风险控制能力。将核保核赔业务转移至后援中心统一处理，首先保证了核保核赔与业务前端的“背靠背”操作，尽最大程度地屏蔽前端不规范操作，降低“人为风险、人情风险”，杜绝各业务单元可能的暗箱操作。其次严格执行统一而标准的处理手册，建立起标准化的服务平台，统一规范不同业务单元所采用的流程，可以减少标准执行偏差，使得核保核赔的输出结果统一、准确而标准。最后大批量的集中作业，不仅可以起到规模效应，提高效率，处理时效必然比集中前大大提高，更重要的是后援中心的两核人员的流水线作业，其处理经验将不断丰富，对于保单的风险判断能力及定价核损的准确把握将大大强于一般的机构人员，从而促使两核流程的持续改善及优化。

一般来讲，企业所面临的财务风险分为筹资风险和投资风险，其中筹资风险又分为现金性和收支性风险。收支性财务风险的触发关系可归纳为：偿付能力低和盈利能力差将导致企业经营不善，继而导致企业加重举债经营倾向，进一步导致企业主权资本与负债比率提高，最终导致企业无法偿还长期债务，收支性财务风险爆发。因此，凡是能提高盈利能力或提高偿付能力的措施，都能起到降低财务风险的作用。以核保核赔为中心的业务集中，则是通过“提高效率，降低成本”、“作业的标准化”、“提高独立性，降低道德风险”的三管齐下，使保险企业的综合赔付率得到稳定控制，保险集团盈利能力得到保证，经营风险降低，从而从根本上提高了自身抵御财务风险的能力。

二、财务集中

（一）资金集中

仔细研究国际保险业的发展趋势，不难发现中国保险业的资金收付、结算等相关业务实行后援集中有其内在的必然性，这是因为：

（1）目前的分散资金收付方式难以适应业务发展和内部管理的需要；

（2）快速增长的业务收支量对公司人力、物力、财力的需求越来越大；

（3）同一笔现金业务员、公司柜面、银行重复清点，效率低下；

（4）业务员、公司柜面大量的现金收支存在一定的风险；

（5）现有的现金收支模式不能满足保险集团对客户快捷、便利、安全的服务需求；

（6）资金的归集、支付滞后，造成财务人工对账繁琐，公司资金管理效率低下。

我们对保险集团资金后援集中模式的未来发展目标设计如图 5－13，由原有的三级机构收入支出户到二级机构收入支出户再到总公司收入支出户的三级核算，逐步过渡到三级机构的收入支出直接与总公司往来的理想模式。

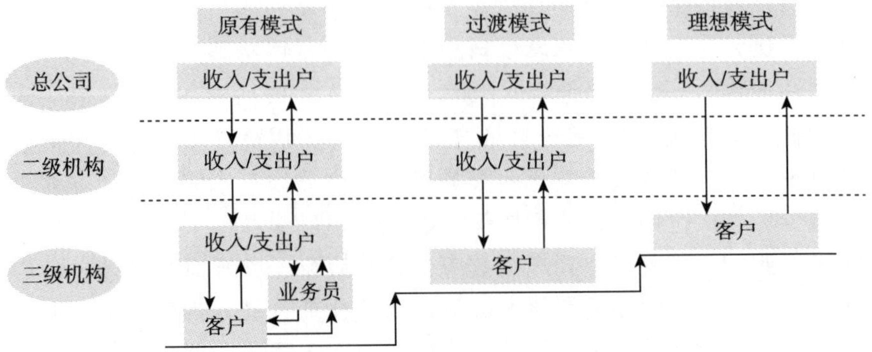

图 5-13　资金集中模式发展目标

保险集团的资金集中范围应主要包括各业务线的业务收入的集中、支出的集中和费用支出集中等。其中以保费支付，客户领取为例，资金集中支付的流程设计如下：

集中后，后援中心成为具体操作集团各子公司现金收付或者往来结算的专门机构，这样的集中流程，使保险机构与客户的距离日益缩短而更加亲密。同时能起到以下五点作用：

（1）提高整体资金管理的水平，控制潜在资金风险；

（2）降低整理资金沉淀的损失，提高整体资金效益；

（3）减少大量现金收支的交易，消除挪用侵占机会；

（4）降低中间环节运作的交易，提高整体交易效率；

（5）减轻柜面实际运作的压力，支持业务持续发展。

这五点作用主要体现在以下几方面：

1. 实现零现金管理——规避现金风险，降低资金在途损失。所谓“零现金”管理，为公司利用银行众多的营业网点和资金结算优势，结合现代网络技术，委托银行代收、付保险资金，达到缩短现金流通环节，减少公司柜面现金收付，加速资金的归集和上划，从而有效控制资金风险，提高资金使用效率的目的。其特点为：“零现金”收付；“零在途”资金归集。

（1）“零现金”收付。即现金保费直接由客户（业务员）通过银行进入公司银行账户，现金业务支出直接由公司账户通过银行到达客户账户或手中，减少了现金流通环节，实现公司柜面结算的零现金收付。

在资金集中收付的模式下，减少了业务员的持现风险和持现时间，避免了收费人员直接携带现金所造成的被抢劫等风险；亦使业务员、续期收费人员有更多、更灵活的时间从事非收费的客户服务，比如拓展新保单。

（2）“零在途”资金收集。即保费实时到达公司银行账户（付款实时扣除），下属机构代收保费资金实时归集到上级公司银行账户——实现银行与机构间及上下级机构间资金归集的零在途，达到增加机构资金上划频次，减少资金分散和沉淀，压缩现金库存，提高资金使用效率的目的。

2. 集团资金内部统一调剂——降低融资成本，发挥资金统筹优势。在后援集中模式下，所有的资金收付均通过资金管理系统进行，且通过总公司账套完成。集团根据后援中心每日上报的现金流量表，可以实时监控总部的资金头寸与资金需求，后援中心按照集团指令统一调拨、上划、运用。少了由集团调拨，超过一定程度则上划集团。

另外机构申请调款，必须上报集团批准后，由后援中心执行调款动作，杜绝了机构私自动用资金的现象，达到账户管理和资金使用的严格控制。由此可建立起集团资金统筹的优势，内部平衡资金余缺。集团通过这种方法全面管控了各子公司的现金收支管理，统一对外筹资、投资，不仅能确保整个集团的资金需要，更为重要的是将提高资金集中运作的投资收益。

集团内存在的众多分部在自身的资金运转过程中，总会导致一些分部资金不足，而另一些分部资金又有余的现象产生。集团内各子公司资金运转的不一致性是集团总部可以从集中使用资金中获利的客观基础。企业集团集中使用资金的基本目的有两个：一是加速资金周转，提高资金的使用效率，降低成本，增加收益；二是确保集团战略目标的实施、通过集中使用资金，可以在集团内部调剂余缺，最大限度地发挥资金的使用效益，同时，也有利于保证集团行为的一致性。其优势如图 5－14 所示。

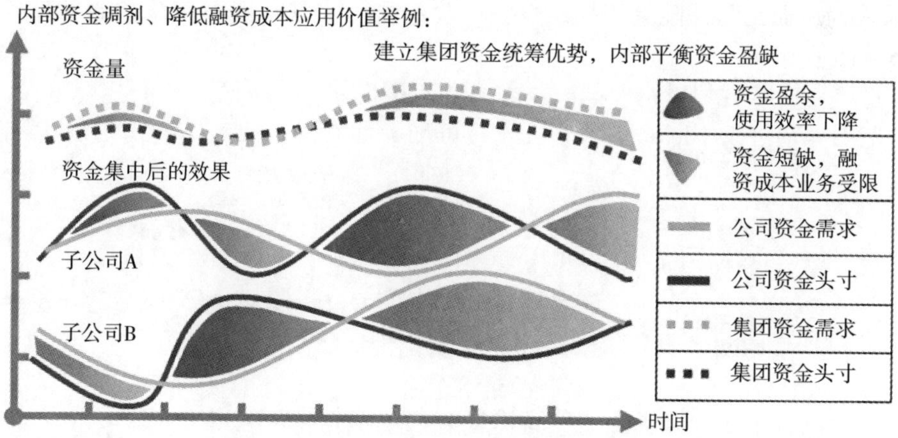

图 5－14　集团资金统筹优势

3. 系统实时无缝对接——提高财务、业务数据的一致性，减少错给错付现象。资金集中后的保险集团资金系统，应能实现内部连接各子公司业务系统、总账系统，外部连接银行交易系统。银行与公司数据库的实时连接，对账工作量将大幅减少，保证了公司财务所收、付资金与业务部门数据的一致性，基本解决长期以来困扰公司财务、业务之间对账难的问题。资金集中后，保险金的支付数据是由资金管理系统与各业务接口系统直接对接，接口系统送达至资金管理系统的收付数据，已由各接口系统的后援中心理赔部门完成包括收款人、付款人、金额、账号的正确性等的审核；另一方面后援中心资金集中部将资金管理系统中的收付数据提取传送至银行系统的过程中，均实现批量传导，集中支付。由于系统的无缝对接，收付数据中的支付金额、收款人等信息均无法修改，能够减少二次手工输入和差错，改善数据收集和信息共享，可大大降低错给、错付的情况出现，亦可规避人为做假的道德风险，杜绝坐支保费、保费收入不入账的现象。

企业的现金流量与企业的盈利性、流动性、偿债能力等密切相关。对于企业来说，必不可少的一项资源就是现金。因为现金的流动贯穿于企业的整个生产经营活动，企业的生产经营活动一旦离开了现金的支持就无法正常。一家企业面临的财务风险，除前文提到收支性筹资风险之外，还包括由无力偿还短期债务导致的现金性筹资风险和资金运作不当导致的投资风险。这就要求财务部门能随时监控企业资金的流动，认真监督管理好资本金，防止资产的流失浪费，保证资本金的保值与增值。这些都需要企业事先对现金有一个良好的控制，合理调度货币资金，妥善安排资金的收支活动，使之在平时能保证生产经营的需要，在还款和分红付息期到来时，能避免出现无力支付债务的情况。

简言之，保险集团通过资金集中管理和运作，能对现金流量充足性及资金在整个企业内部的平衡流动起到有效性的控制，能更好地防范、控制现金性筹资风险和投资风险，从而提高保险集团控制财务风险的能力。其与财务风险控制的作用机制如图 5 – 15 所示。

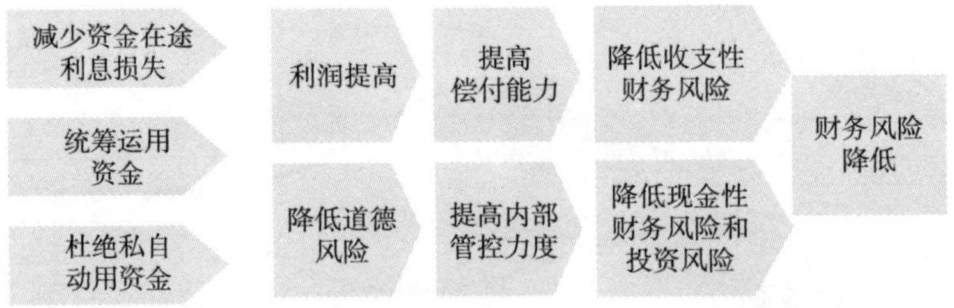

图 5 – 15　资金集中财务风险控制机制

（二）费用核算集中

根据笔者的调查，通常来说，各主要财务核算活动在财务后援集中中心及其相关业务部门之间的工作量分配比例如图 5－16 所示。由图中可以看出，应付账款和员工报销是集中程度相对最高的业务循环。

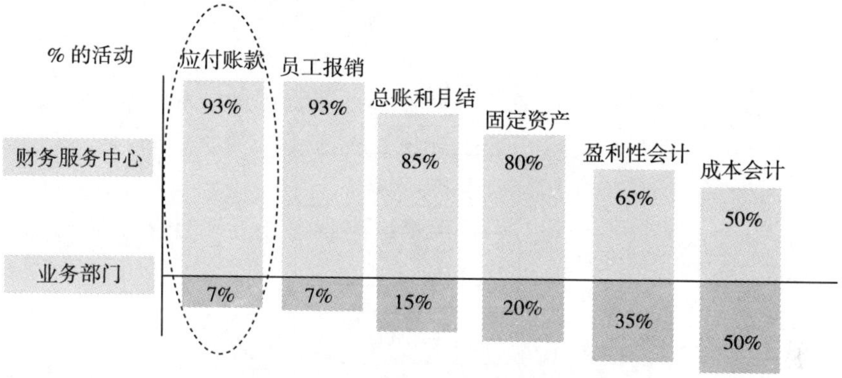

图 5－16　财务核算活动集中程度分析图

因此，我们建议国内保险集团可先对费用核算进行后援集中。图 5－17 是未来费用核算集中平台的目标。

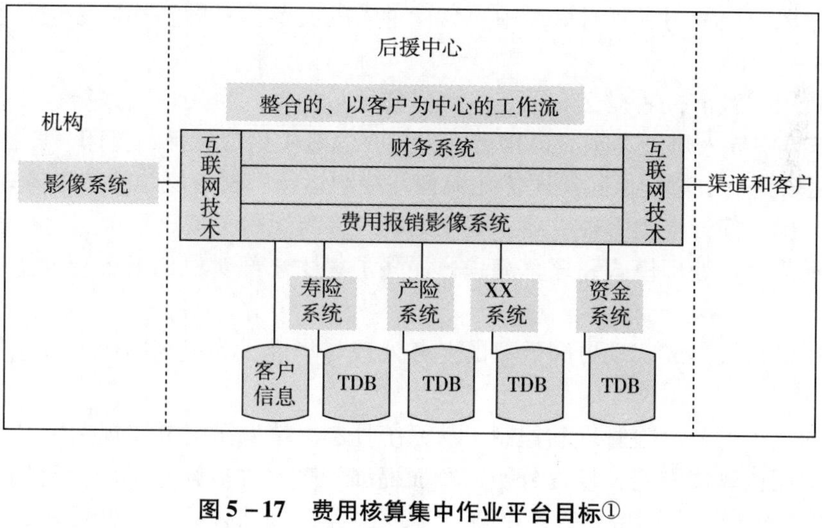

图 5－17　费用核算集中作业平台目标①

会计核算集中后的流程设计如图 5－18 所示。

① 注：TDB 意为交易数据库。

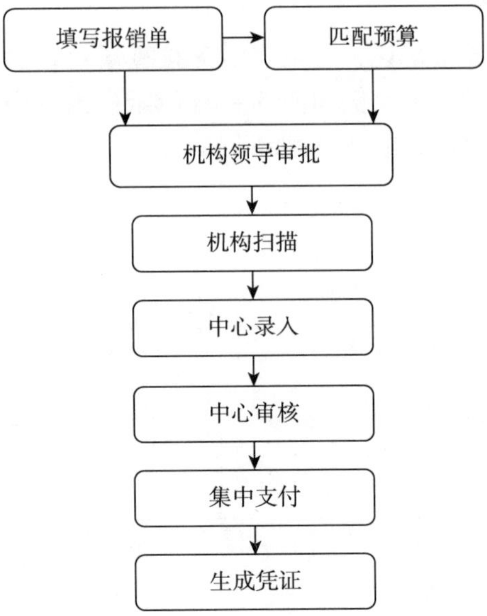

图 5-18

1. 后援中心会计根据机构上传的扫描影像在财务系统中录入相应的发票信息，相应内容为报销人（供应商）、金额、摘要等。

2. 后援中心会计匹配报销人事前订制的预算动支单。

3. 后援中心费用主管对后援中心会计录入的发票信息同扫描影像进行复核，通过后审批。

4. 费用主管审批后提交。系统将生成凭证自动导入费用应付系统，于次日系统运行请求集中导入财务总账。机构会计人员在总账中生成凭证、打印、归档。

费用核算集中对于保险集团优化流程，控制运营、财务风险的作用体现如下：

1. 数据库实行集中管理，建立集团的统一多组织财务信息平台。

2. 规范会计处理模式和核算流程，加强了集团总部对机构财务会计工作的管理和控制。

3. 通过模块集成实现更高效率的业务处理与集成，为提高财务管理水平提供系统支持。

4. 加强了财务风险管理和控制，从系统控制上堵塞了财务违规操作。

5. 费用核算集中后，权责分明，全面提高管理水平。财务部确保费用和差旅费政策的严格执行，达到费用分析准确，辅助决策，提高效率，降低成本；员工的费用报销的易追溯性提高，满意度提高；部门领导只对业务的真实性负责，不需对票据的准确性负责，可清楚、及时地了解部门的费用。

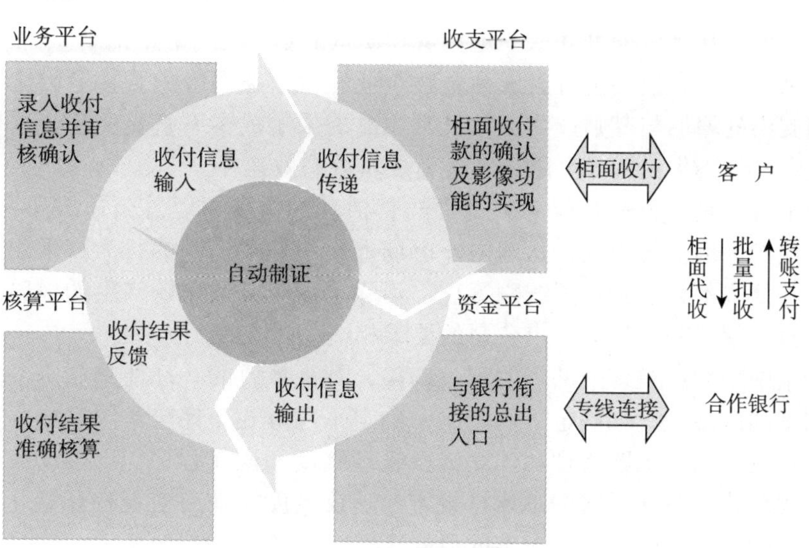

图5－19　资金集中平台、费用集中平台的互动与共享

（三）财务风险控制机制小结

财务集中的最终模式是作业完全集中化和标准化，产生巨大效益，并有效管控风险。保险集团推行财务后援集中的整体目的是：（1）建立以客户为中心的运作模式；（2）高度标准化和成本优先；（3）经营风险和财务风险的防范和控制。

财务后援集中的优势效果具体体现如下：

1. 资金集中作业平台与核算集中作业平台间信息互动并共享（图5－19），实现了财务数据接口的统一。加之财务集中运营管理，严格执行统一、严谨的结构性规划和监督流程，部门内部实施严格的内审和质控，主动对整体及各关键环节的作业品质进行监控和分析，不断降低差错率，保证操作手册的完全实行，提高运行效率，使得财务数据的真实性与一致性得以保证。

2. 产能增加：在保证业务量每年增长的同时，财务集中，人力成本下降。

3. 财务费用通过预算收支、报销集中、支付集中三层集中管控，达到费用与资源使用完全透明化。

4. 分支机构可直接控制资金量下降至少80%，实现全国统一监控银行资金及收支情况，达到资金流动的集中管控。

5. 主动适应市场竞争的需要。AIA于1998年就开始零现金管理模式。中国人寿、新华人寿等其他保险公司正与银行进行全面合作，实行财务集中，是我国保险集团提高自身竞争力的不二选择。

三、行政集中

（一）采购集中

采购是一种采用适当的交易技术与策略，按照一定的方式及运行程序，以最低的成本，高效地从供应商处获取一定数量和质量的物资与劳务的活动。

近年来，费用支出的上升已成为金融企业经营效益下降的直接原因之一。金融企业费用支出的增加与其财产物资及日常用品的采购成本有直接关系，采用集中采购的管理方式，不失为降低金融企业经营成本的有效途径。

集中采购，是指金融企业为了日常经营活动的需要，以总公司或集团为单位，以招标、谈判、询价等方式，从国内外市场上集中购买商品的行为。采用集中采购可有效地降低成本，加强集团统购管理，消除了由于分散采购产生的风险，发挥集中采购效益，使采购管理与上市公司的要求相适应。

由于集中采购涉及多个部门的利益调整，其最重要的一环便是制定一系列切实可行的制度加以规范，如确定采购范围，确定采购方式。保险集团可成立物料采购部，全面负责全系统采购管理和建立健全管理制度和操作程序，以推动集中采购的制度化、规范化，对在采购中不执行规定、违反制度操作有监督权和禁止权，切实达到控制采购风险，降低采购成本的目的。

保险集团采购集中管理后的流程设计如图 5－20 所示。

图 5－20　采购集中流程

（1）申请单位在采购系统里选择物品并提出申请；

（2）审批领导在采购系统中审批，最终形成请购单；

（3）审批结束后，创建订单人员在采购系统中查询工作列表，将相应的请购单创建为采购订单；

（4）物料采购部在采购系统中收集采购订单，经复核后向供应商下单；

（5）供应商确认订单，物料采购部督促供应商按时供货；

（6）用户部门收货人员负责验收；

（7）分支机构申请人付款。

金融企业集中采购对其经营活动具有重要意义，主要表现在以下几个方面：

1. 引进竞争机制，降低采购成本。在分散采购中，由于采购时间和采购渠道的不同，同一种商品的价格可能有很大差异。集中招标采购克服了分散采购中地域的局限性，使金融企业能够在厂家或商家的竞争中，选择价格更低、质量更好、服务更优的商品。此外，由于集中采购大批量商品可以享受批发价，因此比分散采购更能节约资金。

2. 增加透明度、减少腐败现象的发生，有效控制风险。在分散采购中，资金往往掌握在金融企业少数审批人或采购人手中，由于缺乏透明度，容易给不正当竞争的厂家或商家创造投机的机会，加上有些采购人员的思想觉悟不高，很可能产生行贿、受贿等腐败现象。另外在分散采购中，由于采购单位各自为政，对采购物资的品牌、价格等，公司没有统一规定，容易出现攀比现象，造成另一种意义上的腐败。而集中采购后，采购制度的制定、执行变得规范，标准化作业制度包括详细制定招标采购操作规程，招标采购人员要按照每一步骤操作等，就能在采购支出领域不断接近“无法腐败”的状态。集中采购这种制度创新，能使制度安排严密化、合理化，从而使采购在抑制腐败方面发挥重要的制度保证功能，减少道德风险。

3. 有利于金融集团统一计划，统一调节费用开支。据统计，集中采购比分散采购的支出节约率达到10%以上。在分散采购中，由于分支机构的费用开支计划只具有指令性，缺乏指导性，有些分支机构本来可以节约一些开支，但为了不浪费指定的费用开支指标，就有可能购买本不需要的商品而造成浪费。另外一些公司由于有突发事件发生，却因事先估计不足，可能突破费用指标，这样又会使公司的计划流于形式，费用指标年年增长、年年突破。

4. 使金融系统达到资源共享。在分散采购中，由于各分支机构的信息不能及时沟通，形成了机构办社会，即每个分公司都要成为小而全的机构。有些大型的或具有专门用途的车辆、机具等每个机构都要配套，有些机构因为业务量小造成资产的大量闲置或浪费。集中采购可以使集团及时掌握人、财、物信息，及时调剂余缺，达到资源共享。

5. 有利于创造企业文化。企业文化直接反映企业的形象，也是吸引客户的重要手段。采用公司集中招标采购的方式，对于营业用具的配套使用，特别是电脑联网提供很多方便，同一家保险公司，如果采用统一标识、款式的设备，更能体现这家企业的文化品位，创造独特的企业文化。

综上所述，集中采购一方面可以通过批量采购，发挥规模效益，起到降低成本，提高企业偿付能力的作用；另一方面通过标准化的制度操作，强化独立性和监督性，降低采购业务的道德风险，提高保险集团的内部管控力度，在一定程度上消除了财务风险隐患。

（二）印章管理集中

采用集中运作进行公章管理，即根据各法人单位制定的公章使用审批流程，专职提供集中用印作业服务；保管和使用公司全系统的公章，并控制印章管理风险，研究、规划、制定公章管理制度。印章管理集中后，全系统用印均需到诸如印章管理室这样一个职能部门统一用印。其特点在于加强了用印法律审批的同时，并不改变机构审批的权限。

基于这种理念，设计印章管理集中后的用印流程简介如图 5－21 所示。

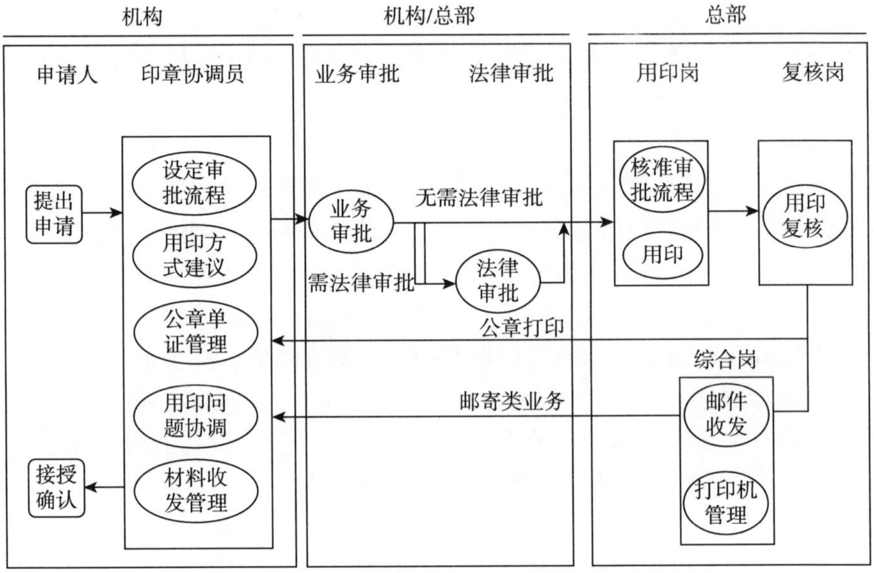

图 5－21　印章集中管理后的用印流程

各单位用印须通过文件管理系统中的公章使用审批单进行申请，并完成相应的用印审批流程后，方可提交用印；印章保管员收到用印申请后，须审核“印章使用审批单”，确认符合用印规则后方给予用印；公章作业人员用印后无需再进行书面登记。

保险集团在推行印章集中管理的运行过程中可运用精益原则，从审批流程、用印操作、IT 平台等各环节入手，建立起标准化的操作流程和运作体系。

印章集中管理可起到保证用印时效，降低作业成本，加强风险管控，杜绝私刻公章，盗用公章，违规用印等现象。

（三）单证管理集中

单证管理是指对单证设置、证订、印刷、入库、保管、发放、回销和销毁等事项进行的操作性管理。

单证管理对于保险公司而言是极为重要的一环内控环节。以寿险为例，业务单证是寿险公司经营保险业务、记录保险业务过程和事项的主要载体。各类单证及由此形成契约、经济合同既是寿险公司取得保费收入的基础，更是寿险公司承担经济责任、履行经济义务的法律依据。寿险保单从首期缴费到最终给付往往要经过三十年、四十年，甚至五十年，收据、保单等有价单证管理不善将会给寿险公司的经济利益和声誉带来不可估量的损失和危害。

保险集团推行单证集中管理，可以规范单证管理，提高工作效率，强化公司对单证的风险管控和成本控制。单证的集中管理即指由“总公司”统一负责单证印刷和征订管理，执行“统一领导、统一印刷、分级管理、严格考核”的管理原则，可以达到规避经营风险，规范单证管理工作流程的作用。据历史数据说明，某保险集团的单证集中管理管住了风险，管出了效益。2004 年件均印刷费由去年每件 600 余元下降到 2005 年一季度的不到每件 300 元，仅一季度就比去年同期节约近 600 万元。

单证集中管理的流程设计如图 5 - 22 所示，以期达到有价单证的印刷高度集中，单证征订电脑化、网络化，单证运转流程程序化、规范化，单证从业员要求专业化的要求。

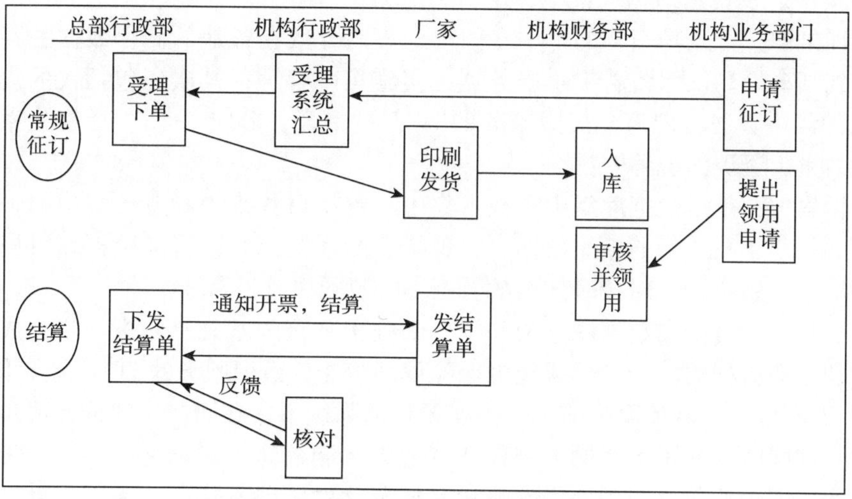

图 5 - 22　单证集中印刷流程设计

单证集中管理是对单证管理的一种流程改造，可保证有价单证印刷数量与入库、领用及回销数量相对应，实物状况与系统记录相符，防止因分散管理不善引发单证遗失、因作废收据回收不完整引发业务员、保险代理点截留保费以及分支机构私自印刷有价单证。有价单证管理作为保险集团资金流管控的前沿及一种重要内控工具，其集中管控的财务风险控制的机制如图5－23所示。

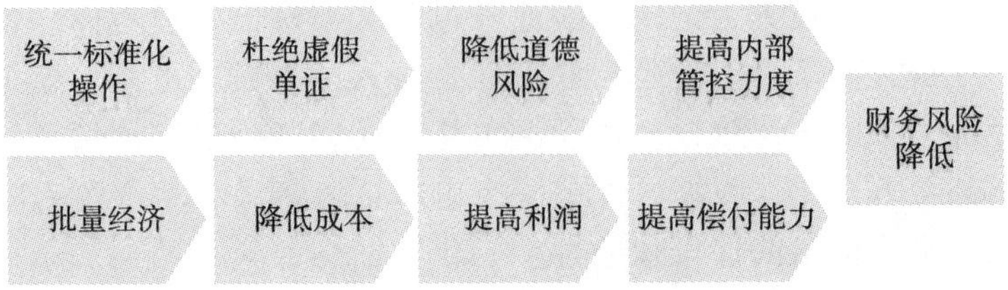

图5－23　单证集中财务风险控制机制

四、IT集中

将IT集中放在最后一个环节阐述，并非是因为它不够重要。相反，随着金融企业全球化的转型和IT网络化技术的逐渐成熟，IT集中已成为主导的发展趋势，对于内部资源共享、标准化运作、集中客户管理、后援流程优化等方面都有很大的帮助。IT集中是保险集团推行业务集中、财务集中及行政集中的前提，为后援集中提供了一个技术平台，其内在蕴含的标准化和规范化有助于后援集中起到降低成本和控制风险的作用。

IT集中，主要包括物理集中、逻辑集中和运营集中三方面。

物理集中，首先是指物的集中，即将全集团分散在各地的储存数据的网络服务器转移到某一处，仅保留若干个服务器，实施集中管理；其次还包括人的集中，即IT人员的集中管理，把为全集团服务的IT人员整合，形成一个“大IT”系列，便于集中力量、资源的统筹安排。

逻辑集中，是指数据库集中和技术集中。支持财务集中和业务集中的强大系统功能，必须基于高质量的原始数据。实现统一的系统开发语言和数据库可极大地降低不同层级、系统汇总对接时产生的数据不一致的风险。

运营集中，是指在数据库集中和统一的技术平台的基础上，进一步完成内部系统运营和服务流程的集中，形成能为保险集团跨业务系列服务的IT平台架构。统一的运营IT平台，可避免集中前各个专业系列的系统不一致而产生的传递成本和沟通成本，与此同时提高了集团的控制权和资源整体调控能力。加之统一、清晰的开发服务流程，能为业务、财务提供专业化和规范化的服务支持，而无需借助外包，降低了机密信息外泄的风险。

综上所述，IT集中、完善的软硬件环境是后援集中的前提和基础。各业务系统完善的信息处理操作系统（如可采用 Oracle 财务系统等）与影像扫描技术等可使后台支持性工作突破了空间的限制，实现了在分布异构环境下实现信息和资源的共享，将物理距离变成了鼠标距离。以财务业务为例，远程财务在线处理、远程报表传送、远程报账、远程审计及远程财务监控，将企业的管理能力延伸到下属的任何一个分公司、支公司，延伸到每一个科目、每一个账簿和每一张凭证。真正实现了"天涯咫尺"的网络化、集中化的财务管理。

第三节　四类集中业务的财务风险控制作用总结

我国保险集团所推行的后援集中管理，将使前线业务部门与后援中心作为内部价值链上的伙伴，做到明确责任、风险共担；并且可使其接近企业战略、业务计划、行动目标和几乎所有内部信息，有利于将财务流程和业务流程相得益彰，控制风险。

一般来讲，控制财务风险主要有以下几点：

1. 提高盈利能力——对于保险公司而言，就是降低综合赔付率；

2. 保持资金的高流动性——包括企业外部的市场竞争与企业内部现金流量状况，资本结构，内部管理水平等；

3. 科学的财务决策，科学的内控制度；

4. 规范经营活动和业务流程；

5. 健全的内部会计控制。

保险集团采用的业务、财务及行政后援集中管理，在控制财务风险方面的共同点总结如下：

（一）提高盈利能力

盈利能力及利润对于保险公司而言意义重大，它直接体现一家保险集团的偿付能力大小，即财务风险的最后一道防线，也是最重要的一道防线。

保险公司的利润来源于以下几个部分：实际赔付或给付率低于预定率、责任准备金的投资回报率高于预定率、附加保费大于实际支出的费用、退保时的收益、资产的变价或资本利得等。根据国外保险公司的经验，价格竞争加剧后，实际赔付或给付率低于预定率的部分会逐渐消失。因此，财务部门必须加强成本核算、成本分析和成本控制，更好地运用预算、作业成本管理等工具来控制和降低实际费用。

目前，保险公司在发展过程中大多只重视保费规模和市场占有率，而忽视了盈利能力。在竞争加剧后，盈利能力将日益重要。增强盈利能力也是防范财务风险的保证与标志。企业资产的盈利能力直接影响到企业整体的盈利水平。而保持高盈利水平的企业往往是负债能力高，财务风险相对低的有效保证和标志。同时有较高的盈利能力的企业往往有较高的信誉和良好的企业形象，又使企业有较强的融资能力，相应使企业有较强的抵御财务风险的能力。

在实行后援集中、提供共享服务之后，保险集团能对企业经营中，诸如盲目采购、体外资金循环、费用控制不力、非法操作等挤占利润的不良现象，起到压制甚至杜绝的作用，提高运营效率，降低成本，相对提高利润，提高保险集团偿付能力，从而在根本上保证了保险集团控制财务风险的能力。

（二）保证数据信息的真实性

企业控制财务风险势必需要强大的财务管理，而财务管理及财务分析所采用数据来源于财务核算处理的结果。财务数据与业务数据的准确与否，都决定保险集团财务管理的力度及控制财务风险的能力。

业务集中及财务集中均在某一程度上保证了业务及财务数据的真实性，对于控制财务风险起到了良好的作用。

（三）规范经营活动和业务流程，保证标准化和独立性

财务风险并不是单独存在的，经营风险与财务风险有着密切的关系。经营风险是财务风险的诱因，财务风险是经营风险的货币体现。经营风险主要从企业实物运动的角度，财务风险则主要从价值运动的角度，两种风险不过是一个事物的两个侧面而已。在现代市场环境中，保险企业经营不能只局限于传统意义上的经营，货币、金融工具都可以是企业的经营对象，财务活动不是游离于企业经营以外的另一种方式，而是对企业整体经营活动的反映和控制。要预防财务风险必须首先保证企业经营的安全可靠，只有降低了经营风险才能有效化解财务风险。

做个简单的比喻：有了规范的业务流程，等于有了良好的道路；有了健全的制度，就等于有了合理的交通规则；而后援集中就是那个可以起到保证实施制度，维护交通规则的“内部警察”。

综上所述，后援集中管理模式无非是对业务流程改造的一项创新举措，通过提供统一的操作手册，统一口径的输出，标准化的流程，在很大程度上提升了集团政策的严格贯彻程度，某种程度上，在内控方面也有起色，甚至起到了体外监督的作用。与此同时，由于杜绝了不规范操作，降低了保险集团刚刚创业兴起的那种急功近利的不良操作导致的道德风险和经营风险。从某种意义上说，这也就是在控制财务风险。

第五章　结论与建议

第一节　后援集中模式代表国际先进管理体制的发展趋势

后援集中模式是实现支持性职能效率最大化的内部专业化模式。后援集中模式的"候选人"是那些差异化不明显的支持性职能。虽然这些职能为企业提供较小的战略价值，但它们对于企业的业务运营至关重要，经过整合、优化后，它们可以提高运营效率，补充、完善业务能力。而这些支持性的业务能力如果能够达到行业内的顶级水平，也可以转换成为企业的差异化竞争优势。

纵观国际知名的金融机构，几乎国际上所有的大型金融企业都在世界各地拥有后援服务系统，这个后台系统是对金融企业业务流程的一个变革，使业务的前台和后台得到了彻底隔离，由此产生的直接结果就是服务的标准化、成本的降低及风险的极大控制（图5-24）。

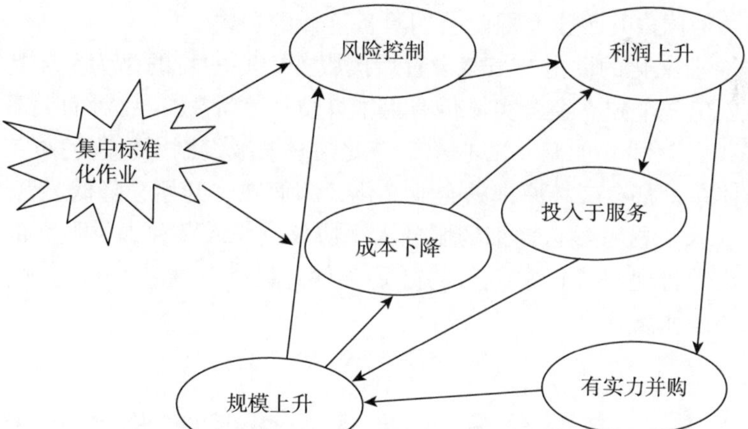

图5-24　传统金融机构近五年的最新趋势

由此观之，国际金融业近五年最新的趋势是进行集中标准化作业，采取后援集中的运营模式。同时随着中国经济的发展，越来越多的保险企业开始向全国市场，甚至国际市场发展。随着其规模的扩大以及竞争压力的增加，保险企业肯定会越来越重视后台功能的发挥。通过推行后援集中，保险企业可以实现可扩性高、风险控制度高的稳健运营体系。所以，虽然后援集中模式在国内还是一个较新的概念，但相信它很快会被中国企业接受并得到发展。后援集中模式在中国的发展，对中国保险集团提高自身核心竞争力，与国际接轨有着重要的意义。

第二节　后援集中模式的局限性

作为一种新兴的管理模式，后援集中模式不可避免地存在若干的缺点和局限性，比如在后期控制、文化变迁的必要性和初始成本等方面表现不佳。主要表现在以下方面：

1. 存在公司最小规模的限制。后援集中模式不适合小公司采用。公司规模越大，业务越分散，重复的操作性劳动量越多越大，后援集中模式越可能被采用。

2. 高额的启动成本。建立一个后援集中中心的造价可能相当昂贵。国外调查表明，多数组织实施后援集中的过程都花费了 1 ~ 2 年的时间，全球最大的企业管理软件供应商德国 SAP 建立亚太区后援中心竟用了 6 年。启动成本高低取决于组织和业务单元的关系、合同的期限和所提供服务的范围。

3. 达到盈亏平衡点耗时较长。因为创建一个后援服务中心非常类似创办一个企业，它通常要花费一年甚至更长的时间来达到盈亏平衡点或者取得利润。

4. 要建立一条基准线。为了判定后援集中管理模式是否有效，我们必须在现行成本、客户服务和效率，以及目前所作工作和需要达成的结果的详细说明方面建立一条基准线，但国内几乎没有保险公司具备这样的资料。

5. 造成企业文化的冲击。虽然设置后援服务中心的目的是为了支持母公司的业务活动，但创建一个独立经营实体仍有可能建立一种消极、敌对的关系，可能形成一种区分“我们”和“他们”的心态，与此同时缩减编制所引起的员工流失、新的报酬和报告体系，都会破坏原来的企业文化，因而在一开始会降低运营效率。

6. 法律意义。能够签订详细的服务水平协议（SLA）和提供强大的业绩审计都是保证后援集中管理模式正常运行的必要条件。另外，这些协议必须遵守公司法、地方和国家的法律条款。

第三节　中国保险业推行后援集中模式的建议

一、明确推行后援集中的可行性与适用性

推进后援集中模式的实施过程中会面临着诸多风险，如汇丰、Oracle 等跨国公

司遇到的如下问题：最初的自我评估、后援集中业务的选择；高额的初始投资，较长的盈亏平衡期；制定新规则（保证企业内部实体间的市场交易公平、透明）；冲击原有体制、企业文化（由行政等级变为交易伙伴——对这种转变一开始的抵制会降低效率）等等。但是，后援集中模式其实是很灵活的框架，诞生之初只适合业务多元、实力雄厚而又组织臃肿需要“瘦身”的大型企业，共享集中的也基本上只是如记账、应付工资等非核心、大批量的操作业务。发展到现在，很多国外的中型企业通过将其变形最终也找到适合自己的模型。比如在财务方面，后援集中的共享业务可扩展到资金管理、财务分析、改进建议等战略支持领域。所以有关后援集中模式的适应性，凡具备以下条件均可考虑建立：

1. 集团内部共性机构重复建设且运行成本与效率失衡；
2. 母公司拥有“统一安排”的控制权；
3. 有实力支持到盈亏平衡；
4. 集团内部有一定信息化基础。

对于中国保险集团而言，以上条件基本都能满足。比如关于信息技术的支持。我国企业已经开始信息化建设，众多大中型企业的 ERP 系统已有初步运行经验，并且在这些方面的投入能保持一定的连贯性。这为后援集中的创建提供了技术保证。还有上文四点条件中关于企业规模、资源投入的限制条件。尽管后援集中中心对企业规模有底限要求，多应用于如 GE、美国运通之类的大公司，但这并不意味着中小公司就不能从中获益。“只要一个公司拥有多重业务，且每个业务单元都需要建立各自的财务体系，那它就可以尝试推行集中共享服务系统。当你只需要拥有一个的时候，你为什么要重复建设呢?”（GE 亚太全球业务服务总经理吉利安语）。

综上所述，后援集中模式本身是一个可以变形、升级的共享平台。也就是说，针对企业内外环境的变化，它可以吸收别的有益模式提高自己的竞争力。正因为这一非固化的兼容特性让我们相信，后援集中完全可以推动业务（财务）组织设计、管理流程、控制模式和管理效率提升到一个新的平台。因此在中国保险业集团组织中推行后援集中模式是必要的，同时也是可行的。只要中国的保险集团变通出适合自己的类型，后援集中模式或者说其体现的服务共享理念在我国保险业就有广泛推行的可能。

二、需有所取舍、循序渐进的推行后援集中

（一）有所取舍：“不为集中而集中”

关于如何选择进行后援集中的业务，根据 Oracle 和汇丰的实践经验总结，一般来说越具有同质性的流程，越应该成为集中共享的目标业务，而越关系外部客户的及时反馈程度和市场竞争力的流程就越需要留在机构端完成。这是因为对于本身标准化程度较低，对机构端的工作依赖程度较高的业务，自然无法避免和机构端的反复沟通及涉及到的道德风险，后援集中的优势可能无法体现，因此不适合转移至后

援集中。总之，推行集中的范围和步骤应以成本效益来评定，不能为集中而集中。

举个财务集中的例子，一般是先划出宽泛的潜力的集中范围，再结合战略、业务单元实际分阶段选择。现在主要的国外选择模型都将财务清晰定位为企业价值创造与保护。财务工作需要满足：为股东创造价值、为决策者管理者提供多方位支持（包括战略方法、业务执行、监督）、进行有效控制和风险管理、为供应商及客户等价值链各方提供高效服务。所以与上述相关的财务服务，只要具备标准化、大批量或专业要求高的特点都可以划入"财务集中的潜力区域"。图 5－25 展示了截至 2005 年欧洲后援集中模式的业务范围及影响力预测，也许可以给我们一些启示。

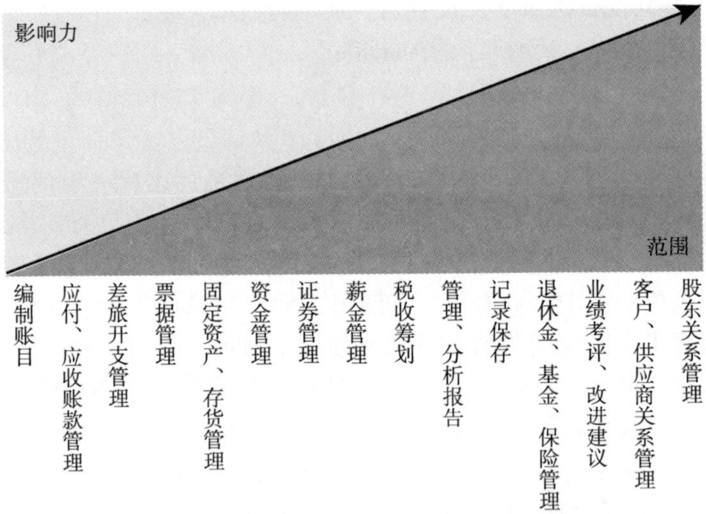

图 5－25　财务型集中共享的扩展范围和影响力①

因此，国内的保险集团应先选择某些日常操作等重复性业务，作为后援集中业务的试点，这样既有利于培养信心、教育内部客户，又有利于提高成功率。而后援集中的范围界定可以不断修正，时机成熟再加入如咨询、决策支持类更高层次的业务服务。

（二）循序渐进：减少运作风险

本篇在第一章曾提过，后援集中管理模式实质上是对保险企业运营模式的一种优化。事实上，保险企业运营模式优化的进程分为三个阶段，即：（1）业务单元流程优化；（2）集中共享服务阶段；（3）实现组件化后的专业化经营。

运营模式优化的最初阶段，往往是由各业务单元自行进行内部优化开始。业务单元是为了提高效率，梳理内部流程，达到内部的精简、优化。但是，从企业或集

① Andrew Kris & Martin Fahy：《服务共享》2005 年版，第 202 页图 10.2，有改动。

团角度来看，跨业务条线还存在着大量相同、相似的流程（如客户信息和保单数据录入、保单打印和派发、各类保险文档管理、保费和赔付的收付费等）。它们的流程未达到规范统一，存在于各业务单元内的相同或相似功能也未达到资源共享和工作量的均衡。

第二阶段，同一职能下跨业务条线的业务模式优化开始出现。保险集团逐步把相同或相似的流程整合到后援部门，以共享服务的方式提供给各个业务单元。企业还认识到发展共享服务中的核心能力对于运营优化的重要意义，对于整合后的核心业务（如核保、核赔、客户服务等）进行重点发展。

最后阶段，基于内部的优化实践，保险企业通过进一步地将各项运营职能分拆成业务组件，把发展自身核心竞争力与借助于外部合作伙伴相结合，以内外部专业化的方式达到企业级运营模式的整体优化。

对于大多数正在考虑共享服务以优化运营模式的国内保险企业来说，先进行标准化和集中运营的梳理，不失为一个务实的开端。保险企业往往从借鉴运营流程先进实践开始，着手提高运营效率。这种由流程精简带来的效益的提高，是运营模式优化的起步，其范围通常局限在本地的单一业务单元。

而后企业或集团意识到跨业务条线和地区实行运营标准化可以得到额外的效益提高。国内许多保险企业正在进行或已经完成的以标准化为核心的业务流程改造正是为了在其业务经营的区域范围内实现进一步的效益提升。如太平人寿引入专业咨询公司，在运营服务领域全面实施六西格玛改进方法，全面提升运营业务品质和服务水平。又如平安保险集团已经在上海的全国后援管理中心开展运用六西格玛管理法来进行流程改进，并迅速取得成效。

集中运营则是在运营标准化的基础上，把业务操作集中在后台，从而使各分支机构更专注于营销与服务的一种模式。集中运营可以带来显著的规模经济效益和更强的运营管控，但是跨业务条线之间的运营优化仍然不足。

还有很多保险企业在运营模式优化的进程中已走过了流程精简、标准化和集中运营的过程，共享服务成为他们下一个改进的目标之一。共享服务与集中运营的差异主要在于：服务打破了业务条线的界限，对相似的业务操作进行共享，如财产保险公司中对于符合条件的简单核保件在后援服务中心的快速核保通道进行处理，而其他核保件则由水险、车险、工程险等各个业务条线分别处理。

最初考虑共享服务的出发点，还是从获取更大的规模经济效益开始，而后逐步实现其他方面的收益，如加强风险控制、提高服务能力等。对于大型的保险企业或金融服务集团而言，共享服务所涉及的地域范围可以扩展至全国甚至全球。

（三）用渐进、管理层承诺、沟通应对组织变革引起的抵制

后援集中模式将内部关系市场化，由此带来一系列转变：由“经营上级”到“经营客户”，由“完成任务”到“追求效率”，由“铁饭碗”变成与第三方竞争……不可避免地可能会导致裁员、分权、改变业绩考评方式等，各种显性、隐性的抵制都带来巨大阻力、降低效率。这种风险不太可能完全避免，但通过以下几个关键控制可以有效降低。

第一，控制速度、逐渐渗透。几乎所有成功运行后援共享服务的企业都是如此。这里的速度有两层含义：一是指范围扩展，从某一地区、某个领域试起，试点成熟后再推广，这样一方面积累经验，另外也有示范作用（平安保险集团是先选择业务流程更加标准化的寿险作为试点，而海尔是先选择空调事业部作为试点）；二是指模式发展，最初建立的后援集中中心应该是最基础的，起步阶段可能更多表现出集中化特点，暂时由母公司指令推行而不引入外包商竞争，至于服务收费可以先采取按成本以管理费用分摊的方式，之后根据情况变化调整模型直到最终市场化运作。所以最初计划必须结合整体考虑，让后援服务中心的结构可以适应更大范围的组织，可以根据日后企业盈利和增长战略来调整报告关系、激励措施和流程。另外实施初期母公司必须目光长远，必要时可以牺牲眼前利益多给子公司一些优惠，以减轻其抵触心理，直到目标实现。

第二，高层承诺、领导变革。作为企业高层，首先要明确通过后援集中究竟要得到些什么、如何设计方案、为保证实施又承诺如何投入资源，并且把这些准确及时地传达下去；其次，由于会涉及跨组织、跨区域管理，所以需要得到企业最高层的支持，尤其是熟悉企业价值链上各个环节的 CFO，用容易理解的财务语言来阐明推动这场变革的意义与过程，及时监控后援集中中心的财务状况。

第三，展现前景，反复沟通，决策、执行透明化。要成功引导集中，公司的文化和理念最为关键。而对集中的抵制主要源于丧失既得利益和担忧未来变化。针对前者，可以通过细致地沟通使各业务单元明白协同合作的重要、理解后援集中未来带给他们的新利益，同时注重引导部分高管改变“后援共享在削减自己权利”的观点，转向“后援集中中心是我的服务/理财专家”。至于担忧未来变化导致的抵制问题必须通过整合过程透明化来解决，及时公布计划、规则，提供成本开支信息和财产清算资料等，在涉及资源转移过程中更应如此。

另外，值得注意的是，我国保险集团推行后援集中项目应当遵循以下原则：（1）后援中心定位为作业中心，不是管理中心，不参与资源分配和使用的决策；（2）标准化操作守则和流程，在可行范围内尽量统一；（3）最大化推动内部作业和资源使用的透明度。

三、监管部门政策支持

保险集团内部成立后援集中中心，为成员单位内部提供共享服务，是海内外大型集团公司广泛采用的一种模式，能够体现集中化作业、标准化流程理念的后援集中管理模式无疑代表了国际先进管理体制的发展趋势。

目前中国的保险集团大都已具备或逐渐具备建立后援中心条件。保险业的监管部门应大力支持、鼓励有条件的保险集团采用后援集中管理模式来增强自己的风险控制能力与成本控制能力，与国际接轨。尤其是在后援中心的创办初期，更需要政府与监管部门的政策性指引与支持，出台相关的优惠政策，创造出有利于后援中心快速发展成熟的外部环境。比如目前后援管理中心、技术服务中心与物业管理公司等集团内部共享单位提供内部服务所收取的收入需缴纳营业税，这增加了集团总体税收负担，削减了保险集团的盈利。加之建立后援中心有着较长的盈亏平衡期，无疑会对后援中心的后续发展产生不利影响。因此笔者建议监管部门可考虑免征集团内部后援中心等共享单位内部提供服务收入的营业税。

参考文献

[1] Altman，Edward I：“Financial ratio Discriminant Analysis and the prediction of Corporate Bankruptcy” Journal of Finance 32，121～125，1968.

[2] Bryan Bergeron：Esentials of Shared Services.

[3] Barbara Quinn，Robert Cooke，Andrew Kris：2003. Shared services：Mining for corporate Gold，1998.

[4] 贾廉：“共享服务模式的探讨及其实施与控制”，东北大学硕士学位论文，2005 年版，第 12～14，第 29 页。

[5] 李涛江、李雷鸣：“论企业的共享整合”，《经济师》，2003 年第 10 期，第 20～23 页。

[6] 刘怡姝：“平安保险集团后援集中运营模式下绩效评估模型的构建与应用”，吉林大学硕士学位论文，2004 年，第 5～10 页。

[7] 理查德、王凤斌：《组织理论与设计》，清华大学出版社。

[8] 欧阳华：“我国企业集团财务风险管理系统研究”，西南大学硕士学位论文，2006 年，第 2～11，第 19～39 页。

[9] 石慧：“财务共享服务中心模式浅析”，《青岛职业技术学院学报》，2006 年第 4 期，第 52～53 页。

[10] 王明亮：“以‘共享服务中心’推动财务管理升级”，《新理财》，2006 年第 5 期，第 13～15 页。

[11] 张高峰、吕巍、张颖：“服务共享中心——超越集权化的组织模式”，《企业研究》，2003 年第 3 期，第 17～19 页。

[12] 张高峰、赵晓晖、吴益军：“企业服务共享中心及其对上海城市化发展的意义”，《上海经济研究》，2002 年第 12 期，第 14～15 页。

[13] 张高峰、吕巍、张颖：“企业的新‘后台’服务共享中心”，《企业改革与管理》，2003 年第 2 期，第 11～12 页。

[14] 赵云林：“集团企业财务集中控制的分析与建议”，《商业经济》，2006 年第 3 期，第 59～60 页。

第六篇

再保险集团风险管理的国际比较

摘　要

再保险人相对直接保险人面临的业务波动性更大、国际性更强。因此，其风险控制难度更大。目前许多国际再保险集团都在积极推行全面风险管理这一新的风险管理体系，部分企业在风险体系及控制方法等方面都取得了较大成效，产生了大量可供国内保险公司引进和借鉴的经验。

本篇根据 COSO 全面风险管理框架的基本要素，通过分析其风险组合状况来看待其风险管理的一些政策的前提以及与风险组合的内在联系，对瑞士再保险集团、慕尼黑再保险集团、通用科隆再保险集团风险管理的理论和实践进行比较分析，提炼国际再保险集团风险管理的普遍规律。

通过比较分析，我们认为以下一些规律值得借鉴和学习：

1. 坚持风险管理创造价值理念。

2. 承保风险、投资风险、信用风险和操作风险等是国际再保险集团风险管理的重点控制对象，对这些风险的良好控制应当体现分散化组合、精细化管理以及明确制度体系的统一。

3. 风险容忍度是风险资本管理体系的前提假设。风险容忍的确定不仅是一个技术问题，而且是一个企业战略管理的直接体现。

4. 风险管理的组织架构应当具备全面性、独立性和层次性，风险管理的审计体系是风险管理体系有效运行的关键。

5. 内部模型开发能力是风险管理体系的核心能力，信息系统是风险管理的基础。

6. 风险调整收益是风险考核体系的发展方向。

第一章　全面风险管理体系的发展——一个比较分析框架

第一节　全面风险管理框架是对内控体系的拓展

1992年，美国“反对虚假财务报告委员会”下属的美国会计学会、注册会计师协会、国际内部审计人员协会、财务经理协会和管理会计学会等组织发起组织委员会（COSO），发布了《内部控制——整体框架》，即影响深远的COSO报告，该框架认为内部控制是一个组织设计并实施的一个程序，以便为达到该组织的经营目标提供合理保障。COSO报告认为内部控制整体架构主要由控制环境、风险评估、控制活动、信息与沟通、监控组成。控制环境是构成一个企业内部控制的氛围，是其他内部控制要素的基础；风险评估是识别和分析那些妨碍实现经营管理目标的内部或外部因素的活动，是构成风险管理决策的基础；控制活动是为合理保证经营管理目标的实现，指导企业员工实施管理指令，管理和化解风险而采取的政策和程序；监控的目的是评估内部控制系统设计合理性和运行有效性，是经营管理部门对内控的管理监督和内审部门对内控的再监督与再评价活动的总称；信息与沟通是指为了使职员能执行其职责，企业必须识别、捕捉、交流外部和内部信息，信息沟通贯穿于整个控制过程，是内部控制的神经系统，信息沟通为管理层监督各项活动和在必要时采取纠正措施提供了保证。这个框架已经成为国际上大多数公司度量、评价和建设内部控制体系时遵从的标准。

在多年的管理实践中，人们意识到一个企业内部不同部门或不同业务的风险，有的会相互叠加放大，有的则相互抵消减少。因此，风险的考虑不能仅仅从某项业务、某个部门的角度出发，必须根据风险组合的观点，从贯穿整个企业的角度看风险，即要实行全面风险管理。为了满足企业对一个有效的风险识别、评估和管理框架日益需求，COSO委员会与普华永道一起在《内部控制——整体框架》的基础上开发了一个风险管理框架，即2004年9月完成的《全面风险管理——整体框架》，该框架把全面风险管理定义①为：全面风险管理是一个过程，它由一个主体的董事

① ［美］COSO制定发布，方红星、王宏译：《企业风险管理——整合框架》，东北财经大学出版社2005年版，第5页。

会、管理层和其他人员实施，应用于战略制定并贯穿于企业之中，旨在识别可能会影响企业的潜在事项，管理风险以使其在该主体的风险容忍度内，并为企业目标的实现提供合理的保证。这个定义反映了几个基本概念，全面风险管理是：

1. 一个过程，它持续地运行于企业之内；
2. 由组织中各个层级的人员实施；
3. 应用于战略制定；
4. 贯穿于企业，在各个层级和单元应用，还包括采取企业层级的风险组合观；
5. 旨在识别一旦发生将会影响主体的潜在事项，并把风险控制在风险容忍度内；
6. 能够向一个主体的管理层和董事会提供合理保证；
7. 力求实现一个或多个不同类型但相互交叉的目标。

国务院国有资产监督管理委员会借鉴 COSO 框架的主要内容，于 2006 年制定了《中央企业全面风险管理指引》，指导中央企业开展全面风险管理工作，提高其管理水平、增强企业竞争力，促进企业稳步发展。

全面风险管理涵盖了内部控制：从 COSO 委员会的全面风险管理框架和内部控制框架可以看出（图 6－1），全面风险管理除包括内部控制的 3 个目标之外，还增加了战略目标；全面风险管理的 8 个要素除了包括内部控制的全部 5 个要素之外，还增加了目标设定、事件识别和风险对策 3 个要素。目标设定意味着风险管理必须先制订企业的经营目标，风险管理部门才能识别可能影响目标实现的潜在事项，制定相应的风险管理政策，与企业的战略目标和风险偏好保持一致；事件识别指必须识别出可能会对企业产生影响的内部事件和外部事件，区分风险和机会，相应的机会会被反馈到企业的战略和目标制定过程；风险对策指面对风险，企业选择回避、承受、降低或者分担风险的决定，即采取一系列的措施，使其风险暴露限制在自己的风险容忍度内。

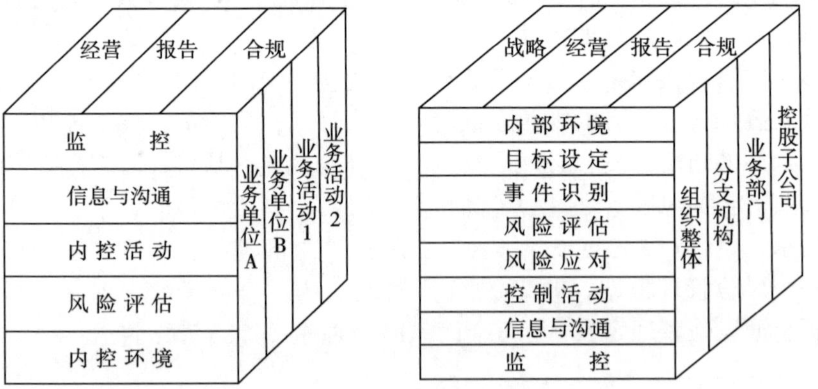

图 6－1　COSO 内控立方体与全面风险管理立方体

内部控制与全面风险管理也存在一定的差异：两者的范畴不一致。内部控制仅是管理的一项职能，主要是通过事后和过程的控制来实现其自身的目标；而全面风险管理则贯穿于管理过程的各个方面，控制的手段不仅体现在事中和事后的控制，更重要的是在事前制订目标时就充分考虑了风险的存在。而且，在两者所要达到的目标上，全面风险管理多于内部控制；两者对风险的定义不一致，全面风险管理框架把风险明确定义为“对企业的目标产生负面影响的事件发生的可能性”（将产生正面影响的事件视为机会），将风险与机会区分开来，而在COSO委员会的内部控制框架中，没有区分风险和机会；两者对风险的对策不一致，全面风险管理框架引入了风险偏好、风险容忍度、风险对策、压力测试、情景分析等概念和方法，因此，该框架在风险度量的基础上，有利于企业的发展战略与风险偏好相一致，增长、风险与回报相联系，进行经济资本分配及利用风险信息支持业务前台决策流程等，从而帮助董事会和高级管理层实现全面风险管理的4项目标。这些内容都是内部控制框架中没有的，也是其所不能做到的。

第二节　全面风险管理的核心思想及基本模块

COSO全面风险管理的核心思想是风险管理战略必须与企业的业务战略相适应。全面风险管理从完善风险管理战略入手，通过三个主要环节制定和实施风险管理战略。根据企业的风险偏好，测算特定业务战略所需的资本金数量。根据所需资本金数量建立相应的授信限额体系，通过控制该限额体系的执行，进而将业务风险控制在企业确定的风险偏好内，对各条业务线进行风险调整的绩效考核，评估和优化风险战略的实施效果，以平衡风险、收益和增长三者之间的关系。

该框架有三个维度（见图6－1），第一维是企业的目标；第二维是全面风险管理要素；第三维是企业的各个层级。第一维企业的目标有4个，即战略目标、经营目标、报告目标和合规目标。第二维全面风险管理要素有8个，即内部环境、目标设定、事件识别、风险评估、风险对策（Risk Response）、控制活动、信息和交流、监控。第三个维度是企业的各个层级，包括整个企业、各职能部门、各条业务线及下属各子公司。《全面风险管理框架》三个维度的关系是：全面风险管理的8个要素都是为企业的四个目标服务的；企业各个层级都要坚持同样的四个目标；每个层次都必须从以上8个方面进行风险管理。

第三节 全面风险管理的核心工具

经济资本是开展全面风险管理的重要工具。全面风险管理是现代金融企业核心竞争力的一项重要内容，它要求对企业所有风险进行全方位、全过程和全要素管理，其关键环节在于风险的量化、分解以及应对策略。经济资本通过对非预期损失的计量和预测，直接反映企业的风险状况，并可根据管理需要灵活地分解、合并。通过计算企业总体需要的经济资本并与账面资本（核心资本）比较，企业可以评价自身资本充足状况，将有限的经济资本在各类风险、各个层面和各种业务之间进行分配，对自身的总体风险和各类风险进行总量控制。当经济资本总量接近或超过监管资本时，说明其风险水平正在超出其实际承受能力，这时要么通过某些途径补充实际资本金，要么控制调整甚至有针对性地压缩资产，否则其安全性将在战略上受到威胁。

经济资本管理是金融服务集团内部管理的需要。出于内部管理需要，几乎所有金融服务集团都采用了类似制造业事业部的体制。这些事业部依照客户对象、地理范围和产品类型进行划分。事业部通过下设的职能部门来协调管理经营活动，在各事业部之上设公司总部，负责管理这些多功能事业部，监督、协调各事业部的活动并评价其绩效，负责分配全公司资源、制定集团长期发展战略。这样形成了事业部和集团公司总部分别承担日常经营管理和战略决策职能的组织架构。各个事业部作为利润中心，实行独立核算、自负盈亏。这些事业部不同于法人子公司，其利润计算并不是完全取决于市场，也部分依赖于公司总部的决策，各个事业部在总部整体框架内谋求自我发展。但是，事业部制的成功实施是必须建立于一系列辅助管理技术基础上的，在金融服务部门其关键支持就是经济资本框架，具体说来，就是经济资本充当资源分配、绩效评估、战略规划和产品定价等职能的工具。目前国内虽没有突破分业经营的范畴，但以各国有及国家控股的银行、保险集团公司都把综合经营作为发展的途径，因此成功的经济资本体系管理方式对金融企业集团具有良好的借鉴作用。

第四节 小 结

实施企业全面风险管理（ERM）已成为 21 世纪全球企业管理发展的新趋势。近年来，著名企业评级机构如标准普尔和穆迪已将 ERM 列为其对企业评级的基本评价因素，各国的审计标准已将审计的根本任务从审计内部控制逐渐转移到审计风险管理的职能上来。目前，英美德等国家对上市公司风险管理的披露要求也已上升到法律规则层面。相对直接人，再保险人面临的业务具有更大的波动性，且国际性更强，这使得再保险企业的风险控制难度更大。目前许多国际再保险集团都在积极推行全面风险管理这一新的风险管理体系，部分企业在风险体系及控制方法方面都取得了较大的成效，产生了大量的可供国内保险公司引进和借鉴的东西。本章就根据全面风险管理的基本要素及其与处理各维度的关系为基础，对国际再保险集团风险管理的理论和实践进行比较分析，提炼国际再保险集团风险管理的普遍规律。

根据全面风险管理的基本要素，我们比较再保险企业集团的风险管理首先集中在风险管理的“内部环境”上，通过风险管理理念、风险承受能力、董事会在风险管理中的作用与地位的分析以及整个集团、集团所属的分支机构、业务部门和控股子公司的风险管理组织体系的分析，解析风险管理的基础、给其他要素设定的约束和结构。由于战略目标和业务经营目标是决定风险管理价值取向的基本因素，通常是一个企业的核心秘密，获取其详细内容是有难度的。因而，本章通过分析其风险组合状况来看待其风险管理的一些政策的前提以及和风险组合的内在联系，所以，风险管理组合状况也是分析其他因素的基础。一个完善的风险管理过程包括风险的识别、评估、应对和控制，因此我们把全面风险管理要素中的事项识别、风险评估、风险应对和控制活动放在一起，分析国际再保险集团风险控制的流程。其中，风险管理制度是风险控制重要根据，对风险管理制度的制定和修订是风险管理活动的重要内容，对核心制度的执行是风险控制活动的直接反映，尤其是国内金融机构也比较容易接受制度约束方式，因此本章把国际再保险集团风险管理核心制度体系作为比较的重点内容之一。信息与沟通是监督各项活动和采取控制的有效保证，对于国内保险业来讲，这也是与银行业差距最大的地方。因此把 IT 建设对风险管理体系的基础性作用作为信息与沟通比较的重要内容。有效的审计体系能够对属于管理层的风险管理体系的有效性进行独立客观的评价，是风险管理体系的重要内容，因此本章在风险监控中重点比较国际再保险集团的审计体系及其运行机制。

综上所述，本章接下来就包括瑞再集团、慕再集团、科隆再集团关于内部环境，目标设定，风险管理事项识别、评估、应对与控制，信息传递与沟通和风险监控体系进行比较。

第二章　国际再保险集团风险管理体系的比较研究

第一节　风险管理的内部环境

"内部环境是企业风险管理所有其他构成要素的基础，为其他要素提供约束和结构。它影响着战略和目标如何制定、经营活动如何组织以及如何识别、评估风险并采取行动。它还影响着控制活动、信息与沟通体系和监控措施的设计与运行。"①

一、风险管理理念

企业的风险管理理念是企业关于风险的信念和态度，决定着企业从战略制定到日常经营活动对待风险的态度。如果风险管理理念能够很好地确立、被企业所有员工理解和遵守，整个企业就能有效地识别和管理风险。然而，风险管理理念能够在企业中得以执行要依赖于企业的风险管理文化，而在保险企业集团中，各子公司、业务单元、职能部门或在部门内的应用可能出现不平衡的现象，可能由于文化上的差异导致风险管理应用方面的差异。企业中的一些子公司可能愿意承担更多的风险，而另外一些则可能相对保守。

国际再保险企业集团面对的业务具有复杂性，既有直接保险业务，又有再保险业务，其风险管理理念涵盖的内容丰富，同时由于其组织结构的特征，更为重要的是保证风险管理理念被集团的子公司、业务单元、职能部门理解和遵守。

科隆再对风险的态度是管理和控制风险，而不是努力避免风险，科隆再针对不同种类的风险进行区分，并就不同的风险设定不同的计算假设，用适当的方法建立识别风险、分析风险的机制，通过这些机制来管理和控制风险。科隆再风险管理体系最大的特色是分散化的风险管理，在此基础上进行集中协调和控制，整个集团内部遵循统一的运行原则和操作指引。由于国际再保险业务经营的深富挑战性，多样化的产品，多样化的市场，每种产品，每一市场都有其特定的风险，科隆再采取的分散化的风险管理体系使之能够灵敏地识别风险，并迅速地采取必要的控制措施。

---

① ［美］COSO 制定发布，方红星，王宏译：《企业风险管理——整合框架》，东北财经大学出版社，2005 年版，第 34 页。

慕再的使命表述是“把风险转化为价值”①。“风险在所有方面仍然是我们的核心业务，通过活跃的分散和卓越的管理，系统性地把它转化为企业价值”②。慕再集团对待风险态度可以总结为：风险创造价值，通过管理风险创造企业价值，积极开创新的风险领域的业务；对风险选择性接受，剔除不可管理的风险业务，降低企业经营风险；开发先进的风险管理技术，提高企业的风险管理能力。

瑞再积极支持对企业至关重要的风险承担，具体的风险管理工作依据在全集团内贯彻执行的各项指导性原则：（1）控制风险承担。瑞再明确规定了可承受的风险底线，在可承受的风险底线范围内，集团所开展的各项风险业务目的是为股东带来回报。（2）明确的责任和权利。瑞再的业务经营原则是明确责任和权利，业务部门应为各自承接的风险负责。他们的利益和集团的整体利益目标直接挂钩。（3）独立的风险控制。为了避免利益冲突，集团设立专门部门监督各项风险业务。（4）开放的风险文化。风险意识和对风险的快速反应，始终贯穿在瑞再的风险管控操作中。在各级部门，瑞再都有固定的风险信息和风险知识的共享系统。

通过三个集团的风险管理理念的分析，我们发现，“风险创造价值”是再保险企业共同主张的风险管理理念，保险企业不应当回避风险，而应当承担并管理风险来创造价值。

二、风险管理的组织结构及职责划分

企业风险管理组织结构提供了计划、执行、控制和监督风险管理活动的框架，包括确定企业风险管理权力与责任的关键区域，确定恰当的报告途径。企业风险管理的组织结构取决其规模和从事的业务活动的性质。国际保险企业集团治理结构复杂，同时业务涉及也比较广泛，既有再保险业务，也有直接保险业务和资产管理业务，因此决定了它们的风险管理组织架构的复杂性。

（一）瑞再的风险管理组织体系

瑞再集团治理层面的风险管理组织结构包括董事会及其下设的财务和风险管理委员会和审计委员会，执行委员会层面下设的管理机构资金及资金能力配置委员会和产品及风险底线委员会（the Group Products and Limits Committee），集团风险总监（CRO）。

瑞再董事会负责制定最终的风险管理的原则和政策，审批集团可承受的风险底线；下设的审计委员会负责监督集团风险管理的每一个流程。执行委员会下设的资金及资金能力配置委员会负责在相关约束的情况下，（包括来自分支机构所属的国家、法律法规、税收政策和偿付能力要求）分配资金、配置资金（包括给对手方的信贷额度），审批投资活动的风险底线，审批因投资活动而带来的内部风险及资金使用方面的变化，审批全集团的绩效评定方法（EVM）；产品及风险底线委员会负

① http://www.munichre.com/en/corporate/mission_ statement/default.aspx.

② Munich Re Group Annual Report 2006：28.

责定夺产品保单和再保的承保标准，规定各项再保业务和对手方的风险底线，定夺大单交易和特殊交易。集团风险总监（CRO）负责风险管理框架内容在全集团的执行，通过集团风险管理委员会为平台，协调集团的全部风险管理工作。

集团运营层面的风险管理体系包括信用及金融市场风险管理部、产险及意外险风险管理部、寿险意外险风险管理部、集团运营风险管理部、集团整体风险管理部、风险凸现和可持续发展管理部（Sustainability & Emerging Risks）、集团精算部，以上所有部门由全球风险管理综合部统一领导（图6－2）。

在集团运营层面，信用及金融市场风险管理部、产险及意外险管理部、寿险意外险风险管理部、集团运营风险管理部4个部门负责全球各分支机构各自领域的风险管理工作，包括对风险的识别、评估和控制；集团综合风险管理部负责通报集团的全部风险和评估由此而造成的综合影响；风险和可持续发展管理部负责监测可能对集团产生重大风险的背景环境，配合集团为可持续发展而开展的各项工作；集团精算部负责从会计制度、法律监管以及经济运行的角度评估寿险和非寿险的保险责任。以上的所有部门由全球风险管理综合部统一领导，均不操作具体业务，而是参照成功的现行做法和经验制定风险的管理指引和管理标准。

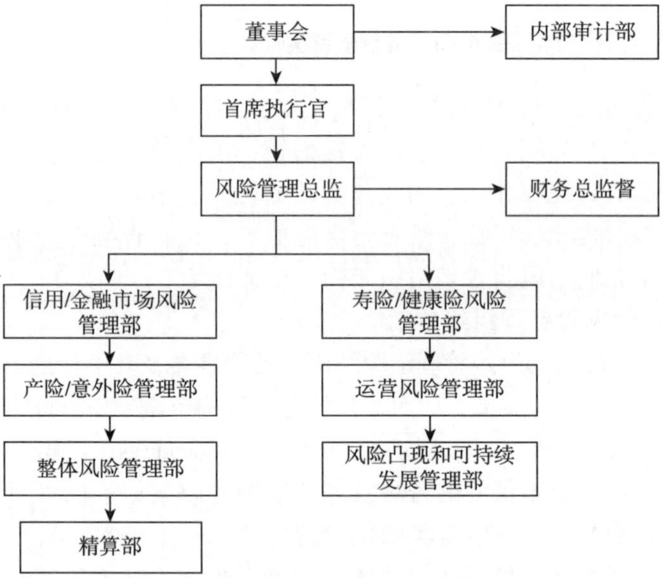

图6－2　瑞再风险管理组织架构

（二）慕再的风险管理组织体系

从治理层面（图6－3）看，涉及风险管理的机构有股东大会、监督董事会及其审计委员会、管理委员会及其下设部门。股东大会决定公司的风险承受程度及风险态度。监督董事会在风险管理体系中主要的职能是监督、评价集团的风险管理制度，并针对不足提出改进意见；其对于集团风险状况的了解主要来自管理委员会的报告和审计委员会及外部审计人的风险报告。监督董事会中，与慕再集团风险管理关系比较密切的是审计委员会，审计委员会除了负责集团内普通的审计工作外，还负责分析集团的风险状况，对集团风险管理体系的有效性进行评估，并将报告呈送给监管委员会全体会议。

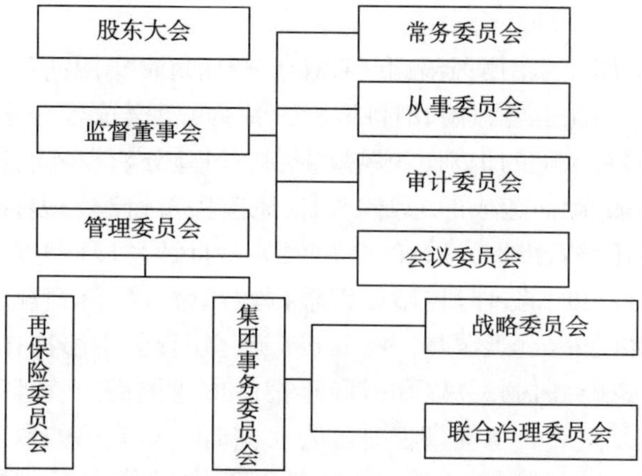

图 6 -3　慕尼黑再保险集团治理机构图

在公司运营层面，慕再在风险管理方面有两个突出的特点，其一是统一计划与分散管理相结合，其二是风险控制、风险管理与风险监督相互独立。统一计划体现为慕再集团在整个集团范围内制定统一的风险管理制度，各分支机构统一实行；分散管理体现为各分支机构根据自身的特点，进行风险管理活动。在慕再集团内部，风险控制、风险管理与风险监督被严格的界定和区分，并由不同的部门来承担（图 6 -4）。

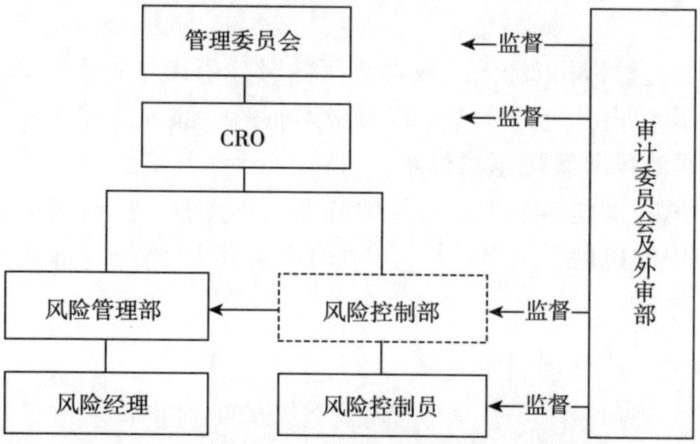

图 6 -4　慕尼黑再保险集团风险管理组织结构图

在慕再集团的风险管理体系中，管理委员会处于核心的部位，它负责制定集团范围内风险管理计划、确定各相关部门的职责及全面掌握集团内的风险管理活动。对集团可能产生重大影响的风险，必须咨询管理委员会并获得许可后，风险管理部门才可以采取具体措施。具体而言，管理委员会在风险管理方面的主要工作包括：(1) 制定稳妥的投资计划，确保资产与负债相匹配；(2) 确定慕再集团的风险资本；(3) 制定最佳的承保计划；(4) 确保监管委员会对集团风险管理的要求全部实现。

1. CRO。慕再集团的首席风险师（CRO）全面负责集团的风险管理活动，为管理委员会进行风险决策提供信息和准备资料，并将管理委员会的各项决定全面落实。同时，CRO 还负责资产与负债方面的风险识别、风险分析和风险监控。

2. 风险控制部及风险控制员。风险控制部是建立风险管理标准，负责集团范围内风险管理制度的建设和维护，以确保整个集团内风险管理制度是一致的、易评估的。各个分支机构或部门的风险控制员则根据本单位的实际情况，对风险控制中心提出的风险管理制度加以适当调整，将其推广到全集团。此外，风险控制部还负责对集团的风险现状进行评估，并以季报和年报的形式提供给管理委员会，当集团面临巨大风险或特殊风险时，也提供临时报告。同时，对集团的风险管理措施进行评估，并提出合理建议（风险控制中心每年组织四次风险调查问卷，并聘请外部专家，对集团风险进行评估。将评估报告呈送管理委员会，检查当前风险政策下风险措施是否得当，并做适当调整）。从 2006 年初，风险控制部并入了风险管理部，但是风险管理与风险控制之间仍然是严格分开的。

3. 风险管理部及风险经理。风险管理部及风险经理负责具体的风险管理活动，包括各部门的风险识别、风险衡量、风险处理等，并对各部门的风险状况进行实时监督。风险管理部负责风险管理技术的研究和开发，应用的主要风险管理工具包括：资产负债管理、资本定价模型等。同时，风险管理部还注重利用领先的科学理论，对于各种承保风险进行研究和分析，譬如巨灾分析、生命表分析等。

4. 审计委员会及外部审计人。慕再集团的风险管理工作受到审计委员会及外部审计人的监督，审计报告也是集团年报所必须有的一部分内容。

（三）科隆再的风险管理组织体系

在科隆再的风险管理体系中，涉及到的部门主要有：执行董事会、审计委员会、风险理事会、集中的风险管控部门、公司的内部审计部门、各业务经营单位（图 6－5、表 6－1）。

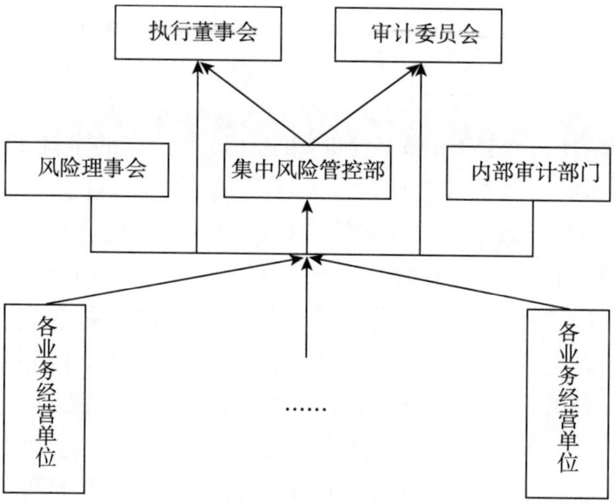

图 6－5　科隆再的风险管理体系

表 6－1　　各机构及其主要职能简表

机　构	职　能
执行董事会	制定风险管理战略、建立风险管理体系、制定操作指引
审计委员会	监督、审核
风险理事会	检查方法的合理性、提出改进建议
集中风险管控部门	监控、考查风险管理过程、识别公司潜在风险、提交积累风险报告
内部审计部门	审计各经营单位风险管理运行，检查风险管理过程的效率和有效性
各业务经营单位	具体的风险管理操作者、提交专题报告

1. 执行董事会。负责决定公司风险管理战略，包括决定风险资本预算，并保证公司经营符合监管要求；负责建立和履行风险管理体系，为公司制定统一的操作指引。并在针对风险的管理框架之下，经常同那些与科隆再的风险管理过程相关的所有部门沟通和联系。

2. 审计委员会。执行监督职能，对公司整体的风险管理情况进行审核监督，审核集中风险管控部门提交的关于风险积累的报告，以及各业务经营单位提交的关于重大风险变化情况的报告。

3. 风险理事会。由业务经营单位的行政人员组成。负责检查各业务经营单位采用的风险识别和衡量方法的合理性，并提出改进建议，从而不断改进分散的风险管理过程。

4. 集中的风险管控部门。负责对业务经营单位的风险管理过程进行监控和考查，以保证他们采用的风险管理措施和方法模型与集团整体要求相一致，他们还负责发起识别公司潜在风险的这项系统性工程，并协调其运行。这些潜在的风险是随着公司的发展不断积累的，可能会对公司未来的存续构成潜在威胁。此项工作的核心是要提交一份清单，列明公司已经积累的风险，并向公司执行董事会和审计委员会提交相关报告。

5. 内部审计部门。公司的内部审计部门统一负责公司的审计工作，他们对公司各业务部门风险管理系统有效性和规律性作系统性的考查。就此，还需要经常单独检查风险管理过程的效率和有效性，以使之符合德国内部审计协会和德国审计协会的要求。

6. 各业务经营单位。他们依据公司制定的操作指引实施独立的风险管理措施和方法，对本单位运营过程中产生的风险进行管理和控制，并在其实践过程中不断进行修正和改进管控方法，有一定的自主性，这些单位按其责任和层级直接向执行董事会提交报告，报告风险管理情况变化以及应用技术的变革，对于那些超过一般定义的风险情况要向公司的集中风险管控部门提交专题报告。此外各业务经营单位的经理还要通过提交专题报告向公司风险理事会告知风险变化情况，并在适当的情况下通知公司的审计委员会。

第二节　风险管理的目标设定

每一个企业面临的风险不同，形成的风险组合具有不同的特征，确定风险管理目标是有效事项识别、风险评估和风险应对的前提。风险管理目标应当与企业的风险容忍度（Risk Tolerance）相协调，后者决定企业的风险承受限度。

一、战略目标与风险管理目标的设定

企业的使命确定了企业希望实现什么，经常使用“使命（mission）”、“愿景（vision）”或者“目的（purpose）”等词语。企业管理层设定战略目标，进行战略规划，并为企业确定相关的经营、合规和报告目标。尽管一个企业的使命和战略目标一般是稳定，但是它的战略和许多相关的目标却更多是动态的，并且会随内外部条件的变化而调整。随着环境的变化，战略及其相关目标会重新调整。恰当的目标设定过程是企业全面风险管理至关重要的构成要素。对于企业的所有活动，制订支持战略目标的其他相关目标及具体目标是成功的关键。尽管不同企业的目标各不相同，但大致可分为经营目标、报告目标和合规目标。

（一）瑞再的战略方向（图6－6）[①]

1. 促进经济利润的增长。瑞再始终致力于股东经济利润的增长，因此通过评估每个业务机会的风险调整和成本调整条件（risk－adjusted and cost－adjusted terms）进行资本和资源的分配。经济利润增长同样需要对保险周期进行有效的管理，瑞再

① Swiss Re 2006 Annual Report：14.

的控制标准及分散化措施与集团健全的承保原则缓释了保险周期风险。

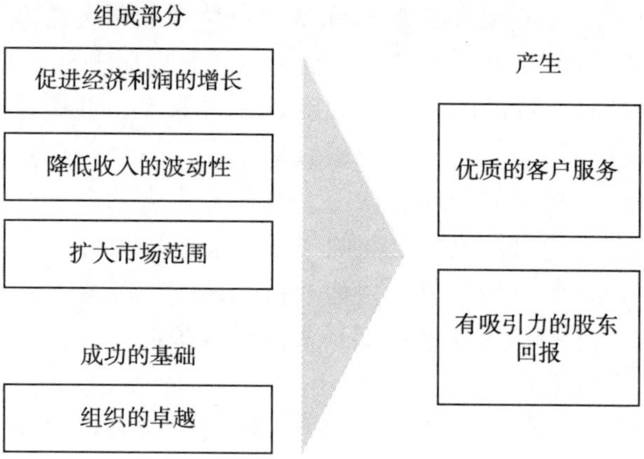

图 6-6　瑞再的战略方向

2. 降低收入的波动性。作为世界领先的再保险人，瑞再面临许多重大的风险暴露，除了通过其控制标准和分散管理外，集团还应用一系列工具降低收入波动性。瑞再采用一些对冲工具管理金融市场风险，限制下行风险暴露（downside exposure），获得了较好的风险调整收益。瑞再也使用其资本市场专业技术管理集团业务承保的波动性：目前仍然是保险连接证券（ILS）的领先者，从 1997 年到 2006 年，金额超过 100 亿美元。有效的风险管理行为和有效的准备金政策支持了承保的利润。同时，在集团层面进行波动性管理可以让集团所属的单个业务单元充分地为客户提供服务，有效把握增长机会。

3. 扩大市场范围。通过拓展新的市场以及在已有的市场中进行产品创新，不同的风险环境（risk landscape）提供了大量的机会。作为客户导向的公司，瑞再积极追求增长机会。例如，通过与客户密切合作开发可变年金和寿险产品进入寿险和健康险的新市场；在地域上，瑞再继续保持在亚洲的领先地位，尤其是在中国和印度拓展其产品和服务。

4. 促进组织的卓越能力。瑞再集团的成功很大程度上依赖于它吸引、保留的人才，培育的效率和有效性的工作文化。良好的客户服务取决于有良好的风险控制和承保。为了达到这个目的，瑞再把客户服务、承保、准备金管理和财务报告等管理职能进行了分离。

根据战略目标，瑞再进行风险和资本管理是为了保证受到控制的风险承担行为并拥有充足的资本，以维持财务灵活性，从吸引人的业务机会中获得利润[1]。

① Swiss Re 2006 Annual Report：54.

（二）慕再的战略①

慕再的使命是，在直接保险、再保险方面持续提供有特色的风险解决方案，“把风险转化为价值”。最重要的战略目标是“持续增加慕尼黑再保险集团的价值”，创造相对于市场和同行的正的股价绩效。通过分析金融服务部门直到2015年的市场前景，慕再管理层把整个集团的业务活动确定在再保险、直接保险和国际健康险业务三个方面；综合利用保险和再保业务领域的机会，设计跨部门模型，把业务活动拓展到保险业务之外。集团的管理层认为，其业务机会来自于经济增长、人口的变化、社会安全体系的重构以及风险之间的关系复杂性的增加。

根据其战略目标，慕再整合风险管理的目标是：（1）保护慕尼黑再保险集团的声誉；（2）在满足保单持有人索赔中保证最高程度的信任；（3）促进慕尼黑再保险集团保护和持续产生股东价值。

通过以上比较分析，我们发现，国际再保险集团普遍把为投资者提供理想的回报、增加股东价值作为企业的战略目标，风险管理的目的，就是要根据企业管理层的风险偏好，在企业的风险容忍度内，通过降低企业收入的波动性，保证股东回报的稳定性，保证战略目标的实现。

二、风险容忍度及风险偏好

风险容忍度是企业在追求价值的过程中所愿意承担的风险数量，反映了企业的风险管理理念，进而影响企业的文化和经营风格。风险容忍度在战略制定中加以考虑，来自一项战略的期望报酬应该与主体的风险容量相协调②。

瑞再的风险容忍③代表了集团在其资本、战略、风险偏好（risk appetite）和监管和评级环境约束下愿意承担的风险数量，通过界定所有领域的目标来反映。这些目标中首要的是控制风险以满足资本充足率，同时也考虑其他目标，如收入波动性。为了保证股东回报的持续性，瑞再积极管理收入的波动性，增强企业的信用质量，降低集团的资本成本。通过集团的规模和技术专家，使用保险连结证券、转分保、保险风险掉期、股权衍生工具和信用违约掉期等工具，保持企业在再保险和资本市场方面的领先优势，管理波动性，分散风险。例如在2006年9月末，美国的飓风季节，瑞再针对大西洋飓风的25年期的收入保护达到10亿美元，差不多达到类似预期损失的一半（表6－2）。

---

① Munich Re Group Annual Report 2006：43－44.

② ［美］COSO制定发布，方红星、王宏译：《企业风险管理——整合框架》，东北财经大学出版社，2005年版，第35页。

③ Swiss Re 2006 Annual Report：61.

表 6-2 瑞再的自然灾害风险的收入保护

（单位，10 亿美元；截至 2006 年 9 月 30 日）

	回报期	估计的索赔总额	对冲的索赔额	净索赔额
大西洋飓风	25 年	2.1	1.0	1.1
欧洲暴风	25 年	1.5	0.4	1.1
加利福尼亚地震	50 年	1.2	0.2	1.0
日本地震	50 年	0.6	0.2	0.4

慕再的风险偏好和风险资本管理体系①。在慕再，接受风险的基础是管理委员会的要求及对风险偏好的决策，具体内容由集团的战略风险管理框架（2006 年开发，从 2007 年开始实施）规定，并考虑它对资本、流动性和收入波动性的影响。风险偏好和风险资本包括“整个组合标准”和“补充标准”，主要管理和控制整个集团的最大风险暴露、风险集中度、风险累积和系统性风险。慕再通过把产生于风险承担获得的回报预期分配到单个业务活动来管理业务组合，慕再的内部风险模型“慕尼黑再资本模型”在其中扮演重要角色。通过这个模型，可以分析特定的风险对寿险和健康险、财产和伤亡险业务以及再保险和直接保险投资的影响，并计算所需要的经济资本。欧洲正在推行的《偿付能力 II》鼓励保险企业自行开发内部模型计算其监管资本，慕再的内部模型为其顺利实施新的监管体系奠定了良好的基础。

风险容忍度是确定企业非预期损失的重要参数之一，其值的大小直接影响了非预期损失的大小，也就是直接影响了经济资本的大小。风险资本管理体系是未来企业风险管理的发展趋势，作为其体系的重要参数，风险容忍度应当与企业的战略有效结合。因此，风险容忍的确定不仅是一个技术问题，而且是一个企业战略管理的直接体现。

第三节 风险管理事项识别、评估、应对与控制

一个完整的风险管理流程包括风险事项的识别、风险影响的评估、针对风险暴露的应对选择和对风险的控制。例如，慕再把风险管理流程概述为风险识别、风险分析、风险控制、风险监控和风险报告的循环过程（图 6-7）。

科隆再把其风险管理体系作为其内部控制制度的重要组成部分，并将其划分为四个过程：风险识别；风险衡量与分析；风险管理与控制；风险报告（图 6-8）。

① Munich Re Group Annual Report 2006：125.

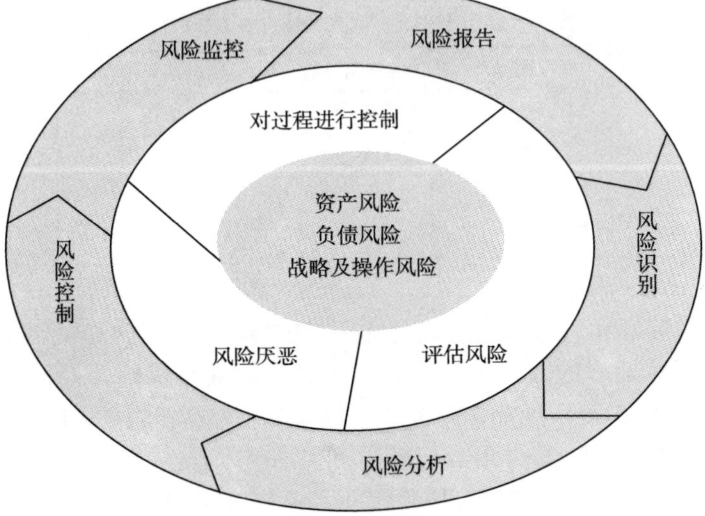

图 6－7　慕再风险管理流程图

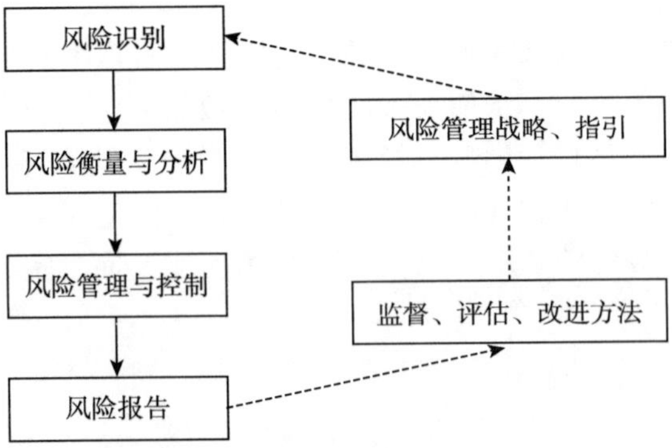

图 6－8　科隆再风险管理流程示意图

一、再保险集团面临的主要风险

在全面风险管理中，事项识别是指企业管理层识别将会对主体产生影响的潜在事项，并分析该事项是一种业务机会还是代表着潜在的风险。如果认为是一种业务机会，将其反馈到战略和目标设定过程中，如果是一种风险，就应当对其进行评估，确定应对措施。由于没有国际再保险集团进行事项识别的完整过程，因此，我们只分析国际再保险集团在年报中披露的影响其经营管理的主要风险，分析国际再保险集团共同的风险类别。

（一）瑞再的风险分布

在瑞再从风险管理的角度考虑各项业务是制定战略性计划的基础，同时也是执行委员会管理工作的重要组成部分。对于整个集团来讲，除了管理战略性风险以外，还有三类风险：核心风险、运营风险和其他风险（图6－9）。

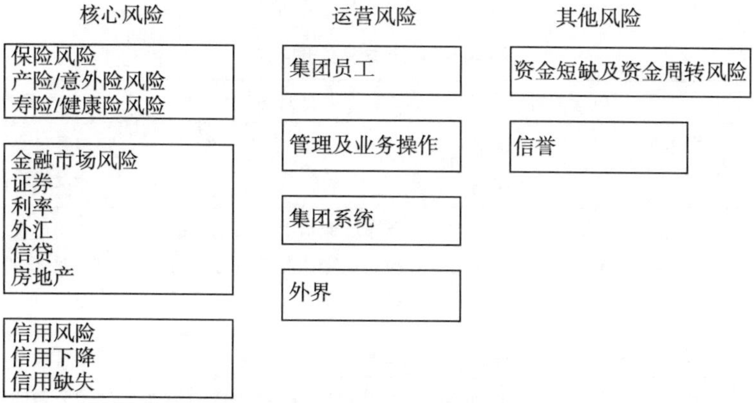

图6－9　瑞再的风险分布图

1. 核心风险。该风险可以细分为：保险风险，包括来自承保产险、意外险和寿险、健康险风险；金融市场风险，包括来自证券价格波动，利率变化，外汇、信贷业务和房地产价格走势的风险；信用风险，由于集团的业务对手方或是第三方的信用下降而导致的经济损失。

2. 运营风险。造成运营风险的内部因素包括内部操作流程问题、人员问题、系统问题；外部因素包括外部事件、因违反监管部门的有关规定而遭受的处罚或者是集团整体未能有效地按既定目标运行。所有这些风险因素导致的潜在损失统称为运营风险。运营风险管理工作的核心是将该种类风险降低到可接受程度即可，原因是无论如何管理也不会给集团带来直接利润。

3. 其他风险。该风险包括，资金不足和资金周转风险：该种类风险指集团在短期内无法履行其财务义务和责任，或者是因不能在金融市场融到资金而无法为产品具备竞争力价格提供资金帮助而导致的风险。具体说，形成资金不足和资金周转风险的主要原因包括超计划支出和应收未收账款、短期融资能力不足和因特殊情况而导致的投保人集中要求债务担保和要求第三方出具特殊质量的资产担保等。信誉风险：该种类风险指因为某一事件或行为造成集团本身的信誉下降和股东对集团的看法有所改变，从而使集团无法有效运营而导致的风险。瑞再始终把集团信誉放在非常重要的位置，所以为了化解信誉风险，集团首先制定了《集团操守准则》，明确各种价值观。集团同时设计了操作流程，帮助各部门提早识别各种风险和清楚可能出现问题的领域。此外，集团也规定了明确的业务目标和界定可承受的风险业务，营造公开透明的信息互通企业氛围。

（二）慕再的风险分布

慕再认为自己面临的主要风险类别有战略风险、承保风险、违约风险、投资风险、操作风险、信息风险、人力风险、法律风险、环境风险，每一类风险的内容见表6－3所示。

表6－3　慕再风险分类及处理措施

风险名称	风险内容	处理方法	管理部门
战略风险	发展策略失误、过于保守	SWOT分析、加强创新	管理委员会、集团事务委员会及战略部门
承保风险	定价不足、业务流失、巨灾、利率保证型保单风险	颁布承保指引、限制业务规模、保守计提准备金、开发新产品和再保险	管理委员会、风险研究机构、业务管理部门、精算部
违约风险	投保人不能及时缴纳保费	增加对缔约方的甄选	业务管理部门
投资风险	利率变动风险、信用风险、外汇风险、金融资产价格变动风险	投资理念：收益稳定、资本安全、保持资本流动性；处理方法：稳健投资、采用先进技术、制定流动资本预算、重视投资对象的资信、保持资本与负债是同一币种	各子公司的资产负债管理部门负责。集团内子公司的投资绝大部分委托MEAG公司进行
操作风险	违法行为、管理不到位、信息交流不顺畅	加强公司管理、注重对员工进行培训	各管理部门
信息风险	系统崩溃、病毒、黑客、数据丢失被窃、使用不当	采用先进信息技术、数据备份、加强员工教育	IT部
人力风险	人力不足、员工素质不够、员工流失、过于集权	提高管理效率、加强规章制度建设	人力资源管理部
法律风险	违法相关法律法规、不遵守公司章程	注重合规建设、增加集团与立法部门的沟通	合规部
环境风险	宏观经济风险、国际政治风险	尽量避开	管理委员会、集团事务委员会及战略部门

（三）科隆再风险分布

科隆再将其面临的风险划分为承保风险、投资风险、信用风险、操作风险（表6－4）。

表 6－4　　　　风险分析简表

风险类型	进一步分类	管控要点及管控方法
承保风险	谬误风险、变化风险、随机扰动风险	承保指引、合理费率、充分准备金、转分保工具
投资风险	市场风险、信用风险、流动性风险	投资指引、流动性、短期投资、现金管理
信用风险	坏账风险（源于客户、转分保人、经纪人）	会计技术、风险报告、承保指引
操作风险	操作风险、法律风险	员工品行规范、IT 系统、商业持续计划、危机管理

通过以上分析，我们认为，国际再保险集团都把承保风险、投资风险、信用风险和操作风险作为主要的控制对象，但由于风险管理的组织结构及职责权限划分之间的差异，对不同风险进行了不同的划分，例如慕再把信息风险、人力风险、法律风险的控制责任划分 IT 部、人力资源管理部、合规部，因此在风险分类时把这几类风险单独列出来，而在其他企业，一般把这几类风险划入操作风险。另外，有的企业在划分风险种类时就表达了对风险影响企业的程度作出了价值判断，例如，瑞再就认为保险风险、市场风险和信用风险作为其核心风险。

二、国际再保险集团对风险的评估方法

企业通过风险评估分析潜在事项影响目标实现的程度。管理层通常从发生概率和影响大小两个角度，采用定性和定量相结合的方法对风险事项进行评估。由于风险评估采用的技术是保险企业风险管理的核心技术，一般由其相应的 IT 信息系统支撑，公开资料很少；另一方面，作为整个风险管理流程的一个环节，与其他环节不能截然分开，相应内容常常隐含在其他流程之中，因此根据现有资料对瑞再的整合风险模型（Integrated risk modelling），慕再的风险评估体系进行介绍。另外，压力测试和情景分析是国际再保险集团在进行财务风险分析时普遍采用的方法，一般在年报中都有相应的分析，下面还就这方面的内容作一些介绍。

（一）瑞再的整合风险模型①

瑞再开发了内部整合风险模型，用来确定补偿风险所需的资本、向业务线分配风险承担能力。瑞再的整合风险模型以两个重要的原则为基础：一是资产负债管理（ALM）方法，分析风险对资产和负债的经济价值的净影响；二是采用整合管理的视角，同一个风险因子可能影响不同的次级组合，不同的风险因子之间可能存在相互依赖（mutual dependencies）。模型产生一个集团的年经济收益和损失的概率分布，确定收益和损失低于某一给定区间的可能性。根据这个分布，产生一个基础资本（base capital requirement），反映潜在的低频高损事件累积一年期的损失。瑞再把基

① Swiss Re 2006 Annual Report：56－57.

础资本与实际资本进行比较，确定资本的充足性。

瑞再累计风险和确定基础资本广泛采用的是99%的风险价值（Valueat Risk, VaR）：一百年才会发生一次的损失事件。另外，除了计算整个集团的99%的VaR，还计算财产和伤亡险、寿险和健康险、金融市场风险和融资及流动性风险的99%的VaR（表6－5），清楚地显示了整个组合的基础资本要小于单个次级组合基础资本的合计。

表6－5　　99%的VaR的基础资本

10亿瑞士法郎	2005年中期	2006年中期	增减%
财产和伤亡险	5.5	7.9	44
寿险和健康险	1.8	2.5	39
金融市场风险	5.7	5.3	-7
信用风险	1.5	1.7	13
融资与波动性风险	0.1	0.0	-100
简单相加	14.6	17.4	19
分散效应	4.7	6.1	30
瑞再集团	9.9	11.3	14

注：与2005年中期不同的是2006年数据包括了能用保险公司（IS）；同时在此期间，瑞再的数据和模型都有很大改进，包括强化了模型对自然巨灾风险的反映，例如，重新计算了卡特里娜后的大西洋飓风模型。

除了99%的VaR，瑞再还考虑其他的度量标准，包括99%的尾部VaR（expected shortfall）和99.5%的VaR。99%的尾部VaR度量了100年只要能出现1次的年平均损失。99.5% VaR度量200年出现1次的损失。这两种都是比99% VaR保守的方式。根据2006年中期的资料，集团的99%的尾部VaR达到170亿瑞士法郎，比2005年增加了10%，99.5% VaR增加到140亿瑞士法郎，比2005年中期增加了9%。

（二）慕再的风险评估体系

根据业务发展和营运管理的需要，慕再持续开发相应的风险评估工具，设计的每个评估工具都是用来评估组合中的风险产生的经济影响。慕再也常常在集团、部门、法律实体、风险类型、地域和业务线等层面把这些评估工具和监管评级机构的方式进行比较，作为其活跃的资本管理过程的一部分。

1. 定性风险评估。为了应对风险的复杂性和环境变化的动态性，慕再保持对风险新的特征和新出现的风险的关注，据此对模型进行调整和修改。在风险评估模型中，慕再根据多学科的方法，使用地球学家、生物学家、起居室承保人、律师、经济学家、社会学家和精算师的方法。例如，慕再关于自然灾害的地理风险研究小组（Geo Risks Research team）的28个人发表了大量关于气候变化影响保险业损失发生频率和损失大小的论文。慕再利用他们的研究，在组合的风险资本中考虑了风险变化的因素。

为了全面评估风险状况，慕再集团的整合风险管理（IRM）实施风险调查，包含以单个部门及其附属机构进行的风险问卷、会议为基础的风险标准化报告，并通过就具体话题从高管层开始的各种自上而下的评估进行补充。

除此之外，慕再还有一个内部的特别报告程序，以保证在风险或危险出现时及时采取行动。在日常的会议之外还有一个“24 小时报告”管理委员会或者相应的委员会的程序。集团首席风险官的中央整合风险管理部门根据自己的风险知识对集团分散化风险管理部门的风险评估结果进行独立判断。

作为在德国关于公司控制和透明度法律下的早期预警体系的一部分，必须考虑新出现的风险。由于风险因子的变化（例如法律、社会政治、科学技术等方面），这些风险可能没有被识别，而它们造成的损失和发生的频率却相当高。慕再通过多种内部方式来识别这些新风险出现的趋势和细小信号：在集团发展部（Group Development）进行系统的趋势分析，利用慕再的知识管理系统，进行风险评估；并与外部合作伙伴进行各种各样的合作，以为内部早期预警体系提供补充。其中一个例子就是与美国兰德研究院合作就公民正义在阶层行为方面的研究；另外一个例子是慕再在 2007 年主办了首席风险官论坛的“新风险开端”，这个活动的首要目的是识别保险行业关键的新风险，设想相关的情景，开发相应的应对工具。

慕再通过不同的关键风险和收入数字监控其投资，作为整个集团早期预警体系的一部分。这样设计是为了保证其绩效目标，在整个集团和单个的子公司层面实现偿付能力要求和充足的股权资本保护。慕再在所有的子公司都建立了资产负债小组（ALT），对其投资相关的战略决策提出建议，这些措施标准化了慕再集团投资相关的风险管理活动，形成一个负债驱动型投资战略。资产负债小组的建议正式地提交给投资委员会成员，并由整合风险管理部门独立验证。

2. 定量风险度量。为了对整个风险状况进行定量评估，慕再开发了自下而上的内部模型。在集团层面以财力年度为期限评估风险资本要求；在这个期间内，各种风险根据确定的风险容忍度和确定的风险资本来覆盖。超过年时间期限的所有风险通过实际持有期的风险资本的成本来计算；慕再根据“资本成本法”来完成这些计算。当确定风险资本时，把风险划分为市场风险、信用风险、保险风险和操作风险；在保险风险内，划分为财产和伤亡险风险、寿险和健康险风险；并根据需要进行进一步的分类，例如，对于财产和伤亡再保险部，划分了自然巨灾风险、其他累积损失（如恐怖主义或“责任巨灾（liability catastrophes）”）、大额损失和基本损失（基本损失还可以细分为保费不足风险和不利损失发展风险）。这些风险首先单独模拟，然后考虑所谓的“尾部相依性”（例如，极端事件同时发生在不同业务线、地域和风险类型的情形）后，利用实证和判断（judgemental）技术进行合并，形成总的风险资本。

（三）国际再保险集团的压力测试与情景分析

瑞再集团除采用整合风险模型量化风险外，还利用压力测试与情景分析评估面临的风险，2006年年报披露了自然巨灾（表6-6）、寿险压力测试，并进行了市场情景（表6-7）和信用情景分析。

表6-6　瑞再的自然巨灾压力测试

（单个损失事件可能造成的经济影响，10亿瑞士法郎）

年　　度	2005	2006
大西洋飓风（200年回报期）	-3.3	-5.7
欧洲暴风（200年回报期）	-3.0	-5.2
加利福尼亚地震（200年回报期）	-1.5	-4.0
日本地震（200年回报期）	-1.7	-2.4

表6-7　瑞再的市场情景分析

（单个损失事件可能造成的经济影响，10亿瑞士法郎）

年　　度	2005	2006
全球股市下跌30%	-2.5	-3.7
全球收益率曲线平行增加30%	0.4	-0.1
全球房地产市场下跌15%	-0.7	-0.7

慕再在2006年年报中也对市场风险的敏感性进行了分析，评估了假想的市场变化下，市场风险带来的影响；由于慕再大量的业务是以欧元计价的，欧元汇率的波动对其市场价值产生较大的影响，当然其中一部分风险可以由于负债的变化得到抵消。2006年年报分别评估了在股票价格变动±10%和±20%、利率曲线移动±100个基点和±200个基点、汇率波动10%对投资的市场价值的影响（表6-8、表6-9、表6-10）。

表6-8　对股价的敏感性

股价的变动	投资市场价值对股价的敏感性（10亿欧元）
增加20%	5.07
增加10%	2.58
下降10%	-2.552
下降20%	-5.074

表 6－9 对利率的敏感性

利率的变动	投资市场价值对利率的敏感性（10 亿欧元）
增加 200 个基点	－14.398
增加 100 个基点	－7.749
下降 100 个基点	8.849
下降 200 个基点	18.797
2006 年 12 月 31 日市场价值	130.87

表 6－10 对汇率的敏感性

汇率的变动	投资市场价值对汇率的敏感性（10 亿欧元）
增加 10%	4.228
下降 10%	－4.228
2006 年 12 月 31 日市场价值	42.278

科隆再通过使用压力测试来监控投资的市场价格风险，评估股价变化 20% 以及利率变化 1% 形成的影响（表 6－11）。

表 6－11 科隆再的压力测试

组合	假设	公允价值的变化（百万欧元）
股票	价格增加 20%	9.5
股票	价格下降 20%	－9.5
固定收益证券	利率上升 1%	－156.1
固定收益证券	利率下降 1%	167.3

三、国际再保险集团的风险应对措施

在评估了相关方法之后，企业的管理层就要确定如何应对，包括风险回避、降低、分担或承受。在考虑应对的过程中，管理层评估对风险性和影响的效果，以及成本效益，选择能够使剩余风险处于期望的风险容忍度内。管理层分析可能存在的机会，从整个企业范围或组合的角度去认识风险，以确定总体剩余风险是否在企业的风险容忍度之内。

风险应对可以分为以下几种类型：风险回避（avoidance）：退出会产生风险的活动。风险回避可能包括退出一条产品线、拒绝向一个新的地区市场拓展，或者卖掉一个附属机构；降低（reduction）：采取措施降低风险的可能性或影响，或者同时降低两者。它几乎涉及各种日常的经营决策；分担（sharing）：通过转移来降低风险的可能性或影响，或者分担一部分风险。常见的技术包括购买保险产品、从事避险交易或外包一项业务活动；承受（acceptance）：不采取任何措施去干预风险的可能性或影响①。下面是国际再保险集团风险应对的一些措施：

1. 针对产险/意外险，瑞再集团也通过保险证券化、转分保、风险互换的方式平衡组合风险。

2. 慕再认为环境风险是由于宏观经济风险、国际政治风险等因素形成的风险，由于这些因素是难于控制的，因此他们针对环境风险确定的应对措施是“尽量避开”，管理委员会、集团事务委员会及战略部门。

3. 科隆再为了控制承保风险，运用转分保工具，限制集团承担的风险。集团公司只是在一定范围内运用这一工具，并会根据转分保人的信用等级提取转分保准备金，在选择转分保人时，公司的安全委员会要着重审查转分保人的资产情况和信用级别（图6－10）。针对巨灾风险，运用转分保分出一定比例的巨灾风险暴露，将超出公司固定留额部分的风险购买转分保保障，以对风险状况的长期统计为基础，构建风险模型，比如欧洲100年以来的风暴事故统计，500来以来的地震事故统计等。这个需要大量长期的数据积累和分析。

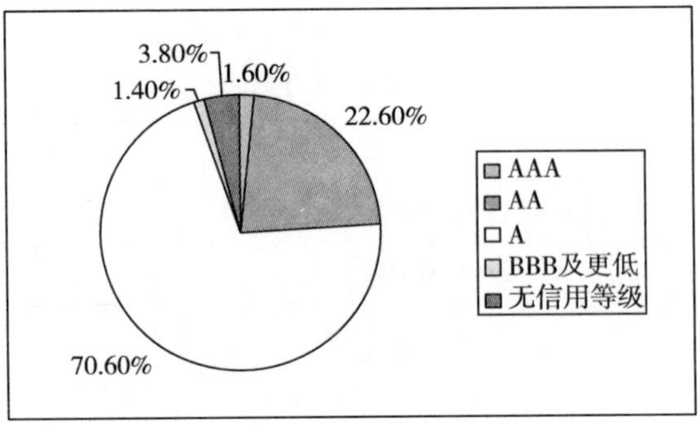

图6－10　转分保准备金的信用等级

四、国际再保险集团的风险控制活动

控制活动是帮助确定管理层的风险应对得以实施的政策和程序。控制活动贯穿于整个企业，遍及企业的各个层级和各个职能机构，包括一系列不同的活动，例如

① ［美］COSO制定发布，方红星，王宏译：《企业风险管理——整合框架》，东北财经大学出版社2005年版，第71－72页。

批准、授权、验证、调节、经营业绩评价、资产安全以及职责分离①。比较国际再保险集团风险控制活动，表现出三个突出特征：分散化的组合、精细化的风险控制活动和统一明确制度控制体系。其中第二个特征和第三个特征是一个问题的两个方面，但由于制度体系的独特作用，因而单独进行表述。

（一）分散化的风险组合

由于再保险业务的全球性质和风险的巨灾性质，要求再保险人在全球范围内进行风险组合，充分分散风险。

1. 瑞再业务的风险组合特征。瑞再是世界领先的再保险公司之一和全球最大的人寿和健康再保险公司。瑞再有双重身份，既是一家再保险公司，也是瑞士再保险集团的母公司和控股公司，公司在30多个国家设有70多个办事机构。自1863年于瑞士苏黎士创立以来，瑞再就一直致力于再保险业务。瑞再提供广泛的资本和风险管理产品。其传统的再保险产品包括范围很广的企业融资解决方案和针对综合风险管理的补充性服务（对保险产品和服务进行补充）。

分散化是瑞再价值主张的核心，通过在地域、业务线进行风险分散，降低了风险之间的相关性，促进了资本利用的有效性。瑞再是业务最为分散的再保险公司，在25个国家设有90个办事机构，对保险风险、收入和投资进行了有效分散。图6-11是瑞再收入②和投资③的分布情况。

2. 慕再的分散化业务组合（表6-12、表6-13）。慕尼黑再保险集团在60多个国家开展业务，拥有近4万多名员工。慕再的另一业务领域为原保险，主要业务范围在欧洲境内，尤其是德国本土。其旗下拥有众多的控股保险公司，规模最大的是德国第二大的保险公司——ERGO保险集团。作为一个原保险人，慕再以个人及中小公司为主要客户，提供寿险、财产意外险和健康保险等产品。由慕尼黑再保险公司及ERGO保险集团共同投资的MEAG公司是慕尼黑再保险集团投资的管理中心。慕再集团内所有控股公司的投资活动，绝大部分都委托MEAG公司完成。除为集团内部进行资产管理外，该公司也开展集团外业务，为个人及机构投资者提供金融服务。

---

① ［美］COSO制定发布，方红星，王宏译：《企业风险管理——整合框架》，东北财经大学出版社2005年版，第79页。

② Swiss Re 2006 Annual Report：8-9.

③ Swiss Re 2006 Annual Report：40.

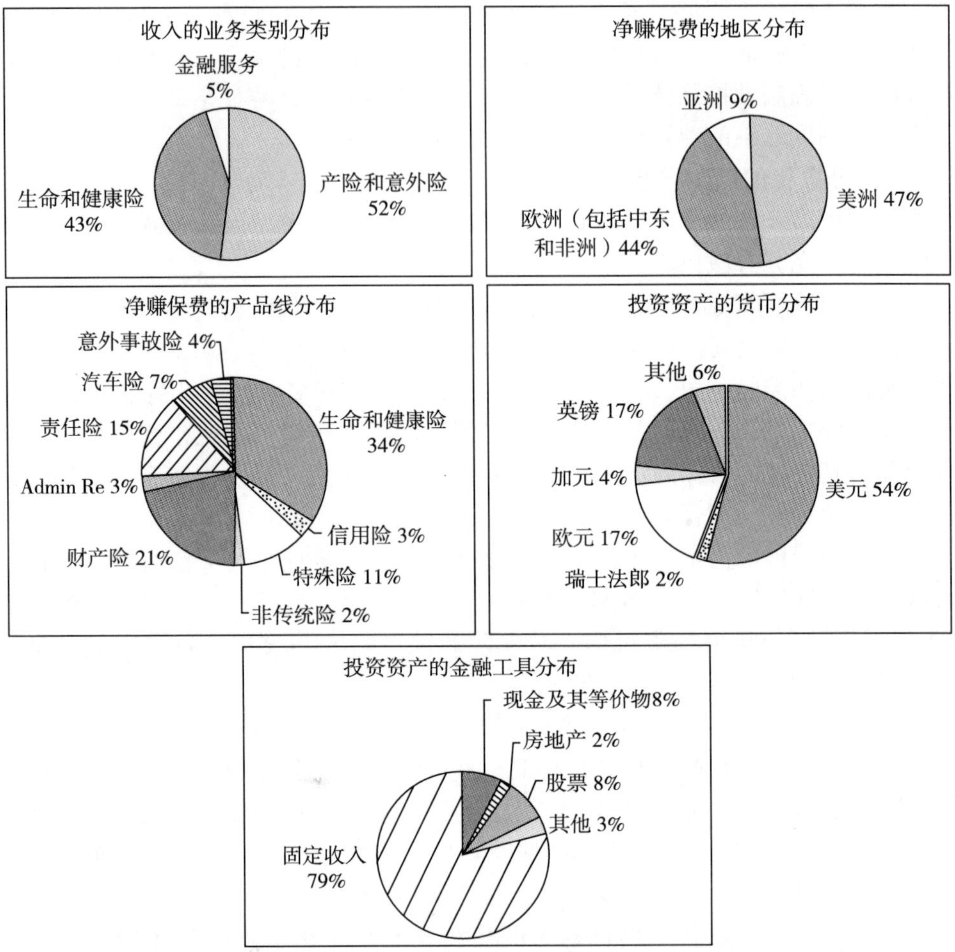

图 6－11　瑞士再保险集团分散化的风险组合

表 6－12　　慕尼黑再保险集团再保险业务状况[①]

年　　度		2006	2005	2004	2003	2002
总承保保费	十亿欧元	22.2	22.3	22.4	24.8	25.4
投资	十亿欧元	85.0	87.0	81.2	80.4	68.6
纯责任准备金	十亿欧元	59.6	63.4	58.2	56.7	55.3
产险和意外险准备金率	%	280.9	295.8	243.8	205.0	201.1
大额和超大额损失	百万欧元	854	3 293	1 201	1 054	1 844
其中：自然灾害巨灾损失	百万欧元	177	2 629	713	288	577
产险和意外险混合比率	%	92.6	111.7	98.9	96.5	123.7

注：未扣除集团内的交易。

① Munich Re Group Annual Report 2006：2.

表 6－13　　慕尼黑再保险集团直接保险业务状况[①]

		2006	2005	2004	2003	2002
总承保保费	十亿欧元	16.7	17.6	17.5	17.6	16.6
投资	十亿欧元	107.4	105.9	115.0	108.3	104.4
纯责任准备金	十亿欧元	94.2	90.6	96.1	91.0	88.4
产险和意外险准备金率	%	124.9	113.1	116.8	114.5	116.3
产险和意外险混合比率	%	90.8	93.1	93.0	96.4	99.9

注：未扣除集团内的交易。

3. 科隆再的风险组合特征。科隆再除了作为美国市场的领导者之外，还活跃于世界各地的主要分保市场上，在全球 67 个地区设有办事处。从地域来看，科隆再集团在世界各主要分保市场都开展了再保险业务。其总承保保费收入的地域分布如图 6－12 所示[②]：

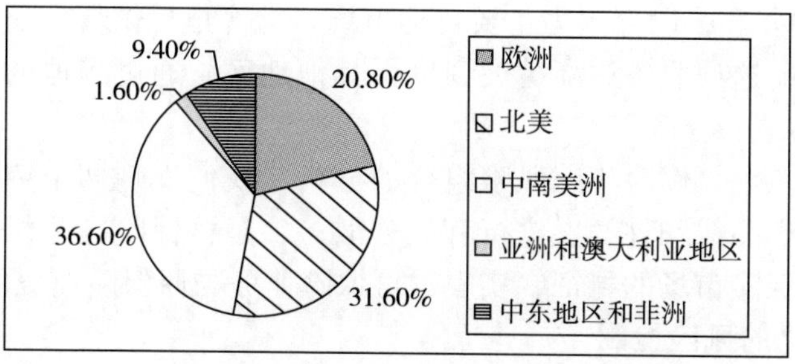

图 6－12　总承保保费地域分布情况

其中，寿险和健康险、财产和责任保险业务地域分布如图 6－13、6－14 所示。

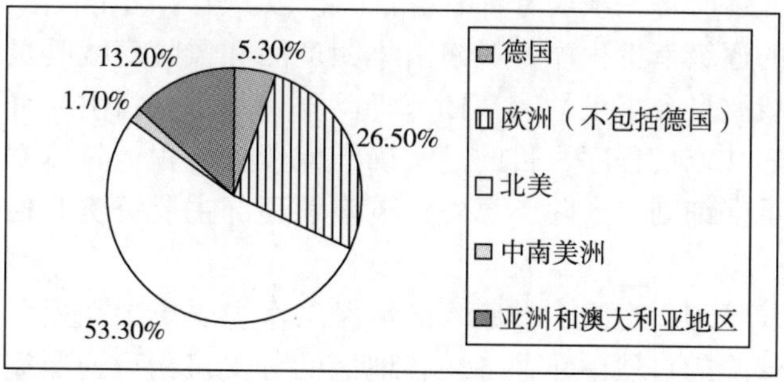

图 6－13　按区域划分总承保保费收入（寿险和健康险）

① Munich Re Group Annual Report 2006：2.

② 数据均来源于科隆再 2005 年年报中的集团合并报表。

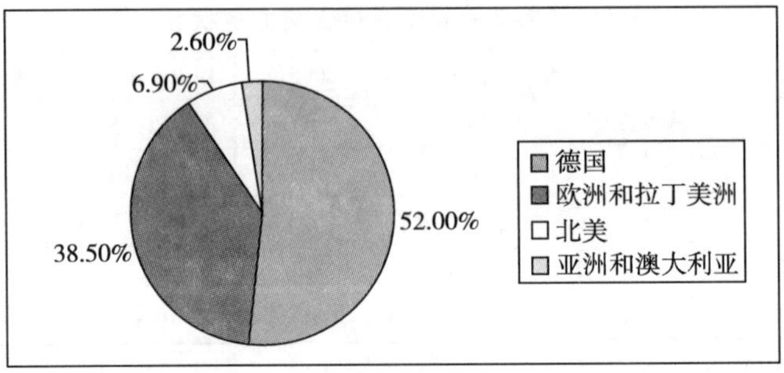

图 6－14　按区域划分总承保保费收入（财产和责任保险）

从科隆再再保险业务的地域分布可以看到，其寿险和健康险业务主要集中在北美地区，而财产和责任保险业务主要集中在德国。

科隆再的资产管理部门还为客户提供资产管理服务。2005 年，这项业务为集团带来 2 300 000 欧元的利润。在集团内部，这项业务交由通用科隆再资产公司（Gen Re Capital）集中办理，以德国为主要目标市场，为客户提供资产负债分析、基金管理等服务。现在，这项业务逐渐扩展到世界其他地区，通过当地的子公司、附属公司来办理。

通过对以上三个再保险集团风险组合的分析，我们发现两个突出特征：一是业务组合在地域、产品线和种类上进行有效分散；二是再保险与原保险业务的有效结合，有效把握了保险市场的特征，实现了再保险业务与原保险业务的协同效应。

（二）精细化的风险控制

1. 瑞再对主要风险的管理措施。

（1）核心风险的管理。

①保险风险。产险、意外险管理。管理此类风险，总的原则是集团各级部门都有责任监督为避免单一风险发生超额损失而制定的各种承保风险底线是否出现逾越，而且每一位承保人针对每一项业务都有各自的权限。至于超出权限范围的特殊业务，应遵循集团规定的逐级审批程序，最终由集团产品和风险底线委员会作出决定。集团产品和风险底线委员会审批的《集团非寿险再保险承保指引》详细规定了各种承保风险底线的内容和审批程序，目的是明确承保业务流程。具体到各级业务部门和分支机构，另有承保细则。产险、意外险风险管理部主要负责监控分管的风险并向全集团汇报。

寿险、健康险管理。寿险、健康险的承保工作主要集中在死亡赔付、疾病赔付和分保的寿险再保险的自然中止业务。各地区的分支机构可遵照规定的承保底线开展业务，规定承保底线的目的是降低某一地区的业务风险。任何超过承保底线的业务，必须由寿险、健康险产品部总经理审批。《集团寿险、健康险再保指引》规定主要的业务操作流程和承保底线，此指引也包括《定价体系指引》和《产品最佳应用指南》。这些指引性文件，对于定价方法和获取保守的利润水平都有详细的指引说明，同时也提出重要的成功经验供基层业务部门在设计产品时作为依据。

②金融市场风险管理。金融市场风险主要来自三个方面：瑞再自有资产管理（PAM）、对利率变化敏感的保险责任的当前价值以及资本管理和顾问部（CMA）在资本市场的交易活动。

资金和资金能力配置委员会负责制定集团整体的金融风险底线框架，并为集团自有资产管理部（PAM）规定资产投资组合的风险底线。信用及金融市场风险管理部则负责监督风险底线的遵循。

每一个业务部门负责测评各自业务的风险，测评结果记录在市场风险累积与汇报系统中（MARS），用于集团建立风险管理模式和风险汇报系统。资产与责任管理报告总结、汇总集团层面的金融市场风险。PAM 报告每周报送一次；CMA 报告则分为日报送和周报送。金融市场风险的管理规定包括在《市场风险指引》中，《衍生工具指引》和《投资指引》则对管理金融市场的风险有更具体的规定和要求。

③信用风险管理。集团内部出现的信用风险直接来自于集团的投资活动、资产的投资组合以及业务部门承保的风险责任。由集团资金和资金能力配置委员会（GCAC）批准的《集团信用风险管理指引》统一规定了信用风险的管理要求。管理情况的汇报工作由信用风险汇报、管理和信息工具部负责（GERMIT），报告的内容包括有关对手方的全部相关信息，包括企业排名、信用风险、信用底线以及观察单中的上榜情况。集团的每一位信用风险高管人员都可以获得该报告。

（2）运营风险管理。在该风险管理方面，瑞再所奉行的原则是：运营风险是不可避免的，如果管理该种类风险的成本超出预计的利益，则降低管理标准。运营风险的管理要求在整个集团是统一的，在集团层面运营风险管理部负责制定相关的管理指引和规定，内部审计部负责保证相关规定的遵守、执行和充分的风险控制能力。

操作风险管理是瑞再风险管理框架中不可缺少的一部分。在 2006 年，瑞再实施了一个共同的集团范围内的操作风险管理方法，强调尽可能接近操作风险的源头。自上而下法、自下而上法评估提供了关于操作风险的整体状况。自上而下法是以高级管理人员的输入为基础的。比较而言，自下而上法是以瑞再集团近 300 多个风险和自我控制为基础的，由集团的整个信息系统支撑。这些过程的结果促进了关键性操作风险的识别、量化和缓释。这样一个过程保证了集团主要的操作风险及其缓释状况被管理层有序地监控。操作风险管理不同领域的专家（如 IT 安全和业务持续管理）把他们的活动结合进整个风险治理结构中。而且，集团内部审计建立它们使用操作风险管理部门建立的量化结果的权利。

（3）资本管理。和风险管理相同，资本管理也是瑞再集团的重要工作之一。在资本管理方面，瑞再集团遵循以下三项原则：保证集团在任何时候都有充足的资金，即便发生重大损失，也应保持财务稳定；保证集团下属机构的资金需求；在充分考虑集团的内部财务状况、会计准则规定、评级机构的要求以及监管部门对资金充足率的规定后，能够使集团及下属机构拥有充足的资金量。资本管理工作力图做到让集团保持最佳的资本结构、为集团提供灵活的金融手段进行低成本融资。

2. 慕再对主要风险的管理措施。针对主要风险，慕再都制定了详细的管理措施（见表6－3），例如对于战略风险是通过 SWOT 分析、加强创新；采用颁布承保指引、限制业务规模、保守计提准备金、开发新产品和再保险等方式管理承保风险；通过增加对缔约方的甄选来控制违约风险；慕再的投资理念是收益稳定、资本安全、保持资本流动性，控制方法是稳健投资、采用先进技术、制定流动资本预算、重视投资对象的资信、保持资本与负债是同一币种；加强公司管理、注重对员工进行培训来控制操作风险等等。

3. 科隆再对主要风险的管理措施。

（1）承保风险管理——集团统一制定承保指南。

科隆再把承保风险分为三类（表6－14）：

表6－14　　承保风险分类

谬误风险	变化风险	随机扰动风险
由于构建的预期未来损失的模型假设有误而导致的风险	由于一个或多个影响客户经验的参数变化而导致的风险	由于随机扰动而使实际情况与计划情况不一致而导致的风险

科隆再处理这类风险的主要措施有：计算合理的再保险费率，按照承保风险的大小计算合理的再保险费率，对于保费水平偏低的业务不予承保；计提充分的准备金，精算师要对该准备金的充分性做经常性检验；加强承保控制，采用内容明晰、针对结果的承保政策，公司制定详细具体的承保指引，以此来确保达到公司的数量上和质量上的目标。公司成立集中的承保、服务和控制单位，负责管理和控制各业务经营单位的承保工作，以保证其符合公司的承保指引要求，并通过这项工作来保证公司的重大控制原则得以贯彻执行。公司在承保指引中规定了开展新业务或者续保的过程中的利润要求和交易标准；构建完善的信息系统，科隆再建立了一套精巧的、专有的技术交流平台，建立了常规性的承保考查系统，以此来保证各部门承保工作符合公司的承保指引及相关要求。

科隆再用来衡量承保结果的一个重要基准是综合比率，即总承保支出/总赚保费。近几年来，这一比率在持续下降。对不同类型的业务，科隆再还采用不同的风险控制措施：

①产险和责任险业务。公司会对重大索赔的结果实行控制。产险、责任险的损失准备金提取首先是基于分保人的准备金报告，然后再由公司核算考查加强。IBNR 准备金由公司的精算师核算计提。一般根据预期的最终损失率计提充分准备金，不同类型、不同区域的再保险业务分别核算计提，这个过程中，精算师要与承保、理赔以及财务部门保持沟通协调。公司会把内部计算准备金的过程及结果呈交给第三方或者同行，让他们审查准备金计提的科学性和充分性。

对可能产生的风险聚集实施控制。一次事故可能导致大量风险聚集，比如自然灾害常常带来大量的风险聚集。公司的集中承保、服务和控制单位会建立风险聚集概要模型，并对风险积累的报告进行汇编。在承保前，采用选择性承保政策来实施控制，采用严格的核保条款，经过严格审查之后才同意承保。承保后，要保证准备金的充分性，精算师要根据分保人报告的数据及其他相关信息经常检验损失准备金和 IBNR 准备金，及时进行调整。

在一定范围内运用再保和转分保技术来限制风险。2005 年，科隆再自留了其财产、责任再保险业务的 98%，2004 年自留比例为 95%。在选择再保险人时，要着重考虑该再保险人的信用评级等级。公司规定了对转分保人信用评级等级和其资产负债表股东权益的最低要求，公司会根据分保人的信用情况来设置不同的商业条件，提取相应的再分保准备金（图 6－15）。而且，有一部分对转分保人的应收账款有担保和存款保证。公司每季度都要评测这些应收账款的影响，并对已知的风险提取坏账准备。这些措施使科隆再在过去维持了较低的坏账水平。

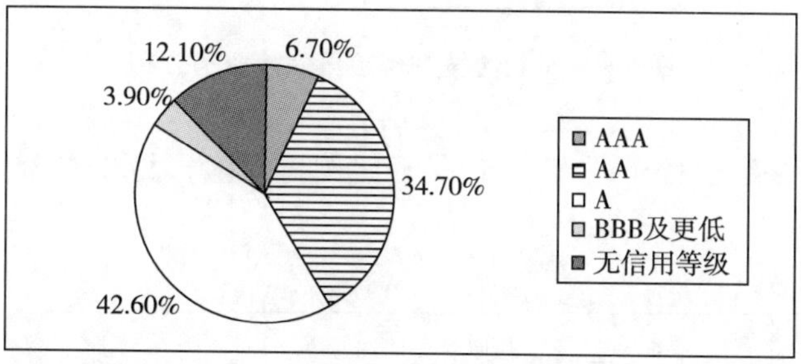

图 6－15 科隆再的转分保准备金信用评级等级分布（产险和责任保险）

②人寿保险和健康保险。寿险和健康险的风险因地域而异，也因被保险人风险不同而不同，就寿险和健康险的总保费收入而言，承保纯死亡保险的保费大致占总保费收入的 56%，承保残疾风险的保费大致占 11%，承保健康险的保费占 33%（图 6－16）。

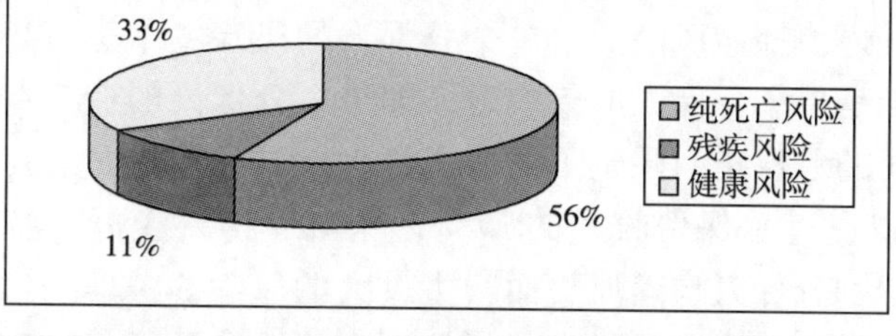

图 6－16 寿险与健康险总保费收入结构

公司运用一些实际的参数（如生命表等）计算保费，并附加一定的安全系数，精算师要经常对保费的合理性进行检验。

在人寿保险中，分为含保证利率条款的保险合同和不含保证利率条款的保险合同，对前一种保险的再保险多是比例再保险，再保险人在再保合同中订立相应的费率调整条款来控制风险。这种保险合同的再保险占科隆再的寿险再保险业务的65%，另有33%是无保证利率的再保险合同或者一年期的短期承保合同，这其中有一部分属于非比例再保险，还有2%是巨灾再保险和停止损失再保险合同，这些合同发生索赔的可能性比较小，但是一旦发生事故会带来巨大损失（图6－17）。

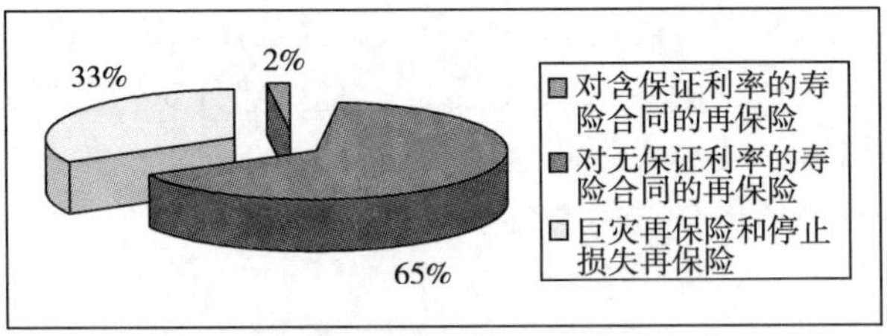

图6－17　科隆再的寿险再保险业务分布

健康保险再保险业务中，有73%属于比例再保险，另27%属于非比例再保险（图6－18）。

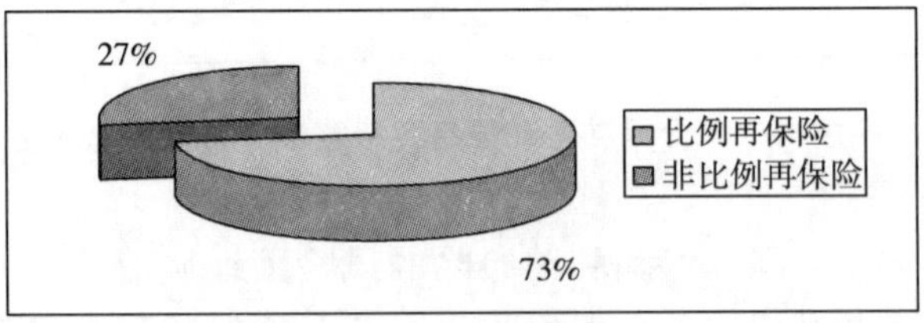

图6－18　科隆再的健康险业务分布

失效和信用风险主要是和那些提供保单贷款的保单有关，管控措施有设计适当的保单条款、保单组合分散化、谨慎地管控与客户关系。针对利率保证风险，设计严格的保单条款，谨慎控制风险。对单个分保人的风险集中进行控制，一个衡量风险分散程度的标准是单个分保人的集中度，即单个分保人的业务在公司整个业务中所占的比例，公司的承保指引限定了对一个分保人的总承保量。目前，科隆再的前10大客户的保费仅占其总保费收入的27%，这就使得科隆再不必依赖于个别分保人，也不会因为个别分保人遭遇风险而产生过大的风险。考虑到比例再保险业务的特殊性，公司在承保指引中详细规定了比例再保险业务的承保细则和承保范围。尤其是集团公司的承保业务，这类业务的风险比较集中，公司在承保时限制每一笔损失事件的赔偿责任，同时在合同中加入适当的责任免除条款（如免除恐怖袭击责任）。对不同的国家和地区设置不同的限制条件。巨灾保险将恐怖主义和战争作为免除责任，并对每一个分保人、每一国家或地区设定责任限额。在一定程度上运用转分保技术，将超过自留额的业务转分给众多再保险人。死亡和疾病风险对保单持有人或者普通人口的死亡率和疾病发生率的趋势进行分析。科隆再未对流行病等风险建立单独的准备金。

（2）投资风险管理——集团制定统一的投资指引。投资风险可以分为市场风险、信用风险和流动性风险。科隆再在各地政府、监管部门的法律要求之外，还制定了整体性的投资指引，规定了包括市场情况、流动性及信用状况的详细要求。在各个独立的投资单位中贯彻实施，它要求各单位在投资时必须保证整个集团的流动性。

投资指引要求投资组合的期限要与相应的责任期限相匹配。这就要求投资部门要与各承保部门紧密协调。科隆再将投资焦点转移到使短期国际市场情况与他们的资产相匹配，特别是注意控制利率风险。经常进行压力测试和概要分析，并在此基础上检验是否达到管理部门要求的基准比率。公司制定的投资指引还为控制信用风险进行了详细的分类和说明，比如规定了最小利率要求，规定了一个部门允许的最大风险暴露。

科隆再重点投资于固定收益证券（占总投资的99%），重点考虑其短期性以及其发行者的信用状况。最主要投资对象是有最高信用级别的固定收益证券（85.2%的资本投资于AAA级债券），这种做法使集团资产保有很高的流动性（图6－19、图6－20）。

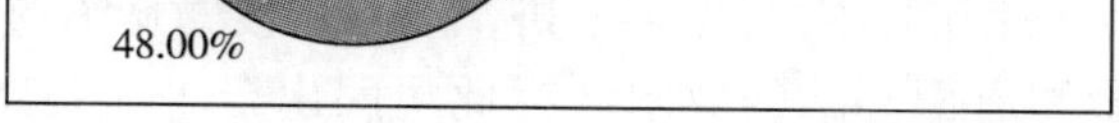

图6－19　科隆再集团投资固定收益证券期限结构

在现金管理上，尽可能地使现金资产与现金负债相匹配，从而降低汇率波动带来的影响；继续投资于短期资产，以此来降低利率风险。同时，在可能最小的程度内运用衍生金融工具，以此来控制产生于金融工具中的现金风险暴露。通过压力测试来管控市场价格风险。建立压力测试模型，如考查股票价格指数变动20%或者现金收益率变动1%给资产市场价值带来的影响。

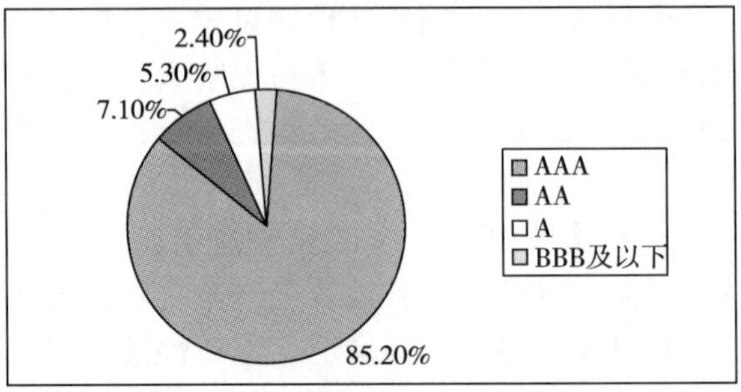

图6－20　固定收益证券信用等级分布

（3）信用风险管理。信用风险主要由坏账导致，主要来源于客户、分保人和经纪人。公司制定的承保指引按国家和地区给出了最大信用风险暴露的限制，目前对单个分保人的最高限额为20 000 000欧元。公司通过采用一定的会计技术来处理这些风险。比如每月在公司范围内核对应收项目，对迟延的应收项目预提必要的准备，集团内部实行统一的预提标准，并将结果报告给管理部门。公司会与各业务经营单位协商，确定处理延期的应收账款的最佳方式，然后对其实施情况进行常规管控。另外，风险管控部门每季度总结各单位最大的信用风险，并报告给执行董事会，用以识别、防范信用风险聚集，从而保证公司经营的安全性。

（4）操作风险管理。包括操作风险和法律风险，操作风险主要由人为过失或者技术上失误导致。科隆再制定了统一的品行规范，以鼓励公司的员工对公司、商业合作伙伴及其他公司环境有必要的正直和忠诚，从而有助于降低人为过失风险。对于IT风险，公司实行安全运行的理念，规定使用权限，对数据库实行集中管理，对其他可能影响到数据持续可用性及完整性的重要方面进行控制。另外，商业持续计划制定了其他的一些措施来进行危机管理，使公司在突发的情况下保持正常的营运能力。

（三）统一明确的制度控制体系

1. 瑞再主要的管理制度。对于瑞再来讲，规章制度意味着整个集团的所有员工必须达到的法律监管和道德标准的要求。为此集团出台了《员工行为准则》。该准则注明了集团的规章制度方面的核心原则，并且也针对如何把这些准则在实际工作中贯彻执行提出了指导性规定。行为准则也规定了瑞再所有员工必须遵守的行为标准。集团的规章制度管理部规定了管理层和规章制度部门的高级管理人员应负的责任和义务。该部门的高级经理协助集团的管理层贯彻执行相关的法律法规、规定以及道德行为准则，并且向集团的规章制度部门的总经理针对违反有关规章制度或者是其他规定的行为报告。在某些领域，该部门的经理也协助管理层保证集团内部控制程序良好运行。在分支机构层面和集团层面，对于员工尤其是规章制度部门的员工定期进行规章制度方面的培训，以保证不违反地区性的法律法规。其中一项主要的工作任务就是让瑞再集团的分支机构层面以及集团层面的部门都要遵循监管规定。在这一点上，瑞再特别建立了集团监管事务部和集团监管事务中心，协助规章制度部门的各级经理在集团的各个层面保障监管要求的遵守和执行。该部门的每一个管理人员同时也进行定期的规章制度方面的工作评估，并且向管理层建议相关的适合集团操作的管理办法。监管事务中心的高级经理也协同内部审计部、风险管理部、监管事务部还有其他业务部门，组织有关规章制度的计划和实施。集团规章制度部的总经理定期向审计委员会提供有关规章制度方面的工作报告，并且向风险总监（CFO）和集团的监管事务部提供建议性意见。

集团针对业务部门的规章制度制订了《集团指引》。《集团指引》的内容相当丰富，其中包括劝导、指导、命令、强制命令、业务界限、原则、流程、制度要求、战略等等，这些内容在整个集团内部都是一致的。《集团指引》由执行委员会或者是集团的某一个委员会颁布。《集团指引》是强制性的，不容任何修改，除了有些措词方面的问题可能产生一些异议或歧异以外。

《集团指引》主要是为以下 8 个部门制定的：再保险、投资、财务、风险管理、信息技术、人力资源、对外联络、集团管理。

针对集团员工的行为操守，集团编制了《行为准则》，明确强调了业务行为的核心原则和价值观，并且帮助各级员工认识、懂得和遵守有关法律、道德标准。集团针对员工职业操守而颁布的《行为准则》内容也相当丰富，详细的就不多加以介绍了，只是把各个方面概要地说明一下。《行为准则》主要分为五大方面：一是职业道德；二是行为道德；三是集团的文件记录和对外联络；四是市场营销行为；五是信息共享。

2. 慕再的核心制度体系。慕再集团在风险管理方面的规章制度主要体现在两个层面，集团层面和分支机构层面。

集团层面的规章制度主要包括：公司章程、承保指引、资本分配指引、风险评估报告制度、信息披露制度、监督董事会及管理委员会颁布的其他规章制度。公司章程是所有规章制度的指引，规定了监管委员会和管理委员会的职权范围。承保指引和资本分配指引是风险管理技术层面的规章制度，体现了慕再集团的风险政策。承保指引是对各业务单位的承保活动进行的规定，各单位在承保过程中都必须严格遵守承保指引，以降低承保风险。资本分配指引是从集团的层次，根据各子公司的资本实力和管理技术水平，限定其承保数量。风险评估报告制度规定相关部门要定期对集团的风险现状、风险管理活动、风险管理措施的有效性及风险管理制度的有效性进行评估，包括风险控制部对管理委员会的定期报告和特殊风险存在情况下的附加报告，以及审计委员会对监督董事会的定期报告。信息披露制度要求集团定期以各种形式向监管部门及股东披露风险管理信息，加强外部监督和管理的力度。

分支机构层面的规章制度主要表现为各子公司及各部门内部制定的规章制度，

这些规章制度不能违背集团范围的规章制度，仅在本单位内部有效。这些规章制度一般体现为技术层面的规定，对本单位风险识别、风险处理和风险控制的过程进行规定并要求遵照执行。

3. 科隆再的制度控制体系。科隆再在经营过程中遵行各项法案及监管要求，其主要依据的法律规范有：德国企业公司治理准则（The German Corporate Governance Code）、德国股份有限公司法（German Stock Corporation Act）、德国投资者保护改进法案（German Investor Protection Improvement Act）、德国证券交易法案（German Securities Trading Act）。此外，公司内部还制定了一些规章制度，如承保指引、投资指引，还对员工的品行规范作了统一要求，这些规章制度在整个集团内部贯彻执行，并建立了各项措施来保证其实施。

承保指引：由执行董事会统一制定，在整个集团内部贯彻执行。包括制定内容明晰、针对结果的承保政策；开展新业务或者续保过程中的利润要求和交易标准；针对不同险种，不同风险状况规定了相应的核保条款，一般来说较为严格；对比例再保险业务规定详细的承保细则和承保范围；对集团公司的承保业务限制赔偿责任，设置责任免除条款，对不同国家和地区设置不同承保条件；对巨灾保险规定免除责任、每一国家或地区责任限额；对每个单一的分保人规定最大总承保量。

投资指引：以利润为导向，要求各业务经营单位在投资时必须保证整个集团的流动性。要求投资组合的期限与相应的责任期限相匹配；为控制信用风险对风险进行了详细的分类和说明，规定了最小利率要求，规定一个部门允许的最大风险暴露；规定现金管理的方法和模型；规定主要投资对象和关注重点。

员工品行规范：规定员工应该遵守的公司章程和原则、规范，对公司、对客户要忠诚、正直。

第四节　风险管理的信息与沟通

风险管理信息能够保证相关管理人员履行其职责的形式和时机进行识别、获取和沟通。风险管理的信息系统可以为风险控制活动和做出目标相关的决策提供信息支持。目前，全面风险管理的基础是强大的IT信息系统的支持，而这恰恰是国内保险和再保险企业所缺乏的。因此，本节将主要介绍国际再保险集团IT系统对信息的管理。我们收集到慕再风险管理的信息系统建设较为详细的资料，因此，下面就慕再风险管理信息平台作较详细的介绍。

一、慕再信息系统的机构设置

首席信息安全官负责慕尼黑再保险集团的IT建设和信息安全。集团下各子公司也都建有独立的IT部门。慕尼黑集团中有一个信息官联合组，由各子公司的首席信息官组成，他们就信息系统的建设、风险评估、数据交换等进行讨论，以促进全集团信息管理、信息安全的建设和集团内的数据交换。之前，各子公司的信息系统是独立建设的，但其发展方向是在集团范围内建设统一的信息平台，后文将对此具体阐述。

再保险信息安全的最高机构是 IS OFFICE，制定全球再保险机构 IT 建设的标准和指引，负责所有公司的信息安全管理和质量管理，并建立了多伦多信息安全中心，专门测试 IT 中心和各分支机构 IT 系统的安全性。

慕再集团从四个层次保证信息的安全：政策、规章指引、概念和技术，其标准是希望得到 BSI（联邦德国信息安全中心）的认证。外部审计的监督可以保证慕再集团的信息安全维持在一个较高的水平（图 6－21）。

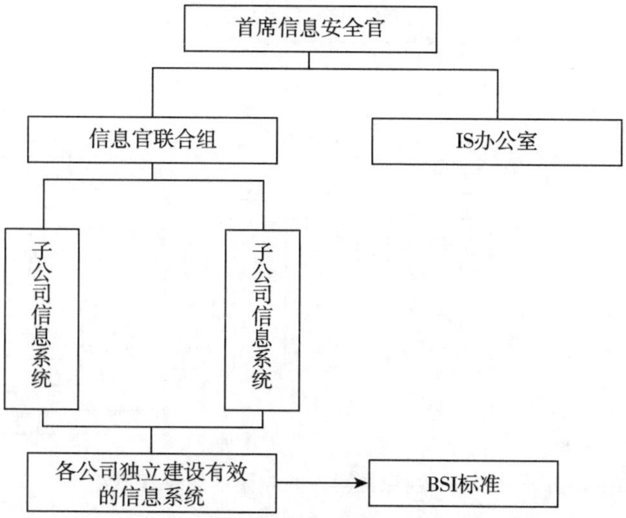

图 6－21　慕尼黑再保险集团 IT 机构图

二、慕再的信息管理系统

慕再集团在 IT 方面的主要思路体现为两点：采用更先进的信息技术、在集团范围内建立统一信息平台（图 6－22）。采用先进的信息技术，可以提高数据传输和处理的速度和质量。同时，加强信息风险的管理，建立第二信息中心和后备信息传递系统，确保当前系统崩溃的情况下，不会有资料丢失，并且在 24 小时之内就能恢复集团同各分支机构间的信息交流。在集团范围内建立统一的信息平台，可以加强集团内部的信息交换，并实现集团对各分支机构的实时监控，通过信息平台的建设提高管理效率。包括原保险公司范围内的 ESPRIT 计划，再保险公司内的 GLORIA 计划，其目标都是在各自业务领域内建设统一的信息系统，慕再的长期目标是实现原保险公司与再保险公司信息系统的对接，达到集团范围内信息系统统一的程度。

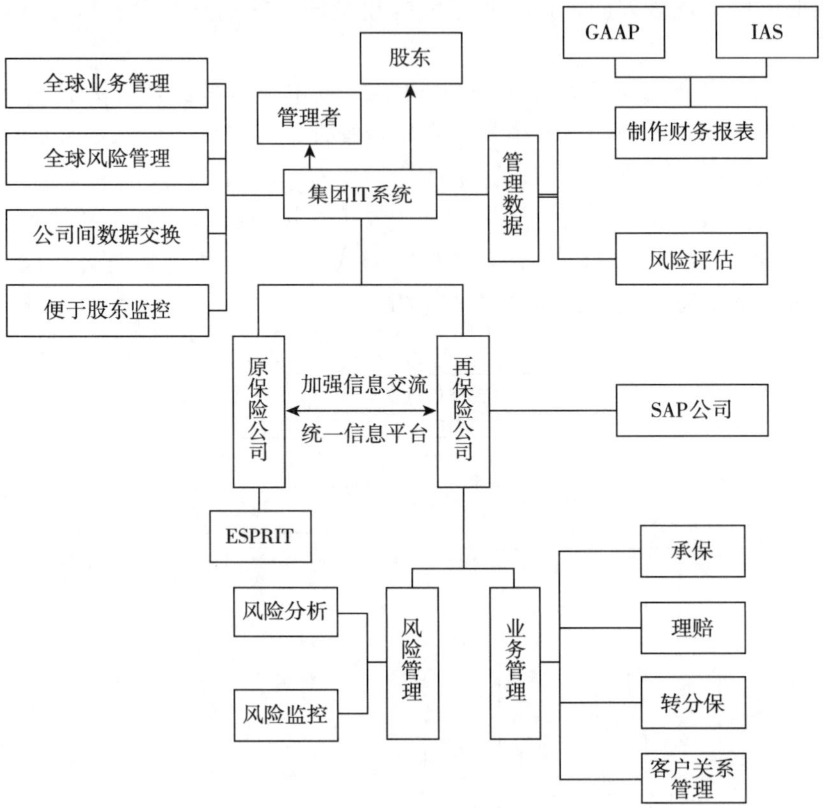

图 6-22　慕尼黑再保险集团信息管理系统

由于市场的不规范和各种纷繁的世界经济影响因素，使得地区性的灾难可能升级为全球范围内的灾难，从而导致巨大的损失。这样的损失是不可能通过一个地区的分公司进行估算的，只能通过其所属的遍布全球的各分支公司汇总后做出风险评估。除了这些风险评估外，慕再还需要按照美国通用会计准则（US-GAAP）和国际会计准则（IAS）提交季度报表和年度报表。因此，慕再集团计划搭建一个先进的信息技术平台，达到的目标是借助再保险管理功能系统使其业务在世界范围内获得更大的发展。技术平台中的数据将应用于企业集中的风险评估、内部报表及对外报表。IT 系统的设计方案涉及了各个领域：从风险评估、管理，到结算以及各种风险评估的方法。慕再要在全公司范围内运用这套全面集中的解决方案，包括德国的母公司和分布在世界各地的分支公司。

建设后的慕再 IT 系统提供完整的再保险管理功能，包括再保险业务的承保、理赔、转分保、客户关系管理以及风险分析等。而且，系统的数据高度集成，这意味着数据一次录入之后，就可以被其他相关部门灵活调用。再保险业务管理系统和风险评估系统中生成的数据，将与财务数据实时集成，并可以自动生成每个季度的收支清算表。特殊业务的承保处理需求，也可以通过系统随时进行灵活的配置得以实现。

瑞再集团的 IT 技术主要采用美国 IBM 公司所提供的产品，用于公司的内部管理，尤其是用于客户服务和销售。董事会成员可以通过网络接触到一个受保护的网址，了解一系列的信息。这个网址包括一个综合信息系统（MIS），提供一个战略图表（strategic dashboard），包括目前的战略状态、目前的财务绩效、关于风险和资本管理方面的信息、竞争优势的分析以及关于瑞再股票的信息。更进一步的还包括瑞再的业务和公司运行方面的信息。

科隆再在建设 IT 系统时强调数据的安全性和易获得性，对数据库实行集团统一管理，搭建集团内部统一的信息平台，各部门分级别授权进入，保证数据安全和信息畅通。不同的业务都有相应的 IT 子系统来进行辅助管理，如在财产、责任再保险业务中，对于个别再保险合同，在常规的估算系统之外，还建立规划系统，从而形成早期预警系统，及时反映估算数据与分保人提供的经验数据的重大差异，规划系统数据库不断更新，并在运行中可随时出具详细的分析报告。

第五节　风险管理的监控体系

对企业的风险管理进行监控，随时对其构成要素的存在和运行进行评估，这些是通过持续的监控活动、个别评价或者两者结合来完成。持续监控发生在管理活动的正常进程中。企业风险管理的缺陷要向上报告，严重的问题应报告给高层管理者甚至董事会。内部审计师执行评估通常是他们常规性职责的一部分，有些则是根据高管层乃至董事会或者子公司或分部管理层的特殊要求。同样，管理层在考虑企业风险管理有效性时，可以利用来自外部审计师的工作。因此，根据已有的材料，本节将主要介绍国际再保险集团的审计体系及其运作机制。另外，从管理过程看，风险调整绩效评价从一个方面看，也可以起到风险评价及监控的作用，而且，国际再保险集团在风险调整绩效方面有较多的实践，对于开拓国内再保险企业的视野有积极的作用，因此，本节还将介绍国际再保险集团的风险调整收益管理体系。

一、风险管理的持续性监控体系

（一）瑞再集团的审计体系

瑞再集团的审计工作由审计委员会负责，集团的审计工作分为内部审计和外部审计。

1. 内部审计。集团董事会设立审计委员会，审计委员会每年评估外部审计师的工作，向董事会推荐下一年度股东大会需要聘请的外部审计单位，审计委员会与被聘请的外部审计师密切配合，比如商讨针对集团的一些重大风险、风险产生的后果以及公司的对外、对内的责任和义务。审计委员会审阅、审批计划研究过的审计服务项目，并且同审计师商讨有关审计问题。委员会提前审批审计师希望提供的一些非审计项目的服务，同时也提前审阅和审批审计委员会的主席在审计委员会会议上已经准许的其他非审计项目的服务，审计委员会审计集团在财务规定上做出的重大变化，提醒外部审计师引起注意。会同外部审计师，审计委员会审计集团财务汇报程序的完备性和效率性，同时同外部审计师定期开会讨论在集团管理层与外部审计师之间出现的一些分歧意见，同审计师讨论年度审计的最终结果，尤其是审计师出具的集团财务报告、重大的财务规定以及一些新的财务方法。同时审计委员会也要求外部审计师至少每年一次提交一份报告，评定他的工作情况，并且确保他的审计工作的客观性和独立性。

在瑞再，内部审计部向董事长、董事会和执行委员会提供独立、客观的审计信息，目的是评估集团内控系统的效率和完备性，通过完善集团的运营为集团增加价值。审计部门独立于其他所有管理部门，内部审计部的总经理直接向董事长汇报工作，并定期向审计委员会汇报工作。内部审计部的工作主要集中于集团在运营方面和风险控制方面出现的问题。同时该部门与外部审计师经常保持固定的联系，研究它们从各自角度审计的结果和集团的一些问题，他们之间在工作上互相配合。

2. 外部审计。外部审计师直接向审计委员会、董事会以及最终向全体股东负责。集团从 1991 年起聘请的外部审计师事务所是普华永道（Pricewaterhouse Coopers)。在外部审计师开始审计工作之前，外部审计师先向审计委员会提出审计方案以及相应的收费标准，委员会批复后方可开始工作。在外部审计工作结束之后，外部审计师会同审计委员会商讨有关集团财务状况的情况，并出具审计报告。在审计报告中尤其注明审计出来的内控方面的重大问题。每年外部审计师重点审计集团的内控程序，目的是使集团的内控程序严格按标准执行。审计委员会和外部审计师讨论有关所披露的信息和审计项目，保证审计工作是在独立和客观的条件下进行的。为了进一步保证外部审计师的独立性，审计委员会针对外部审计师所提出的非审计方面的服务事前进行核准。聘请上一年度为集团进行过审计工作的高级审计师必须由审计委员会最终同意批准。

（二）慕再的审计体系

在慕再集团的风险管理框架中，审计具有突出的作用。首先，通过审计可以识别集团的财务风险，通过审计部门的查账功能消除假账现象，确保集团经营的稳定性；其次，通过审计可以对集团风险管理体系进行监督并评估其有效性，起到不断完善集团风险管理体系的作用。

慕再集团和其他上市公司一样，其审计工作由公司内审计机构——审计委员会、审计部和独立的外部审计人共同承担。审计委员会只有监督权，并没有管理权，它定期将审计报告呈送监督董事会和股东大会，同时提出审计意见，最终由股东大会和监管委员会决策。集团的审计委员会制定集团内统一的审计原则和审计标准，并对各子公司的审计部门进行指导。集团的审计工作由审计部具体实施，并向审计委员会汇报。外部审计人的审计资格由集团审计委员会审查，由审计委员会提名并由监督董事会最终确定。外部审计人必须拥有认证的审计师。

慕再集团的审计部门只针对集团及其各部门和各分支机构进行审计活动，而其子公司的审计工作由子公司的审计部门和外部审计人完成，其审计后的财务报告要上报集团的审计部，由集团审计部和外部审计人完成合并财务报表的审计。审计后的合并财务报表要达到国际财务报告标准（IFRS）。子公司的审计工作受集团审计委员会的监督（图 6－23）。

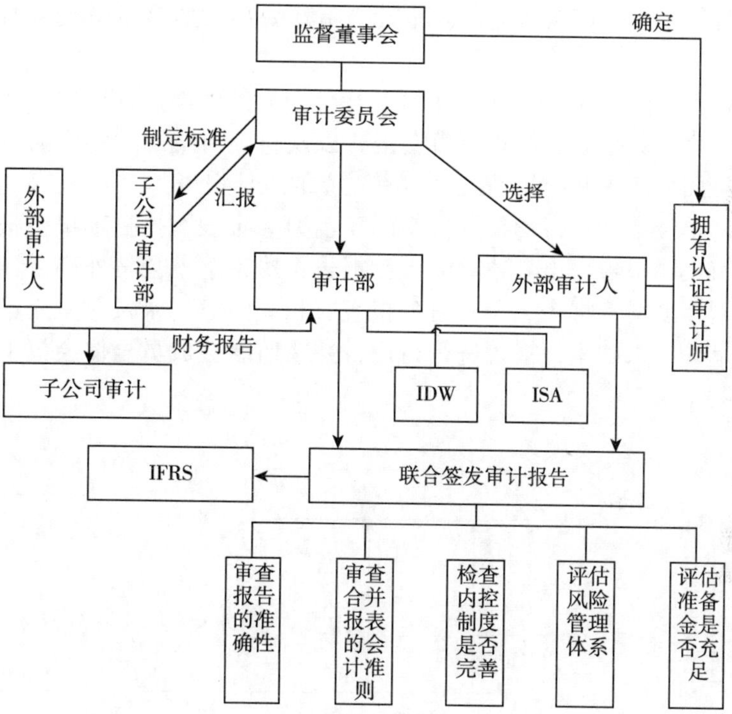

图 6－23　慕尼黑再保险集团审计流程图①

（三）科隆再的审计体系

在德国治理模式的企业中，内部审计人有的隶属于监督董事会，有的隶属于执行董事会或总经理、财务副总经理。但不论隶属关系如何，凡是在监督董事会领导或指导下开展并向其报告结果的内部审计工作，习惯上称其为监事审计。根据德国《商法》规定，监事审计的重点是“财务审计”（即财务管理审计，重点是财务收支

① IDW 为德国认证会计师协会，ISA 为国际审计标准。

符合性审计），也可适当开展一些“经营审计”（即非财务管理审计）。开展监事审计的目的，是代表股东、债权人和其他利益相关人，对最高层管理当局进行监督，以防止最高层管理当局利用权力侵害利益相关者的利益。监事审计属于内部治理审计，它是公司治理系统的子系统，其作用是促进公司治理系统增强其有效性。

科隆再的审计体系包括内部审计和外部审计两部分。内部审计人隶属于监督董事会，属监事审计。

内部审计：公司监事会下设审计委员会，负责整个公司、集团的内部审计。他们审核执行董事会的经营管理表现，对执行董事会提交的各项财务报表、报告进行审核；审核公司内部控制系统、风险管控系统运行，对各业务经营单位的风险管理情况进行审计。审计委员会成员要参加全体监事董事会议，并在会上向监事会全体成员汇报审计结果，一起进行讨论。审计人员还要出席监督董事会举行的资产负债表会议。

外部审计：科隆再聘用德勒会计师事务所作为其外部审计单位。他们将负责审计科隆再的年度财务报表、执行董事会报告以及科隆再集团的年度财务报表和集团报告，审计集团内部关联交易情况，出具独立的审计报告。

外部审计单位审计执行董事会提交的年度财务报表、执行董事会报告、合并的财务报表以及集团报告，出具独立的审计报告；执行董事会将外部审计单位出具的审计报告连同年度财务报表、合并财务报表、相关财务记录及时呈交给监事会，审计委员会对审计结果和审计报告进行讨论，并在监事会成员全体会议上汇报商议结果（图6－24）。

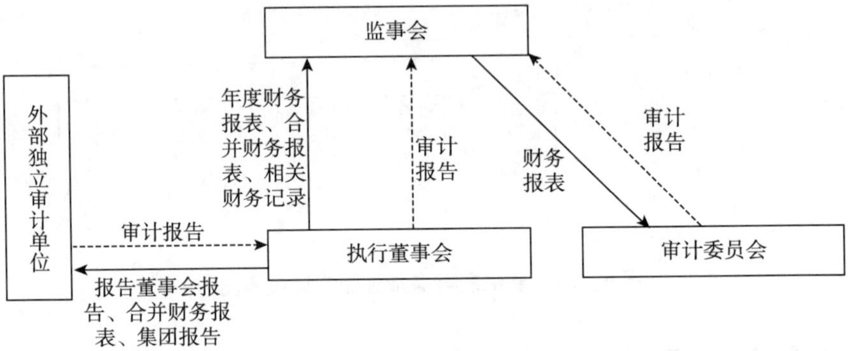

图6－24　科隆再审计体系流程示意图

二、风险管理的绩效评价机制

图6－25包括慕再集团应用的两个评估方法。价值增加法可以评估某项业务是否增加了集团的价值，分析方法为：价值增加量＝各种收入－本业务所需净资产×

资产回报率。

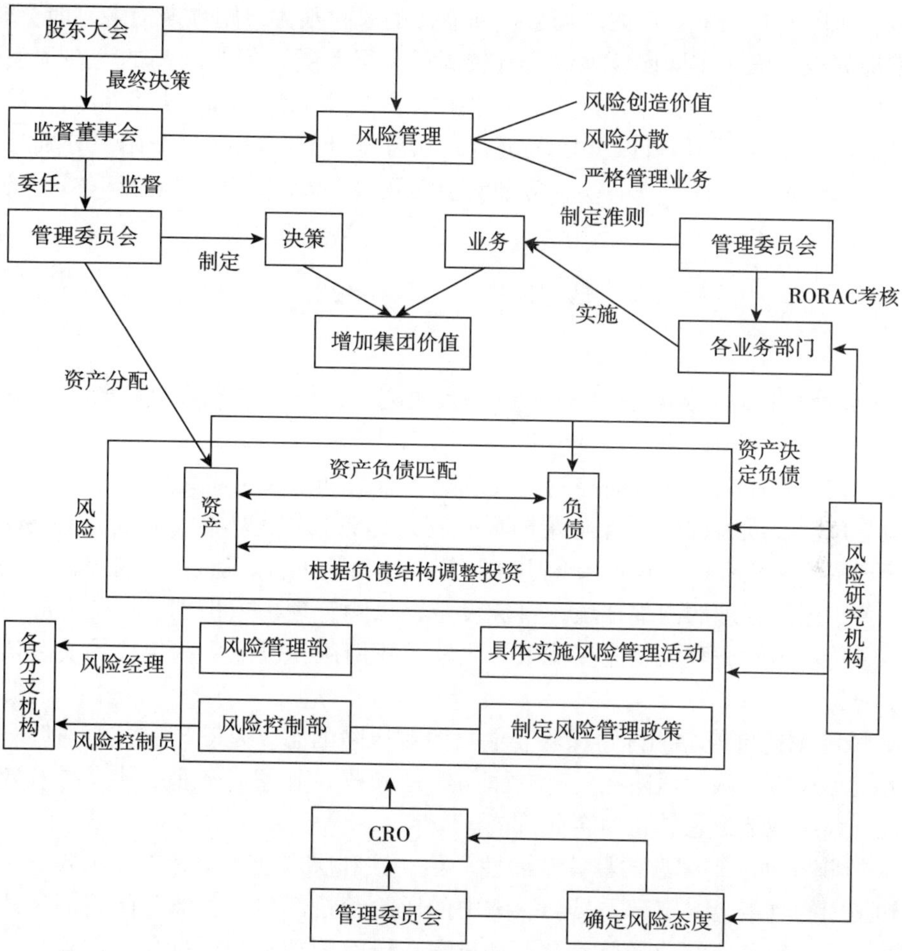

图 6－25　慕尼黑再保险集团全面风险管理体系结构图

慕再建立了风险基础的绩效考核体系：风险调整资本回报（return on risk－adjusted capital，RORAC），把企业获得的回报与所占用的风险资本联系起来。RORAC是对 ROE 修正后的一种评估风险资本的收益率的方法，计算公式为①：

$$RORAC=\frac{净收入-利率\times(1-税率)\times额外的实际股本}{风险资本}$$

公式中的分子包含在给定的风险容忍度内的没有风险的税后净收入，调整的基础是超过必要的风险资本—额外的实际股权（additional available equity）。分母是通

① Munich Re Group Annual Report 2006：55.

过内部模型计算的风险资本。

慕再的 RORAC 模型说明，企业在评价其盈利情况时，必须考虑其盈利是在承担了多大风险的基础上获得的。如果某项业务的风险很大，则预期损失一般会较大，非预期损失也会很大，即便该项业务有较高的名义收益，但与较高的潜在损失及其所占用的经济资本（等于非预期损失）相比，其资本利润率就不见得很高，甚至可能是负数。计算 RORAC 可以分层次进行，从分别计算每笔交易开始，分别计算每笔交易、每个客户、每个产品线、各利润中心及整个集团公司的风险调整资本回报。

第六节　小　结

COSO 全面风险管理框架是对内控体系的拓展，核心思想是风险管理战略必须与企业的业务战略相适应，通过企业的目标、风险管理要素、企业的各个层级等三个维度，实现企业风险的全面控制以及风险、收益和增长三者之间的平衡。目前全面风险管理已经成为国际再保险集团风险管理体系发展的方向，因此，COSO 全面风险管理框架是比较国际再保险集团风险管理体系的平台。通过就包括瑞再、慕再、科隆再关于风险管理的内部环境，目标设定，风险管理事项识别、评估、应对与控制，信息传递与沟通和风险监控体系的比较，我们认为以下一些规律的实践值得借鉴和学习：

1. 风险创造价值。国际再保险企业集团对风险的态度是管理和控制风险，而不是努力避免风险，认为风险在所有方面仍然是其核心业务；企业的使命是有效的风险管理，系统性地把它转化为企业价值。

2. 风险管理的组织架构具有全面性、独立性和层次性三个特点。风险管理体系涉及到集团的董事会、审计委员会、集中的风险管控部门、各业务经营的风险控制部门及人员，覆盖所有业务单元及管理过程；风险管理部门不操作具体业务，制订并监督风险管理指引和管理标准的执行。

3. 增加股东价值是企业的目标。国际再保险集团普遍把为投资者提供理想的回报、增加股东价值作为企业的战略目标，风险管理的目的就是要根据企业管理层的风险偏好，在企业的风险容忍度内，通过降低企业收入的波动性，保证股东回报的稳定性，保证战略目标的实现。

4. 国际再保险集团控制的主要风险。国际再保险集团都把承保风险、投资风险、信用风险和操作风险作为主要的控制对象，但由于风险管理的组织结构及职责权限划分之间的差异，对不同风险进行了不同的划分，例如慕再把信息风险、人力风险、法律风险的控制责任划分 IT 部、人力资源管理部、合规部，在风险分类时把这几类风险单独列出来，而在其他企业，一般把这几类风险划入操作风险。另外，有的企业在划分风险种类时就表达了对风险影响企业的程度做出了价值判断，例如，瑞再就认为保险风险、市场风险和信用风险作为其核心风险。

5. 内部模型开发能力是风险管理体系的核心能力。国际再保险集团普遍开发风险资本评估模型，测定一定置信度下的 VaR 及尾部 VaR，并用压力测试与情景分析进行补充。

6. 风险容忍度是风险资本管理体系的前提假设。风险容忍度是确定再保险企业集团非预期损失的重要参数之一，其值的大小直接影响了非预期损失的大小，也就是直接影响了经济资本的大小。风险资本管理体系是未来企业风险管理的发展趋势，作为其体系的重要参数，风险容忍度应当与企业的战略有效结合。因此，风险容忍的确定不仅是一个技术问题，而且是一个企业战略管理的直接体现。

7. 风险控制表现出分散化的组合、精细化的管理以及统一明确的制度体系三个突出特征。由于再保险业务的全球性质和风险的巨灾性质，要求再保险人在全球范围内进行风险组合，充分分散风险，因此，国际再保险集团通过业务组合在地域、产品线和种类，再保险与原保险业务等多个维度充分分散风险；制定了详细的保险风险、金融市场风险和信用风险的管控办法；整个全面风险管理体系通过一系列的管控制度进行支撑。

8. 信息系统是风险管理的基础。再保险企业集团通常对数据库实行集团统一管理，搭建集团内部统一的信息平台，各部门分级别授权进入，保证数据安全和信息畅通；不同的业务都有相应的 IT 子系统来进行辅助管理；部分集团还建成了完善的早期预警系统，提供详细的风险分析报告。

9. 风险调整收益是风险考核体系的发展方向。风险调整收益是（RAROC）先进再保险企业集团正在积极推行的风险考核方式，要求评价业务单元盈利必须考虑承担了多大风险，分别计算每笔交易、每个客户、每个产品线、各利润中心及整个集团公司的风险调整资本回报。

10. 风险管理的审计体系是风险管理体系有效运行的关键。审计体系是企业决策层和管理层评估风险管理体系有效性重要的信息来源。国际再保险企业都建立了直属于决策层的审计体系，其办事机构是独立于业务部门和风险日常控制部门的内部审计部门；同时，具有规范的利用外部审计信息的程序。

第三章 国内再保险集团风险管理的现状与目标选择

再保险企业集团通常在直接保险、再保险和资产管理等多个领域提供金融服务；组织结构上呈现投资者与控股公司管理层、控股公司与各利润中心之间的双重委托代理关系；涉及到监管机构、投资者、企业集团管理者、保单持有人如分保人和保险服务的消费者、债权债务人等多元利益主体（stakeholders）。从利益取向看，我们可以把这些主体划分为两类：一类是代表保单持有人以及债权人利益的保险监管者，我们下面称作保单持有人利益维护者，他们是企业风险控制的外在约束，一般要求企业稳健经营，包括自然人和直接保险公司的投保人的利益，维护稳定的金融环境，因而他们倾向于保守；一类是包括投资人、企业管理层要求最大化企业价值的利益主体，在企业经营中是以管理层为代表，他们是企业风险控制的内在激励，在经营管理中通常表现得更为激进。不同的价值取向导致对待风险的不同态度，因此经营管理者可能比保单持有人利益维护者更为冒险。根据以上分析，我们认为一个企业对待风险的态度取决于外在约束与内在约束的力量对比。

第一节 国内再保险集团风险管理的现状

一、保单持有人利益保护主导的风险管理体制

由于我国的保险业以往大都属于政府垄断性质，过高的政府利润提留和缺少民营以及外资企业的竞争使我国保险业一直采用过高的保险费率来经营，其保险风险管理的研究更是不受重视，一直处于初级阶段，严重地落后于世界发达国家①。与直接保险企业一样，过去，我国的再保险业属于政府垄断性质，再保险企业经营管理过程中，往往把企业的价值目标与政府的社会责任目标相混淆，通常忽视企业投资者的利益取向。

在加入世贸组织前，再保险市场一直是以法定强制分保为主。我国的法定再保险业务始于1996年我国第一部保险法颁布实施之后，中国再保险（集团）公司作

① 李庭辉：“保险企业风险管理研究”［J］，《河南商业高等专科学校学报》，2006年第5期，第76页。

为国内唯一专业再保险公司每年得以有 20% 的法定分保进账。

由于产权主体的单一性以及业务的法定性，导致再保险企业具有浓厚的政府色彩，在企业的多元价值主体中，投资者利益弱化，形成了保单持有人利益维护者占主导地位的情形。反映在风险控制方面就形成了基于保单持有人利益保护主导的管理体制，表现为监管导向的风险控制体系。保险监管机构通过制定关于法人治理、风险管理、内部控制、偿付能力管理等方面的一系列与管理直接保险人相同的文件来管理再保险人的风险，再保险业偿付能力监管框架初步形成。

二、目前国内再保险企业风险管控体系的主要问题

保险监管机构出台一系列配套的规范性文件，包括《保险公司内部审计指引》、《保险公司风险管理指引》、《保险公司股权管理办法》以及《保险公司关联交易管理办法》等，对于推动再保险公司完善公司治理、提高公司运行效率、健全公司内部制衡机制、保护被保险人利益起到了积极作用。以监管导向的风险管理体系中，再保险人一般是被动满足监管要求，缺乏主动性，不能适应目前再保险企业及再保险市场的发展。

风险管理理念不强，风险管理作为一种管理职能还基本上没有被融于保险企业管理中，保险经营基本上还是财务型控制被动经营，保险业发展总体决策和保险公司决策在相当程度上缺乏风险管理理念。风险管理组织架构不健全，风险管理的职责与权限不匹配，业务经营与风险控制功能相互交叉，职能没有完全分离；集团公司对子公司的风险缺乏有效的控制。业务组合主要集中在国内，缺乏在地域、产品线层面进行分散风险的能力。缺乏保险风险管理工具，风险评估、保险信用等级评定缺乏有效的评定标准，风险控制和风险融资的方式相当有限；在保险风险控制过程中，事后控制为主要控制方法，对风险的事前预警重视不够；缺少风险评估的内部模型。未能建立起有效的风险管理信息系统，风险管理决策缺乏依据。再保险集团与子公司的信息与数据相互分割，不能实现数据的共享，风险信息的传递不通畅。缺失风险考核体系，经营绩效考核体系与控制体系相互脱离，粗放式经营，放大风险。风险的评估和审计体系不健全，尤其是集团公司对子公司风险状况失控。

第二节　国内再保险集团风险管理体系的目标选择

目前，国内的唯一再保险企业已经完成股份制改制，股东回报压力日益增加。同时，按照加入世贸的承诺，法定分保的比例自 2003 年起逐年递减 5%，到 2006 年 1 月 1 日已完全取消，至此，国内再保险业务全面进入商业化运作。另外，越来越多的外资再保险公司加快了进入中国的步伐。目前已有十多家外资再保险公司在华设立了子公司或代表处，世界上唯一的专业保险市场劳合社则在 2006 获准筹建在华

子公司，外资再保险公司在中国再保险市场中的市场份额正逐步上升，2005年时达到了30.77%①。根据投资人利益强化、再保险业务性质的变化及市场格局的变化，建立超越保单持有人利益的风险控制体系是我国再保险企业集团发展的迫切要求。

一、建立集团化的风险管理环境

（一）建立集团化管控的风险控制组织体系

根据业务经营与风险控制相分离、集团化垂直管理、责权明确等基本原则构建我国再保险企业集团三级风险管理体系②：第一层级——集团董事会、全面风险管理委员会。集团董事会是风险管理系统层级最高的机构，对各种风险负最终承担责任。而其风险管理的责任由全面风险管理委员会来负责行使，全面风险管理委员会专门负责制定风险管理战略、目标规划和基本方针，对企业风险进行全面统一的管理，为公司制定发展战略和日常经营提供重要决策支持与依据。第二层级——子公司风险管理部。风险管理部独立于业务部门，对全面风险管理委员会负责。作为具体实施风险管理的牵头组织部门，其主要根据保险企业风险管理战略要求，传导、落实和执行各项具体风险管理目标，向业务部门派驻风险经理小组，行使风险度量、风险评价、风险报告和风险预警等职能。风险管理部设立首席风险管理官（CRO），作为子公司风险管理的最高执行官。第三层级——子公司业务部门的风险经理。子公司业务部门的风险经理在各业务部门内设立风险管理岗或者风险管理小组，由经风险管理部认可的风险经理担任，对本部门负责人和风险管理部双重负责，由风险管理部进行业务指导。风险经理虽然是集团风险管理系统之组织架构的基层单位，但他们具有相当自主的、对各部门业务风险和资金风险进行管理的权力，负责制定本部门的风险管理细则、办法，组织实施本系统各类风险控制活动，并向风险管理部报告。以上风险管理组织架构中的所有层级部门在日常风险管理过程中又通过自上而下决策与自下而上的信息反馈线路贯穿为一个整体，并且在风险管理的系统支持下形成风险管理的动态循环。

再保险企业集团应在集团层面、子公司层面以及分支机构层面设置相应的内部审计机构，分管不同工作，搭建以内部审计为主的内部稽查审计框架。从层次上划分可以分为集团内审、子公司内审以及分支机构内审三部分；从具体的职责上划分还可分为监督财务报告、保证审计质量、评价内部控制三项具体的工作。

（二）培育良好的风险管理文化

风险管理文化的培养是风险管理能够切实发挥功效的基础，可以从以下方面入手：首先，要强调风险管理应从高层做起，董事会应在全公司推行诚信与正直的价值观念，并由高层作出表率，设定鼓励风险管理的基调。第二，要强调“风险管理

---

① http：//www. xici. net/b640045/d38527759. htm.

② 曾忠东：“保险企业全面风险管理系统框架构建”［J］，《经济体制改革》，2006年第1期，第66～69页。

并不只是专业人员的责任”，倡导和强化全员风险意识。第三，强化“风险管理创造价值”的理念。最后，保持激励约束机制与企业倡导的风险管理文化和价值观的一致性，严格责任追究制度。

二、多层次、多元化地分散风险

根据国际再保险企业集团的经验，国内再保险企业应当在产品、业务线层面积极进行风险的分散管理。在以再保险业务为主业的同时，积极发展直接保险业务和资产管理业务。通过直接保险业务有效的把握市场风险；通过再保险业务实现风险在集团内的转移，达到直接保险业务与再保险业务的协同发展；通过资产管理业务实现保险资产与保险负债的匹配管理，保证其偿付能力。国内再保险企业在发展国内业务的同时，还应当积极拓展国际业务，在国际市场上分散风险。

三、构建经济资本管理体系

经济资本管理体系是全面风险管理核心要素，是再保险企业集团内部管理所需资本体系，可以实现：

1. 再保险集团企业能够运用定量分析技术，从子公司、分支机构、业务部门和产品等维度出发，计量覆盖整个业务面临的风险所要求的经济资本额度。各子公司、分支机构、业务部门能科学计量并定期评估各自业务的风险状况，在早期发现并规避金融风险的发生。

2. 以经济资本管理为手段，突破再保险集团企业既有的资产负债比例管理、全面预算管理、风险管理、经济效益管理与资本管理独立运作、相互分离、协调性差的情况。

3. 实现再保险集团企业经济资本的科学配置。根据整个集团的风险偏好和发展战略，通过年度计划、限额管理、参数设置等方式，将经济资本科学地分解到各子公司、各分支机构、业务部门和产品等维度，促进再保险集团企业实现资本约束风险、资本要求回报的协调管理机制。

4. 实施经济资本管理，通过以经济增加值（EVA）和风险调整后资本收益率（RAROC）作为绩效考核的核心指标，解决追求利润与控制风险之间的矛盾，从而使得绩效考核体系更加科学合理。

再保险企业集团的经济资本管理体系包括三个部分：

（一）经济资本计量体系

通过建立经济资本计量体系，集团总部运用定量分析技术，从各子公司、分支机构、业务部门和产品等维度出发，计量覆盖直接保险、再保险和资产管理等业务所要求的经济资本额度。各子公司、分支机构、业务部门根据集团总部确定的计量原则和模型，计量并定期评估各维度的风险状况、风险特征和风险参数。

（二）经济资本的配置体系

集团总部根据整个集团的风险偏好和发展战略，通过年度计划、限额管理、参数设置等方式，将经济资本科学地分解到各子公司、各分支机构、业务部门等利润中心，通过资本约束风险、资本要求回报的协调管理机制，提高各子公司、各分支机构、业务部门的风险管理水平。集团总部建立经济资本监控分析机制、超限额审批机制等经济资本过程管理体系。各子公司、各分支机构、业务部门根据集团总部下达的经济资本配置计划及分配的经济资本额度，改进业务经营策略，优化风险资产组合，以满足整个集团的风险限额控制和资本回报要求。

（三）经济资本的评价体系

集团总部对经济资本配置的模型、参数及计划执行情况进行定期评估，并作出调整修正，以确保经济资本管理的科学性与可行性；建立以风险调整后资本回报率为核心的指标体系，对各子公司、各分支机构、业务部门的经营绩效进行考核评价。各子公司、各分支机构、业务部门适时调整业务发展策略和风险管理政策，贯彻集团总部的经济资本管理政策，体现绩效考评意图。

四、风险管理技术的开发与应用

（一）风险管理技术要渗透到产品定价及资本管理领域

产品定价要反映业务所覆盖的预期损失。根据再保险企业各种风险损失数据分布的特征，风险损失可以分为预期损失、非预期损失和灾难性损失。预期损失是一般情况下必然会出现的风险损失，通常是指风险的平均损失值，也就是金融企业预期在特定时期内资产可能遭受的平均损失。预期损失可以作为一种风险成本计算到产品价格中，由于平均损失值的相对确定性，可以提前预计风险造成的损失，所以，再保险企业可以通过合理的风险定价和充分的损失准备来覆盖，前者构成利润来源，后者可以直接列支成本，也就是预期损失作为正常的财务成本影响金融企业当期收益。

非预期损失要有相应的资本来补偿。风险事件带来的损失使金融企业的收益在一段时间内会上下波动，该风险可以方便的用当期收益的标准差进行衡量，我们称之为非预期损失。非预期损失是相对不确定的，是超过预期损失的、具有波动性的那部分潜在损失，难以知道它会不会发生。所以，金融企业无法将这些风险损失列入当期成本，不能用定价的方式来转移，必须为不确定的潜在损失留足足够的资本，以便在损失真正发生时能够维持经营，财务状况不发生大的冲击。这种资本储备被称为经济资本，它能够缓解企业的破产压力。

（二）开发通用的风险度量方式

国际再保险企业集团通常采用两个风险度量方式：分位数风险度量或称作风险价值（VaR）、尾部条件预期（tail conditional expectation，TCE）。对于一个损失随机变量，其分布函数记为 F_X（·），生存函数记为 $\overline{F}_X$（·）。随机损失 X 指一个保险公司总的索赔或者一个个体或机构的投资组合总的损失。对于 $0 \leqslant q \leqslant 1$，第 q 个分位数的风险度量定义为：$VaR_q(X) = \inf(x \mid F_x(x) \geqslant q)$；TCE 定义为：$TCE_q(X)$

$=E(X \mid X>x_q)$。VaR 表示预期的最坏情况下的损失。给定损失将超过特定价值 x_q（一般指在 $\overline{F}_x(x_q)=1-q$ 的 q 个分位数），定义的 TCE 给出可能潜在经历的预期损失。这两个度量方式是风险量化分析的基础，国内保险企业应当利用风险管理数据库，开发相应的风险度量方式。

（三）风险之间的相关性分析——风险累积的关键技术

再保险损失通常具有厚尾性。再保险发生的频率较低，但可能会引起巨大的损失，与传统的正态分布假设相比，具有鲜明的厚尾性。传统的分布都倾向于拟合中心观察数据，不能考虑损失分布的极端情形，在描述再保险损失数据总的特征（很严重的右偏和尖峰）时效果不好。因此应用通常的风险计算方法往往会低估操作风险。极值理论的优势在于它不是对整个分布进行建模，而是直接处理损失分布的尾部，且没有对损失数据预先假设任何分布，而是利用数据本身说话，能更有效地捕捉可能导致金融机构重大损失的尾部风险。所以，把极值理论应用于再保险企业的风险量化分析不失为一种比较理想的方法。

损失分布之间的尾部相依性（dependence）。由于再保险企业集团面临多个业务线和多种风险，因此在计算单个业务线或整个集团的风险状况时需要对各种风险或各个业务线的风险进行累计。如果不考虑风险损失之间的相依性，进行简单加总计算的资本等同于认定各种极端损失在一定时期（如一年）会同时发生，因而会高估风险，不能真实地反映再保险企业集团的风险状况，也不能体现整个集团对风险进行组合管理的分散性效应。目前，利用多变量极值连接函数（copula）考察损失事件之间的相依性已经产生了许多理论和实践成果。国内再保险企业应当在这方面进行积极的探索和实践。

五、建立风险管理的制度支撑体系

整个风险管理体系的运行是以一系列的制度为支撑的。根据国际再保险企业集团的经验，完善与风险管理相关的制度体系不仅是控制再保险集团企业操作风险的常用方式和有效手段，而且是整个风险控制体系的文件基础。风险管理的制度文件应当是一个分层次、覆盖所有业务经营和管理活动的完整体系。根据再保险企业集团的组织结构和业务结构特征，可以将其划分为以下几个方面：

（一）集团治理层次的制度体系

集团层面的制度体系主要包括《公司治理规定》及其核心委员会的章程。

再保险企业集团层次制定《公司治理规定》，使集团董事会及各委员会更有效的发挥作用，并就董事会成员、各委员会及管理层的职责等制定一般性准则。应至少明确以下内容：（1）董事会成员的资格、人数及性质（董事会成员的资历要求，独立董事、非独立董事的比例，董事会成员的数目等），以制度保证董事会的独立性和专业性；（2）董事会主席的选举及责任；（3）各董事会成员的选举及各自的责任；（4）董事会下必须设立的委员会及对委员会成员的要求，如明确规定中再必须设立风险合规委员会，该委员会中独立董事、执行董事的比例等。

为了保证再保险企业集团董事会下各委员会职责明确，对一些重要的委员会，董事会必须要求其制定明确成文的委员会章程对其进行约束。在各委员会章程中应至少就该委员会的成员的组成、职责及对委员会的评估等内容进行详细、明确的阐述。

（二）人力资源层面的制度约束

以明确的制度对员工进行约束是国际再保险集团的普遍做法。对人力资源的制度约束，必须明确强调再保险企业集团规章制度和业务行为的核心原则及价值观，对各级员工在认识、懂得和遵守有关法律、道德标准等方面进行明确要求，并对如何把这些准则在实际工作中贯彻执行提出指导性规定。

对人力资源的制度约束包括对高管人员（即要害人员）和普通员工的制度约束。因此，集团有必要分别针对高管人员和普通员工制定规则。必须以明确的规章制度对再保险企业集团的高管人员进行约束，并且对高管人员的制度约束要有针对性，因为在再保险企业集团内部，不同的高管人员的职责以及面临的环境是不一样的，所以其行为准则也不应笼统制定。要董事会成员、经理主管人员及高级财务人员分别制定各自的行为准则，做到对高管人员约束的极强针对性。这三类人员是集团的核心要害人员，其不当或违规行为会对整个集团产生极大的负面影响。在这些行为准则中，要体现约束的力度和可操作性。针对普通员工，应制定《普通员工行为准则》。以瑞再为例，瑞再的员工行为准则包括了职业道德、行为道德、集团的文件记录和对外联络、市场营销行为、信息共享五个大方面的内容。

要有明确的机构（部门）来保证行为准则的落实和实施。对要害人员和普通员工在制定制度进行约束的同时，集团还应有专门的部门负责这些制度的实施和监控，以保证制度的有效性，防止出现空有制度没有约束的现象。在瑞再，集团设有规章制度管理部，该部门的高级经理协助集团的管理层贯彻执行相关的法律法规、规定以及道德行为准则，并向集团的规章制度部门的总经理提交针对违反有关规章制度或者是其他规定的行为报告。

（三）业务经营层次的制度体系

1. 针对核心部门制定制度进行约束。要实现对子公司有效的集团管理，再保险企业集团可以借鉴瑞再等保险集团的制度模式，就核心部门制定集团范围内统一的制度进行约束。

要保证核心部门规章制度的权威性和适用性。再保险企业集团在就核心部门制定规章制度时，应保证：第一，这些规章制度具有强制性和权威性，不容任何非正式的修改；第二，规章制度在整个集团内统一实行，其内容在整个集团内部应保持一致。

核心部门的划分根据再保险企业集团的性质和发展阶段而定。借鉴瑞再的经验，瑞再通过制定《集团指引》的形式，就财务部门、投资部门、再保险部门、风险管理部门、信息部门、人力资源部门、对外联络部门、集团管理部门 8 个部门制定了集团范围内的规定。国内再保险企业集团在对核心部门制定制度进行约束时，核心部门可考虑包括财务部门、投资部门、审计部门、再保险部门、风险管理部门、人力资源部门、信息部等部门。

再保险企业集团在制定集团范围内的核心部门规章制度时，可以借鉴瑞再的形式，通过制定一部《集团指引》，分别列明各核心部门的制度，也可以单独分别颁布各核心部门的规章制度。规章制度的内容至少可包括各核心部门的业务界限、应遵循的原则、运作流程、战略规划。

2. 制定核心业务流程指引。国际再保集团都就核心业务流程制定了集团范围内的指引，以更好的控制风险，杜绝各子公司的不规范行为，获得盈利。对于国内再保险企业集团而言，核心业务流程至少应包括承保流程、理赔流程和投资流程。因此，集团有必要分别就承保流程、理赔流程和投资流程制定指引，以规范各子公司的业务行为，实现风险的集团管控。

（1）核心业务流程指引的制定及执行。核心业务流程指引由再保险企业集团的相关高层（在瑞再，执行董事会行使这一职责）制定，在整个集团内统一、贯彻执行。在集团和各子公司层面，应有相应的部门（如承保部门、理赔部门、投资部门及相关风险管理部门等其他服务部门、控制部门）来保证承保指引、理赔指引、投资指引的贯彻执行。以科隆再承保业务流程的管理为例，集团通过成立集中的承保、服务和控制单位，负责管理和控制各业务经营单位的承保工作，以保证其符合集团的承保指引要求，保证公司的重大控制原则得以贯彻执行。

（2）就承保流程制定一般性承保指引。制定统一的承保流程指引是在集团范围内从风险的入口对风险进行把关的重要手段。再保险企业集团要有效的控制各子公司的风险，必须从集团的角度制定承保指引。

承保指引的内容。总体来讲，再保险企业集团针对各子公司制定的一般性承保指引可包括如下内容：制定内容明晰的承保政策，明确各子公司对每一业务的承保权限和最大承保量。如针对不同险种、不同风险状况规定相应的核保条款，确定子公司的最大承保限额。在确定各子公司的承保限额时，应考虑到各子公司的资本实力和管理技术水平；制定明确的承保业务流程；对于超出各子公司承保权限的特殊业务，应明确特殊业务的逐级审批程序和最终审批人；对比例再保险业务规定详细的承保细则和承保范围；开展新业务或者续保的过程中的利润要求和交易标准；对巨灾保险规定免除责任、每一国家或地区的责任限额。另外，随着业务向国际保险市场扩展，在承保指引中还应就不同国家和地区设置不同承保条件。同时，承保指引中还可以有《定价体系指引》和《产品最佳应用指引》。通过这些指引性文件，集团对各定价方法和获取保守的利润水平进行详细的指引和说明，并提出重要的成功经验供基层业务部门在设计产品时作为依据。

细分承保指引的类别。由于再保险企业集团既有原保险业务，又有再保险业务；

在原保险、再保险业务中又涉及到寿险、产险、意外险。原保险、再保险的性质不一，加之产寿险也有各自不同的特点，因此，集团在制定一般性承保指引时，应细分承保指引的类别。

（3）就理赔流程制定一般性理赔指引。承保指引是从风险入口处对风险进行管控，理赔指引则是风险发生后对风险的有效管控。科学有效的理赔管理是提高集团效益、控制成本的重要途径。再保险企业集团在制定理赔指引时，理赔指引的内容应包括明晰的理赔政策、各子公司对每一业务的理赔权限、明确的理赔业务流程、明确超出各子公司理赔权限的赔案的逐级审批程序和最终审批人。而且，应体现原保险、再保险、产寿险理赔的差异性和特殊性。

（4）制定集团统一的一般性投资指引。投资对保险公司极为重要，对子公司的投资行为进行规范管理，是保证再保险企业集团健康、稳定发展的需要。投资指引至少应包括主要投资对象和关注重点；各子公司允许的最大风险暴露；对子公司投资的市场情况、流动性及信用状况作出详细要求，明确规定投资组合的期限应与相应的责任期限相匹配；对各类投资风险进行详细的分类和说明；对一些投资技术进行明确要求，如规定最小利率要求、规定现金管理的方法和模型等。

3. 对主要风险的管控制定指引。基于保险公司经营的性质和特点，一些风险，如信用风险、市场风险等对各子公司及再保险企业集团有着极大的影响。借鉴各国际集团的经验，国内再保险企业集团应从集团范围内对主要风险的管控制定指引。主要风险指引同集团制定的投资指引相比，更有针对性，更为详细。

（1）信用风险管理指引。主要针对子公司的投资活动、资产的投资组合以及各子公司承保的风险责任过程中出现的信用风险而制定。在信用风险指引中，至少要明确信用风险控制政策、根据业务性质规定子公司的最大信用风险暴露、高信用风险业务的处理方式及程序、规范的信用风险管理技术和方法等。

（2）市场风险管理指引。市场风险管理指引主要针对子公司在资产市场运作过程中面临的价格风险、利率风险、汇率风险等制定一般性的指引。在该指引中，至少要明确：集团的市场风险控制政策；各子公司的市场风险暴露限度；高市场风险业务的处理方式及程序；规范的市场风险管理技术和方法等。

（3）操作风险管理指引。操作风险的管理要求在整个集团是统一的，在再保险企业集团层面相关风险管理部门，如操作风险管理部，负责制定相关的管理指引和规定，内部审计部负责保证相关规定的遵守、执行和充分的风险控制能力。应注意运营风险管理指引所体现的核心应是如何将该种类风险降低到可接受程度。

4. 建立风险评估报告制度及业务检查制度。

（1）建立风险评估报告制度。为了保证各项集团规章指引的贯彻实施，及时监控、明了子公司的风险状况，再保险企业集团的风险合规委员会应制定明确的风险评估报告制度。风险评估报告制度的直接作用对象是集团和子公司的风险管理、控制部门、合规部门、审计部门等相关部门。

风险评估报告制度中至少应涉及的内容包括：相关部门（如风险控制部、管理部、内审部等）要定期对整个集团的风险现状、风险管理活动、风险管理措施的有效性及风险管理制度的有效性进行评估；定期向集团管理层出具风险报告；在特殊风险存在情况下出具附加报告；定期向集团的监督机构（如监督委员会）出具审计合规报告等。

（2）建立集团对子公司业务检查制度。为了加强对子公司经营运作情况的了解和掌控，再保险企业集团应建立集团对子公司的业务检查制度。业务检查制度的直接作用对象是子公司的高层经营管理人员。子公司的高层经营管理人员在检查制度的要求下，负责就该子公司的相关情况向集团高管人员汇报，供集团高管人员检查。建立对子公司的业务检查制度，就是要以条文的形式制度化对子公司的业务检查。在业务检查制度中，至少要明确业务检查的频率、形式。

六、整合风险管理的信息系统

整合信息系统是全面风险管理的基础，国内再保险企业集团应当整合整个集团系统的信息管理系统。通过信息系统设计，实现集团信息的上传下达。首先是要实现信息集中，建立起集团统一的数据中心，整合各类业务及财务数据。然后在实现业务和财务系统数据的整合与共享的基础上，通过商业智能系统帮助整个企业进行全面的战略管理和绩效分析，并支持全面计划与预算管理，为再保险企业集团的经营计划进行预测和分析，同时通过全成本管理、风险管理、资产负债管理与绩效管理的结合，实现对渠道、产品、客户和员工等多维度、多层次的盈利能力分析和管理，从而帮助再保险企业集团迅速提升竞争能力和盈利能力。

第三节 小 结

再保险企业集团在经营管理中涉及到以保险监管者代表的保单持有人的利益和以企业管理者代表的企业投资人的利益。由于过去国内再保险企业股东权益的相对弱化，业务的法定分保性质，在风险控制上表现出监管导向型管理体系。目前，由于企业所有权性质的变化及市场环境的变化，其风险管理体系必须超越保单持有人利益，构建全面风险管理体系。

根据国际再保险企业集团风险管理经验，国内再保险企业集团应当以风险创造价值的理念，按照完善风险管理的组织架构，开发风险管理技术，建立风险管理的制度支撑体系，广泛分散风险，整合风险管理的信息系统，实施经济资本管理体系等方式构建全面风险管理体系。

参考文献

[1] Gen Re annual report 2005.

[2] Gen Re annual report 2006.

[3] Munich Re Group Annual Report 2005.

[4] Munich Re Group Annual Report 2006.

[5] Swiss Re Annual Report 2005.

[6] Swiss Re Annual Report 2006.

[7] COSO 制定发布，方红星、王宏译：《企业风险管理——整合框架》，东北财经大学出版社 2005 年版。

[8] 李庭辉："保险企业风险管理研究"，《河南商业高等专科学校学报》，2006 年第 5 期。

[9] 曾忠东："保险企业全面风险管理系统框架构建"，《经济体制改革》，2006 年第 1 期。

第七篇

保险集团偿付能力监管

摘 要

本篇从保险集团的界定入手，分析了我国保险集团的主要经营模式，以及保险集团的特殊风险，并介绍了国际上通行的金融集团资本充足率的计算方法、集团内部关联交易的监管办法，以及其他风险的监管方法。最后从评估和报告两方面对我国保险集团偿付能力的监管进行了阐述。

本篇在对保险集团进行界定时，既遵循了国际上关于金融集团的界定原则，又结合了我国实际情况。我国目前存在三种模式的保险集团：集团（控股）公司模式、子公司模式和同受第三方控制模式。

影响保险集团偿付能力的特殊风险包括：风险传递及风险传染效应、资本重复计算风险、组织结构不透明风险、利益冲突风险等。

国际上通行的集团资本溢额的计算方法是联合论坛（Joint Forum）提出的三种方法，其他国家或地区的方法与这三种方法相类似。本篇关于我国保险集团资本溢额的计算方法也借鉴了联合论坛提出的方法。

关于集团内部关联交易引起的风险以及其他风险的监管，本篇认为对于可以准确量化的风险，在计算实际资本时，直接予以扣除，对于不能准确量化的风险，建立相应的信息报告制度，充分说明其对偿付能力的影响。

引　言

自20世纪80年代以来，由于竞争的压力、放松管制和技术进步等综合因素的影响，多数发达国家和地区纷纷由分业经营转向混业经营，世界金融业开始向一体化方向发展。金融企业的集团化是金融服务一体化发展的集中表现，集团化浪潮的出现，使金融服务一体化演变为一种趋势。金融集团从根本上改变了全球金融业的竞争格局，成为各国乃至国际金融市场强有力的竞争者。每个希望成为未来领先金融企业的组织都在思考，如何发展为综合性的金融服务集团，或是成为其中的一部分。

保险业作为金融业的重要组成部分，必将是金融服务一体化发展趋势的重要参与者。无论是致力于发展多元战略的保险企业，还是希望进入保险业的其他金融机构，都在积极探索集团模式下的保险业经营问题。就我国而言，十六大以来，我国保险业实现了快速发展，保险企业集团化的步伐日益加快，出现了中国人寿集团、中国人保集团、中再集团、平安集团等大型保险集团。2006年《国务院关于保险业改革发展的若干意见》（以下简称“国十条”）明确提出，“支持具备条件的保险公司通过重组、并购等方式，发展成为具有国际竞争力的保险控股（集团）公司。稳步推进保险公司综合经营试点，探索保险业与银行业、证券业更广领域和更深层次的合作，提供多元化和综合性的金融保险服务。”从而更有力地推动了我国保险集团的加速发展。

保险企业集团化经营符合国际趋势，具有规模效益、信息共享、品牌提升等多方面的优势，有利于提高保险企业的综合实力。但保险企业集团化经营也会产生新的、特殊的风险，如资本重复计算、组织结构不透明、利益冲突，以及风险在集团成员公司间的传递与传染等。对于一个保险集团而言，即使其各成员公司都满足相应的资本监管要求，也会由于其特殊风险的存在使得集团整体丧失偿付能力，从而对被保险人的利益造成损害，对整个金融市场的稳定造成威胁，因此，有必要对保险集团整体的偿付能力进行监管。

欧洲议会和理事会于1998年10月27日发布了保险集团指引（The Insurance Groups Directive 98/78/EC）①，对保险集团偿付能力监管提出了要求，并于2002年

① ‘Directive 98/78/EC of the European Parliament and of the Council of 27 October 1998 on the Supplementary Supervision of Insurance Undertakings in an Insurance Group’, Official Journal of the European Communities, L 330, 5.12.98, p.1－12.

12月16日发布了金融集团指引（The Financial Conglomerates Directive 2002/87/EC）①，为金融集团资本充足性监管提供了指引，并对保险集团指引（The Insurance Groups Directive 98/78/EC）的部分内容进行了修改。欧洲保险及职业年金监督管理委员会（Committee of European Insurance and Occupational Pensions Supervisors, CEIOPS）还专门成立了保险集团监管委员会（Insurance Groups Supervision Committee，IGSC），专司保险集团的监管。

由巴塞尔银行监管委员会（Basle Committee）、国际证券联合会（IOSCO）和国际保险监管者协会（IAIS）成立的“金融集团联合论坛”（the Joint Forum on Financial Conglomerates）（简称“联合论坛（Joint Forum）”）② 于1999年2月发布了《资本充足原则文件》③，阐明了金融集团资本充足性监管应遵循的基本原则，并提供了三种计算金融集团资本溢额的方法，这些原则和方法同样适用于保险集团偿付能力监管。

对我国保险业而言，目前行业发展还处于初级阶段，保险集团在发展速度快的情况下，存在治理结构不完善、内部管理水平不高等问题，各类风险更加凸现。虽然中国银监会、中国证监会和中国保监会于2003年9月18日通过的《中国银行业监督管理委员会、中国证券监督管理委员会、中国保险监督管理委员会在金融监管方面分工合作的备忘录》中对金融集团的资本监管问题有所涉及，但是相对于我国保险集团的快速发展，目前对保险集团偿付能力监管在制度和机制方面还基本处于空白状态，这极大地影响了我国保险业的发展和防范风险能力的提高，也不利于我国保险集团参与国际市场竞争。我国保险业的快速健康发展和对外开放客观上要求尽快建立保险集团偿付能力监管制度和机制。2006年国十条中明确提出，“研究并逐步实施对保险控股（集团）公司并表监管。”对新时期下的保险监管提出了要求，指明了方向。

---

① ‘Directive 2002/87/EC of the European Parliament and of the Council of 16 December 2002 on the Supplementary Supervision of Credit Institutions, Insurance Undertakings and Investment Firms in a Financial Conglomerate and Amending Council Directives 73/239/EEC, 79/267/EEC, 92/49/EEC, 92/96/EEC, 93/6/EEC and 93/22/EEC, and Directives 98/78/EC and 2000/12/EC of the European Parliament and of the Council’, Official Journal of the European Union, L 35, 11. 2. 2003, P. 1 -27.

② 为了适应金融业多元化、集团化的趋势，1993年初，巴塞尔银行监管委员会（Basle Committee）、国际证券联合会（IOSCO）和国际保险监管者协会（IAIS）成立了一个三方小组，开始研究对大型金融服务集团的监管问题。1996年初，三方小组升级为联合论坛（the Joint Forum on Financial Cnglomerates），由13个国家的金融监管当局的代表组成，各国银行、证券和保险机构的代表各占1 /3。

③ Joint Forum on Financial Conglomerates, February 1999: Supervision of Financial Conglomerates: 4 -27.

第一章　保险集团概论

在讨论保险集团偿付能力监管前，我们需要对保险集团进行界定。保险集团是金融集团的一种形式，在界定保险集团时，要体现其金融集团的特性，要符合金融集团界定的国际惯例，但同时还要体现其作为保险集团的特殊性质。本章主要探讨我国保险集团的界定问题，同时简要分析我国保险集团的经营模式。

第一节　保险集团的界定

目前，世界上尚无保险集团的明确定义。欧盟保险集团指引（The Insurance Groups Directive 98/78/EC）是世界上较早的关于保险集团偿付能力监管的正式文件，该指引只是对保险控股公司进行了定义。根据该指引，保险控股公司（Insurance Holding Company）是指主要业务为对子公司进行控股的母公司，这些子公司是专门的，或主要为保险公司、再保险公司或者非欧盟成员国的保险公司，但是，这些子公司中至少有一家为保险公司。

保险集团是金融集团的一种形式，我们可以参考国际上关于金融集团的界定方法。从发达国家和有关组织对金融集团的定义看，主要是从集团的业务、成员公司的资本要求等方面界定金融集团，例如，联合论坛（Joint Forum）的《资本充足原则文件》中规定①，多元化金融集团（Heterogeneous Financial Conglomerates）指主要业务为金融业务，且所属的受监管实体至少明显地在从事银行、保险和证券中的两种以上业务，同时每类业务的资本要求不同的集团。欧盟金融集团指引（The Financial Conglomerates Directive 2002/87/EC）则规定②，金融集团指满足下列条件的集团：（1）牵头企业为受监管实体，或者至少集团中的某一子公司为受监管实体；（2）当牵头企业为非受监管实体时，集团中受监管和非受监管金融实体的资产总和

① Joint Forum on Financial Conglomerates, February 1999, Supervision of Financial Conglomerates: P 7.

② ‘Directive 2002/87/EC of the European Parliament and of the Council of 16 December 2002 on the Supplementary Supervision of Credit Institutions, Insurance Undertakings and Investment Firms in a Financial Conglomerate and Amending Council Directives 73/239/EEC, 79/267/EEC, 92/49/EEC, 92/96/EEC, 93/6/EEC and 93/22/EEC, and Directives 98/78/EC and 2000/12/EC of the European Parliament and of the Council’, Official Journal of the European Union, L 35, 11. 2. 2003, P. 4 –5.

超过集团总资产的40%；（3）集团至少包含一个保险实体，且另一个实体从事银行或投资服务业务；（4）保险实体资产占集团中所有金融实体资产总和的比例超过10%，银行或投资服务业务实体资产占集团中所有金融实体资产总和的比例也超过10%。或者，保险实体偿付能力要求占集团中所有金融实体偿付能力要求总和的比例超过10%，银行或投资服务业务实体偿付能力要求占集团中所有金融实体偿付能力要求总和的比例也超过10%。

就我国而言，在界定保险集团时，一方面，要遵循国际上关于金融集团的界定原则，另一方面，也是更重要的，要结合我国的实际情况，并考虑目前我国金融监管的格局。在界定保险集团时，至少应该包括下列几方面的内容：

第一，保险集团是由一系列企业组成的企业集合，保险集团整体不具有企业法人资格。

第二，保险集团的成员公司包括母公司及受其直接或间接控制、共同控制和重大影响的公司，即包括母公司及其各层级子公司、合营企业和联营企业。保险集团母公司指对保险集团内所有其他公司具有直接或间接控制、共同控制和重大影响的公司。

保险集团的各成员公司均应具有企业法人资格，且至少有一家成员公司为保险公司。

第三，保险集团的主要业务应为保险业务。

在判断公司间是否存在控制、共同控制和重大影响关系时，遵循的判断标准与企业会计准则中的判断标准相同。

1. 控制，指有权决定一个企业的财务和经营政策，并能据以从该企业的经营活动中获取利益，具体判断标准如下：

（1）母公司拥有被投资单位半数以上的表决权。但是，有证据表明母公司不能控制被投资单位的除外。表决权比例通常与其出资比例或持股比例是一致的，但公司章程另有规定的除外；

（2）母公司拥有被投资单位半数以下的表决权，若满足下列四个条件之一的，也视为母公司能够控制被投资单位，但是，如果有证据表明母公司不能控制被投资单位的除外：条件一，通过与被投资单位其他投资者之间的协议，拥有被投资单位半数以上表决权；条件二，根据公司章程或协议，有权决定被投资单位的财务和经营政策；条件三，有权任免被投资单位的董事会或类似机构半数以上（不含半数）成员；条件四，在被投资单位董事会或类似机构占半数以上（不含半数）表决权。

如果母公司能够控制被投资单位，则该被投资单位即为母公司的子公司。

2. 共同控制，是指按照合同约定对某项经济活动所共有的控制，仅在与该项经济活动相关的重要财务和经营决策需要分享控制权的投资方一致同意时存在。如果母公司能够与其他投资方一同对被投资单位实施共同控制，则该被投资单位即为母公司的合营企业。

3. 重大影响，是指对一个企业的财务和经营政策有参与决策的权力，但并不能够控制或者与其他方一起共同控制这些政策的制定。如果母公司对被投资单位具有重大影响，该被投资单位即为母公司的联营企业。

第二节　我国保险集团的经营模式

目前，我国的保险集团存在以下三种经营模式：

一、集团（控股）公司模式的保险集团

此类保险集团有明确的集团（控股）公司，在集团（控股）公司下设立若干家保险公司，有的还设有银行、证券、信托等金融企业，以及物业等非金融企业。集团（控股）公司及其各下属公司相对独立，但在某些重要方面以集团（控股）公司为中心，集团整体以保险业务为主。例如，图7－1所示的保险集团即为集团公司模式的保险集团：

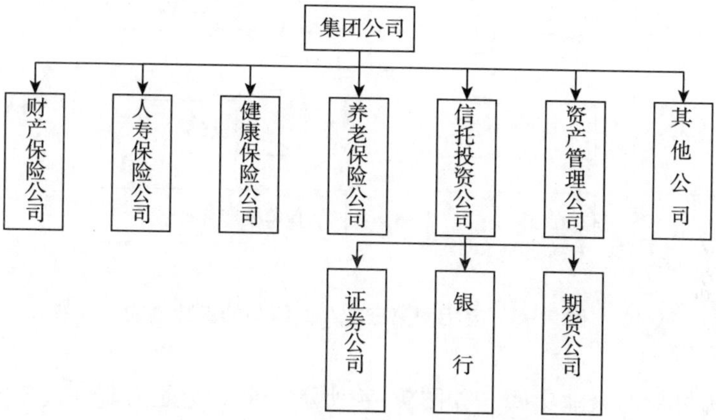

图7－1　集团公司模式的保险集团

二、子公司模式的保险集团

此类保险集团是由保险公司再投资设立其他保险公司、保险资产管理公司以及其他符合监管规定的公司等形成，集团整体以保险业务为主。这类保险集团虽不存在名义上的集团（控股）公司，但牵头的保险公司在实质上已经是该类集团的控股公司，它随时可以摇身一变，成为保险集团（控股）公司。例如，图7－2所示的保险集团即为子公司模式的保险集团：

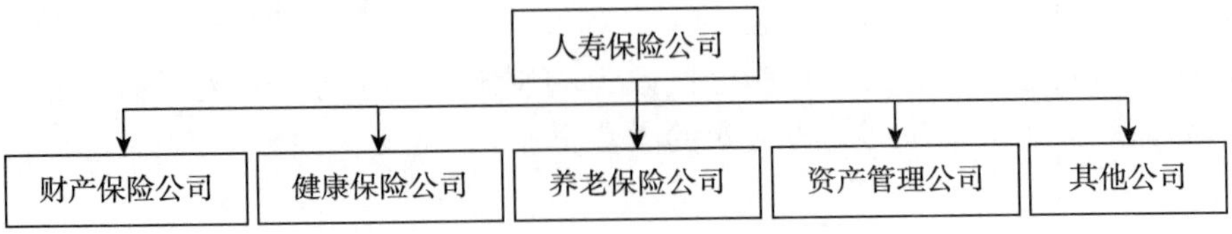

图 7-2　子公司模式的保险集团

三、同受第三方控制模式的保险集团

现实中存在由在中国境内注册、直接或间接受同一第三方控制或相同第三方共同控制的两家以上保险公司及下属公司组成的企业集合，这里的第三方为非受中国保险监督管理部门监管的公司。这类企业集合存在与保险集团一致的风险特征，且具有保险集团的特性，故也是保险集团。如图 7-3 所示，由产险公司、寿险公司、银行和保险资产管理公司组成的企业集合，即为受相同第三方（境内工业企业和境外保险公司）共同控制的保险集团。

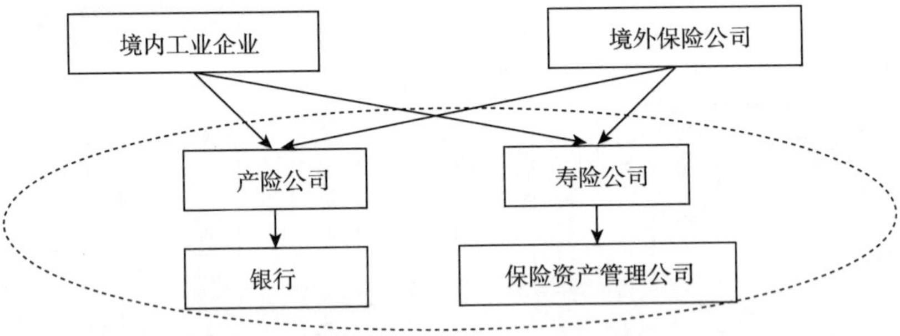

图 7-3　受相同第三方共同控制的保险集团

还有一种可能的企业集团，如图 7-4 所示，牵头企业为非保险公司，但其成员公司中至少有一家保险公司，至少有两家受监管公司，且集团整体以保险业为主，则该类集团也具备保险集团的特征，企业集团的特殊风险亦会危及保险成员公司的安全与稳定，故也属于本文所定义的保险集团范畴。但我国目前尚不存在此中类型的保险集团。

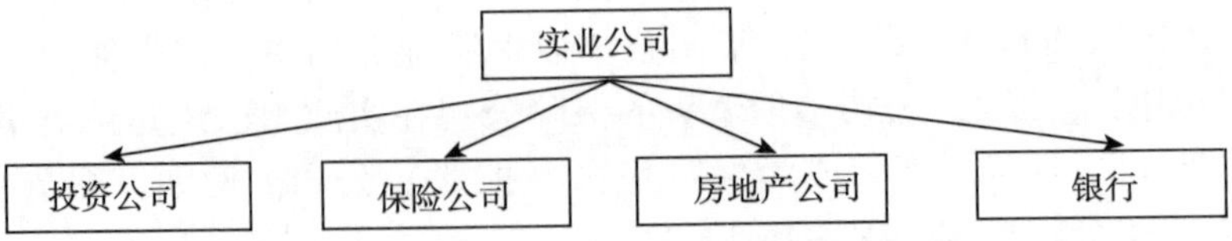

图 7-4　受同一第三方控制的保险集团

第二章　保险集团的特殊风险分析

与单一保险机构相比，保险集团除了要面对各项保险业务的一般风险之外，由于存在复杂的组织结构和内部关系网络，因此在各种金融保险业务的互动过程中，还会出现新的、特殊的风险，对保险集团整体的偿付能力构成威胁。本章主要分析保险集团各种特殊风险的成因及其对保险集团偿付能力的影响。

第一节　风险传递及风险传染效应

一、风险传递效应

风险传递效应是指由于集团成员公司之间存在着的关联交易，使集团内一家成员公司的风险或危机传递到其他成员公司，从而导致其他成员公司也陷入风险或危机，产生“多米诺骨牌”效应。

风险传递的最主要途径是集团内部关联交易，具体包括：

1. 集团成员公司之间存在的债权债务关系。当债务方无力偿还债务时，债权方随之受损，风险由债务方传递到债权方。

2. 集团成员公司之间存在的担保、抵押或承诺关系。一方出现财务困境，提供担保、抵押或承诺的，一方也受到牵连，风险随之传递。

3. 集团成员公司之间提供管理和其他服务安排。如果提供方因故不能正常提供管理或其他服务，接受管理或其他服务的一方就会受到影响，风险随之传递。

4. 在集团内部配置客户的资产。如果同一客户的资产在集团内部成员公司间配置，当该项资产的风险发生时，相关联的成员公司均会受到不利影响。

5. 通过再保险的风险传递等。再保险分出人的风险随再保险传递到再保险分入人，同时，如果再保险分入人出现偿付能力危机，再保险分出人的偿付能力也会随之受到不利影响。

一些不良的内部交易会使得各成员公司的经营状况相互影响，导致集团内部的风险传递，增大保险集团的风险，使得经营中发生的困难更加复杂化。风险传递的最终后果可能是保险集团总体偿付能力和稳定性下降。

二、风险传染效应

风险传染效应是指当一家成员公司出现困难时，会使集团客户开始重新审视集团其他成员公司或是整个集团的状况，并对其经营的稳定性产生怀疑，导致整个集团的形象、声誉和信用能力受到损害，从而引起整个集团陷入危机。

风险传染效应是一种非接触性风险，即集团内部各成员公司之间不存在实质性联系，仅仅因为同属一个集团，一个成员公司出现危机也会导致其他成员公司出现危机。

风险传染效应产生的主要原因包括：

1. 保险集团旨在发挥协同效应，集团内部的实质性联系必不可少，而这些大量存在的实质性联系是产生非接触性传染的基础。

2. 由于各成员公司之间的利益不完全一致，存在导致潜在利益输送等损害投资者行为的可能，理性的投资者会在损害发生之前采取预防性行动，导致风险的提前传染。

3. 投资者与保险集团之间存在较大的信息不对称，即使集团内部之间不存在利益输送，理性的投资者在信息不对称的情况下，为了降低成本，会采取羊群行动，即一旦有人采取行动就会效仿，加强了风险传染的可能性。

风险传染的最终结果与风险传递的最终结果一样，即当保险集团的某一个成员公司出现风险或危机时，其他成员公司也即陷入风险或危机之中，保险集团偿付能力严重受损。

第二节　资本重复计算风险

集团公司组织架构有资本放大器的作用，导致过高的财务杠杆。保险集团内部由于存在较为复杂的持股关系，为了实现资金利用效率的最大化，它可能在母公司和各成员公司间多次使用同一笔资本，产生资本重复计算问题。

所谓资本的重复计算是指同一资本被用于两个或更多的法人实体以抵御风险。如图 7－5 所示，当母公司对子公司持股，该持股反映为母公司的资产，同时，这部分资本又以股本形式计入了子公司的资产负债表，此时，同一笔资本被用于抵御两个公司（母公司和子公司）的风险，发生了资本的双重计算：一次是在母公司，另一次是在子公司；当上述资本继续在集团内部成员公司间投资，资本就会被多次重复计算。

资本的这种重复计算意味着母公司以较少的资本控制了子公司和孙公司，来自集团外部的资本被杠杆式地放大了，母公司的实际资本储备可能是不够的。如果母公司拨付子公司资本金或者资金在集团内反复投资，造成股权结构混乱及资本金多次计算，保险集团发生资本金重复计算的风险就相当高。

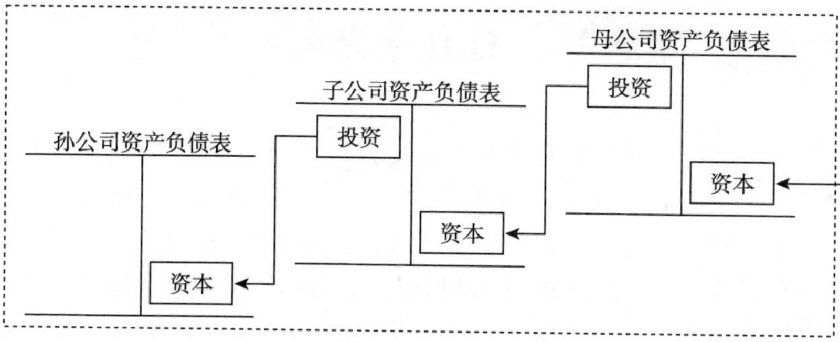

图7-5　资本重复计算

资本重复计算可能会使保险集团的财务杠杆比率过高，这可能导致集团“净”的或“合并”的偿付能力远远低于集团成员“名义”偿付能力之和，影响整个保险集团的安全。

第三节　组织结构不透明风险

保险集团内部成员公司间的关系极其复杂，保险集团越大，涉及的公司越多，关系越复杂，监管者越难以确定它的风险。不透明的结构，会对偿付能力监管造成困难，主要表现在以下几方面：

第一，不良内部交易易被不透明组织结构所掩盖。保险集团利用其不透明的组织结构，在成员公司之间进行一些错综复杂的内部交易，特别是逃避监管的不良内部交易，同时，对这些内部交易不予以充分披露，使监管部门很难掌握足以作出合理判断的信息。

第二，结构不透明还会导致更多的欺诈机会。由于保险集团的不正当内部交易，以及处于不同行业、不同国家和地区的保险集团成员公司适用的会计准则、会计政策存在很大差别，保险集团可能会利用这些差异制造虚假信息来谋取不当利益。如保险集团可能会通过内部交易夸大一个成员公司的报告利润和资本水平，从而使集团整体的净资本虚拟增值，或者掩盖保险集团的真实风险。

第三，产生监管套利风险。保险集团的成员公司除了保险企业外，可能还有证券公司、银行，以及非受资本充足性监管的金融企业或非金融实业，甚至在境外还有成员公司。而保险、银行和证券业务本身存在很大差异，各个领域或不同地域的监管要求和适用会计制度不一致，大多数的非金融实业也不受金融管制，作为一个理性的经济主体，保险集团可能倾向于把资产向监管比较宽松的成员公司转移。保险集团利用其不受金融监管的非金融实业或境外成员公司更加容易实现监管套利。

第四节 利益冲突风险

保险集团的另一种特殊风险来自于各个成员公司之间的利益冲突。

利益冲突（Conflicts of Interest），又称利益背反，其根源是主体角色的多元化，保险集团兼营许多不同的金融保险业务，各个部门或业务单位的经营目标各不相同，难免会出现冲突和矛盾，而维护组织整体利益的结果往往是对其他人或单位利益的损害。例如，集团的董事会可以为保险公司下属的银行分支机构增资，也可以进行其他对保单持有人更为有利的投资，这两种不同的决策选择会在不同机构之间造成利益冲突。

在实践中，保险集团所衍生出的利益冲突一般表现为以下几种情形：

1. 由于保险集团同时向客户提供多种金融保险服务，因此，在集团内部某一公司向客户提供某种类别的金融保险服务时，如果该客户同时需要其他种类的金融保险服务，那么这一服务公司就可能建议该客户购买集团其他公司的服务，如果该客户拒绝这种建议，该服务公司就可能以改变服务条款相威胁，这种行为既损害了客户的利益，也破坏了正常的竞争秩序。

2. 当银行成员公司存在不良贷款时，为了避免贷款损失，该银行可能会鼓励借款人利用本集团的证券成员公司发行新的证券，从而使银行能收回贷款，也使证券成员公司获得手续费收入，但外部投资者的利益却受到了损害，因为他们购买的是不良证券，这实际上是银行将利益损失转嫁给了投资者。

3. 当证券成员公司有低质量的证券未售出时，为避免遭受重大损失，该公司可能会寻求以适当的价格将这些不良证券配置到集团的其他成员公司，比如商业银行的信托账户，这就严重损害了投资者的利益。

4. 在保险集团内部，各成员公司掌握着客户的众多信息，为节约经营成本，信息共享是不可避免的，但同时，信息共享可能破坏正常的交易秩序。如内幕交易就是典型的例子，由于同属一个企业集团，相对于一般投资者而言，银行更容易通过获取内幕信息而自己购入或指使他人购入本集团证券成员公司所承销的证券，从而破坏了正常的证券交易秩序。

5. 保险集团各成员公司在进行经营决策时，往往受到母公司的影响，致使其作出的决策可能并非最具效益的决策，违背了市场的理性精神，这种情形可能有利于保险集团的整体利益，但却是以成员公司的债权人及其少数股东的利益受损为代价的。

6. 在保险集团内部，某一成员公司的董事长可能同时在集团其他成员公司的董事会任职。如果存在这种情况，利益冲突风险就会被加剧。

第三章　金融集团资本充足性监管的国际经验

目前，国际上关于保险集团偿付能力的监管标准主要是欧洲议会和理事会于1998年10月27日发布的保险集团指引（The Insurance Groups Directive 98/78/EC）。随着金融集团的快速发展，金融集团的资本充足性监管日益重要，于是，欧洲议会和理事会于2002年12月16日发布了金融集团指引（The Financial Conglomerates Directive 2002/87/EC），该指引对保险集团指引（The Insurance Groups Directive 98/78/EC）的部分内容进行了修改，力求保险集团的监管方法与金融集团的监管方法一致。

在世界金融服务一体化发展的趋势下，保险集团的偿付能力监管亦要符合大势所趋，其基本原则亦需要与国际上金融集团的资本充足性监管原则保持一致。因此，本章主要介绍国际上关于金融集团资本充足性监管的经验。

第一节　国际上关于金融集团监管的要点

在金融集团监管问题上，国际上最典型的是联合论坛（Joint Forum）于1999年2月发布的《金融集团监管》[①] 文件，以及欧洲议会和理事会于2002年12月16日发布了金融集团指引（The Financial Conglomerates Directive 2002/87/EC）。联合论坛（Joint Forum）和欧盟关于金融集团监管的基本精神是一致的，包括：（1）分业监管仍然是必要的，金融集团的各受监管实体仍然要满足相应监管当局提出的单一资本要求；（2）衡量金融集团整体的资本水平要坚持一些最基本的原则，如要剔除资本重复计算的影响，要考虑集团成员公司中非受监管实体对集团整体资本水平的影响等；（3）不同监管当局之间应加强协调与合作；（4）设立主要监管机构，作为金融集团的主要监管部门。

对金融集团的监管可以分为两种形式：统一监管和分业监管。统一监管是由一家监管机构对金融集团的所有成员进行监管，分业监管是一家监管机构只监管集团的一个成员公司。

① Joint Forum on Financial Conglomerates：Supervision of Financial Conglomerates，1999. 2.

在统一监管的模式下，监管的主要内容包括：资本充足率、大额贷款、持有的头寸、股东和管理者的资格、信息披露等。通过对集团主要股东和管理层资格提出要求，加强集团成员的自主权。统一监管的问题与困难在于，从政策角度看，把监管延伸到全部集团成员，可能给监管当局带来很大的负担；从实际操作的角度看，需要现有几个监管机构之间的协调与统一，甚至是整合，可能要修改现行监管机构的分工与职能。

分业监管可以把集团成员之间的风险传播降低到最小的程度。分业监管的机制通常要求被监管机构相对于其他集团成员的信用风险应当用额外的资本来缓冲，或者对所承担的信用及其他风险的上限作出限制。因为监管对象只是一个金融机构，对于集团的组织结构和管理结构的透明度，监管当局并不关心。监管当局只是对被监管机构和其他集团成员之间的内部交易作出限制。在分业监管的模式下，银行、保险、证券的监管机构的监管目标和重点各不相同。分业监管的问题在于，在实践中监管当局很难将监管对象与其他集团成员完全分开，有时风险的传递可能仅仅是由于公众的主观判断。于是，即使是一家实施了良好隔离机制的金融机构，也可能由于其他成员的问题而产生流动性困难，或者遭受业务上的损失。在这种情况下，监管当局对于集团透明度和经营自主权的要求可能是片面的和不完整的。

在衡量金融集团整体的资本水平时，应当遵循一些基本原则，包括：应当排除资本在集团内的重复计算。由于金融控股集团内层层控股和交叉持股，在整个集团层次上出现资本的重复计算几乎是不可避免的，一旦出现支付困难或流动性问题，风险也会以成倍的方式放大；应当排除母公司发债融资用于拨付子公司资本金，给集团带来更高的财务杠杆风险。当母公司以债务发行收入作为对子公司的投资，对子公司这是实有资本，但就整个集团而言，子公司的这笔资本实际来自于集团的对外负债，这等于增大了整个集团的财务杠杆，降低了集团的资本充足率；应当排除利用中间层次的不受监管的非金融控股公司实现监管套利等。

金融集团业务的多元化必然带来监管主体的多样化，银行、证券和保险业务的监管部门的合作就显得格外重要的，通过定期的金融监管的联席会议的形式实现面对面的主题讨论与信息交流，并由政府出面建立共享信息库，及时调整自身的监管手段，促进金融集团的稳健运营。

关于主要监管机构方面，主要是为了避免传统上监管部门之间的“搭便车”心理造成某些业务事实上的无人监管。可以将母公司的监管机构或某个主要公司的监管机构作为一个金融集团的主要监管机构，承担最重要的监管责任。例如，它负责召集主持金融监管联席会议，汇总各个监管部门的反馈信息，对集团风险作整体评估，在三个监管当局之间充当监管协调人，并为各个监管部门的具体工作提供指导建议。

第二节 集团资本溢额的计算

在计算集团资本溢额时，最主要的问题是要解决资本重复计算问题。

欧洲议会和理事会保险集团指引（The Insurance Groups Directive 98/78/EC）提供了保险集团偿付能力溢额的三种计算方法[①]：加减法（Deduction and Aggregation Method）、资本要求扣减法（Requirement Deduction Method）、会计合并基础法（Accounting Consolidation – based Method）。为保持与金融集团资本溢额的计算方法一致，欧洲议会和理事会金融集团指引（The Financial Conglomerates Directive 2002/87/EC）对该三种方法进行了修改。

联合论坛（Joint Forum）于 1999 年 2 月发布了《资本充足原则文件》，该文件也提供了金融集团资本溢额的三种计算方法[②]：分类度量法（Building – Block Prudential Approach）、基于风险的加总法（Risk – Based Aggregation Method）、基于风险的扣减法（Risk – Based Deduction Method）。

欧洲议会和理事会金融集团指引（The Financial Conglomerates Directive 2002/87/EC）修改后的金融集团资本溢额计算方法，与联合论坛（Joint Forum）提供的三种方法，实质上是一致的，且世界上更多的国家和地区采用了联合论坛（Joint Forum）的方法，因此，本节主要介绍联合论坛（Joint Forum）提供的金融集团资本溢额的计算方法，其他方法不再赘述。

一、分类度量法（Building – Block Prudential Approach）

分类度量法的适用前提是能够获得整个集团的合并财务报表，且集团内部交易和风险能够相互抵消。此时可将集团视为单一经济实体（a single economic unit）来计算其内部各项业务和整个集团的资本充足程度。

分类度量法的基本思路是，首先根据监管要求将合并报表项目分为四类：银行、保险、证券和非金融业务；其次，计算每一类业务的最低资本，对于非金融业务，可以使用最低名义资本（Notion Capital Proxy）[③] 替代；再次，用每一类业务的实际资本减去相应的最低资本，得出各类业务的资本溢额或缺额；最后，加总各类业务资本溢额或缺额，以确定集团整体的资本充足程度。

【例 7 – 1】 如表 7 – 1 所示，银行持有保险公司和非受监管公司全部股份，另持

---

① ‘Directive 98/78/EC of the European Parliament and of the Council of 27 October 1998 on the Supplementary Supervision of Insurance Undertakings in an Insurance Group’, Official Journal of the European Communities, L 330, 5. 12. 98, p. 10 – 11.

② Joint Forum on Financial Conglomerates: Supervision of Financial Conglomerates 1999. 2: 15 – 17.

③ 最低名义资本（Notion Capital Proxy），即假设该公司是一个受监管公司，其应具有的最低资本。

有证券公司60%股权。按照监管要求，该集团的合并报表项目被分为四类：银行、保险、证券以及非受监管业务。在抵消了集团内部账户后，银行的实际资本为40，法定资本要求为32，资本溢额为8；保险公司实际资本为12，法定资本要求为10，资本溢额为2；证券公司实际资本为22，法定资本要求为17，资本溢额为5；非受监管公司实际资本为7，名义资本要求为10，资本缺额为3。

表7－1　　金融集团资本溢额/缺额的计算——分类度量法

合并报表分拆（无集团内部账户）					
	银行（母公司）	保险公司	证券公司（持股60%）（完全合并）	非受监管公司	全集团合计
法定资本/名义资本要求	32	10	17	10	69
单个实体实际资本	40	12	22	7	81
资本溢额/缺额	8	2	5	－3	12
加总 →					
			（比例合并）		
法定资本/名义资本要求	32	10	10.2	10	62.2
单个实体实际资本	40	12	13.2	7	72.2
资本溢额/缺额	8	2	3	－3	10
加总 →					

资料来源：Capital Adequacy Principles Paper，P20.

若按照完全合并法（即证券公司的全部实际资本和法定资本要求都纳入合并范围），全集团的资本溢额为12（8＋2＋5－3）；若按照比例合并法（即证券公司的实际资本和最低资本都按照母公司的持股比例进行合并），全集团的资本溢额为10（8＋2＋5×60%－3）。

二、基于风险的加总法（Risk－Based Aggregation Method）

基于风险的加总法适用于以下三种特殊情况：无法获得集团的合并财务报表；或集团内部交易和风险难以相互抵消；或利用非合并财务报表更易计算最低资本。

基于风险的加总法的基本思路是，将集团内受监管公司的最低资本与非受监管公司的最低名义资本加总后与集团整体的实际资本相比较。为避免资本重复计算，在计算集团整体的实际资本时，应扣除集团内部的资本转移，即将集团成员公司的实际资本加总后，再扣除成员公司之间相互投资的价值额。

【例7－2】如表7－2所示，银行持有保险公司和非受监管公司全部股份，另持有证券公司60%股权。银行向保险公司、证券公司和非受监管公司的投资分别为10、12和5，向附属机构投资合计27。在抵消集团内部账户之前，银行的实际资本为67，法定最低资本要求为32；保险公司实际资本为12，法定资本要求为10；证券公司实际资本为22，法定资本要求为17；非受监管公司实际资本为7，名义资本要求为10。

在完全合并法下，全集团实际资本之和为108（12+22+7+67），扣除重复计算的资本，即银行向附属机构的投资合计27后，全集团实际资本为81（108－27），与全集团法定/名义资本要求之和69（10+17+10+32）相比较，全集团资本溢额为12；在比例合并法下，全集团实际资本之和为99.2（12+13.2+7+67），扣除重复计算的资本，即银行向附属机构的投资合计27后，全集团实际资本为72.2（99.2－27），与全集团法定/名义资本要求之和62.2（10+10.2+10+32）相比较，全集团资本溢额为10。

表7－2　金融集团资本溢额/缺额的计算——基于风险的加总法

银行（母公司、非合并）向附属机构投资			向附属机构投资合计
10	12	5	27

	保险公司	证券公司（持股60%）（完全合并）	非受监管公司	银行（母公司）（非合并）	抵消	全集团合计
法定资本/名义资本要求	10	17	10	32		69
单个实体实际资本	12	22	7	67	–27	81
资本溢额/缺额	2	5	–3	35	–27	12

		（比例合并）				
法定资本/名义资本要求	10	10.2	10	32		62.2
单个实体实际资本	12	13.2	7	67	–27	72.2
资本溢额/缺额	2	3	–3	35	–27	10

资料来源：Capital Adequacy Principles Paper，P21.

三、基于风险的扣减法（Risk－Based Deduction Method）

基于风险的扣减法也是适用于无法得到集团合并财务报表的情形，但它与基于风险的加总法的区别在于，它是从母公司的角度对子公司的资产负债项目（尤其是净资产）进行分析，并允许以一个实体的资本溢额去抵销另一实体的资本缺额的特殊做法。

基于风险的扣减法的基本思路是，从母公司的实际资本中减除所有对子公司的持股份额，再加上（减去）它们的资本溢额（缺额），得到调整后的母公司资本。然后，使用调整后的母公司资本与母公司的最低资本相比较，得出集团的资本溢额或缺额。

【例 7－3】如表 7－3 所示，银行持有保险公司和非受监管公司全部股份，另持有证券公司 60% 股权。银行向保险公司、证券公司和非受监管公司的投资分别为 10、12 和 5，向附属机构投资合计 27。

表 7－3　　　　金融集团资本溢额/缺额的计算——基于风险的扣减法

	银行（母公司、非合并）向附属机构投资		
	10	12	5
	↓	↓	↓
	保险公司	证券公司（持股60%）	非受监管公司
法定资本/名义资本要求	10	17	10
单个实体实际资本	12	22	7
资本溢额/缺额	2	5	–3

银行（母公司）实际资本	67
减：在附属实体投资	
保险公司	10
证券公司	12
非受监管实体	5
加：附属实体资本盈余	
保险公司	2
证券公司（5×60%）	3
非受监管公司	–3
调整后母公司资本	42
减：母公司法定资本要求	32
集团整体资本盈余	10

资料来源：Capital Adequacy Principles Paper，P23.

在抵消集团内部账户之前，银行的实际资本为 67，法定最低资本要求为 32；保险公司实际资本为 12，法定资本要求为 10，资本溢额为 2；证券公司实际资本为 22，法定资本要求为 17，资本溢额为 5；非受监管公司实际资本为 7，名义资本要求为 10，资本缺额为 3。

按照基于风险的扣减法，集团整体资本溢额应该等于母公司实际资本 67 减去在附属实体投资合计 27，加上附属实体资本溢额合计 2（2＋5×60%－3），再减去母公司法定资本要求 32 后的余额为 10。

值得注意的是，在该案例中，证券公司的资本溢额只能按照持股比例 60% 计算，因为基于风险的扣减法是从母公司的角度评估集团整体的偿付能力的，另外40%的股权不为银行（母公司）所持有，故不能用其抵御银行的风险。

《资本充足原则文件》强调，上述三种方法可交由各监管当局视具体情形参酌选用，究竟采取哪种方法，取决于金融集团的类型、结构以及监管信息的可获得性。不论采用哪种方法，只要运用得当，最终的结论都是一致的。

第三节　集团内部关联交易的监管

1999年12月，联合论坛发布了《集团内部关联交易及风险原则》文件①，列举了10种最主要的集团内部关联交易途径，并提出了5条金融集团内部关联交易监管的指导原则。

集团内部关联交易表现为金融集团内成员实体之间直接或间接的要求权。集团内部关联交易源于多种途径，主要包括：（1）交叉持股；（2）集团内部一个公司与集团内部另一个公司进行交易，或代表集团内部另一个公司进行交易；（3）在多元化金融集团内部短期流动性的集中化管理；（4）向集团内部其他公司提供或者从集团内部其他公司获得担保、贷款或承诺；（5）提供管理和其他服务安排，如养老金安排或后台服务；（6）主要股东的风险（包括贷款和承诺、担保等表外风险）；（7）在集团内部配置客户资产的风险；（8）集团成员公司之间资产的买卖；（9）通过再保险的风险传递；（10）引起与第三方有关的风险在集团不同成员公司之间进行传递的交易。

集团内部关联交易的指导原则包括：（1）监管者应当采取措施，直接或者通过被监管实体提供报告，说明金融集团作为整体已经制定了足够的风险管理程序，包括关于内部交易及其风险暴露的内容。如果有必要，监管者应当考虑采取适当的措施强化这些过程。（2）监管者应当根据需要，通过正规报告或其他方法，及时监督被监管金融机构重要的内部交易及风险，从而保持对金融集团内部交易及风险的清醒认识。（3）监管者应当鼓励内部交易及风险的公开披露。（4）监管者之间应当紧密合作，确实了解其他监管者的关注事项，并且应当在对集团的内部交易采取任何行动时进行紧密合作。（5）监管者应当有效、适当地处理那些可能对被监管实体产生不良影响的内部交易，这些影响或者直接，或者通过对整个集团的有害影响而间接作用于受监管实体。

欧洲议会和理事会保险集团指引（The Insurance Groups Directive 98/78/EC）则将内部关联交易归纳为集团内部的下列交易：（1）贷款；（2）担保和表外交易；（3）调节偿付能力的资本交易；（4）投资；（5）再保险操作；（6）成本分享安排。

① Basel，The Joint Forum，December 1999：Intra – Group Transactions and Exposures Principles.

该指引关于集团内部关联交易的监管办法，重点在于报告，保险集团至少按年向监管当局报告重大的集团内部关联交易。如果监管当局认为这些交易已经，或可能对保险集团的偿付能力造成损害，应采取适当的监管措施。

联合论坛关于内部关联交易的监管原则较为严格，而欧盟关于内部关联交易的监管原则则较为宽松。

第四节 其他风险的监管

一、组织结构不透明风险的监管

国际上较为通行做法是加强信息披露监管，“阳光是最好的防腐剂，灯光是最好的警察”，加强信息披露的强度和力度，使信息透明化，减少信息不对称的一系列风险。

使用并表监管的方法也可在一定程度上解决集团公司的组织结构不透明所产生的风险问题。

另外，还有一种现实做法，监管者通过拒绝批准那些组织结构极其复杂、难以进行有效监管的金融集团成立，防止这一问题的发生，即监管者在批准金融集团成立的同时，要求金融集团的子公司必须是一个实体，不能作为“壳公司”或“皮包公司”注册。一旦发现这种情况，监管者有权不发放或者撤销这家机构的经营执照。

二、利益冲突风险的监管

许多国家要求金融控股集团在不同行业成员实体之间设立防火墙。在这方面，最常见的措施是禁止由同一人同时控制集团内的贷款机构和保险公司。在芬兰，保险公司的首席执行官和他的副手不能在银行业开展任何业务，并且保险公司董事会和银行董事会的成员不能由同一批人担任。但是，防火墙建立并不能完全避免集团内各成员机构之间，尤其是高管层之间的利益冲突。

第四章　保险集团的偿付能力监管

保险集团偿付能力监管的主要目的是为了从集团整体角度评估其风险状况和资本充足状况，促使保险集团内部建立科学有效的风险管理机制，及时采取措施控制和化解偿付风险。因此，保险集团的偿付能力监管，应当以风险为基础，对保险集团的偿付能力进行评估，遵循实际资本与最低资本相比较的思路判断集团偿付能力是否充足。对于资本重复计算、内部成员间买卖资产等可以准确量化的风险，在计算实际资本时，直接予以扣除。而对于不能准确量化的风险，建立相应的信息报告制度，充分说明其对偿付能力的影响。本章重点阐明保险集团偿付能力监管的两种手段：评估和报告。

第一节　保险集团偿付能力评估

一、保险集团偿付能力溢额计算方法的选择

国际上通行的金融集团资本溢额计算方法主要是本篇第三章介绍的联合论坛提供的三种方法：分类度量法（Building - Block Prudential Approach）、基于风险的加总法（Risk - Based Aggregation Method）、基于风险的扣减法（Risk - Based Deduction Method）。

分类度量法从集团整体的角度来评判集团的资本充足状况，能在一定程度上规避不同业务的监管标准不同所产生的监管结论不一致风险，但实际在拆分时，具体的操作标准不易确定，而且我国目前尚无合并的资本监管报表，无法在合并财务报表的基础上评估集团的实际资本和最低资本，故此法的可操作性较差。

基于风险的扣减法是从母公司的角度进行评估，对于非全资子公司，需要按照持股比例加总子公司的资本溢额，不便于理解与运用。欧洲议会和理事会保险集团指引（The Insurance Groups Directive 98/78/EC）提供的资本要求扣减法（Requirement Deduction Method）与基于风险的扣减法基本一致，从欧盟指引的实施情况看，资本要求扣减法较难运用，因此，欧洲保险及职业年金监督管理委员会（CEIOPS）建议删除此法。

相比之下，基于风险的加总法通俗易懂，简便易行，且易于变通运用，美国、

荷兰等国均采用此法。

虽然合理运用这三种方法，可以得到一致结论，但是，从实际运用情况看，还是存在数据上的差异的。为保证监管标准的一致性和监管结论的可比性，我国保险集团都使用同一种方法较为适宜。

综上分析，在遵循国际惯例的前提下，我国采用基于风险的加总法计算保险集团的偿付能力溢额比较合适。

二、偿付能力评估的数据基础

保险集团偿付能力评估实质上是保险集团的资本充足性评估，故评估的数据应该是保险集团的各成员公司按照资本充足性监管标准产生的数据。保险集团的成员公司包括两类公司：一类是受监管公司，即受金融监管部门资本充足性监管的金融机构，包括保险公司、银行业金融机构、证券期货公司等；另一类是非受监管公司，即不受金融监管部门资本充足性监管的公司，例如保险经纪公司、保险资产管理公司等。受监管公司都应该按照相应金融监管部门的规定编制资本充足性报告。

因此，对于保险集团内的受监管公司，可以直接以其资本充足性监管报告为基础，即保险公司按照中国保监会相关规定编制的偿付能力报告，银行业金融机构按照中国银监会相关规定编制的资本充足率报告，证券期货类公司按照中国证监会相关规定编制的净资本报告。如果有成员公司是境外保险公司、商业银行、证券公司等受监管公司，为保证标准的统一，不能以其按当地监管标准编制的资本充足性监管报告为评估依据，而应当以它们按照境内相应金融监管部门的监管要求重新编制的资本充足性报告为评估依据；对于非受监管公司，由于不存在资本充足性监管报告，只能以根据国家统一会计制度编制的财务报告为基础。保险集团所属的境外非受监管公司如果按照国际会计准则编制财务报告，该报告可直接作为评估依据，否则，应当按照境内会计准则重新编制财务报告，作为集团偿付能力的评估依据。

需要说明的是，随着金融业的发展，各金融监管部门的监管标准会不断变化，因此，保险集团的偿付能力监管也应随之变化，包括受监管公司范围、偿付能力评估的数据基础等，均应随金融监管部门的监管要求变化而变化。

三、最低资本的确定

保险集团的最低资本为各成员公司最低资本之和扣除合营企业、联营企业的最低资本中非本集团持股部分之后的余额。

（一）保险集团成员公司的最低资本按照下列方法确定

1. 受监管公司按照相应金融监管部门的规定确定。保险公司的最低资本为根据中国保监会相应规定计算的最低资本；银行业金融机构的最低资本为根据中国银监会相应规定计算的加权风险资产与12.5倍的市场风险资本之和的8%；证券期货公司的最低资本为根据中国证监会相应规定确定的最低净资本。

2. 非受监管公司的最低资本为零。对于非受监管公司，由于不存在最低资本的相关规定，故可设定非受监管公司的最低资本为零。

（二）合营企业的最低资本中非本集团持股部分，等于非本集团成员公司享有合营企业权益比例与合营企业最低资本的乘积；联营企业的最低资本中非本集团持股部分，等于非本集团成员公司享有联营企业权益比例与联营企业最低资本的乘积

需要强调的是，在确定非本集团持股部分时，子公司的处理方式与合营企业和联营企业不同。子公司、合营企业和联营企业的最低资本合并计算方法主要有比例合并法和完全合并法两种。由于母公司对子公司具有控制权，母公司应当承担子公司的风险，如果采用比例合并法将会低估母公司额外提供资本的实际责任，因此，对子公司应当采用完全合并法，即子公司的最低资本都应当计入集团最低资本。而对于合营企业和联营企业而言，采用完全合并法将会高估母公司的责任，因此，应当采用比例合并法，即合营企业和联营企业的最低资本中只是按母公司持股比例计算的部分才计入集团的最低资本。

在确定非本集团成员公司享有合营或联营企业权益比例时，要注意以下两点：

（1）非本集团成员公司享有合营或联营企业权益比例 = 1 - 本集团成员公司享有合营或联营企业权益比例；

（2）非本集团成员公司享有子公司的合营或联营企业的权益比例与子公司享有合营或联营企业的权益比例一致。

【例 7 -4】 如图 7 -6 所示，假设 S_1 公司拥有 A_1 公司的权益比例为 5%，S_2 公司拥有 A_1 公司的权益比例为 25%，因此，本集团成员公司享有 A_1 公司的权益比例为 30%（25% +5%），非本集团成员公司享有 A_1 公司的权益比例为 70%（1 -30%）。

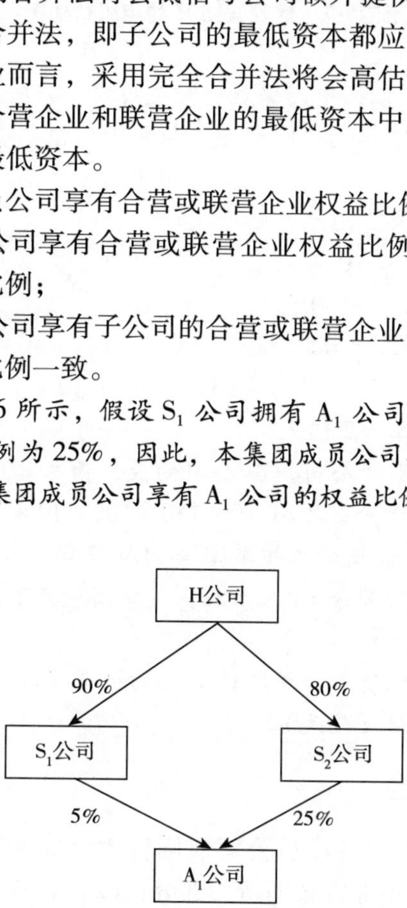

图 7 -6　非本集团成员公司权益比例的计算

下面举例说明保险集团最低资本的计算方法。

【例 7 -5】 某保险控股公司 H（该公司不经营保险业务，为非受监管公司）下设三个非全资子公司：产险公司 I_1、银行 B、证券公司 S。控股公司 H 还持有另一

合营寿险公司 I_2 50% 的股权，此外参股一家保险经纪公司 IB（H 公司持有股权 20%，产险公司 I_1 持有 10%）。假设该保险集团的组织结构如图 7－7 所示。

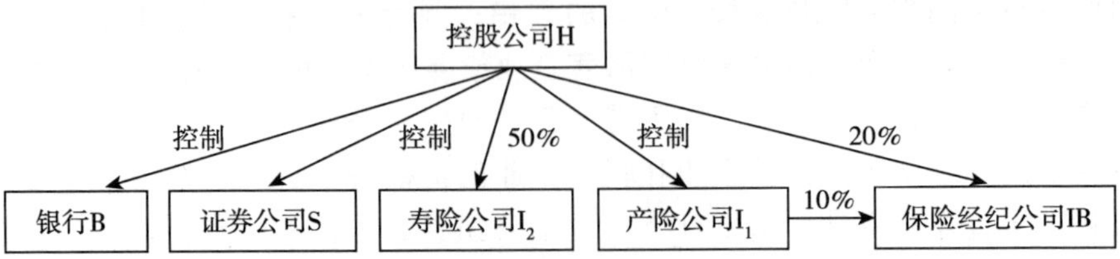

图 7－7　保险集团 H 的组织结构图

20×6 年 12 月 31 日，根据中国保监会相关规定，产险公司 I_1 的最低资本为 130 亿元，寿险公司 I_2 的最低资本为 100 亿元；根据中国银监会的相关规定，银行 B 的加权风险资产为 25 亿元，市场风险资本为 10 亿元；根据中国证监会的相关规定，证券公司 S 的最低净资本为 2 亿元。则：

控股公司 H 的最低资本 =0

产险公司 I_1 的最低资本 =130 亿元

寿险公司 I_2 的最低资本 =100 亿元

银行 B 的最低资本 = （25 +12. 5 ×10） ×8% =12（亿元）

证券公司 S 的最低资本 =2 亿元

保险经纪公司为非受监管公司，IB 公司的最低资本 =0

该集团成员公司的最低资本之和 =0 +130 +100 +12 +2 +0 =244 （亿元）

本例中，寿险公司 I_2 最低资本中非本集团持股部分 =100 ×50%；保险经纪公司最低资本中非本集团持股部分 =0，因此，该集团最低资本中非本集团持股部分为 50 亿元。

集团整体调整后的最低资本 = 该集团成员的最低资本之和 － 最低资本中非本集团持股部分 =244 －50 =194 （亿元）。

四、实际资本的确定

保险集团的实际资本为各成员公司实际资本之和扣除下列项目之后的余额：（1）合营企业的实际资本中非本集团持股部分；（2）联营企业的实际资本中非本集团持股部分；（3）集团成员公司之间重复计算的资本；（4）集团成员公司之间转让资产的资本调整。

（一）保险集团成员公司的实际资本按照下列方法确定

1. 受监管公司按照相应金融监管部门的规定确定。保险公司的实际资本为根据中国保监会相应规定计算的实际资本，即认可资产减去认可负债后的余额；银行业金融机构的实际资本为根据中国银监会相应规定计算的资本净额；证券期货公司的实际资本为根据中国证监会相应规定计算的净资本。

2. 非受监管公司的实际资本为其净资产。非受监管公司的净资产按照国家统一的会计制度确认（对于境外非受监管公司的净资产，也可按照国际会计准则确认）。

（二）合营企业的实际资本中非本集团持股部分是指，非本集团成员公司享有合营企业权益比例与合营企业实际资本的乘积。联营企业的实际资本中非本集团持股部分是指，非本集团成员公司享有联营企业权益比例与联营企业实际资本的乘积

实际资本的非本集团持股部分的确认原则与最低资本相同，即对子公司应当采用完全合并法，子公司的实际资本都应当计入集团实际资本；合营企业和联营企业应当采用比例合并法，合营企业和联营企业的实际资本中只是按母公司持股比例计算的部分才计入集团的实际资本。

（三）集团成员公司之间重复计算的资本金额按照下列方法确定

1. 因成员公司之间股权投资而重复计算的资本为投资方计入其实际资本的价值。对于成员公司之间的股权投资，投资方可能是保险公司、银行业金融机构、证券期货公司，也可能是非受监管公司，不同的投资方计入其实际资本的价值不同，具体如下：

（1）保险公司作为成员公司之间股权投资的投资方，计入其实际资本的价值为其股权投资按照中国保监会相关规定确认的认可价值。具体认可标准见《保险公司偿付能力报告编报规则第 10 号：子公司、合营企业和联营企业》。

（2）银行业金融机构作为成员公司之间股权投资的投资方，计入其实际资本的价值为其股权投资按照中国银监会相关规定计入资本净额的价值。根据现行《商业银行资本充足率管理办法》的相关规定，在计算商业银行的资本净额时，应扣除对工商企业和未并表金融企业的资本投资，即对于商业银行，对集团内部其他成员公司的股权投资未计入其实际资本，亦即重复计算的资本为零，其他银行业金融机构按与商业银行同样的办法处理。

（3）证券期货公司作为成员公司之间股权投资的投资方，计入其实际资本的价值为其股权投资按会计准则计量的价值扣除中国证监会规定的风险调整金额后的余额。

（4）非受监管公司作为成员公司之间股权投资的投资方，计入其实际资本的价值为长期股权投资的账面价值。

【例 7 – 6】接例 7 – 5，假设 20 × 6 年 12 月 31 日，控股公司 H 的净资产为 300 亿元。产险公司 I_1 的实际资本为 180 亿元，寿险公司 I_2 的实际资本为 150 亿元；根据中国银监会相关规定，银行 B 的资本净额为 7 亿元；根据中国证监会相关规定，证券公司 S 的净资本金额为 17 亿元；保险经纪公司 IB 的净资产为 1 亿元。

控股公司 H 对附属公司长期股权投资的账面价值为：

产险公司 I_1	100 亿元
寿险公司 I_2	80 亿元

银行 B　　70 亿元

证券公司 S　　60 亿元

保险经纪公司 IB　　15 亿元

产险公司 I_1 在保险经纪公司 IB 投资的账面价值为 1 亿元。假设控股公司 H 与附属公司之间、附属公司与附属公司之间不存在其他关联交易。则：

控股公司 H 的实际资本 =300 亿元

产险公司 I_1 的实际资本 =180 亿元

寿险公司 I_2 的实际资本 =150 亿元

银行 B 的实际资本 = 资本净额 =7 亿元

证券公司 S 的实际资本 = 净资本金额 =17 亿元

保险经纪公司 IB 的实际资本 =1 亿元

实际资本中非本集团持股部分 = 寿险公司 I_2 实际资本中非本集团持股部分150 × 50% + 保险经纪公司 IB 实际资本非本集团持股部分 1 × [1 - (20% +10%)] =75.7（亿元）

根据《保险公司偿付能力报告编报规则第 10 号：子公司、合营企业和联营企业》，产险公司 I_1 在保险经纪公司 IB 的投资计入实际资本的价值 =1 ×95% =0.95（亿元）

集团内部重复计算的资本 =100 +80 +70 +60 +15 +0.95 =325.95（亿元）

集团整体调整后的实际资本 = 集团成员实际资本之和 - 非本集团持股部分 - 重复计算的资本 = (300 +180 +150 +7 +17 +1) -75.7 -325.95 =253.35（亿元）

【例 7 -7】 接例 7 -6，假设寿险公司 I_2、银行 B、证券公司 S 均持有产险公司 I_1 10% 的股权，其账面价值均为 10 亿元。各公司间均不存在其他关联交易，则：

寿险公司 I_2 持有产险公司 I_1 股权资产的认可价值 =10 ×95% =9.5（亿元）

银行 B 在产险公司 I_1 的投资计入资本净额的价值 =0

证券公司 S 在产险公司 I_1 的投资计入净资本的价值 =10 × (1 -100%) =0

集团内部重复计算的资本 = (100 +80 +70 +60 +15) +0.95 +9.5 ×50% +0 + 0 =330.7（亿元）

由于控股公司 H 持有寿险公司 I_2 50% 的股权，因此，寿险公司 I_2 持有产险公司 I_1 10% 股权所导致的重复计算的资本为 4.75 亿元（9.5 ×50%），而不是 9.5 亿元。

集团整体的实际资本 = (300 +180 +150 +7 +17 +1) -75.7 -330.7 =248.6（亿元）

2. 因成员公司之间资本性负债投资而重复计算的资本为债权人计入其实际资本的价值与债务人不得计入其实际资本的价值之差。若此差额小于零，则重复计算的资本为零。对于成员公司之间的资本性负债投资，债权人可能是保险公司、银行业金融机构、证券期货公司或非受监管公司，债务人可能是保险公司、银行业金融机构或证券期货公司，不同的债权人计入其实际资本的价值不同，不同的债务人不得计入其实际资本的价值也不同。

各类债权人计入其实际资本的价值分别为：

（1）保险公司作为成员公司之间资本性负债的债权人，计入其实际资本的价值为资本性负债在该保险公司的认可资产价值；

（2）银行业金融机构作为成员公司之间资本性负债的债权人，计入其实际资本的价值为资本性负债计入该银行业金融机构资本净额的价值；

（3）证券期货公司作为成员公司之间资本性负债的债权人，计入其实际资本的价值为资本性负债计入该证券期货公司净资本的价值；

（4）非受监管公司作为成员公司之间资本性负债的债权人，计入其实际资本的价值为资本性负债在该非受监管公司的账面价值。

各类债务人不得计入其实际资本的价值分别为：

（1）保险公司作为成员公司之间资本性负债的债务人，不得计入其实际资本的价值为资本性负债在该保险公司的认可负债价值；

（2）银行业金融机构作为成员公司之间资本性负债的债务人，不得计入其实际资本的价值为该银行业金融机构借入的资本性负债总额扣除该资本性负债计入资本净额部分后的余额；

（3）证券期货公司作为成员公司之间资本性负债的债务人，不得计入其实际资本的价值为该证券期货公司借入的资本性负债总额扣除该资本性负债计入净资本部分后的余额。

【例7－8】接例7－6，假设产险公司 I_1 持有银行B发行的次级债60亿元，银行B持有产险公司 I_1 发行的次级债50亿元，证券公司S持有银行B发行的次级债75亿元。各公司间不存在其他关联交易，银行B的资本充足率为10%。各次级债的到期日为3～4年间。则：

（1）产险公司 I_1 持有银行B发行的次级债60亿元。

产险公司 I_1 的认可价值＝60亿元

银行B不得计入其实际资本的价值＝60－60×80%＝12（亿元）

重复计算的资本＝60－12＝48（亿元）

（2）银行B持有产险公司 I_1 发行的次级债50亿元。

银行B计入其实际资本的价值＝50亿元

产险公司 I_1 不得计入其实际资本的价值＝50×20%＝10（亿元）

重复计算的资本＝50－10＝40（亿元）

（3）证券公司S持有银行B发行的次级债75亿元。

证券公司S计入其实际资本的价值＝75亿元

银行B不得计入其实际资本的价值＝75－75×80%＝15（亿元）

重复计算的资本＝75－15＝60（亿元）

（4）保险集团成员公司之间转让资产的资本调整金额不得低于下列第①项减去

第②项的差额：

①被转让资产计入购买方实际资本的价值；

②不考虑转让事项情况下，被转让资产在转让方的账面价值。

若上述差额小于零，则不进行实际资本的调整。

对于不同的购买方，具体的调整方法不同，分别为：

（1）若购买方为保险公司，则需按被转让资产在该保险公司的认可价值超过不考虑转让事项情况下该资产在转让方账面价值的部分调减集团整体的实际资本。

（2）若购买方为银行业金融机构，则需按被转让资产计入该银行业金融机构资本净额的价值超过不考虑转让事项情况下该资产在转让方账面价值的部分调减集团整体的实际资本。根据现行《商业银行资本充足率管理办法》的相关规定，在计算商业银行的资本净额时，某些项目（如对非自用不动产和企业以及未并表金融机构的资本投资）已经扣除，即这些项目没有计入其资本净额，故对银行业金融机构的资本调整存在以下两种情况：

①当购买方银行业金融机构购买的资产属于非自用不动产、对集团外工商企业及金融企业的资本投资，以及其他在计算银行业金融机构资本净额时应予以扣除的项目时，不需调整集团整体的实际资本；

②当购买方银行业金融机构购买的资产属于在计算银行业金融机构资本净额时不予以扣除的项目时，应按该资产在购买方的账面价值超过不考虑转让事项情况下该资产在转让方账面价值的部分调减集团整体的实际资本。

（3）若购买方为证券期货公司，则需按被转让资产计入该证券期货公司净资本的价值［=在购买方的账面价值×（1－扣除比例）］超过不考虑转让事项情况下该资产在转让方账面价值的部分调减集团整体的实际资本。

（4）若购买方为非受监管公司，则需按被转让资产在该非受监管公司的账面价值超过不考虑转让事项情况下该资产在转让方账面价值的部分调减集团整体的实际资本。

【例7－9】 接例7－6，20×1年12月，银行B外购一房屋，成本合计6 400万元，预计使用30年，净残值率5%，采用直线法计提折旧。

20×6年12月，银行B将该房屋以7 000万元的价格转让给产险公司I_1。此时预计该房屋还可使用30年，净残值率5%，仍采用直线法计提折旧。该房屋为产险公司I_1认可资产，银行B和产险公司I_1均未对该房屋进行符合相关规定的房地产评估。

20×7年12月31日，产险公司I_1认可房屋的账面净值总额为35 600万元（含本例中从银行B购买的房屋），认可负债表中未决赔款准备金和未到期责任准备金（包括长期险责任准备金）的余额分别为76 300万元和123 500万元。

20×7年末，该房屋在产险公司I_1的账面净值计算如下：

账面余额　　7 000万元

减：累计折旧　　222［7 000×（1－5%）/30］万元

账面净值　　6 778 万元

产险公司 I_1 房屋的最高认可金额＝（76 300＋123 500）×15%＝29 970（万元）

产险公司 I_1 房屋的认可价值总额＝min（35 600，29 970）＝29 970（万元）（min 表示在两个数值中取小值）

该房屋在产险公司 I_1 的认可价值＝29 970×（6 778/35 600）＝5 706（万元）

若不存在该转让事项，该房屋在银行 B 的账面净值计算如下：

账面余额　　6 400 万元

减：累计折旧　　1 216［（6 400×（1－5%）/30）×6］万元

账面价值　　5 184 万元

该转让事项的资本调减额＝该房屋在产险公司 I_1 的认可价值超过不考虑转让事项情况下在银行 B 的账面价值部分＝5 706－5 184＝522（万元）。

五、不得扣除最低资本与实际资本中非本集团持股部分的情形

在合营企业、联营企业出现资本不足情况下，若有证据表明，应由本集团承担全部资本不足，则在计算保险集团最低资本与实际资本时，不得扣除非本集团持股部分。其中，相关证据包括投资合同或其他合同有约定、合营企业或联营企业的其他投资方已丧失承担资本不足的能力，如破产清算或出现财务危机等。

第二节　保险集团偿付能力报告

一、主报告人及报告对象

保险集团偿付能力报告应由母公司负责编报，并向特定的对象报告。对于不存在母公司的保险集团，可以由监管部门指定，或由成员公司推选一个成员公司作为主报告人，负责集团偿付能力的编报。

保险集团偿付能力报告首先应向保险监管部门报告，以此作为保险监管部门监管保险集团偿付能力的重要依据。有条件的保险集团，可以鼓励其向社会公开披露偿付能力报告。未来要逐渐发展为向社会公开披露保险集团的偿付能力报告。

二、报告形式及时间要求

在正常情况下，保险集团可以通过提供定期报告的形式，披露集团的偿付能力状况，但是，在某些特殊情况下，比如出现偿付能力不足情形，或者发生对偿付能力重大不利影响的事项等，应该及时以临时报告的形式披露该情形或事项。

目前，单一保险公司偿付能力定期报告的频率是每季度一次，由于保险集团偿

付能力评估以集团各成员公司的资本充足性评估为基础，因此，每季度编报偿付能力报告难度较大，而如果仅要求报送年度偿付能力报告，又会降低信息的及时性。因此，要求保险集团偿付能力定期报告报送频率为一年两次较为适宜，即报送半年度报告和年度报告。

当发生对偿付能力产生重大不利影响的事项时，保险集团应及时以临时报告的形式向监管部门报告，比如所属子公司、合营企业发生金额超过保险集团合并报表中期初净资产 5% 以上的投资损失，所属主要子公司、合营企业出现财务危机或被其他监管部门接管等事项。

三、报告内容

（一）定期报告的报告内容

1. 年度偿付能力报告的内容。

保险集团年度偿付能力报告至少应当包括下列内容：

（1）报告责任的划分与说明。保险集团偿付能力报告是主报告人在集团各成员公司资本监管报告、财务报告的基础上编制的。各成员公司法定代表人和管理层要对各自公司的资本监管报告、财务报告的完整与合规、真实与公允负责。主报告人则对保险集团偿付能力报告的编报负责，即负责按照保险监管部门关于保险集团偿付能力报告的编报要求编制偿付能力报告，并按照相应要求报告。主报告人应当在保险集团偿付能力报告中表明主报告人法定代表人和管理层对偿付能力报告所载内容真实、准确、完整、合规的保证和承担法律责任的承诺。

（2）外部机构独立意见。为保证保险集团偿付能力报告的准确度，提高报告的质量，主报告人应聘请具备相应资质的会计师事务所对年度偿付能力报告进行审计，并出具审计意见。主报告人应在年度偿付能力报告中披露会计师事务所出具的审计意见类型，若会计师事务所出具了非标准无保留意见，还应当说明原因，包括管理层与会计师事务所的分歧，以及年度报告中会计师事务所要求调整但未调整的内容、未调整原因的解释等。若在报告期内，更换了为本集团提供偿付能力报告审计服务的会计师事务所，还应对更换情况进行说明，包括前任会计师事务所的名称、更换时间和更换原因等。

若保险集团为评估偿付能力的需要，聘请了其他外部机构，如资产评估机构、信用评级机构等，还应当披露其他外部机构的名称、出具独立意见的目的和时间、独立意见的主要内容或结果等信息。

（3）集团股权结构和成员公司基本情况。为便于监管部门更清晰地了解集团的组织架构，各成员公司在集团的地位、作用以及对集团整体资本充足状况的影响，保险集团应该在偿付能力报告中披露集团的股权结构，以及各成员公司的基本情况等信息。

集团的股权结构最好以结构图的形式披露，清晰明了地展现保险集团成员公司之间的股权关系和控制关系。

集团成员公司的基本情况信息包括各成员公司的基本信息，如成员公司名称、注册地、所有者性质、经营状态、主要经营活动、注册资本、法定代表人、持股数量、持股比例、董事会席位、监事会席位、资本充足率（非受监管公司不披露此信息）、资产、负债、收入和净利润等。

对于报告日正在筹建过程中的子公司、合营企业和联营企业，也应对其基本情况，包括名称、注册地、主要经营活动、注册资本、持股数量、持股比例、其他主要股东等信息进行披露。

（4）偿付能力状况。主报告人应当在保险集团偿付能力报告中披露保险集团的最低资本、实际资本、内部重复计算的资本、内部转让资产的资本调整等详细信息。

（5）重大事项。对于报告期内发生的对集团整体偿付能力产生重大不利影响的事项，主报告人应当予以披露。这些重大事项包括：①保险集团母公司及所属非保险类子公司、合营企业发生的重大投资损失。重大投资损失是指损失金额超过保险集团合并报表中期末净资产5%以上的投资损失。保险集团应当披露重大损失的发生时间、原因、对偿付能力的影响等信息。②保险集团母公司及所属非保险类子公司、合营企业的重大对外担保。重大对外担保是指担保金额超过保险集团合并报表中期末净资产5%以上的对外担保，不包括成员公司之间的相互担保。保险集团应当披露重大对外担保的担保方、被担保方、担保方式（抵押或保证等）、担保金额、担保期限等信息。③所属主要子公司、合营企业出现财务危机或被其他监管部门接管。保险集团应当披露主要子公司、合营企业出现财务危机或被其他监管部门接管的原因、报告日的进展情况等信息。

（6）主要子公司和合营企业的经营情况。保险集团母公司应当说明报告期内业务收入占集团业务收入20%以上和报告期末资产占集团资产20%以上的子公司、合营企业的经营情况。

（7）成员公司之间关联交易的说明。保险集团应当披露成员公司之间发生的关联交易，包括但不限于：①提供资金（贷款或股权投资），即一家成员公司对另一成员公司投资（包括股权投资和认购次级债），或从另一家成员公司贷款。应当披露以下信息：资金融出方、资金融入方、提供资金的方式（贷款还是投资或其他）、资金金额、提供资金的时间。②担保。应当披露以下信息：担保方、被担保方、担保方式（抵押、保证等）、担保金额、担保期间。③购买或销售商品（提供或接受劳务）。应当披露以下信息：交易双方、交易标的、交易价格、交易金额、定价政策、未结算金额。④购买或销售商品以外的资产转让、股权转让，应披露转让价格、转让原因、转让资产的类别或转让股权的数量等信息。⑤租赁。应披露承租人和出租人、租赁标的、定价政策、未结算金额。⑥成员公司之间存在的其他关联交易，保险集团应披露交易双方、交易形成的原因等信息。

（8）集团未来三年的发展战略和经营计划。保险集团母公司应当在此部分详细说明集团在未来三年的发展战略和经营计划，包括：①未来三年的发展战略和集团在成员公司经营领域的发展战略；②根据发展战略确定的未来三年的经营计划。

（9）内部风险管理说明。保险集团应当在此部分说明防范风险传递、利益冲突、组织结构不透明等方面采取的措施。包括：是否设置了相关的组织机构；集团防范风险传递的措施（如“防火墙”制度）；集团防范成员公司之间利益冲突的措施；集团防范管理控制权分散风险的措施。

2. 半年度偿付能力报告的报告内容。

保险集团半年度偿付能力报告与年度偿付能力报告在披露内容上是一致的，只是在某些方面可以适当简化，比如可以不需经会计师事务所审计，集团成员公司基本情况和内部风险管理等只需要披露报告期内的变动情况即可。

（1）集团成员公司增减变动情况。主要披露报告期内集团所属子公司、合营企业和联营企业的增减变动情况。包括增减的成员公司的名称、集团持有的股权比例的变动。

（2）内部风险管理变动说明。保险集团母公司应当说明报告期内集团防范风险传递、利益冲突、组织结构不透明等方面采取的措施的重大变化情况。包括：①组织机构和主要负责人的变化；②集团防范风险传递的措施的重大变化（如“防火墙”制度）；③集团防范成员公司之间利益冲突的措施的重大变化；④集团防范管理控制权分散风险的措施的重大变化。

（二）临时报告的报告内容

保险集团临时报告内容至少应由以下三部分组成：

1. 重大事项的情况和原因。保险集团应当描述所发生的重大事项及其产生的原因。

2. 对保险集团偿付能力产生的影响。保险集团应当在临时报告中分析重大事项对集团偿付能力的现实或潜在影响。能够估计对偿付能力影响金额的，应当说明影响金额。

3. 已经采取或计划采取的措施。保险集团应当在临时报告中说明为减轻重大事项对集团偿付能力的不利影响，已经采取或计划采取的改善措施，包括改善措施的内容、可行性分析以及预计效果。

参考文献

[1] Joint Forum on Financial Conglomerates, February 1999: Supervision of Financial Conglomerates.

[2] Joint Forum on Financial Conglomerates, November 2001: Risk Management Practices and Regulatory Capital.

[3] Basel, The Joint Forum, December 1999: Intra – Group Transactions and Exposures Principles.

[4] Basel, The Joint Forum, December 1999: Risk Concentrations Principles.

[5] International Association of Insurance Supervisors, December 2004: Insurance Principles, Standards and Guidance Papers.

[6] "Directive 98/78/EC of the European Parliament and of the Council of 27 October 1998 on the Supplementary Supervision of Insurance Undertakings in an Insurance Group", Official Journal of the European Communities, L 330, 5. 12. 98, p. 1 - 12.

[7] "Directive 2002/87/EC of the European Parliament and of the Council of 16 December 2002 on the Supplementary Supervision of Credit Institutions, Insurance Undertakings and Investment Firms in a Financial Conglomerate and Amending Council Directives 73/239/EEC, 79/267/EEC, 92/49/EEC, 92/96/EEC, 93/6/EEC and 93/22/EEC, and Directives 98/78/EC and 2000/12/EC of the European Parliament and of the Council", Official Journal of the European Union, L 35, 11. 2. 2003, P. 1 - 27.

[8] "Guidelines for Coordination Committees in the Context of Supplementary Supervision as Defined by the Insurance Groups Directive (98/78/EC)", February 2005, CEIOPS - DOC - 02/05.

[9] "Protocol Relating to the Collaboration of the Supervisory Authorities of the Member States of the European Union with Regard to the Application of Directive 98/78/EC on the Supplementary Supervision of Insurance Undertakings in an Insurance Group", 11 May 2000, DT/NL/194/00 Final.

[10] "Recommendation on possible need for Amendments to the Insurance Groups Directive", October 2005, CEIOPS - DOC - 04/05.

[11] (United Kingdom) Financial Services Authority, May 2001: Feedback on Consultation Paper 50: Implementing the EC Directive on Insurance Groups.

[12] (United Kingdom) Financial Services Authority, Financial groups, July 2004: Feedback on CP204 and made text.

[13] (United Kingdom) Financial Services Authority, November 2001: The Interim Prudential Sourcebooks for Insurers and Friendly Societies: Guidance on insurance group solvency (implementing the EC Directive on Insurance Groups - 98/78/EC).

[14] (United Kingdom) Financial Services Authority, November 2004: Insurance groups Supplementary feedback on CP204 and made text.

[15] (United Kingdom) Financial Services Authority, November 2006: Supervising Insurance Groups under Solvency II - a Discussion Paper.

[16] Australian Prudential Regulation Authority, September 2002: Future Policy Directions for the Regulation and Prudential Supervision of the General Insurance Industry.

[17] Australian Prudential Regulation Authority, 4 October 2006, Prudential Supervision of General Insurance Groups.

[18] Japanese Financial Services Agency, March 2007: Guideline for Financial Conglomerates Supervision.

[19] Andrew Kuritzkes, Til Schuermann and Scott M. Weiner, (2002): Risk Measurement, Risk Management and Capital Adequacy in Financial Conglomerates, The Wharton Financial Institutions Center.

[20] 谢平:《金融控股公司的发展与监管》,中信出版社 2004 年版。

[21] 桂荷发:《金融集团的发展与监管》,经济管理出版社 2004 年版。

[22] 肖文:《中国保险业的创新与监管》,中国社会科学出版社 2005 年版。

[23] 张春子:《多元化金融服务的利益冲突》,中信国际研究所,2000 年。

[24] 中国保险监督管理委员会:《国际保险监管研究》,中国金融出版社 2003 年版。